새로 쓰는 17세기 조선 유학사

CHOSEN JUGAKU SHI NO SAI TEI'I :
17 SEIKI HIGASHI ASIA
KARA KANGAERU

강지은 지음
이혜인 옮김

새로 쓰는 17세기 조선 유학사

푸른역사

※일러두기

이 책은 2013년 1월 도쿄대학 대학원 인문사회계연구과 박사학위 청구논문인《경학적 관점
에서 보는 동아시아의 사서 주석: 17세기 조선 경학의 새로운 자리매김을 중심으로經學的觀点
から見る東アジアの四書注釋: 17世紀朝鮮經學の新たな位置付けを中心に》를 바탕으로 필자의 다음
논문을 추가하여 수정, 보완하여 완성한 것이다. 2017년에 도쿄대학출판회에서《조선 유학
사의 재정위 — 17세기 동아시아에서 고찰하다朝鮮儒學史の再定位 — 十七世紀東アジアから考え
る》라는 제목으로 일본어로 먼저 간행되었고, 2020년에 중국어판이《오독된 유학사: 국가존
망 위기에서의 사상, 17세기 조선 유학신론被誤讀的儒學史: 國家存亡關頭的思想, 十七世紀朝鮮儒
學新論》이라는 제목으로 타이완 연경출판聯經出版에서 간행되었다. 한국어판에는 일본어판의
후기를 삭제하고 한국어판 후기를 추가하였다.

· 〈17세기 경학 방법론 연구: 독창성 및 비판성을 척도로 한 경학 연구를 대신하여〉,《퇴계학
보》128, 퇴계학회, 2010년.
· 〈윤휴의《독서기讀書記》와 박세당의《사변록思辨錄》이 주자학 비판을 위해 저술되었다는 주
장의 타당성 검토:《대학大學》의 '격물格物' 주석에 대한 재고찰을 중심으로〉,《한국실학연
구》22, 한국실학학회, 2011년.
· 〈포저 조익浦渚趙翼의《중용사람中庸私覽》의 경학적 고찰: 쌍봉요로설雙峯饒魯說 수용과 관련
하여〉,《한국한문학연구》48, 한국한문학회, 2011년.
· 〈《주자언론동이고朱子言論同異攷》를 통해 본 17세기 조선 유학사의 새로운 이해〉,《퇴계학
보》135, 퇴계학회, 2014년.
· 〈東亞學術史觀的植民扭曲與重塑: 以韓國「朝鮮儒學創見模式」的經學論述爲核心〉《中國文哲研究集刊》
44, 臺北: 中央研究院中國文哲研究所, 2014년.

서론

이 책은 조선조(1392~1910) 유학사 전개에 대해 다시금 생각해 보고자 하는 의도에서 쓴 것이다. 특히 조선 중기에 해당하는 17세기 유학자들의 사상사적 맥락을 밝히는 데 초점을 두었다. 그러나 이 책은 17세기가 아닌 20세기 진입 전후 조선 유학자들뿐만 아니라 동아시아 지식인들이 짊어지고 있던 시대적 사명을 서술하는 것으로 시작된다. 조선 유학사의 진면목을 알기 위해서는 한·중·일 3국을 포함하는 동아시아 전체로 시야를 넓힐 필요가 있다고 생각하기 때문이다. 또한 조선 유학사가 본격적으로 연구되기 시작한 시기, 연구자들이 어떠한 상황에 처해 있었는지도 깊이 고려해야 하기 때문이다.

널리 알려져 있듯 '중국' 및 '동아시아'가 역사 연구의 단위가 될 수 있는지에 대한 논의는 여전히 진행 중이다. 그 논의의 핵심은 '중국이나 동아시아가 역사 속에서 동일성을 지닌 하나의 단위로서 존재했는가?'의 여부에 관한 것이다.

예컨대 오래도록 '중국'을 '한족漢族'의 '한문명漢文明'으로 일컬어

온 학술사에 대해 이블린 S. 로스키[1]·이시바시 다카오石橋崇雄[2]·마크 C. 엘리엇[3] 등 이른바 "신청사新淸史(New Qing History)" 연구자들은, 청淸 제국의 통치자는 다민족 국가체제를 완성하려 했으며 제국 경영 성공의 열쇠 또한 기존 핑티호何炳棣[4]의 주장처럼 적극적인 한화漢化는 아니라고 논증했다.

'중국'이 통일된 실체로서의 '한족'이 이루어 낸 '한문명'이 아니었다면, 이를 기본 단위로 해 서술해 온 '중국○○사' 혹은 '중화○○원리'와 같은 연구사는 수정되어야만 하는 것일까. 이러한 당황스러운 사태에 대응하면서 오히려 '동아시아'라는 시야를 문제시하는 시각이 출현하였다. 예컨대 거자오광葛兆光에 의하면, 한당漢唐이 대표하는 중화문명을 수용한 한국과 일본은 17세기 중반 이후 더 이상 '한당의 중화'라는 역사적 기억과 자신을 동일시하지 않게 되었다. 그 후 역사적 동일성을 지닌 '동아시아'라는 공간은 존재하지 않았다. 거자오광은 근래 동아시아 학계에서 현존하는 중국을 역사상의 중국으로 간주하는 연구 방법을 타파하려고 '아시아'를 역사 연구의 공간으로 삼는 경우가 있다고 하고, 이러한 연구들이 '동아시아'의 연대성과 동일성을 강화하는 과정에서 의식적이든 무의식적이든 중국·일본·조선의 차이를, 나아가 아시아 속에서의 중국을 희미하게 한다고 지적한다.[5]

이 책에서 이러한 논의에 지면을 할애할 여유는 없다. 그러나 역사적 동일성을 지닌 '동아시아'의 존재 유무와 상관없이 '동아시아'가 '중국·일본·조선의 차이'를 확실히 인식하기 위한 공간임에는 틀림없다. 뒤에서 서술하겠지만, 17세기 중반 일본의 상황에서 보면 그전까지 중화와 자신을 동일시해 온 그들이 이 시기에 이르러 자기동일시自己同一

視하지 않게 되었다는 주장은 역사적 사실과 동떨어져 있다. 또 조선 유학자들이 동일시하는 중화가 실재하지 않는 것과는 별개로, 그들의 인식에서 중화에 대한 동일시는 더욱 강화되어 17세기 이후에야말로 진정한 의미로서의 동아시아가 탄생했다고 할 수도 있다.[6] 중국을 중심으로 하는 '천하'를 배제할 경우 조선 유학자가 남긴 저작의 의미를 정확히 해석해 낼 수 없다. 조선 유학사를 정확하게 이해하기 위해 '동아시아'라는 시야는 필수불가결한 것이다.

조선 유학사는 그 형성 과정에 있어서나 근대적 학문의 연구 대상으로 서술되기 시작하던 때에도 국경을 초월하는 특징이 있었다. 즉 조선시대에는 중국을 중심으로 한 '천하'에 기초하여 그 '천하' 속 자신들의 바람직한 존재 방식을 사색의 기준으로 삼았다. 19세기 말엽부터 식민지시대를 거치는 동안에는 도쿠가와 시대 일본의 유학사 및 근대 일본의 학술 연구 성과를 강하게 의식하면서 연구 과제를 설정했다. 일본에서는 통치 대상이 될 중국과 조선의 역사에 대한 상세한 분석이 이루어졌다. 중국과 한국의 학계는 그 학설에 대한 학습과 반론을 끊임없이 진행했다. 요컨대 조선 유학사에 대한 연구는 조선 외부의 요소로부터 강한 영향을 받으면서, 중국 학계와 함께 그에 대응하는 양상으로 전개되었던 것이다.

조선 유학사의 의의를 찾아내는 작업은 연구자뿐만 아니라 애국운동가, 저널리스트 등 다양한 분야의 사람들에 의해 이루어졌다. 그들은 시대적 사명감을 짊어지고 조선의 역사를 돌이켜보았다. 그 이후 조선 유학사에 관한 그들의 사색에 부연과 보충이 더해져 현재에 이르고 있다. 그러나 당시의 동아시아 정세로 인해 사료에 대한 중대한 '오해'가 발생했다는 것이 필자가 처음에 지녔던 문제의식이다. 그 '오해'의 내용은 다음과 같다.

17세기는 조선 유학사에서 사상사적 전환이 이루어진 시기라고 일컬어진다. 한반도는 1592년부터 1636년에 이르는 40여 년간, 중국과 일본으로부터 네 차례 침략을 당했다. 이 고난의 시대에 주자학적 해석과 상이한 경서 해석이 출현했다. 이 새로운 해석들에 대해, 일부 유학자들이 긴박한 시대를 극복하기 위해 기존의 주자학을 대체할 새로운 사상을 모색했다는 의미가 부여되었다.

이 책은 이러한 의미 부여에 대해 다음과 같이 재검토하고자 한다. 우선, 20세기 진입 전후로 조선 지식인들이 국가·민족의 위기에 직면하여 조선 유학사에서 '근대적' 사상의 맹아를 찾아내려 한 상황을 고찰한다. 그들은 이 과정에서 17세기 유학자들의 저작에서 기존 사상, 즉 주자학으로는 당면한 위기를 극복할 수 없다고 생각했다는 견해를 피력했다. 20세기 지식인에게는 분명 이러한 문제의식이 존재했다. 하지만 17세기 유학자들도 역시 그러했는가 하는 점에 대해서는 확인이 필요하다.

이를 위해 17세기 조선의 유학자들이 당시 동아시아 최대의 '사건'이었던 명청明淸 교체를 어떻게 받아들였으며 자신들의 사명을 어떻게 인식하고 있었는지 살펴본다. '중화[華]'가 '오랑캐[夷]'로 바뀐 상황에서 조선 유학자들이 주자학에 회의를 품기 시작했는지 아니면 더욱 사명감을 갖고 주자학 연구에 임했는지, 사료 분석을 통해 밝힐 것이다.

나아가 17세기 조선 유학계에 주희朱熹(1130~1200)의 경서 해석과 다른 새로운 해석은 어떻게 출현하게 되었는지, 조선 유학사에서 이 새로운 해석은 어떤 의미를 갖는지, 주석을 단 저자가 새로운 학설을 제시하게 된 과정은 어떠했는지, 그리고 당시 사회는 이를 어떻게 받아들였는지, 이러한 경서 해석은 그들의 어떠한 인식을 말해 주는 것인지 주변 동료나 정적政敵의 반응을 분석하여 고찰해 보려 한다. 그것은 권위를 지닌 기존 사상체계에 대한 도전이었을까? 새로운 학설을 제시한 사람은 자신을 주자학 비판자로서 인식하고 있었을까?

조선 유학자들이 살았던 세계는 20세기 진입 전후의 지식인들이 직면한 동아시아의 정세와는 크게 달랐다. 그러므로 서양식 식민植民에 대항하여 나라를 구할 방법을 모색한 근대의 지식인과 중국을 중심으로 한 천하의식을 지닌 조선의 유학자가 '나라'를 위해 혹은 '천하'를 위해 세운 뜻이 같을 수는 없다. 그러나 식민지시대의 한국 지식인들이 조선 유학자들의 업적을 평가할 때, 조선조 유학자들이 살아온 현실 사회와 그 삶의 방식은 망각되어 버렸다.

식민지시대 한국 지식인은 근대적 민족국가로서의 한국의 주권을 되찾는 일을 가장 중요한 사명으로 여겼다. 그러한 지식인들에게는 과거 조선 유학자들의 시점에 서서 그들이 일생을 걸고 추구한 것이 무엇인지, 조선 유학사란 대체 무엇이었는지에 대해 곰곰이 생각할 여유 같은 것은 없었다. 20세기 후반에 태어난 필자는 당시 지식인들이 짊어진 사명감의 무게가 어느 정도였는지 도저히 상상할 수 없다. 이 책은 — 조선 유학사에 관한, 그 시대 이래의 자리매김을 바꿔 보려 하는 것임에도 불구하고 — 당시 지식인들의 뜻을 본받아 21세기 학술계에 주어진 사명의 일부를 충실하게 완수하고자 한 작업의 한 결과물이다.

1

20세기 초반
'동아시아'의 탄생

20세기 초반 제국주의가 아시아를 뒤덮어 가는 가운데, 동아시아 한·중·일 3국의 학계는 자국의 상황에 맞는 목표 아래 각자의 '역사'를 그려 내고자 했다. 지식인들은 서양문명의 전파에 따른 새로운 세기로의 전환기를 맞이하여, 자국의 역사를 새롭게 바라보고 미래의 방향을 설정하는 기초로 삼는다는 시대적 사명에 몰두했던 것이다. 식민지화 과정에 있던 한국의 지식인들 또한 예외는 아니었다. 자국의 역사를 다시 돌아보고 자신의 모습을 반성하면서 국가와 민족의 미래를 생각했다.

이러한 의식 아래에서 조선 유학에의 관심이나 비판 또한 높아져 유학사에 대한 본격적인 연구도 시작되었다. 연구자들은 사료 해석을 통하여 자국이 살아남기 위한 역량의 존재를 역사적으로 증명하고자 하였다. 그러나 이렇게 국가·민족의 위기라는 배경과 그 속에서 세워진 연구 목표가 만들어 낸 관점은, 연구 대상을 왜곡시킬 가능성도 있었다. 살아남기 위한 역량, 말하자면 '추진력'에 도움이 되는 측면이 역사적 사실 이상으로 강조되며 이에 도움이 되지 않거나 반하는 측면은 연구 대상이되지 못하고 심지어는 존재 자체가 부정되는 경우도 발생했기 때문이다.

게다가 식민지시대의 학계에서는 식민 당국이 식민정책의 수립을 위해 적극적으로 진행하던 식민지 연구와 그 주장에 대항한다는 목적이 존재했다. 이 때문에 당국의 문제 설정 자체에 대해 의문을 제기하는 데에는 이르지 못하고, 이미 설정된 틀 안에서 반론을 전개하는 방식이 되었다.

일례로 조선 유학자가 가장 힘을 쏟았던 주자학 연구를 들어보겠다. 당국의 어용학자가 "조선 유학자는 주자학을 추종하기만 했을 뿐 독창성이 전혀 없었다"라고 주장하면, 한국의 민족운동가들은 조선에도 주자학과 다른 양명학파陽明學派나 주자학 비판자가 존재하였음을 주장한다. 그리고 '독창성'이 조선 유학사를 그려 내는 초점이 된다. 요컨대 조선 유학사에 대한 연구는 '식민'이라는 배경에 의해 외부로부터 주어진 주제를 중심으로 전개되어 연구 시점이 굴절될 수밖에 없었던 것이다. 이 장에서는 먼저 유학사 연구에서 식민지 지식인의 시대적 사명이 얽히게 된 과정을 확인해 보겠다.

유학사에 대한 관심

량치차오·이노우에 데츠지로·마루야마 마사오의 사상사 서술

19세기 말엽 두 차례에 걸친 아편전쟁에서의 패배, 일본과의 전쟁에서의 패배 등으로 '중화천조中華天朝'는 위기 상황에 놓이게 되었다. 이러한 정세 속에서 많은 지식인들이 '구국救國'에 나섰다. 그 대표적 인물이 량치차오梁啓超(1873~1929)이다. 그는 변법자강變法自疆 정책에 적극적으로 참여하여 해외의 새로운 지식을 소개하는 한편, 중국 학술사를 편찬하여 계몽 교육을 전개하였다. 그는 이러한 활약을 통해 "19세기 말부터 20세기 초, 중국 사회에 대변혁을 가져올 공헌을 하였다."[7] 량치차오의 문장이 큰 영향력을 지녔던 것은 그가 정계에서 높은 지위에 있었기 때문이 아니었다. "서양 근대문명의 정수를 학술적으로 섭취·소개하여 이를 정착시키기 위한 기반을 정비하고, '민지民智' 향상과 '국민' 형성의 언론으로서 보급·침투시킨 공적"[8]에 의한 것이었다. 예를 들어 량치차오는 동아시아에서 서구문명 수입의 창구였던 일본을 통해 사회진화론을 배웠다. 그리고 이 내용은 그의 저서가 전해진 한국에서도 반향을 불러일으켰다. 량치차오의 《음빙실문집飮氷室文集》을 통해 사회진화론이 수입되었고 그 일부 내용은 한국어로 번역되어 학교 교재로 사용되었다. 게다가 1905년부터 1910년 동안에는 신문이나 애국계몽단체의 기관지에도 게재되어 대중들도 그 내용을 접하고 있었다.[9] 신채호申采浩(1880~1936) 등 한국의 민족운동가들은 량치차오의 변법자강사상을 수용하여 사상운동을 전개하였다.[10] 량치차오는 신시대를 살아가는 '동아시아인'으로서의 역할을 수행하였던 것이다.

그를 '동아시아인'으로서 활약하게 한 원동력은 무엇이었을까? 25세 때(1897) 엄복嚴復(1854~1921)에게 보낸 편지에서 량치차오는 다음과 같이 말하였다.

지구는 이미 문명화하는 운명 속에 있고 그러한 상황은 점점 닥쳐 오고 있으므로 변화하지 않아서는 안 됩니다. 중국민권中國民權에 대한 견해는 크게 행해져야 할 뿐만 아니라, 각지의 토착 부족이나 비토착 부족도 크게 변해야만 합니다. 변화하지 않는 이는 점차 사라져 결국에는 없어질 것입니다. 이것은 또한 불변의 이치입니다.[11]

량치차오는 "변화하지 않는 이는 점차 사라져 결국에는 없어질 것"이라는 위기감을 안고 있었다. 그래서 '변법자강'에 뜻을 두고 해외의 새로운 지식을 취하려고 하였으며 계몽 교육에도 매진하였다. 변화하고 발전해 나가는 것이야말로 생존을 위한 필수불가결의 조건이라고 생각한 것이다. 이러한 사고방식에 기초하여, 량치차오는 중국 학술의 발전사를 '계몽―전성―변질―쇠퇴'라는 양상으로 전개된 것으로 보고 다음과 같이 묘사하였다.

그는 먼저 《청대학술개론淸代學術槪論》에서 "우리나라[중국]의 문화사는 확실히 연구할 가치가 있는 것이다"[12]라고 서술하였다. 그리고 그 문화사의 발전을 '신사조에 의한 구사조의 극복'으로 파악하였다. 량치차오는 "어느 나라 어느 시대의 사조를 불문하고 그 발전 및 변천은 계몽기[生]·전성기[住]·변질기[異]·쇠퇴기[滅]라는 일련의 흐름을 반복하며 순환한다. 계몽기는 구사조에 대해 처음으로 반동을 일으키는 시기이다. 반동이란 신사조의 건설을 추구하는 것이다. 그러나 건설에는 반드시 파괴가 선행되므로 이 시기의 주요 인물은 그 정력을 전부 파괴하는 데에 쓴다. ……청대 사조는 송명 이학宋明理學에 대한 일대 반동"[13]이었다고 서술하여, 중국 학술사에서 이전 사조에 대한 반동으로서 신사조가 전개되어 왔음을 논하고 있다. 여기에서 청대 사조가 오래도록 권위의 상징이었던 송명 이학에 대한 반동으로 이해되고 있는 점은 주목할 만하다.

한편 일본에서는 메이지유신에 의해 서양식 국민국가가 성립되어 신정부를 중심으로 문명개화가 진행되었다. 식산흥업을 추진하여 부국강병에 착수한 일본은 이웃나라의 주권을 위협하기 시작했다. 나아가 열강 대열에 합류하여 식민정책을 추진하였다.

이러한 정세에 즈음하여 어용학자는 학술활동을 통해 정부의 정책을 지원하였다. 그 대표적 인물로 이노우에 데츠지로井上哲次郞를 들 수 있다. 이노우에 데츠지로는 1910년 7월에 그가 창설한 동아협회東亞協會

주최로 '국민도덕의 연구'를 주제로 하는 강습회를 2주에 걸쳐 열었다. 이 강습회를 발단으로 당시 문부대신의 명을 받아 수차례 국민도덕론을 강의하였다. 그 후 '강습생들의 요구가 너무도 간절하였기' 때문에 강의 내용을 정리하여 《국민도덕개론國民道德槪論》으로 간행하였다.[14] 이노우에 데츠지로는 이 책에서 "하나의 작은 가족은 이미 가족제도의 형태를 갖추고 있다. 그것이 모여 하나의 대가족제도를 이룬다. 국가 전체가 바로 이것이다. 작은 가족은 국가를 축소한 형태이다. 그러므로 하나의 작은 가족 내에서 가장에게 효를 다하는 것과 큰 가족 내에서 군주에게 충성을 다하는 것은 도덕적으로 같은 성질의 것이다"[15]라고 하였다. 유학의 가치를 이용해서 애국의식을 고양하려 한 것이다.

또 이노우에 데츠지로는 일본 국민도덕 원류源流의 하나로서 일본 주자학파의 사상을 거론하였다. 《일본 주자학파의 철학日本朱子學派之哲學》에서 "도쿠가와 삼백 년 동안 우리나라의 교육 방침이 되어 국민도덕의 발전에 위대한 영향을 끼친 주자학파에 대한 사적史的 연구를 어찌 또 하루라도 소홀히 할 수 있겠는가"[16]라고 서술하였다. 이 서적은 도쿠가와 시대를 통틀어 주자학파의 사상이 국민도덕 발전에 커다란 공헌을 했다고 하고, 일본 주자학파에 속하는 인물과 그의 학설을 체계적으로 논한 책이다. 1905년 12월에 초판이 간행된 이후 1933년 2월에 15판까지 발행했다. 당시 일본 사회에서 이 책이 얼마나 큰 반향을 일으켰는지 짐작할 수 있는 대목이다.

이처럼 국민도덕론이 융성한 뒤에는 '근대의 초극超克'론이 전시하의 일본을 풍미하였다. "제2차 세계대전이 발발하기 직전부터 전쟁 시기에 유행했던 '근대의 초극'론은 일본을 '맹주'로 하는 동아시아가 구미에 승리하여 세계에서 패자霸者가 될 것이라는 '희망적 구상'과 밀접히 관련된 것이었다."[17] 게다가 이러한 사고방식은 "세속화의 과정으로 확장됨과 동시에, 국민정신 총동원운동이라는 명목하에 서구문화를 무턱대고 부인하는 형태로 구체화하였다. 더구나 그 사회적 실태는 경찰권력에 의한 신도神道 신앙, 특히 천황제 신도를 강제하는 것으로 귀결된다."[18]

한편 마루야마 마사오丸山眞男는 전시인 1940년대에, 17세기 일본에 새로이 등장한 고학파古學派가 주자학적 사유 양식에 도전했으며 이 도전은 '근대의식의 성장'을 의미한다고 주장하였다.[19] 훗날 그는 [당시의 자신이] '근대의 초극'론에 대해 비판적 입장이었고, 1940년대의 일본에 대해 "이미 '근대의 초극'이 최대 과제가 될 정도로 근대화되지는 않았다"[20]는 주장을 통해 당시의 사상적 조류를 비판했던 것이라고 설명했다.

시대는, 사상사 연구로부터 주자학 등 기존 권위에 도전하고자 하는 혁신사상의 존재를 찾아내고자 하였던 것이다. [오규 시게히로荻生茂博에 의하면] 메이지 시기 양명학 연구도 《왕양명王陽明》에서 세츠레이雪嶺[21]는 유교가 공맹孔孟을 맹신하지 않고 진리를 탐구하는 '독립성'과 '창작성'을 통해 발달해 온 서양철학과 같은 '철학'이며, 양명학은 그 정점이라고 하였다. 가츠난羯南[22]은 이 책의 발문에서 특별히 이탁오李卓吾를 거론하여 그의 '사례에 구애되지 않는' '사상의 자유'를 현창하였다. 여기에서는 ……양명의 '자득自得'론이 사상의 '진보'의 원천으로서 활용되고 있다."[23] 그 후로 중국이나 타이완에서 대표적인 일본 양명학 연구서는, 이노우에 데츠지로나 다카세 다케지로高瀨武次郎 등의 저서에 근거하여 일본의 양명학을 "관학官學인 주자학에 대립하여 '이단'으로 억압당한 민간의 혁신사상으로 평가하고 [있다. 이러한 주장은]……현재[출판 연도인 1999년을 가리킨다 – 인용자 주] 일본에서도 통용되는 주장이지만, 사실이 아니다"[24]라고 논증하였다.

이상에서는 20세기 전반이라는 격동의 시대에 지식인이 시대의 요청에 부응하면서 유학사를 해석해 나간 과정을 예시하였다. 량치차오는 유학사 서술을 통해 위기를 극복해 나가기 위한 저력을 찾아내려 하였다. 이노우에 데쓰지로는 유학사로부터 국민도덕의 원류를 제시하고자 하였고, 마루야마 마사오는 유학사에서 근대의식의 성장 과정을 확인하려고 하였다. 이러한 유학사 서술에서 특히 일본 연구자들이 자국의 유학사를 긍정적으로 파악했음을 확인할 수 있다. 그러나 한국의 상황은 매우 달랐다.

식민지 지식인의 시대적 사명

20세기 초반 식민지화되고 있던 한국에서는 자국의 유학사에 대한 엄격한 비판이 행해져, 조선왕조의 체제교학體制敎學(국가의 학문)이었던 주자학과 유학자가 망국의 위기를 초래한 주범으로 간주되었다. 조선의 유학자는 지나치게 주자학에 경도되어 이론 투쟁에만 몰두하고 국제정세에 어두웠다는 비판을 받았다. 게다가 국익을 고려하지 않아 결국 국가의 멸망을 초래했다고 비난받았다. 조선 유학이 점차 전 국민의 비판 대상이 되어 가는 가운데 가장 심하게 비판받은 점은 조선 유학계의 주자학 '편향'이었다.

1900년대 초《대한매일신보大韓每日申報》사설은 유가儒家를 향해 "만일 시세도 이용하고 시무時務도 연구하면 유교에도 다행이요 국가에도 다행이어니와, 만일 이 높은 지식이 있고 상등사회上等社會의 가장 수효가 많은 선비가 [이러한 것을] 오히려 깨닫지 못하면 ……마지막에는 나라가 망하고 인종이 멸하는 지경에 이르리니 ……[유가 지식인은] 나라를 위하여 머리를 돌이킬지어다. 동포를 위하여 머리를 돌이킬지어다. 자손을 위하여 머리를 돌이킬지어다"[25]라고 호소하였다. 또 1909년《황성신문皇城新聞》의 사설을 보면 "사법死法을 묵수墨守하며 혹 허문우론虛文迂論을 치모馳慕하여 실덕實德을 점실漸失"한다[26]고 하여 실천을 경시하는 유가 사회의 풍조를 심히 비판하고 있다.

유학자 계층은 조선 사회 운영의 책임을 맡아 왔던 만큼 그들의 각성이 요구되는 것도 망국의 책임을 추궁당하는 것도 당연한 일이었다. 요컨대 조선 사회에서 유학자가 담당했던 역할을 고려하면, 국가의 미래를 논할 때 유학사와 유가 사회를 되돌아보는 행위는 필수불가결한 일이었던 것이다.

이 때문에 민족운동가 신채호는 조선에서 유교를 지나치게 존숭한 것을 두고 "이조 이래로 유교를 존상尊尚하여 오백 년 동안이나 서적은 사서오경 혹은 사서오경의 되풀이요, 학술은 심心·성性·이理·기氣의 강론講論뿐이었나니 이같이 단조單調로 진행되는 사회가 어디 있느냐"[27]라고 비판하였다. 또 "기백년래로 학계의 전제마적專制魔賊이 배출하여 혹 그 언어문자가 일호一毫라도 저 누유陋儒의 범위에 월출越出하는 자가 있으면, 이를 이단사설이라 하며 이적금수夷狄禽獸라 하고, 유림에 상전相傳하는 사문난적율斯文亂賊律[사문난적은 유학을 어지럽힌 죄인이라는 뜻이다-인용자 주]에 비추어 그 신身을 주誅하였다"[28]라고 지적하였다. 조선의 유학자들이 주자학을 교조주의적으로 옹호하여 독창적인 견해를 탄압했다고 비판한 것이다. 아울러 "유교를 확장코자 하면 유교의 진리를 확장하여 허위를 기棄하고 실학을 무務할 것"[29]을 역설하였다.

이 실학이라는 용어는 일반적으로 "조선 후기에 나타난 사회환경의 변화에 대한 대응으로서, 기존의 공리공담에서 벗어나 실제로 도움이 되는 학문을 지향하는 학풍"이라고 일컬어진다.[30] 이러한 정의는 실학이 이전의 학풍과 차원을 달리하는 새로운 학풍임을 시사하고 있다. 예컨대 천관우는 유형원柳馨遠(1622~1673)이 사회 현실을 직시하고 국가 체제의 개혁안을 구체적으로 제시한 것에 주목하여 기존의 학풍과 완전히 다른 것으로 간주하였다. 한편 유형원이 유학의 전통에 기반을 두었다는 사실에 대해서는, 동양적 봉건 사회의 본질에서 완전히 탈피하지 못한 점으로 파악하고 있다.[31]

그러나 한우근은 "실학은 이조 유학자들의 통념으로, 학문하는 사람의 기본적인 자세로서 요구되는 덕성의 무득체인務得體認을 뜻하는 실심실학實心實學을 가리킨다. 즉 치인治人이라는 실질이 없으면 안 된다는 것이다. 그 실제적인 방법과 이상을 삼대三代의 치적과 성현의 책에서 찾기 때문에 궁경실학窮經實學이라 일컫기도 하였다. 요컨대 실학은 특정 시기, 특정 유학자에게서만 볼 수 있는 것은 아니다. 조선 후기의 이른바 '실학'은 '경세치용經世致用의 학문'이라고 해야 한다"라고 주장하였다. 동시에 한우근은 "'경세치용의 학문'을 이룬 인물들은 정치를 담당하는 치인治人의 입장에서 소외된 사람들이었는데, 그러했기 때문에 객관적인 입장에서 경세經世에 대해 신랄하게 비판할 수 있었다는 점에 유의해야 한다"[32]라고 논하였다. '실학' 용어에 대한 한우근의 이 같은 재정의는 식민지시대 이래로 '조선 후기 실학의 출현'에 대한 '발견'과 과도한 '의미 부여'에 경종을 울렸다는 점에서 중요한 의미를 지닌다. 이른바 조선 후기 '실학파'의 출현을 이전까지의 조선 유학자의 '허학虛學'적인 조류를 뒤엎고 출현한 새로운 사상 조류라고 말하기에는 곤란하다는 것이다.

그러나 오늘날 '실학'이라는 용어는 천관우가 정의한 것처럼 조선 전기와는 근본을 달리하는 새로운 학풍을 가리키는 특정 개념으로 이미 정착되어 보편적으로 사용되고 있다. 현재까지 수많은 조선조 연구가 이 개념에 기반하여 그 정의를 더욱 보충하고 확대해 가면서 이루어졌다.[33] 이런 현상에 대해 제임스 B. 팔레는, 기존 연구에서 소위 실학자들이 전통적 유학으로부터 탈피하여 일종의 '모더니티'로 향하는 길을 이끌었다고 평가한 것은 오해라고 하였다.[34]

식민지시대를 살았던 신채호는 '실학'이라는 용어를 '허위'의 학문과 정반대의 의미로 사용하고 있다.[35] 또 현재 '실학파'로 불리는 박지원朴趾源(1737~1805)을 사상계의 위인으로, 정약용丁若鏞(1762~1836)을 경세학經世學의 대가로 칭송함과 동시에 이들을 '허위'에 대비되는 '실학'의 대표로서 높이 평가하고 그 저작을 전승해야 한다고 호소하였다.[36] 여기에서 '실학' 대신 '경세치용의 학문'이라는 말을 사용한다면,[37] 정약용의 경세학과 유학자로서의 이상이 조화를 이루었다고 보는 것이 가능해진다. 바꾸어 말하면, 이른바 '실학파'의 인물들이 삼대三

代의 다스림을 이상으로 삼았던 점을 굳이 봉건적 사상에서 완전히 탈피하지 못한 것으로 간주할 필요가 없어진다. 실학파에 의미를 부여하기 위해 그보다 앞선 사상사의 의의를 말살할 필요 또한 없어진다.

그러나 신채호에게 조선 유학사 연구는 '민족주의 입장에서 유교를 비판하고 평가'[38]하는 것이며, '전통적 실학의 영향을 인정하면서 유학·주자학의 구태를 극복하고자 하는'[39] 것이었다. 신채호는 시대적 사명을 짊어지고 있었던 만큼, 조선 유학자들의 유학적 이상을 담담하게 관찰하기는 쉽지 않았을 것이다.

정인보鄭寅普(1893~1950?)는 신채호와 동일한 비판의식에서 조선 양명학파를 연구하였다. 1933년 정인보는 "조선에서 수백 년 동안 학문은 그저 유학뿐이었으며 유학은 단지 정주程朱를 신봉할 뿐이었다"[40]라고 하여 조선의 유학을 '허虛와 가假'의 학문으로 규정하였다. 그리고 이 '허와 가'를 버리고 '실심實心'을 따른 것으로서 조선 양명학파를 거론하였다. 정인보는《동아일보》에 66회에 걸쳐〈양명학연론陽明學演論〉을 연재하여 조선에 주자학을 극복하고자 한 양명학파가 존재하였음을 역설하였다.[41] 이에 대해 나카 스미오中純夫는 다음과 같이 서술하였다.

정인보는 근대 최초의 조선 양명학 연구자인 동시에, 강화학파江華學派[42]의 후예임을 자처한 양명학 신봉자이기도 하다. 그의〈조선 양명학파〉에 자의적인 추론이나 과도한 억측 비슷한 부분이 있음은 부정할 수 없다. 그리고 순전한 학술 연구로서 평가하는 한, 이러한 부분들은 객관적 타당성이나 실증성을 해치는 것이라고 평하지 않을 수 없다. 그러나 이러한 부분들은, 격동의 시대를 살았던 정인보가 양명학에서 무엇을 발견하고 무엇을 구하려 했는지를 설득력 있게 말해 주는 것으로서 훌륭한 자료 가치를 지녔다고 할 수 있지 않을까.[43]

조선 유학사의 주자학 편향성이 비판받는 한편, 주자학에 대항하거나 이로부터 벗어나려 한 인물이나 학파를 적극적으로 발굴하는 것이 식민지시대 한국 학계의 동향이었다. 이를 촉발한 요인 중 하나로, 외부로부터의 조선 유학 비판을 들 수 있다. 예컨대, 식민지시대 경성제국대학(지금의 서울대학교)의 교수였던 다카하시 도루高橋亨(1878~1967)[44]는 다음과 같이 말하였다.

퇴계退溪(이황)의 학문은 지극히 바람직한 조선 유학자의 사색의 전형이다. 넓게 말하면 조선인 전체의 학문을 대표하는데, 요컨대 독창적으로 생각하여 발명해 내는 일에는 매우 빈약하여 결국 주자학의 가장 충실한 소술자紹述者에 불과하다. 따라서 경서의 해소解疏에 있어서도《집주集注》만을 금과옥조로 삼아 주자 이전의 고의古義를 탐구하려는 데에는 생각이 미치지 못하였다. 이러한 점에서 우리나라의 유학자 오규 소라이荻生徂徠나 이토 진사이伊藤仁齋 같은 이들은 호걸유豪傑儒였으니, 마침내 한 학파의 관점을 세워 관학官學인 주자파에 대항하여 크게 민학民學의 불꽃을 드높였던 것이다. 이것은 애초부터 일본인과 조선인의 두뇌 차이로, 앞으로도 분명 영원히 소멸하지 않을 양자 간 학풍의 차이가 될 것이다.[45]

다카하시 도루는, 조선 유학은 주자학을 추종한 것에 불과하여 설령 훌륭한 유학자라 할지라도 그 의미는 크지 않으며 경서 해석에도 독창적인 견해를 갖지 못하고 주희의 설을 반복했을 뿐이라고 평가했다. 요컨대 그는 도쿠가와 시대 일본의 고학파古學派가 '관학인 주자학의 권위에 굴하지 않고 새로이 하나의 학파를 수립한 것'을 기준으로 삼아 이와는 다른 조선 유학을 폄하했다. 오늘날 일본 사상사 학계의 연구 성과에 의하면 도쿠가와 일본의 고학파에 관한 다카하시의 견해가 꼭 옳은 것은 아니지만, 여기에서 그 시비를 논하지는 않겠다. 다카하시는 이토 진사이(1627~1705)·오규 소라이(1666~1728)가 주자의 학설을 뛰어넘어 새로운 견지를 개척했다고 평가하고 그러한 '주자학 비판'이나 '독창성'의 관점에서 조선 유학사의 '주자학 추종'과 '독창성의 결여'를 강조하였던 것이다.

그런데 다카하시는 위와 같은 관점에서 조선의 양명학을 '이학異學'이라 칭하며 그 의의를 긍정적으로 평가하였다.[46] 정인보 또한 조선 양명학파에 역사적 의의를 부여하였음은 앞서 기술한 대로이다. 조선의 역사를 깎아 내리려 할 경우 '이학'의 싹은 주자학 측의 탄압으로 사라져 버렸다는 점을 강조하고, 조선의 역사를 주자학 일변도에서 구제하고자 할 경우 '이학'이 싹텄다는 것 자체의 의미를 강조하게 된다. 두 사람의 강조점은 서로 다르지만 모두 '이학'은 정치권력의 중심부에 있는 주자학에 대한 비판의식에서 싹튼 것이며 이 때문에 긍정적으로 평가해야 한다고 인식하였다.

이처럼 한국 학계나 식민 당국 모두 주자학에만 편중된 것을 조선 유학사의 최대 약점으로 인식하고 있었다. 덧붙여 말하자면 조선 유학사에서 주자학이론을 둘러싼 격렬한 논쟁은, 격동의 20세기 초반을 살았던 사람들의 관점으로는 공리공담 그 이상도 그 이하도 아니었다. 식민지 당국의 입장에서도 '독창적으로 생각하여 발명해 내는 일에는 매우 빈약'하며 공리공담을 가지고 당파 싸움에 몰두하는 '민족성'이 있다고 주장할 수 있었다. 그 후 한국의 민족운동가들이 '독창적으로 생각하여 발명해 내는 일에는 매우 빈약하다'는 식민지 당국의 주장에 대항하여, 조선 유학사 속에서 '주자학 비판' 의식이나 '독창성'을 찾아내는 작업에 힘쓰게 된 것은 당연한 귀결이었다.

게다가 유학사 연구를 촉진한 또 하나의 원인으로, 활동가들이 어쩔 도리 없이 정치활동을 중단해야만 했던 당시의 사정을 들 수 있다. 안재홍安在鴻(1891~1965?) 등 항일 정치투쟁을 추진하던 활동가들은 거듭 투옥되는 참혹한 상황 속에서 문화운동으로 투쟁 방법을 변경해 갔다. 그는 다음과 같이 '조선에 고유한 것, 조선 문화의 특색, 조선의 전통을 천명하여 학문적으로 체계화하는 일'[47]에 투신하기로 결심하였다.

만주사변이 일어난 후 나는 거듭 투옥되고, 세국世局은 갈수록 험난한 데 빠졌다. 나 영오에서 헤아리건대, 정치로써 투쟁함은 한동안 거의 절망의 일이요, 국사國史를 연찬하여 써 민족정기를 불후에 남겨둠이 지고한 사명임을 자임하였다.[48]

이제껏 전개해 온 정치적 투쟁을 부득이하게 '민족의 정기를 영원히 남기는' 식민지시대의 사명을 띤 국사 연구로 전환하지 않으면 안 되었던 것이다.

요컨대 20세기 전반이라는 시대환경은 식민지 지식인을 압박하고 있었다. 유학사를 포함한 조선사 연구에는 이들 스스로의 내재적 반성이나 식민지 당국의 조선사 멸시에 대한 대항의식 등이 뒤엉켜 있었으며 정치 문제와 학술 문제가 서로 얽혀 있었다. 그 결과 조선 유학사 전개의 역사적 환경이나 조선 유학자의 정체성, 그리고 유학자들이 그토록 힘을 쏟은 경서 연구의 의미 등은 객관적으로 구명될 기회를 잃게 되었다.

17세기에 주목하다

다카하시에게 신랄한 비판을 받았던 조선 유학사, 그 본질은 어떠한 것이었을까? '독창적으로 생각하여 발명해 내는 일에는 매우 빈약하다'는 다카하시의 표현을 조선 유학사의 본질에 대한 일종의 해석이라고 할 수 있을까? 뒤에서 서술할 조선 유학사의 '특징'으로 보면, 그의 표현은 독창성보다 계승을 중시하는 조선 유학사의 전통에서 실마리를 얻은 것이다. 한국의 민족성을 폄하하려는 정치적 의도를 배제한다면, 당시의 한국 학계 또한 다카하시에게 '독창적으로 생각하여 발명해 내는 일에는 매우 빈약하다'는 인상을 준 조선 유학사의 '특징'을 심각하게 받아들이고 있었다. 그리고 이러한 '약점'은 17세기에 이르러 전환의 계기를 맞았다고 서술된다.

17세기는 조선 유학사에서 사상사적 전환이 이루어졌다고 일컬어지는 시대이다. 반복되는 외세의 침입에 허덕였던 이 고난의 시대에, 경서 해석에서 주자학적 해석과 다른 학설이 출현했기 때문이다. 20세기 한국 학계에서는 이 고난의 시대와 새로운 경서 해석의 출현이 인과관계에 놓여 있다고 다음과 같이 서술하였다.

일부 유학자들은 힘겨운 시대를 극복하기 위해 기존의 주자학을 대체할 새로운 사상을 모색하였다. 주자학의 해석과 다른 새로운 경서 해석이 바로 그러한 모색의 성과이다. 조선사는 '주자학 추종뿐이었다'는 주장과 이에 동반되는 조선 민족의 추종성은 여기에서 반증된다는 것이다. 이러한 경위를 재고찰하기 위해 시대를 약간 거슬러 올라가 보고자 한다.

16~17세기는 동아시아 각국이 새로운 질서를 수립한 시대였다. 일본에서는 도요토미 히데요시豊臣秀吉(1537(일설에 1536)~1598)가 아케치 미츠히데明智光秀(1528~1582)를 멸하고 류큐琉球(오키나와)와 에조치蝦夷地(홋카이도) 대부분을 제외하고 천하를 통일하였다. 도요토미 히데요시는 명나라를 경략할 발판으로 삼는다며 조선으로 출병하였으나 뜻을 이루지 못하고 죽었다. 그 후 도쿠가와 이에야스德川家康(1542~1616)가 세키가하라 전투에서 승리를 거두고 1603년 에도江戸에 새로운 정권을 세웠다.

중국에서는 여진족 누르하치(1559~1626)가 1616년 제위에 올라 국호를 대금大金(후금)이라 하였다. 그의 아들 홍타이지太宗(1592~1643)는 1636년에 국호를 청淸으로 고쳤으며 그 손자인 세조世祖 때에는 마침내 북경北京으로 진입했다.

한반도에서는 이성계李成桂(조선 태조, 1335~1408)가 1392년 새 왕조를 세운 이래로 200년이 지난 시기였다. 일본과 중국 사이에 끼어 있는 조선은 양국 정세 변화의 여파를 그대로 받았다. 일본(1592, 1597), 후금

(1627), 청나라(1636)에 의해 네 차례의 침략을 받아 국토와 민심은 황폐해지고 사회 기강은 문란해졌다. 게다가 '이적夷狄'인 청나라의 무력에 비참하게 패배했다는 굴욕은 조선 유학자들에게 커다란 충격을 주었다. 1637년, 전쟁에 패한 후 국왕 인조仁祖(1595~1649, 재위: 1623~1649)는 천자로서 남면南面하고 앉은 청나라 태종을 향해 삼배구고두三拜九叩頭의 예를 행했다.[49] 이 '사건'은 조선 유학자들에게 반드시 씻어 내야 할 치욕이 되어, 청조淸朝 성립 후 조선의 유학자들은 반청복명反淸復明(청 왕조를 뒤엎고 명 왕조를 부흥시키는 것)을 바라며 대륙의 정세에 주의를 기울임과 동시에 설욕의 기회를 노리고 있었다.

요컨대 조선은 17세기에 이르러 건국 이래 최대의 위기에 봉착하였다. 험난한 상황 속에서 조선의 지식인 계층인 유학자들은 새로운 활로를 모색해야만 했다. 그래서 체제교학인 주자학에 대한 문제의식이 싹터 '사상사적 전환'이 이루어졌을 것이라는 가설하에 17세기의 학술이 주목받게 된 것이다.

현대 학계는 17세기 학술사에 대해 대체로 아래와 같이 인식한다. 이 시기에 일어났다는 주자학에 대한 회의 및 주자학적 세계관의 변화는, 한국 사상사에서 중요한 전환으로 간주되어 왔다. 이는 조선 후기의 정치사상사·유학사상사·문학사상사 연구의 요체로서 이를테면 다음과 같이 설명되고 있다.

17세기 중엽에는 주자학=유학이라는 통념을 거부하고 주자를 통한 공맹의 이해, 주자학만을 절대시하는 학문 태도에 반대하는 새로운 학풍이 일어나고 있었다. 이는 무엇보다도 양란兩亂을 기점으로 시작된 중세 사회체제의 동요, 붕괴 현상과 밀접한 관련 속에서 전개되는 인식·사유 양식의 변화라고 할 수 있는 것으로, 이른바 '반주자학'의 등장이었다.[50]

성리학은 조선시대에 관학官學(통치원리)으로 이용되었던 만큼, 그 역사적 영향력은 지대하였다. 다른 한편 그러한 성리학의 학풍과 성리학 자체에 불만을 품고 더 새로운 유학[개신유학改新儒學]으로 형성된 탈성리학이 역사에 기여한 영향도 경시해서는 안 될 것이다.[51]

조선 후기 정신사의 흐름에서 일어난 새로운 변화들의 어느 경우나 그러하듯이 이 시기의 문학사상이나 문체의 변이도 주자학적 세계관의 동요·이완·해체 과정에서 그 과정 내의 일부로서이거나 또는 그 과정과는 무관할 수 없는 역학관계 아래에서 전개되었다. 따라서 그 변이 양상들에 대한 인식은 일단 주자학적 문학사상이나 문체미학을 시각의 기점으로 하여 접근하지 않을 수 없다.[52]

사료에 따르면, 17세기 조선 유학계에서는 주자학적 이기理氣·심성心性 등에 대한 논쟁이 활발하게 이루어졌다. 주자학적 해석과 다르다는 이유로 박세당朴世堂(1629~1703)의《사변록思辨錄》이나 최석정崔錫鼎(1646~1715)의《예기유편禮記類編》같은 경서 연구 관련 저작이 소각 처분된 일도 있었다. 윤휴尹鑴(1617~1680)와 박세당은 '사문난적'으로 비판받은 끝에, 윤휴는 사사되고 박세당은 75세의 고령에도 관작을 삭탈당하고 유배 명령을 받았다.[53] 즉 사료에는 주자학 측이 엄격한 원리주의로 일체의 반론을 억압한 것처럼 묘사되어 있다. 윤휴와 박세당이라는 '사문난적'의 등장에 주목하면, 17세기 조선 사상사는 주자학에의 도전자가 주자학 측과 대립한다는 도식으로 정리되기도 한다.

1966년 이병도李丙燾(1896~1989)는 윤휴와 박세당의 경서 해석에 대해 다음과 같은 의미를 부여하였다.

> 그들[윤휴와 박세당을 가리킨다 – 인용자 주]의 견해와 해석이 주자의 그 것보다 일보一步를 내딛고 아니한 여부는 잠시 별 문제로 삼더라도, 학 문의 자유를 부르짖고 구각舊殼을 이탈하려는 진보적이고 계몽적인 그 태도와 사상이 귀貴엽고 아름답다고 하겠다. 더구나 당시 당론黨論이 효 효囂囂한 살얼음판 같은 그때에 있어, 주자에 반대하는 이설異說을 토로 했다는 것은 참으로 대담하다기보다 학문적 양심에 의한 일종의 의분이 라고 하지 않으면 아니 되겠다.[54]

이병도가 가장 주목하였던 것은 관학인 주자학에 굴하지 않고 과감 하게 이견을 제창한 태도이다. 새로운 경서 주석이 유의미하다고 판정 받기 위해서는 기존의 '불충분한' 해석보다 진전된 내용을 담고 있어 야 할 것이다. 그러나 이병도는 윤휴와 박세당의 견해 및 해석이 종래 주자학적 해석보다 발전된 것인지 아닌지는 차치하고, 진보적·계몽적 인 태도야말로 중요하다고 서술하였다. 이병도의 견해의 배후에는 '심 각한 당쟁이나 주자학에 반하는 이설에의 탄압이라는 시대적 배경이 있음에도 불구하고'라는 전제가 존재하기 때문이다. 윤휴와 박세당의 경서 주석은 그 내용적 가치를 따지기 전에, 이견을 과감히 제출한 '진 보적·계몽적' 태도로 인해 조선 사상사에 의미 있는 저작으로 간주되었던 것이다. 그런데 윤휴와 박세당은 왜 주자학과 다른 주석을 저술한 것일까?

윤휴와 박세당은 네 차례에 걸친 외세의 침략으로 국토와 민심이 황폐해진 험난한 시대를 살고 있었다. 이보다도 한층 더 심각한 현실에 직면하였던 식민지시대의 한국 지식인들은 '윤휴와 박세당이 주자학으로는 위기를 극복할 수 없다고 판단하여 새로운 사상을 추구했다'라는 논리를 세웠다. 그런 까닭에 윤휴와 박세당은 반주자학적 사상을 지닌 인물로 간주되었다. 나아가 조선 후기 실학파 출현의 맹아가 되는 사상사적 전환을 불러일으킨 인물로 평가받기에 이르렀다. 이병도는 17세기의 일부 유학자가 주자학적 세계관을 비판하고 고전을 다시 읽어 현실 문제를 해결하고자 하는 새로운 학풍을 열었다고 서술하면서, 윤휴와 박세당을 실학파·반주자학파의 양대 거두로 칭하였다. 게다가 참신한 경서 해석으로 인해 두 사람이 정계와 학계에 물의를 빚어 '사문난적'이라는 낙인이 찍히게 되었다면서 이들의 활약이 지니는 선구적 가치를 강조하였다.[55]

17세기의 사상사적 전환이라는 측면에서 좁혀 생각해 보면, 이병도의 초점은 윤휴와 박세당이 이뤄 낸 업적의 구체적인 내용이 아니라 그 상징적 의미에 있었다. 이전 사상체계에 대한 문제의식을 지니고 정치적 박해를 받으면서도 굽히지 않았다는 점에서, 그들이 조선 유학사에 대해 '진보적·계몽적' 전환을 이루었다고 평가한 것이다.

1970년대에 이르자 박세당의 경서 주석서인 《사변록》은 "반주자학의 기치 아래에서 상당한 이론을 갖춘, 한 사상의 결정체이다. 실천사상의 경향이 《사변록》에서는 보다 알차고 다양한 사상으로 개화하였다"[56]라는 평을 받았다. 반주자학적·실천적 사고가 이론을 갖춘 사상으로서 이 책에 구체화되었다는 것이다. 그리고 《사변록》의 주석은 "당시 상황으로 보자면 유례를 찾을 수 없는 새로운 것이었다. 그는 경전 해석에서 어떠한 기존 관념에도 구애되지 않는다"[57]라고 평가되었다.

이같이 윤휴와 박세당의 경서 해석은 '주자학 비판'을 위해 쓰인 저작으로 간주되었고, 이러한 측면에서 그들의 '독창성'과 '실천성'에 대한 분석이 이루어지게 되었다. 여기에서 "유례를 찾을 수 없는 새로운 것"이라는 말은, 권위 있는 기존의 주석, 즉 주자학적 해석과는 이질적이라는 것을 의미한다. 조선 유학자 박세당의 저작이 '주자학과 다른 독창성'을 지녔다는 것은, 식민지시대 이래로 조선 유학사가 뒤집어쓴 '주자학 추종', '독창성의 결여'라는 오명을 씻어 줄 수 있는 열쇠였다. 그 배경에는 식민 당국의 어용학자가 조선 유학사를 폄하한 이른바 '식민사관'에 대한 뿌리 깊은 문제의식이 존재한다. 식민사관을 배제하는 일은 1970년대에 여전히 한국 학계의 중요한 과제로서 인식되고 있었던 것이다. 윤사순은 식민사관을 극복 대상으로 거론하며 다음과 같이 식민지 유학의 잔재를 없애려 노력하였다.

한국인의 특수한 사상적 능력이 전래傳來의 유학에 입각하여 전개한 그 것이 다름 아닌 한국 유학이다. 그러나 일본인 관학자들은 이러한 한국 유학의 독자성을 극구 부인하려 하였고, 부인함으로써 한국 사상으로서의 한국 유학의 존재를 말살하려 하였던 것이다. 한국 유학의 독자성을 부인하기에 앞장섰던 대표적인 학자가 다카하시 도루다. 그에 의하면, 한국에서는 유학이 수입된 이후 어떠한 변화나 발전도 없었다는 것이다. 그는 그 점을 특히, 고려 이후 '주자학[성리학]'을 가지고 역설한다. 한국에서는 고려 말부터 조선 말에 이르기까지 640여 년간, 오직 주자학만이 융성하여 학자들이란 어느 누구나 거기에 함몰할 줄밖에 몰랐지만, 필경은 퇴계·율곡의 사단칠구四端七究에서 보듯이, 주자의 진의 여부나 따지는 데서 머물고 말았다는 것이다. ……한국 유학에 대하여 근거 없이 부정적으로 대하고 과소평가하려는 태도야말로 오늘날 시급히 청산해야 할 식민지 유학의 잔재이다.[58]

윤휴와 박세당의 경서 주석을 주목한 것은 조선 유학사를 주자학 추종과 독창성 결여로 폄하하는 '식민사관'을 청산하기 위한 작업의 일환이었던 것이다. 그리고 많은 연구자가 이 과제의 규명에 힘썼다.

1990년대가 되자 윤휴와 박세당의 경서 주석은 '경학經學'으로서 본격적으로 연구되기 시작했다. 그전까지 그들이 지닌 학문 태도 자체의 유의미성이 강조되었던 것과는 다른 양상이다. 박세당과 윤휴의 경서 주석 내용을 구체적으로 분석해야 할 필요성은 다음과 같이 주장되었다.

주자학적 경전 해석과 반주자학적 경전 해석 간의 갈등은 1920년대 장지연張志淵의 《조선유교연원朝鮮儒敎淵源》에서 언급된 이래, 이미 조선조 유학의 연구자들에게는 그다지 새로울 것이 없는 상식이었다. ……[주자학과 반주자학 사이의 갈등에 있어서-인용자 주] 이론적 근거가 되는 것은 경학설經學說인데, 이에 관한 탐구는 본격적으로 진행된 것이 전무한 실정이다. ……주자학으로부터의 탈피 과정에 있었던 반주자학적 사상가들의 경학관經學觀은, 실학적 경학관을 열어 주는 중대한 '계기'가 되었으리라 여겨진다. 더욱이 주자학 전성시대의 그 도도한 흐름에 정면으로 마주 선 사상이었다는 점을 고려할 때, 이들의 학술은 이제 상식적인 기술에 그치지 않고 구체적 내용을 분석, 그 실태를 확인하는 작업이 이루어져야 한다고 본다.[59]

17세기 조선 유학사가 주자학파와 반주자학파의 대립 구도로 서술되고 있음에도 불구하고 그 근거가 되는 경서 해석에 대한 본격적인 연구는 이루어지지 않았다는 것이다. 이러한 문제 제기로부터 조선 유학 연구사에 대한 다음과 같은 정황을 그려 낼 수 있다.

윤휴와 박세당은 반주자학파로 간주되어 왔다. 이들이 반주자학파로 일컬어져 온 이유는 경서 해석에서 주희의 설을 비판하는 입장을 취하였기 때문이다. 그럼에도 불구하고 그들의 경서 주석이 본격적으로 분석된 적은 거의 없다. 다만 주석에 나타난 '말투'나 주희의 해석을 따르지 않는 태도에서 '반주자학성'을 발굴해 냈다. 즉 17세기 조선 유학사를 논한 '주자학파와 반주자학파의 대립'이라는 도식은 당시의 저작들을 분석한 뒤에 귀납적으로 얻어 낸 도식이 아니었다.

윤휴와 박세당의 학술활동은 확실히 조선 사회에 물의를 일으켰다. 그런 까닭에 한국 학계는 식민사관의 극복이라는 과제 해결을 위해 윤휴와 박세당의 학문 태도에 주목하였다. 사료에도 윤휴와 박세당이 박해를 받은 것은 주자학적 경서 해석에 반하는 저술을 하였기 때문이라고 기록되어 있다. 이 기록들에 근거하여 윤휴와 박세당은 주자학을 극복하고자 했던 인물로 간주되어 왔다. 그 저작이 어떻게 주자학적 경서 해석을 극복하였는지 구체적으로 궁구하는 작업은 이루어지지 않은 상태였다.

앞서 기술한 바와 같이 1990년대에 이르러 뒤늦게나마 윤휴와 박세당의 경서 주석이 분석되기 시작하였다. 이 분석을 바탕으로 주자학적 해석과 다른 부분에서 '독자성'과 '실천성'이 강조되었다. 그 후 기존 관점이 더욱 심화되어 17세기 유학사를 주자학파와 반주자학파의 대립으로 묘사하는 도식은 점차 굳어졌다. 윤휴와 박세당의 주석은 자주 이러한 대립 도식 안에서 논의되었다.[60]

조선 유학사가 '주자학 일변도'가 아니었음을 논증하는 작업은 '반주자학' 연구에서뿐만 아니라 한국 양명학사 연구에서도 이루어져 왔다. 2005년, 한국 양명학 연구를 전망하는 자리에 "식민사관의 망국론에 기초한 주자 일존주의의 학풍으로 일관하였다는 오해와 오류에서 벗어나, ……[한국 양명학 연구자들은] 한국의 사상사가 주자학을 한국화하는 과정의 연속이 아니라, 다양한 사상계의 자유로움과 왕성한 학술적 활동이 이루어졌던 사실을 보여 줘야 한다"[61]라는 서술이 보인다.

그렇다면 윤휴와 박세당의 주석에서 '주자학 비판', '독창성', '실천성'을 강조하는 방법을 통해 조선 유학사는 '주자학 추종', '독창성의 결여', '허虛와 가假의 학문'이라고 폄하해 온 '식민사관'을 벗어나서 정상화 되었다고 할 수 있을까?

일련의 사료로부터 가설을 세워 그 내용들을 일반화한 학설이 생겨나고 그러한 학설이 학계에 널리 수용되는 것은, 얼핏 보면 문제가 없는 학설 확립의 과정이다. 그러나 여기에서는 식민사관의 극복이라는 과제가 지나치게 중요시되고 있었다. 그 과제에 속박되어 시야가 좁아지는 것에 대한 경계나 사료의 내용을 지나치게 일반화할 위험성은 고려되지 못하였다. 이 같은 문제 제기가 일찍부터 있었으나 그다지 큰 주목을 받지는 못한 듯하다. 이러한 문제 제기들 가운데 1974년에 기술된 에드워드 W. 와그너의 견해를 소개하고자 한다. 17세기 조선의 사회계층에 관한 논문에서 와그너는 기존 통설에 대해 자신의 연구가 갖는 의의를 다음과 같이 제시하였다.

이 견해[조선 사회의 성격에 관한 통설을 가리킨다―인용자 주]의 바탕이 되는 논거의 본질은 무엇일까? 이러한 논거가 결여된 것은 아니지만 이 일련의 특징적인 성격을 간추려서 제시한 결론 속에 잠재된 수많은 난제들이 앞으로 보다 철저하게 연구되어야 한다는 사실은 모든 면에서 인정하게 될 것이다. 그렇다면 이와 같은 일련의 학설이 당초 어떻게 생겨났을까? 이 문제에 대해 필자는 이렇게 생각한다. 누군가가 생각할 수 있는 몇 가지 가설 중의 하나를 제시했는데, 그 주장이 학계에 수용되기 위해서는 궁극적으로 증거가 뒷받침되어야 함에도 불구하고 증거가 전혀 뒷받침되지 못한 상태로 학계에서 광범위하게 수용되는 단계에까지 이른 것이다. 이러한 진단이 맞다면, 사실과 그 추측 간의 거리를 좁히는 것이 바람직할 것이다. 이 글은 그러한 목적에 조금이나마 기여하기 위한 의도에서 쓰인 것이다.[62]

이 책은 이러한 사고를 토대로 기존의 조선 유학사 연구를 다음과 같은 관점에서 조명하여 새로운 한 걸음을 내딛고자 한다.

1930년대부터 오늘날에 이르기까지 '조선에는 반주자학파나 양명학파도 존재하였으며, 결코 주자학 일변도였던 것은 아니었다'라는 '논증'이 행해져 왔다. 그럼에도 불구하고 조선의 학술은 여전히 주자학을 한국화하는 과정이라고 (다시 말해, 조선 학술사는 주자학을 위주로 전개되었다고) '오해'되고 있다. 그 까닭은 무엇일까? 이 '오해'는 어째서 그토록 해소되지 못하고 있는 것일까? 본래 조선 사상사에 존재했다고 상정되는 다양성은 어째서 아직까지 논증되지 못하고 있는 것일까? 한국 학계는 앞으로도 계속해서 이 '오해'를 풀기 위한 싸움에 힘을 쏟아야만 하는 것일까?

이 문제는 다음과 같이 바꾸어 말할 수 있다. 요컨대 반주자학파를 포함하여 다양한 학파가 주자학에 도전하며 등장했다는 관점은 조선 유학사에 대한 정확한 파악이 아니며, 더 나아가 말하자면 모두가 납득할 수 없는 가공의 주장은 아닐까? 이러한 관점을 적용하는 한 '오해'와의 싸움은 계속될 수밖에 없지 않을까?

이상의 내용을 바탕으로 생각해 본다면, 식민사관으로부터 탈피하려는 노력은 양날의 검이었다. 주자학에 도전한 인물이나 저작이 과도하게 주목받은 반면, 조선에서 가장 융성했던 주자학 방면에 대한 고찰이나 평가가 충분히 이루어지지 않게 되었기 때문이다. 게다가 주자학 측과 반주자학 측의 대립 도식에 갇혀, 평생 주자학을 연구했던 조선 유학자의 본질을 구명하는 데는 소홀했기 때문이다.

윤사순이 조선 유학을 폄하한 '식민지 유학'을 청산하기 위해 조선의 '성리학'과 '실학'을 재평가해야 한다[63]고 주장한 것도, 유학사상사 연구에 균형을 되찾을 필요성을 지적한 것이라고 해석할 수 있다. 식민지 시대 이후로 탁상공론이나 당쟁의 온상이라 불리며 면밀하게 밝혀지지 않은 조선 성리학사에 대해 한층 더 깊은 연구가 필요하다는 것이다. 또 최석기는 "한국의 경학 연구는 실학 연구의 연장선상에서 이루어지면서 주자학을 극복하려는 사상을 가진 경학가들에게만 주목해 왔다. ……경학가들의 설을 구체적으로 심도 있게 논의하지 않은 상태에서 그들의 경학사상을 '반주자학'·'탈주자학'·'탈성리학' 등으로 성급히 결론지으려 하였다"라고 지적하였다.[64] 조선의 저작에 대한 구체적인 연구를 통해 그 사상을 파악해 온 것이 아니라, 주자학에 대한 도전이라는 주제에 초점을 맞춰 서둘러 결론을 지었다는 것이다.

뒤에서 서술하겠지만, 17세기 조선 유학자들은 만주족인 청나라를 대신하여 중화의 도통道統을 계승하고자 하였으며 계승할 도의 중심은 바로 주자학이었다. 이러한 시기에 어떻게 주자학에 대한 회의가 생길 수 있었던 것인가? 그리고 주자학에 대한 회의를 증명할 사료는 있는 것인가? 주자학에 대한 회의를 증명해 줄 사료가 존재하지 않는다면, 즉 17세기 조선 유학사에서의 '전환'이 '주자학에 대한 확신에서 회의로의 변화' 같은 것이 아니라면, 그 전환이란 대체 어떤 것이었을까? 이 물음에 답하기 위해서는 먼저 17세기 조선 유가 사회의 내부 깊숙이 들어가 그 특징을 고찰해야 할 것이다.

朝鮮儒學史

2

17세기
유학자 세계의 양상

17세기 조선 사상사의 전개에 관해서는 다음과 같은 두 가지 특징이 항상 거론된다. 먼저 주자학 연구의 심화와 이에 동반하는 주자학의 교조화이다. 또 하나는 주자학에 대한 회의 및 비판의식의 탄생과 성장이다.

전자는 중국에서 '북적北狄'이 '중화中華'를 대체하게 된 사태에 직면하여, 조선 유학자가 중화문화의 계승자임을 자임하고 주자학적 도통道統의식을 더욱 견고히 하였다는 논리에 기초한다. 이 논리는 17세기 사료 속에서 주희의 저술에 대해 철저히 분석·연구한 저작 및 중화의 계승을 자임하는 언설이 다수 발견된다는 점에서 근거와 설득력을 모두 갖추고 있다.

한편 후자는 네 차례에 달하는 외세의 침략을 받고 국가 사회의 전면적 위기에 직면한 지식인들이 체제교학인 주자학의 한계를 통감하고 이를 대신할 새로운 사상을 모색하였다는 논리에 기초한다. 이 모색은 17세기 근대의식의 성장을 의미하는 사상사적 전환일 뿐만 아니라 조선 후기에 등장하는 '실학'의 맹아가 된다는 점에서 중시되었다.

후자의 근거로는 17세기의 일부 유학자가 저술한, 주자학의 해석과 다른 경서 주석이 제시되었다. 그러나 그 '다른 견해'가 과연 주자학을 비판하려는 의도에서 나온 것이며 내용상으로도 주자학이론과 다른 것인지에 관해서는, 근거와 설득력을 갖춘 논증이 이루어졌다고 하기는 어렵다. 건국 이래 최대의 위기 속에서 기존 이데올로기에 대한 반성이 싹텄을 것이라는 추측은 있지만, 주자학적 도통을 핵심으로 하는 '중화'를 계승하려는 의지로 충만한 상태에서 주자학 자체에 대한 회의가 싹트고 이러한 문제의식이 어떠한 성과를 거두었는지 확인할 수 있는 사료가 충분치 않기 때문이다. 그러므로 정치적인 분쟁과 얽혀 주자학이 한층 교조화되던 17세기 상황에서 정면으로 주자학을 비판할 수 없었을 것이라는 추론으로 사료의 불충분한 면을 보충해 왔다. 즉 17세기 저작을 독해함에 있어 주자학을 비판하는 직접적인 표현이 없더라도 저작의 행간에서 주자학에 대한 비판의식을 '발견'해 내는 것이 주요 연구 방법 중 하나가 되었던 것이다.

그런데 후자의 증거로 거론되던 사료들의 '행간'을 읽기에 앞서 문면文面의 의미 그 대로 이해했다면 어떠했을까? 주자학 비판의식과 관련된 증거는 좀처럼 발견되기 어렵지 않았을까? 게다가 행간에서 저자의 의도를 파악하는 방법을 쓰려 한다면, 저자가 처해 있던 사회적 상황이나 역사적 문맥을 먼저 확인해야 할 것이다. 이것이 선행되지 않으면 행간에서 저자의 저작 의도를 파악해 내는 작업은 연구자의 문제 의식에 좌우되어 사료의 원의原義에서 벗어나게 될 가능성이 있다.

아래에서는 먼저, 17세기 조선이라는 사회가 본래 이러한 대립적인 도식이 생겨날 수 있는 환경이었는지 확인하기 위해 사대부 사회의 구체적인 양상을 살펴본다. 앞 서 기술한 바와 같이 조선 유학사는 동아시아의 시야에서 고찰할 필요가 있다. 따라 서 도쿠가와 시대 일본 유학자 세계의 양상을, 조선 사대부 사회와 현저하게 다른 부분에 초점을 맞추어 소개한다. 두 나라 유학자들이 각기 사회의 속성에 맞추어 서 로 다른 유학사를 전개해 왔음을 확인할 수 있을 것이다. 그리고 유학사 전개의 배 경이 되는 사회환경을 들여다본다. 이를 통해 한·일 유학사가 서로 다른 방향으로 진행된 이유를 확인하고자 한다.

1절
조선의 사대부 사회

17세기 조선 유학자들에게 경서를 읽고 주석을 다는 행위는 어떠한 의미를 갖는 일이었을까? 이들이 지닌 사유 방식의 속성을 상징하는 몇 가지 양상을 예로 들어, 그 의미에 대해 생각해 보고자 한다.

화이변태華夷變態에 임하는 자세

1674년(현종 15) 3월, 부청사은사赴淸謝恩使 김수항金壽恒(1629~1689)은 북경에서 오삼계吳三桂의 거병을 비롯한 반청복명운동反淸復明運動의 전개에 관한 정보를 입수하였다. 그는 신속하게 조정에 상주하기 위해 통역관 김시징金時徵을 먼저 귀국시켰다.[1] 반청복명운동의 성공을 기대하며 하루빨리 이 사실을 조정에 알려야 한다고 판단했을 것이다.

　같은 해 7월 윤휴尹鑴는 현종顯宗(1641~1674, 재위: 1659~1674)에게 북

벌北伐을 청하는 상소를 올렸다.

지금 북쪽의 정세에 대해 자세히 알지는 못합니다만, 추류醜類(만주족의 멸칭)가 함부로 중국 땅을 점유한 지 이미 오래되어 화하華夏의 원망과 분노가 일기 시작하였습니다. 그리하여 서쪽에서는 오삼계가 일어나고 남쪽에서는 공씨孔氏(공유덕孔有德의 세력)가 제휴하고 있으며 북쪽에서는 달지㺚子[2]가 기회를 노리고 동쪽에서는 정씨鄭氏(정성공鄭成功의 세력)가 틈을 엿보고 있습니다. 머리를 짧게 깎인 명나라 유민들은 가슴을 치고 숨을 죽인 채 한漢나라를 그리며 잊지 못하여 휘몰아치는 바람 소리에 귀를 기울이고 있으니, 천하의 대세를 알 수 있습니다. 우리는 이웃한 나라로서, 요충지에 자리하고 천하의 뒤편에 위치하여 전성全盛을 누릴 수 있는 요건을 갖추고 있습니다. 그런데 지금 이 시기에 군대를 일으키고 격문을 띄워 천하를 위해 제창함으로써, 세력을 열고 천하 사람들의 마음을 움직여 천하의 근심을 함께하고 천하의 의리를 돕지 않는다면, 칼을 쥐기만 하고 베지 않으며 활을 만지기만 하고 쏘지 않는 것과 마찬가지입니다. 이는 안타까운 일일 뿐만 아니라, 실로 선대先代를 추모하고 유업遺業을 계승하려는 우리 성상의 마음이 우리 조종祖宗과 선왕先王께 닿지 못하여 천하 만세에 할 말이 없게 될 것입니다.[3]

윤휴는 중국 각지에서 일제히 발생하고 있는 반청복명의 정세를 열거한 다음, 이것이야말로 천하의 대세라고 말한다. 그리고 우리 조선은 이 기회를 놓치지 말고, 조선의 평안을 위해서가 아닌 천하의 의義를 구하기 위해 거병해야 한다고 주장하고 있다.

군사행동을 통해 중화를 되찾자는 이와 같은 건의는 실행되지 못하였다. 그러나 조선 유학자들은 천하의 대의로서 북벌이 지닌 의의를 잊지 않고 있었다. 예컨대 한원진韓元震(1682~1751)은 이전 효종 대에 구체적인 북벌계획을 세웠던 것은 천하의 대의라며 이를 자랑스럽게 거론하였다. 그리고 바다와 육지에서 함께 공격했다면 북벌계획은 성공했을 것이라고 하였다.[4] 이이명李頤命(1658~1722)은 효종의 북벌계획에 대해 불리한 형세를 돌아보지 않고 개연히 대의를 밝힌 것이라 평하고, 그 계획은 실현되지 못하였으나 천하 만세에 길이 대의를 관철했다고 강조하였다.[5]

조선 유학자들은 조선이 '천하를 바로잡아 안정시키기[一匡天下]' 위해 중심적 역할을 수행해야 한다는 의론에 근거를 부여하기 위해, 한층 더 나아가 '정통론'을 전개한다. '정통론'이란 중국 역대 왕조의 정통과 비정통을 엄격하게 변별하는 것이다. 조선 유학자들은 정통론을 통해 청이 중원의 영토를 장악하여 통치하고 있다는 사실이 반드시 그가 정통임을 의미하지는 않음을 말하고자 했다.[6] 그들은 주희의 《자치통감강목資治通鑑綱目》에 입각하여 정통과 비정통을 엄격하게 분별했다. 여기에서는 유비劉備(161~223)의 '왕통王統'과 촉한蜀漢의 '정통政統'은 '정통正統'으로 존숭하고, 조조曹操(155~220)의 '왕통'과 위조魏朝의 '정통'은 낮게 평가하고 있다. 청의 천하가 흔들림 없이 강고해질수록 조선 유학자는 주자학적 '도통론道統論'을 주된 근거로 삼아 중화의 도통 계승을 자임하였다.[7]

한원진은 "우리 조선에 이르러 열성列聖이 이어지고 현상賢相이 대대로 배출되었다. 수기치인修己治人을 하는 이는 반드시 요순堯舜과 문무의 도를 본받는다. 따라서 예악형정禮樂刑政과 의관문물은 모두 중국의 제도를 그대로 따랐다. ……해내海內가 오랑캐의 누린내로 가득하던 시대에도 [우리 조선은] 한모퉁이에 치우쳐 있는 나라임에도 유일하게 중화의 다스림을 유지하였으니 옛날[남송시대] 민월閩越에 견주어도 손색이 없다. 그러니 우리가 중국에 나아가 왕도王道를 행하고 천하를 소유하더라도 안 될 것은 없다"[8]라고 하여, 중국 성현의 도나 중국의 제도는 오늘날 유일하게 조선이 계승하고 있으므로 중국 본토에 진출하여 왕도를 행하고 천하를 통치할 자격이 있다고 자부하였다. 또 윤봉구尹鳳九(1683~1767)는 "사해四海에 이적夷狄의 비린내가 진동하는 가운데, 우리는 홀로 소화小華(소규모의 중화)이다"[9]라면서 조선이 유일하게 중화를 계승한다는 자부심을 내비친다.

원래 '동이東夷'였던 조선 민족이 옛날 중화문명에서 건너온 기자箕子의 교화 덕택에 '화華'로 다시 태어났음을, 조선 유학자들은 자랑스레 언급하고 있다.[10] 조선 건국 시에 '나라의 시조인 단군'과 함께 '교화의 군주[敎化之君]'로서 기자의 제사를 올린 이래로,[11] 기자는 조선 유학자들에게 숭배되었다. 중화문명을 상징하는 기자를 숭배하면서도 민족의 시조인 단군을 동시에 제사 지낸 것이다. 이것이 바로 조선에서 "자국 중심과 중국 중심의 이중二重 천하가 미묘한 형태로 병존"[12]하였다고 분석되는 이유일 것이다.

중국이 한국과 육지로 이어져 있기 때문에 청나라 군대의 무력은 조선의 흥망에 상당한 영향을 끼친다. 조선 유학자가 중화와 이적이 교체되는 중국의 정세에 민감하게 반응하는 것도 이런 이유에서다. 한편, 조선 유학자에 비하면 도쿠가와 시대 일본의 유학자는 바다 건너 대륙의 정세와 관련하여 방관하는 쪽이라고 할 수 있겠다. 물론 일본 유학자들 가운데, 명청 교체라는 큰 사건에 대해 조선 유학자와 마찬가지로 화이관념에 기초하여 명나라의 회복을 바라는 심정을 피력한 이가 없었던 것은 아니다.

도쿠가와 시대 전반기의 유관儒官인 하야시 가호林鵞峯(1618~1680)[13]는 〈화이변태서華夷變態序〉[14]에서 다음과 같이 말하였다.

숭정제崇禎帝는 훙거薨去하고 홍광제弘光帝는 포로가 되어 당왕唐王·노왕魯王 등 명明의 세력은 겨우 남쪽 구석을 지킬 뿐, 달로韃虜(즉 청)가 중원에 횡행하고 있는데 이는 화華가 이夷에게 자리를 빼앗긴 사태이다. 아득히 먼 저쪽의 사정은 자세히 알 수 없고, 《초틈소설剿闖小說》·《중흥위략中興偉略》·《명계유문明季遺聞》 등의 서적을 통하여 대강만 알 뿐이다. 생각건대 주씨朱氏 명조明朝가 천하를 잃은 것은 우리 일본의 정보正保 연간(1645~1648)에 해당한다. 그 후로 30년간 복주福洲·장주漳洲의 상선이 나가사키長崎에 왕래하면서 전한 이야기를 에도에 보고하는 자가 있어, 그 가운데 국가에 보고한 내용을 읽고 일본어로 번역하는 일에 우리 가문[임가林家]이 참여하지 않은 적이 없었다. 그 초안은 폐지 더미 속에 방치된 채로 있었는데 없어질까 우려하여 순서를 매기고 기록해서 책자로 만들어 《화이변태華夷變態》라고 이름 붙였다. 근래 오삼계吳三桂, 정성공鄭成功 등이 각 성省에 격문을 띄워 명나라를 회복하고자 거병했다고 하는데, 그 승패는 알 수 없다. [그러나] 만약 이夷가 화華로 대체되는 사태가 일어난다면, 이역異域의 일이라고는 해도 기쁘지 않겠는가.[15]

1644년 이자성李自成이 북경을 공격하여 함락시킨 뒤, 명나라 최후의 황제인 숭정제(1611~1644, 재위: 1627~1644)는 경산景山에서 목을 매어 자진했다. 1645년 남명南明의 초대 홍광제(1607~1646, 재위: 1644~1645)는 청나라 군대의 추격을 받다 패전한 뒤 포로의 몸이 되어 북경으로 압송되었다. 하야시 가호는 남쪽 일부분을 제외한 중원 대부분이 만주족 천하가 되어 버린 형세를 중화가 이적으로 교체된 사태라고 인식하였다. 그는 도쿠가와 정부의 유관으로서 나가사키에서 에도로 전달되는 중국의 정보를 일본어로 번역하여 보고하는 임무를 맡고 있었다. 나중에 그 한문 초안을 편집하여 책자로 만들어《화이변태》라는 이름을 붙였다. 그러나《화이변태》라는 서명은 중국의 최신 정보를 모은 책의 제목으로 꼭 들어맞는 것은 아니다. 그 속편의 서명인《기항상설崎港商說》이 좀 더 적절한 이름이라고 할 수 있겠다.[16] 하야시 가호는 중국의 반청복명운동에 대해 그 승부의 행방은 알 수 없다면서도, '화華'가 다시 '이夷'를 대체하여 중원을 회복하면 기쁘겠다고 말한다.

하야시 가호는 조선 유학자 윤휴와 마찬가지로 화이사상에 입각하여 '화'의 회복을 바라고 있다. 한문이나 유학으로 대표되는 '중화'가 이적의 위협을 받는 사태에 대해 애석함을 금치 못하였던 것이다.

미야지마 히로시宮嶋博史는 명청 교체를 화이변태로 이해하는 하야시 가호의 견해에서 '17세기 동아시아 세계의 일체화'가 발견된다고 다음과 같이 말하였다. "송조宋朝가 금金이나 원元이라는 비非한족 왕조로 교체되었을 때, 이를 화이변태로 파악한 견해는 없었다. 이러한 변화의 배경에는 송대에 비해 훨씬 심화된 동아시아 세계의 일체화가 존재하고 있다."[17]

분명히 이렇게 말할 수 있을 것이다. 다만 한국과 일본의 유학자가 속해 있던 당시 사회 배경은 이들이 그대로 일체화의 길을 계속 걸어가 도록 두지 않았다. 중국에서 발한 화이관념은 현저히 다양하게 해석되기 시작한다. 그리하여 중국에서 일어난 화이변태라는 사건이 초래한 동아시아의 일체화란, 각기 다른 입장에서 화이관념에 주목하고 자신들의 역할을 생각하기 시작했다는 의미이지 중국 본래의 '화'를 지키고 '이'를 물리치자고 모두가 합의하였다는 뜻은 아니다.

사대부 계층의 출생과 성장

통설에 의하면 조선 건국의 주역은 고려 후기 새로이 등장한 '신흥사대부' 가운데 급진개혁파와 신흥 무인 세력의 연합이라고 한다. 이 통설을 만들어 낸 연구에서는 조선 건국 세력과 고려조의 지배계층이 현저히 다르다는 점을 밝히고자 하였다.[18] 한편 이와 같은 통설에 강하게 의문을 제기한 연구도 있다.

존 B. 던컨은 고려 중·후기와 조선 전기 관료집단의 교체나 주요 가문의 부침을 분석하여, 왕조 교체 전후의 지배층에 큰 변화가 발견되지 않음을 논증하였다.[19] 던컨의 연구 성과는 사료 분석을 통해 얻은 것이므로 통설에 대한 전면적인 재검토를 불가피하게 만들었다. 그러나 그렇다고 하더라도 고려조의 관료귀족과 본 장에서 기술할 조선조 사대부를 결코 동일한 정체성을 지닌 이들이라고 할 수는 없다. 뒤에서도 서술하겠지만 본 장에서는 조선 사대부들이 고려를 전면 부정함으로써 입신立身한 존재가 아니기 때문에 더더욱 독특한 정체성을 지닌다고 주장한다.

본 장에서 말하는 사대부란 자신이 조선 사회를 이끌어 나가는 존재라고 인식한 사람들이기는 하나 그들이 반드시 조정의 고위 관료였던 것은 아니다. 다시 말하면 고위 관료는 소위 사대부 계층의 극히 일부에 불과하다. 조선조의 관직자나 문벌가를 분석하는 것이 그 자체로 유의미한 방법이기는 하다. 하지만 조선시대를 명확히 이해하기 위해서는 관직의 유무를 막론하고 유학자로서의 사명을 강하게 인식하며 살아간 사대부층에 대해 생각하지 않으면 안 된다.

우선 조선시대 사대부라는 존재를 살펴보고자 한다. 사대부란 말할 필요도 없이 중국에서 유래한 존재이다. 중국에서 구시대의 지식인 계층을 가리키는 '사대부' 개념은 대략 다음과 같은 변화를 거쳤다.[20]

1. '대부大夫'와 '사士'는 본래 상대商代부터 춘추시대까지는, 공公·경卿·제후諸侯의 아래에 위치하는 귀족계급의 칭호였다.[21]

2. '대부'와 '사'의 지위에 큰 차이가 없다는 점에서 주대周代에 이 둘을 합쳐 '사대부'라고 한 기록이 있다.[22] 여기에서 사대부는 육직六職(왕공王公, 사대부士大夫, 백공百工, 상려商旅, 농부農夫, 부공婦功) 가운데 두 번째에 위치한다.

3. 전국시대에 '사' 계층은 귀족계급에서 빠진 귀족과 서족庶族의 중간 계층이었다.[23] 여기에서는 학문을 통해 지위를 얻는 것을 '사'라 한다. 《맹자》에 "하사下士와 서인庶人으로서 관직에 있는 자는 녹봉이 같다"[24]라고 하였듯이, '사'의 하층과 서인의 상층은 점점 합

처지는 상황이었다. 귀족계급에서 내려온 사람이나 서인에서 올라온 사람에 의해 '사' 계층이 확대됨과 동시에, 벼슬의 의미라든지 벼슬하는 올바른 방법에 대해서도 논의가 늘어 갔다.[25]

4. 한대漢代 이후로 '사'의 정신을 지닌 유가 지식인들이 국가제도 정비 등에서 중요한 역할을 이행함으로써 그 지위가 높아져 갔다.[26]

5. 세습되는 사족士族으로서 부동의 지위가 되어, 고대의 이상주의적인 '사' 정신을 지닌 송대宋代 이후의 신유가新儒家가 출현한다. 그들은 관리인 경우도 있는데, 그 역할은 관리의 직무에 한정되지 않는다. 이들이 추구하는 풍격風格은 "천하가 근심하기 전에 먼저 근심하고, 천하가 즐거워한 다음에 즐거워한다"[27]라는 범중엄范仲淹(북송北宋 989~1052)의 정신을 표준으로 삼는다.

조선조에서는 3대 국왕 태종太宗(1367~1422, 재위: 1400~1418) 때부터 조선 말기까지 '사대부'라는 말이 빈번하게 사용되었다.[28] 16~17세기에 '사대부' 정신이 더욱 강조되어 갈수록 위의 5번 항목에 서술한 송대 이후 신유가의 풍격이 두드러진다.

이들 사대부 집단은 고려왕조 말기 신왕조 개창에 반대한 인물들에서 유래한다. 바꾸어 말하자면, 조선의 사대부는 새로운 왕조의 개창을 맹렬히 반대한 끝에 죽임을 당한 정몽주鄭夢周(1337~1392)에게서 자기 정체성을 찾았다. 정몽주는 신왕조 개창에 협력한 정도전鄭道傳(1342~1398)·조준趙浚(1346~1405)의 주살을 요구하는 상소를 올리는 등 신왕조 개창을 극구 저지하다가 결국 조선 태조 이성계李成桂의 다섯째 아들 이방원李芳遠(훗날의 태종)에게 죽임을 당하였다.[29]

그러나 이방원이 3대 국왕으로 즉위한 1400년, 신왕조의 참찬문하부사參贊門下府事 권근權近(1352~1409)은 고려조에 대해 절의를 지킨 정몽주와 길재吉再(1353~1419)를 포창할 것을 건의하였다. 그는 상소문에서 "창업하는 때에 우리를 따르는 이는 상 주고, 따르지 않는 이는 벌하는 것은 본디 마땅한 일입니다. 대업이 이미 정립된 수성의 시기에 이르러서는 반드시 절의를 다한 전대前代의 신하들을 포상하여 죽은 자는 추증하고 살아 있는 자는 등용하며 아울러 정표旌表와 상을 내림으로써 후세 인신人臣의 절의를 장려해야 하니, 이는 고금의 통의通義입니다. ……정몽주는 고려를 위하여 죽었는데, 유독 오늘날 추증할 수 없단 말입니까. ……전前 주서注書 길재는 고절苦節을 지닌 선비입니다. ……혁명 뒤에도 오히려 옛 임금을 위하여 절개를 지키고 작록을 사양한 사람은 오직 이 한 사람뿐입니다. 어찌 고상한 선비가 아니겠습니까. 다시 예로써 불러 작명爵命을 주심이 마땅합니다"[30]라고 주장하였다. 창업의 작업이 일단락되면 그 사업을 견고히 지키는 수성의 단계로 들어선다. 수성기로 접어들면 무엇보다도 우선 고려왕조에 절의를 다한 사람들을 포용해야 한다고 말한 것이다. 정몽주를 죽게 만든 장본인인 태종은 열 달 동안의 장고를 거쳐 정몽주 등의 증직贈職을 결정했다.[31] 이렇게 해서 조선왕조 건립을 결사적으로 반대한 고려조의 구신舊臣과 '충신은 두 임금을 섬기지 않는다[忠臣不事二君]'는 신조로 사직한 이가, 새로운 왕조가 열리고 10년도 채 되지 않아 크게 표창되기에 이른다.

정몽주의 절의에 대한 칭찬은 조선왕조 내내 끊이지 않았다. 4대 왕 세종 때에는 《충신도忠臣圖》에 도상圖像과 찬贊을 더하도록 결정되었고,[32] 9대 왕 성종 때에는 고려의 유신으로서 그의 자손이 특별히 임용되었다.[33] 11대 왕 중종中宗 때에는 문묘에 배향되었다.[34] 또한 예조의 관리를 보내 그의 묘에 치제致祭하도록 하였는데, 그때 '고려수문하시중문충공정몽주지묘高麗守門下侍中文忠公鄭夢周之墓'라고 칭하여 고려조의 유신임을 분명히 나타내었다.[35]

조선의 입장에서 보면 정몽주는 적에 해당한다. 정몽주의 의지가 관철되었더라면, 신왕조 개창을 도모한 이들은 모반인으로서 처벌되었을 것이다. 조선왕조의 계승자들은 이러한 사실을 확실히 인식하고 있었다. 그럼에도 불구하고 미래를 위하여 고려의 유신을 표창하는 길을 선택한 것이었으며, 사대부들은 목숨 걸고 절의를 지킨 정몽주를 모범으로 삼아 사기士氣를 양성하기로 마음을 다진 것이다. 좌승지였던 권벌權橃(1478~1548)과 중종의 대화는 이러한 정황을 잘 보여 준다.

권벌은 "나라의 근간을 지탱하는 원기는 진실로 널리 확장시켜야 합니다. 사기가 꺾이지 않은 뒤에야 나라의 근본이 공고해집니다. 근래 예조의 공사公事를 보니 정몽주의 제문을 짓기를 청하였는데, 이는 훌륭한 일입니다. ……[고려 말기 당시에] 정몽주는 모든 인심이 태조께 돌아감을 보고 대간에게 충고하여 태종을 따르는 조준·정도전·남은南誾 등을 전부 쫓아냈습니다. [태종은] 정세상 정몽주와 양립할 수 없다고 판단하였으므로 그를 제거하였습니다. 이것으로 보면 정몽주는 우리나라에 있어 원수라고 할 만한 사람입니다. 그러나 이 사람을 포숭襃崇한 뒤에야 비로소 강상綱常이 크게 밝아질 것입니다"라고 건의하였다. 이에 중종은 "정몽주는 태조 대에 이렇게 해를 입었다. 이 사실을 가지고 말한다면 역시 원수나 마찬가지이다. 하지만 지금은 이 사람을 포장襃獎하여야 비로소 나라의 모범을 세울 수 있다"라고 동의하였다.[36] 강상의 윤리를 확립하고자 하는 국가정책에서 정몽주라는 모범적 인물이 필요했던 것이다.

사대부 스스로도 정몽주의 절의 정신을 적극적으로 계승하고자 했다. 이에 그를 시조로 하는 조선 도학의 계승도를 그려 사대부 정체성의 기초로 삼았다. 이러한 생각은 조선조 전체에 걸쳐 계승되었다. 예컨대 조선 도학의 성실한 계승자의 한 사람인 조광조趙光祖(1482~1519)를 살펴보자.

중종(1488~1544, 재위: 1506~1544)은 성종의 차남으로 선대 국왕인 연산군燕山君(1476~1506)과는 이복형제이다. 연산군의 실정에 반발한 관료들의 거병(소위 중종반정)에 의해 왕으로 옹립되었다.[37] 중종이 즉위한 후 새로운 시대를 맞이한 만큼 우수한 신진 유학자들의 활약이 요구되었다.

조광조는 진사시에 합격하여 성균관에서 수학하던 시절, 신중한 품행으로 이름이 알려져 있었다.[38] 중종 6년에 서른의 젊은 나이로 성균관의 천거를 받은 후 중종 10년에 비로소 성균관 전적典籍으로 관직에 나아갔다.[39] 그는 사대부 사회로부터 전폭적인 신뢰와 지지를 얻어 도학정치의 실현을 향해 적극적으로 개혁을 추진하였다. 개혁가들은 중종을 옹립한 중종반정에 참여한 소위 정국공신靖國功臣 가운데 걸맞지 않은 이들을 제외해야 한다고 주장하였다. 국가가 이미 부여한 공신의 지위를 빼앗는 곤란한 요구였다. 중종이 그 즉시 "몹시 곤란하다"라고 답한 것도 당연한 일이다.[40] 그러나 개혁파들은 거듭 상소를 올렸고, 그 요구는 차츰 관철되어 갔다. 중종 2년(1507) 이후 공신 중에서 이른바 '위훈偽勳'이 점차 삭제되어 당사자들의 불만과 불안감은 점점 더 커져 갔다.

《중종실록》에 누차 보이는 것처럼, 조광조 등의 신진들은 군주를 바른 길로 인도하는 일을 자임하여 군주를 향해 소신을 굽히지 않고 직언하는 태도를 견지한다. 결국 대대적인 반동(즉 기묘사화己卯士禍)이 일어나 조광조를 비롯한 개혁파는 축출되었다.[41] 그때에도 조광조는 젊은 사류士流들로부터 전면적인 지지를 받았다. 성균관 유생 수백 명이 그의 구명을 청하는 상소를 올리는 등 사대부들이 대대적으로 탄원했지만 구명의 청원은 성공하지 못했다.[42] 한 달 뒤, 후진의 언행에 악영향을 끼치고 국론을 전도시켜 조정을 점점 그르치고 있다는 죄목으로 조광조는 사사賜死되었다.[43]

조광조는 사후 26년인 1545년(인종 원년)에 복관復官되고 1568년(선조 원년)에는 영의정에 추증되었다. 나중에는 전국 각지의 서원에 배향되고 문묘에도 종사從祀되었다.[44] 이러한 복관과 추증은 사대부들의 확고한 지지에 의한 것이었다. 조정을 심히 그르친다는 죄목으로 사사되었음에도 불구하고 조광조에 대한 사대부 집단의 지지는 변함이 없었다. 조선조의 사대부 정신은 때로는 조정의 장려를 받고 때로는 배척을 당하며 단련되어 가면서 흔들림 없이 지속적으로 성장해 갔다.

한편, 신왕조 건립에 적극적으로 참여하고 조선왕조의 근간을 구축한 사람들이 사대부 집단으로부터 반드시 중시된 것은 아니었다. 예컨대, 정도전은 이성계를 태조로 세운 개국공신의 한 사람이다. 오늘날 그가 조선왕조의 통치사상과 제도의 기초를 다지는 데에 커다란 공헌을 했음을 부정하는 사람은 없을 것이다. 그러나 조선 개국 6년 후 그는 세자 책봉을 둘러싸고 이방원에게 견제당하여 태조 7년(1398)에 참형되었다. 그 뒤 어느 당파가 정치 주도권을 잡고 어떠한 정치가 행해지든, 조선시대의 통치사상과 제도를 구축한 정도전의 공헌을 돌이켜 보는 일은 일어나지 않았다. 사대부들에게 철저히 버림받았기 때문일 것이다.[45] 그의 관작은 조선 말기인 1865년에 이르러 비로소 회복되었다.[46] 정도전이 죽은 지 467년 만이었다. 사후 26년 만에 복관된 조광조와 비교하면 매우 큰 차이다.

조선조 사대부들은 정파나 학파를 초월하여 정몽주와 길재를 도학 전승의 원류로 삼고 조광조를 그 도통의 계승자로서 존중하였다. 목숨을 바쳐 도학적 이상을 실행하려 한 정신을 계승한 것이다.[47] 이에 따라 무관無冠의 사대부라도 국가의 안위를 근심하고 적극적으로 국정을 의논하는 기풍이 확산되었다. 이 같은 기풍은 정책의 결정이나 실행을 담당하는 관리 입장에서는 성가신 것이었다. 그 때문에 기강을 어지럽힌다는 관리들의 불만 또한 들끓었다. 예를 들어, 홍문관 관리들은 중종에게 "기강을 세워야 합니다. 지난 수년 동안 성상께서 등용한 자는 모두 신진으로 영리한 인물들이었는데, 은밀히 관계를 맺으며 밤낮으로 모여 있습니다. 포의의 신분이면서 국정의 득실을 논하고 하급 관리이면서 관장官長의 시비를 따져, 공론公論이라는 이름으로 고위 관리들을 견제하고 있습니다. 이 때문에 대간臺諫임에도 그 직임을 행하지 못하고 재상임에도 그 본래 직무를 수행할 수 없습니다"[48]라고 상소하였다. 당시 젊은 신진들은 서로 뜻을 함께하여 활발히 발언하였다. 직위가 없는 사대부들도 국정의 득실을 논하고 하급 관료들도 관장의 시비를 논한다. 이른바 공론을 형성하여 고위 관료를 견제하는 이러한 태도가 사대부 사회의 조류가 되어 가고 있었다.

조선 후기 유학자 박지원朴趾源(1737~1805)은 조선 사대부에 대해 다음과 같이 그 속성을 정리하였다. "양반은 사족의 존칭이다. ······이 양반이라는 것에는 부르는 명칭이 여러 가지 있다. 글을 읽으면 사士이고 정치에 종사하면 대부大夫이다."[49]

이 말은 조선조 사대부의 속성을 잘 표현하고 있다. 양반계층인 그들은 독서인이라는 면에서는 선비이고 관직에 있는 자라는 면에서는 대부가 된다. 바꾸어 말하자면, 선비가 벼슬에 나아가면 대부가 되고 대부가 벼슬에서 물러나면 선비가 된다.[50] 지위의 고하를 막론하고 사대부는 선비와 대부의 뜻을 지녀야 한다고 인식하고 있었으며, 사회 구성원들 또한 그러한 인식을 당연시하고 있었다.

중종시대 이래로, 사대부들 사이에서 공론을 형성하여 '도道의 실현'에 적극적으로 참여하는 기풍이 계속해서 성장하였다. 관직에 있든 아니든 간에 유학을 공부하는 이들은 거의 모두가 조정이 내리는 결정을 주시하고 있었다. 만일 '옳지 않은' 결정이 내려지면 좌시하지 않았다. 나라와 왕이 도를 그르치지 않도록 이끄는 것을 본인의 업으로 자임하고 있었기 때문이다.

한 가지 예를 들어보겠다. 1659년 효종의 상례喪禮와 관련하여 나라 안의 의론이 갈렸다. 인조仁祖(효종의 父)의 계비인 자의대비慈懿大妃(즉 莊烈王后, 1624~1688)의 모후로서의 복상服喪을 둘러싼 의론이었다. 효종은 인조의 차남이지만 장남이 병으로 죽은 후 즉위하였다. 효종이 즉위를 통해 적사嫡嗣가 되었음을 인정한다면, 모후인 자의대비는 장남인 효종을 위해 3년상복을 입어야 한다. 왕위에 오른 뒤에도 효종은 여전히 차남이라고 여긴다면 자의대비는 기년期年(1년)복을 입어야 한다. 의론의 양상을 정치적 당파[51]에 따라 나누어 보면, 대체로 남인은 3년복설三年服說을 주장하고 서인은 기년복설期年服說을 주장했다. 양측의 논쟁 끝에 서인의 기년복설로 결정되었다.

그 후 현종 15년(1674) 효종비 인선왕후仁宣王后가 죽자 다시 자의대비의 상복을 둘러싸고 의론이 되풀이되었다. 지난번과 같은 맥락에서 기년복으로 할지 대공복大功服(9개월복)으로 할지 논의되었다. 효종을 적사로 본다면 효종비는 자의대비의 첫째 며느리가 된다. 그렇다면 자의대비는 기년복을 입어야 한다. 효종을 원래대로 차남으로 여긴다면 자의대비는 9개월복을 입어야 한다.

지난번 효종의 상례에서 내린 결정, 즉 자의대비가 기년복을 입었던 것이 옳다면 이번 인선왕후의 상례에 자의대비는 대공복을 입으면 된다. 따라서 서인의 대공복설大功服說과 남인의 기년복설이 다툰 결과 서인의 대공복설이 채택되었다.

그런데 이때 대구에 살던 도신징都愼徵(1604~1678)이라는 한 유학자가 조정의 결정은 잘못된 것이라는 상소문을 들고 한성부漢城府(지금의 서울)로 향했다. 노쇠한 탓에 도중에 병이 들어 한 달이 지나서야 가까스로 상경하였지만, 상례는 이미 실행 중이었다. 도신징은 그래도 포기하지 않고 궁궐 앞에 엎드려 상소문을 받아들여 주기를 청원하였다. 반달이 지나 마침내 상소문이 받아들여졌다.

상소문의 내용 일부를 보면 다음과 같다.

예로써 나라를 다스리는 것은 성인의 명훈明訓입니다. 예가 일단 어그러지면 나라도 따라서 망하는 법이니, 신중히 하지 않을 수 있겠습니까. 신에게는 아무런 공적도 없지만 그래도 인간으로서 지켜야 할 성性은 없애지 않고 지니고 있으므로, 충정에 격동되어 어리석고 미천한 신분을 헤아리지 못하고 천리 길을 달려 처벌받고 죽게 되더라도 상소해야겠다고 생각하였습니다. ……[국상의 예가 어지럽혀진 것에 대하여] 혈기가 있는 사람이라면 누군들 놀라고 분개하지 않겠습니까. 그런데 마음속으로는 울분과 근심을 품고 있어도 겉으로는 서로 경계하면서 여전히 누구 하나 전하를 위해 발언하는 사람이 없으니, 이러고도 이 나라에 사람이 있다고 할 수 있겠습니까. '예'라는 한 글자가 세상 사람들이 꺼리는 바가 되어 모두 제 몸을 아끼느라 감히 입을 열지 못합니다. 이렇게 중대하고도 말하지 않을 수 없는 때에 모두 침묵하는 것을 상책으로 여겨, 조정에는 공의公議가 사라지고 재야의 사기는 저하되었습니다. 국사가 이 지경에 이르렀으니 어찌 한심하지 않겠습니까. 전하께서 참으로 선뜻 깨달아 경계하여 스스로 반성하고 예관禮官에게 명하여 전례典禮를 자세히 상고하도록 하여 잘못된 것을 고쳐 올바른 제도를 회복시키고 후회한다는 교지를 내려 조정과 재야의 의혹을 속히 풀어 주신다면, 상례喪禮에 유감이 없어지고 [전하께서] 적장嫡長으로서 왕위를 계승한 의리 또한 극명해질 것입니다. 경經이 바로잡아지고 도에 맞게 되는 것은 오로지 이 일에 달려있으니, 임금의 말 한 마디로 나라를 일으키는 것은 오늘이 바로 그 기회입니다.[52]

도신징은 자의대비가 기년복을 입어야 한다고 주장하면서 이미 실행 중인 대공복의 철회를 요구하고 있다. 그의 청원이 받아들여진다면 이미 치른 효종의 상례까지 잘못 처리한 일이 된다. 효종은 원래 차남이기 때문에 모후인 자의대비는 효종의 상에 이미 기년복을 입었다. 다시 효종비의 상에 대공복을 입는다면 문제는 발생하지 않는다. 그러나 무관無冠의 유학자 도신징은 지난번과 이번 일 모두 도를 그르친 결정이라고 하여 결정을 번복할 것을 요구하고 있다. 상소문을 읽은 현종은 대공복으로 결정을 내린 것에 책임이 있는 관료들을 불러 힐문하였다. 결국 상례는 기년복으로 바뀌고 영의정 김수홍金壽弘(1601~1681)이 유형流刑에 처해지는 등 집권당인 서인이 큰 타격을 입었다.[53]

도신징은 중앙 정계의 권력 다툼과는 무관한 시골 유학자이다.[54] 이러한 사람이 왕에게 "예가 어지럽혀지면 나라가 망한다"라고 하거나 "왕을 위해 발언하는 사람이 한 명도 없는 것은 이 나라에 사람이 없는 것과 같다"라고 탄식하고 있다. 그리고 왕이 스스로 반성하고 잘못을 고치는 것이 나라를 일으키는 열쇠라고 하였다. 도신징은 조정의 '잘못된' 결정을 좌시하지 않고 이 잘못을 바로잡으려 했다. 시골의 노쇠한 유학자가 목숨을 걸고 상소를 하였고, 또 그 상소가 받아들여졌다. 그 후 이 노유老儒는 추천으로 말직에 나아갔으나 일흔이 넘은 터라 얼마 안 되어 졸하였다.

이처럼 당시 대부분의 사대부는 지위의 고하를 막론하고 목숨을 걸고 올바른 도를 실현하려 하였다. 올바른 도의 실현을 자신의 의무로 인식하고 행동하였던 유학자들이 형성한 조선 유학사는, 그렇지 않은 사회에서 형성된 유학사와는 다를 것이다. 유학사 연구에서도 이러한 유학자들의 존재 양상에 충분히 주의를 기울이지 않으면 안 된다.

과거와 사대부 사회

과거제도는 물론 사대부의식 자체도 중국에서 전해진 것이다. 이것들이 조선에 수용되어 자국의 풍토에 맞춰 변용된 것을 고찰한다면 각 사회의 특징이 드러날 것이다. 아래에서는 본 장의 주제와 관련된 범위 내에서 간략히 그 차이를 확인해 보겠다.

진한秦漢 이후의 인재 선발제도는 찰거제察擧制·구품중정제九品中正制를 거쳐 과거제科擧制로 발전하였다. 과거제가 처음 성립된 것은 '진사과進士科'라는 말이 보이는 문헌 기록에 근거하여, 대체로 수 양제隋煬帝(569~618, 재위: 604~618) 때라고 일컬어진다.[55]

미야자키 이치사다宮崎市定는 "수당隋唐 이래로 성행한 과거제도는 설사 비난받을 만한 많은 결점이 있다고 할지라도, 결국 일종의 선발이므로 이 선발을 거친 진사 등은 필경 보통사람보다 나은 교양을 지니고 있었다"[56]라고 하였다. 송대宋代에 이르러 진사는 전성기를 맞이하였다. "개보開寶 6년, 태조는 고관考官들의 거취去取에 불공평함이 있다는 말을 듣고 몸소 복시覆試를 시행하기로 하였는데, 후에 이것이 정식 제도가 되어 예부의 공거貢擧(즉 성시省試) 다음에 천자가 몸소 실시하는 전시殿試가 부가된 것이다. ……[요컨대 송대 이후의 과거는] 천자 곁에서 천자의 독재권력을 돕고 그 권력 행사에 이바지하는 충실한 신료를 배출하였다. ……당 이전의 귀족은 혈통과 문벌을 자부할 뿐 반드시 독서인은 아니었다. 그런데 송 이후의 사대부는 최소한 과거시험에 응시할 만한 학문적 소양을 길러야 하는, 가장 수준 높은 지식계급이었다"[57]

그리고 중국에서 과거시험은 청나라 말 광서光緒 31년(1905) 8월에 폐지될 때까지 약 1,300년 동안 실시되었다. 이 1,300년간 수많은 지식인이 청운의 꿈을 안고 계속 과거에 도전하였다. 량치차오도, 그의 스승인 캉유웨이康有爲(1858~1927)도 예외는 아니었다. 이들 또한 과거 합격을 위해 필사적으로 노력하였다. 량치차오는 캉유웨이에게 입문할 당시 이미 지방의 향시에 합격한 '거인擧人'이었다. 그 후 9년 동안, 광서 24년(1898)의 회시會試에 이르기까지 다섯 차례나 '진사'에 도전했지만 성공하지 못하였다. 한편 캉유웨이는 량치차오를 제자로 받아들였을 때 아직 향시에도 합격하지 못한 '생원生員'이었다. 그 후 제자들과 함께 도전을 반복하여 광서 21년(1895) 비로소 회시에 급제하였다.[58] 량치차오는 급제에는 이르지 못했지만 시대적 사명을 짊어지고 활발한 활동을 전개하였다.

과거제가 중국 사회에 그리고 조선 사회에 끼친 영향이 지대했던 것은 단지 시험에 합격하여 정식으로 관직에 나아간 사람들 때문만은 아니다. 소수의 합격자보다 훨씬 방대한 숫자의 '불합격자'들이 과거 과목에서 얻은 지식을 기본 소양으로 하여 지식인 계층을 형성하고, 그 이름에 걸맞은 역할을 담당하고자 노력했기 때문이다. 현실 정치에 참여할 수 있는 관직을 얻지 못한 이들도 나름의 방법으로 그 뜻의 실현을 목표로 삼는다. 때로는 과거에 급제하여 정식으로 정계에 입문한 사람이 현실의 벽에 부딪혀 이상을 포기할 가능성이 있는 데 반해, 재야의 유학자는 본래 품었던 이상을 계속 지키면서 중앙의 정책 결정에 반발하기도 한다. 이것이 바로 조선 사회의 정치가들이 재야의 공론에 대해 "대간임에도 그 직임을 행하지 못하고, 재상임에도 그 본래 직무를 수행할 수 없다"라고 불만을 터뜨린 이유일 것이다.

중국의 과거제도가 한반도에 도입된 것은 고려 4대 왕인 광종 9년 (958)이다. 조선왕조가 성립된 뒤에는 본격적으로 영향을 미친다. 조선조 사대부 사회의 양상은 과거제도와 밀접한 관계를 유지해 갔다. 중국에서는 "송대 이후, 특히 명대의 과거제는 학교제도를 포섭함으로써 크게 확충되고 정비"[59]되었지만, 조선에서는 학교제도와 과거제도가 밀접하게 연계되어 있지는 않았다. 관학인 학교는 최고 교육기관으로서 수도에 성균관이, 중등 교육기관으로서 수도권에 사부학당四部學堂이, 지방에 향교가 설치되어 있었다. 학당의 유생이 15세가 되어 승보시陞補試에 합격하면, 성균관 기재寄齋(기숙사)에 머물면서 성균관에서 수학할 수 있는 자격이 주어진다. 조선 초기, 조정에서는 관학생의 양성을 중시하여 제대로 수학이 이루어지고 있는지 사헌부와 예조에서 감찰하게 하거나, 사학四學의 교원을 독려하는 조서를 내리기도 하였다.[60] 게다가 성균관 유생이 경서에 통달하도록 여러 대책을 마련하였다.[61] 그러나 귀족 양반은 일반 서민도 들어가는 관학보다는 사학을 선호하였고 관학은 점차 쇠퇴해 갔다.[62]

조선시대에 정기적으로 시행된 과거는 ① 문과 ② 무과 ③ 잡과 ④ 생원시·진사시로 크게 구분된다. 문과·무과는 대과大科, 생원시·진사시 (약칭, 생원진사시生員進士試 또는 생진시生進試. 이하, 생원진사시로 표기)는 소과小科라 한다. 문과에 합격하면 급제, 생원진사시에 합격하면 입격入格이라 한다. 문·무과 합격자에게는 합격증명서로 홍패紅牌가 주어지고, 잡과와 생원진사시 합격자에게는 백패白牌가 주어진다. 그러나 생원진사시의 백패에는 문·무과의 홍패와 똑같이 국왕의 어보御寶인 과거보科擧寶가 찍힌다. 생원진사시는 소과지만, 잡과와는 달리 국왕에게

합격증을 받은 것이다.[63]

과거제가 조선 사회에 끼친 영향과 조선 사대부 사회에 대해 고찰하려면, 생원진사시에서 배출된 생원과 진사를 빼놓을 수 없다. 단, 조선조의 진사는 중국의 진사와 다르다는 점에 유의해야 한다. 중국에서는, 청대의 제도를 통해 보면 부학府學·주학州學·현학縣學을 유학儒學이라 하고 유학의 학생을 생원이라고 한다. 과거에는 3단계가 있는데 각 성省의 생원을 그 수부首府에 모아 시행하는 1단계를 향시라 하고, 향시에 합격하면 '거인擧人' 자격을 얻는다. 다음으로 전국의 거인들을 북경에 모아 2단계 시험인 회시會試를 시행한다. 회시에 합격하면 이어서 천자가 친히 실시하는 3단계 시험에 응시하여, 전시殿試에 급제하면 비로소 '진사' 칭호를 받고 고등 문관 자격을 취득한다. 거인이 진사가 되기 위해서는 또 회시 및 전시를 통과해야만 하는 것이다. 그러나 실제로 진사 시험의 당락을 결정하는 것은 회시이고, 전시에서는 그 성적의 순위를 결정한다.[64] 요컨대 중국의 진사는 이미 회시에 급제한 사람의 칭호이지만 조선조의 진사는 소과인 진사시에 합격한 사람을 일컫는 명칭이다.

조선조 법전인 《경국대전經國大典》의 예전禮典 제과諸科 조목에는 문과나 생원진사시의 응시 자격이 제시되어 있다. 문과는 정3품 통훈대부通訓大夫 이하, 생원진사시는 정5품 통덕랑通德郎 이하인 자가 응시할 수 있다. 법제상으로는 응시 가능한 이의 상한은 명시되어 있으나 하한은 명시되어 있지 않다. "새로운 인재의 흡수를 위해 모처럼 마련된 과거제의 문호가 기성 관원의 응시로 말미암아 좁아질까 염려하여 그것을 방지"[65]하기 위함이라고 추측된다. 또한 과거 응시가 금지된 자에 대해서는 "영구히 재임용하지 않는 것에 해당하는 죄를 범한 자, 부정을 저지른 관리의 아들, 재혼 또는 정조를 지키지 않은 부인의 아들 및 손자, 서얼자손(본처 소생이 아닌 자손. 서庶는 양인첩良人妾의 자손, 얼孽은 천인첩賤人妾의 자손)은 문과와 생원진사시에 응시하는 것을 허락하지 않는다"[66]라고 명시되어 있다(또한 명시하지는 않았으나, 여성은 애초부터 전부 배제되어 있다).

과거 응시가 금지된 자 가운데 범죄자 외에 재혼한 부인이나 정조를 지키지 않은 여성의 아들과 손자, 본처 소생이 아닌 자손이 포함된 것은 어째서일까? 이는 "유교적 가족질서의 안정과 혈연관계의 정통성·순수성을 고수하는 효과를 꾀하고, 양반 신분의 인수人數가 무제한으로 증가하는 것을 방지하기"[67] 위함이라 할 수 있다. 또한 "문과나 생원진사시는 결코 단순한 행정기술요원을 선발하기 위한 제도는 아니다. 그것은 교화의 담당자, 유교적 이론과 유교적 덕행으로 무장하여 이를 추진해 나갈 사람을 선발하기 위한 제도"[68]이기 때문일 것이다. 생원진사시는 문과와 함께 조선 사회에 유학적 통치를 원활하게 이끌어 갈 이들을 선발하는 관문이었다.

사대부 집안의 남자라면 싫든 좋든 과거시험 합격을 목표로 하는 숙명을 지니고 태어난다. 그러나 과거에 급제하여 관직을 얻지 못했다고 해서 반드시 '치인治人의 도'에서 멀어지는 것은 아니다. 유학을 공부하여 과거에 응시하는 일은, 예컨대 복권을 샀더라도 당첨되지 않으면 완전히 헛일이 되고 마는 것과는 다르다. 자신을 충분히 수양하면 스스로 과거에 응시하지 않아도 주위에서 추천한다. 이황李滉이나 송시열宋時烈 같은 경우, 대과에 급제하여 고위 관직을 얻음으로써 조선 사회에 큰 영향력을 끼쳤다고 할 수는 없다. 급제하지 못하고 생원·진사에 그친 사람들도 지방 사회에서 교화를 담당하는 역할을 자임하며 '천하가 근심하기 전에 먼저 근심하고, 천하가 즐거워한 다음에 즐거워'하고자 하였다. 생원·진사라는 무관無冠 선비들의 활약은, 과거제도가 조선 사대부 사회를 형성하였음을 확실히 말해 주고 있다.

생원진사시의 합격자, 즉 생원과 진사가 성균관 전적 등의 관직을 얻은 사례도 있다. 그러나 생원진사시는 반드시 출사出仕로 바로 연결되는 시험은 아니었다. 제도적으로 확실한 것은 성균관에 들어가 약 300일 동안 수학하면 문과에 응시할 자격이 주어진다는 것이다. 나중에는 생원·진사가 되어도 성균관에 입학하지 않는 이들이 많았고 성균관에서 300일의 재적 일수를 채우지 못한 수험생이 많았기 때문에 이 규정은 급속히 유명무실해졌다.[69] 게다가 조선 후기로 갈수록 생원·진사가 아닌 유학幼學으로서 문과에 급제한 사람의 수가, 생원·진사로서 급제한 이보다 많아졌다. 즉 과거 급제만을 목표로 하는 이라면 생원진사시에 응시하지 않더라도 목표는 달성할 수 있는 것이다. 그럼에도 불구하고 생원진사시의 응시자 수는 조선 말기까지 줄어들지 않았다. 생원진사시는 조선 태조 원년(1392)부터 과거가 폐지되는 고종 31년(1894)까지 총 229회 시행되어, 이로부터 47,748명의 생원·진사가 배출된 것으로 추정된다.[70]

생원·진사들은 지방에서 양반의 자치기구를 만들어 지방민의 교화 등을 담당하고자 하였다. 생원진사시는 문과에 응시할 수 있는 자격일 뿐만 아니라, 지방 사회를 지배하는 양반의 지위를 확고히 하는 자격이었다. 조선 후기로 갈수록 생원·진사의 절대수와 문과에 응시하지 않는 인원수가 모두 증가한 것은 그 때문이다.[71] 이렇게 많은 인원의 생원·진사 대부분은, 과거의 첫 번째 관문을 통과하고 나서 관직에 나아가지 않고(혹은 나아가지 못하고) 전국 각지에서 사대부 사회의 구성원이 되었다.

과거 과목에서, 생원시의 초시初試에는 경서의 이해도를 시험하는 오경의五經義와 사서의四書疑가 있다.[72] 일시적으로 오경의에서 춘추의春秋義를 빼고 사경의四經義로 하거나 오경의의 문제를 오경五經에서 각기 하나씩 출제하고 수험자 본인이 그중 하나를 선택하게 하는 등 변경되기도 하였지만, 대략 말하자면 오경을 통합해서 한 문제, 사서를 통합하여 한 문제를 출제하는 형식이었다.[73] 수험자는 수험을 준비하는 동안 사서오경을 충분히 익혀 사대부 사회의 보편적 지식을 획득할 수 있었다.

무과에도 경서 시험이 포함되었다. 무과에서는 물론 활쏘기, 격구擊毬 등의 과목이 우선이지만 한편으로 강서講書도 있었으며, 복시覆試에서는 사서오경 중에서 하나, 무경칠서武經七書 중에서 하나, 《통감通鑑》·《병요兵要》·《장감박의將鑑博議》·《무경武經》·《소학小學》 중에서 한 책을 고르고, 여기에 추가로 조선의 법전인 《경국대전》을 강한다.[74] 《조선왕조실록》에는 "과거는 선비를 등용하기 위한 것이다. 이제부터 무거武擧에서는 궁술 시험에서 200보步 거리를 쏘지 못한 자이더라도, 경술經術에 통달하거든 합격시키라"[75]고 하였다. 무술이 충분하지 못한 무과 수험자라도 유서儒書에 정통한 경우 합격시켰던 것이다. 조선 문치 사회의 우문주의右文主義(무술보다도 학술을 중시하는 사고방식)를 엿볼 수 있는 부분이다.

과거제도는 관직자뿐 아니라 생원·진사라는 지식계층을 배출하였다. 그들은 시험 준비를 포함한 독서를 통하여 교양을 습득한 유가 사대부라는 자격을 공적으로 인정받았다. 그리고 그 자격에 상응하는 강렬한 사대부 의식으로 무장하여, 조선 사회를 짊어지고 갈 역군임을 자임하였다. 무과에서조차 문文의 소양이 요구될 정도로 우문주의는 유학자가 활약할 최상의 무대를 제공하였다.

2절
공명할 수 없는 한국과 일본의 유학자

'중화'와 우리나라

앞에서 서술하였듯이 청군의 침입으로 극도로 황폐해진 상황에서 조선의 유학자들은 '이적夷狄'을 무력으로 응징할 기회를 엿보거나 혹은 역사적인 관점에서 청조의 정통성을 부인하는 논평을 가하는 등의 행위를 통해 화이관념을 점차 강화해 나갔다. 도쿠가와 정부의 유관儒官인 하야시 가호도 중원이 만주족의 천하가 되어 버린 형세를 '화이변태'로 인식하고 복명운동復明運動이 성공하기를 바랐다. 그러나 중화中華의 쇠퇴를 우려하는 한·일 유학자들의 공명共鳴이 전면적으로 일치하는 일은 일어나지 않았다. 선행 연구에서 밝혀진 바와 같이 도쿠가와 일본의 유학자들은 다양한 의론을 진행해 가면서 새로운 화이론華夷論을 갖게 되었는데, 조선의 유학자와는 현저히 다른 면이 확인된다. 그것은 "자신들의 '무위武威'와 천황의 존재를 '화華'의 근거로 삼고 중국(명·

제2장 17세기 유학자 세계의 양상 71

청)으로부터의 자립을 그 증거로" 하는 '일본형 화이의식'[76]이 생겨나 발전해 갔던 것이다.

도쿠가와 시대 전기의 유학자 야마가 소코山鹿素行(1622~1685)는《중조사실中朝事實》에서,《일본서기日本書紀》에서 본조本朝(일본)를 중국이라고 칭한 부분을 거론하며 일본이야말로 중국이라고 논하였다. 그가 말하기를, 일본이라는 중화는 천혜의 자연환경을 가졌다. 천신은 일본이 "수토가 비옥하고 사람과 물자가 풍부하여 교화를 베풀 만한 곳임을 아셨다." 그 결과 "본조는 오직 넓은 바다 한가운데 우뚝 서서 천지의 정수精秀를 부여받아 사시가 어김없이 순환하며 문명으로 융성하여 황통皇統이 끊기지 않는다." 일본이 (대륙이 아닌) 독립된 섬나라로서 문화적으로 발전하고 있다는 것이다. 이에 비하면 대륙인 중국은 "땅이 너무 넓어 사방의 이적에 맞닿아 있어서 국경 지역에 요충이 없다. 그러므로 변방의 주둔군이 매우 많아 중요한 곳을 지킬 수 없다"[77]는, 지나치게 광대하다는 약점이 있다고 하였다.

아사미 게이사이淺見絅齋(1652~1712)에 따르면, '중국'과 '이적'의 구분은 중국이라는 하나의 천하가 주위를 이적이라고 불렀던 것에서 유래한다. 중국에서 보자면 주변 민족을 이적으로 부르게 되지만, 다른 나라에서 보자면 자국自國이 모두 하나의 천하이다. 자신을 '이적'이라고 부르는 자는 '중화'와 '이적'의 내실에 대해 알지 못한다.[78]

그들의 논의는 중국에서 저술된 유학서에서 보편적인 도를 추구하고 그러한 보편적인 도, 즉 유학의 이상을 일본에서 실현하는 일에 관심을 두지 않는다. 이러한 현상에 대해 본래 "화이의식에는 국가의식의 측면과 문화의식의 측면이 있는데, 근세 일본의 경우에는 먼저 국가의식이 형성되어 그 틀 안에서 문화의식이 성장하는 과정을 밟고 있다"[79]는 견해도 있다.

한편 사토 나오가타佐藤直方는, 일본은 뛰어나기 때문에 중국이라고 불러야 한다는 의론에 대해 "천하의 공리公理를 알지 못하고 성현의 정설正說을 변화시키는 데에 빠져 버리니 씁쓸한 일이다"[80]라고 비판하였다. 사토 나오가타에 의하면 "본래 중국·이적이라고 정한 것은 지형을 가지고 말한 것이지, 풍속의 선악으로 말한 것이 아니다." 중국과 이적을 구분하는 기준은 지형이므로, 중국을 선으로 이적을 악으로 분류하여 이로부터 '우리는 중국이다'라고 주장하는 것은 도리에 맞지 않는다는 말이다.

도쿠가와 시대 일본의 유학자들은 중화의 계승을 자임하기는커녕, 중화의 의미 자체를 다양하게 해석하고 있다. 그것은 "아무리 찾아 보아도 그렇게[중화 계승을 자임하는 것-인용자 주] 주장할 만한 유교문화가 당시 일본에는 없었기"[81] 때문이며, 당시의 "사람들을 넓고 깊게 규정하고 있던 '무국武國'이라는 ……'자국우월관념'이 존재했기 때문"[82]이라고 논해진다.

'일본형 화이 논의'는 조선 유학자의 입장에서 볼 때 도저히 받아들일 수 없는 생각일 것이다. 야마자키 안사이山崎闇齋의 다음과 같은 일화는 그들을 펄쩍 놀라게 할 것이다.

일찍이 제자들에게 묻기를 "이제 저 나라가 공자를 대장으로 삼고, 맹자를 부장으로 삼아 수만 명의 기병을 이끌고 와서 우리나라를 공격한다면, 우리 공맹의 도를 배운 이들은 어떻게 해야 하겠는가?" 하였다. 제자들이 모두 대답하지 못하고 말하기를, "소자小子들은 잘 모르겠습니다. 그 말씀을 듣고자 합니다" 하였다. 이에 말하기를, "불행하게도 만일 이런 일이 닥친다면, 우리는 몸에 갑옷을 입고 손에 무기를 쥐고 그들과 일전하여 공맹을 사로잡아 이로써 나라의 은혜에 보답한다. 이것이 곧 공맹의 도이다"라고 하였다.[83]

야마자키 안사이는 공자와 맹자가 군대를 이끌고 일본을 침공할 경우 일본의 유학자는 공맹과 싸워 나라의 은혜를 갚아야 한다고 말하고 있다. 17세기 조선 유학자의 관점에서 본다면 유학자의 말이라고 보기 어려운 발언이다. 그러나 이 일화는 17세기가 아닌 20세기 초반에 한국에 전해져 다음과 같이 한국인을 개탄케 했다.

이화서李恒老[1792~1868. 화서華西는 이항로의 호 – 인용자 주]는 한국 유가의 거장이고 야마사키 안사이는 일본 유가의 거장이다. 두 사람의 학술문장을 비교해 보면, 야마자키는 화서華西 문하의 한 시동에 불과하다. 그러나 화서는 "오늘날 우리의 책무는 유교의 성쇠에 있으니 국가의 존망은 오히려 두 번째 일이다[今日吾輩之責 在儒教盛衰 至於國家存亡 猶屬第二件事]"라고 하였고, 야마자키는 "우리나라에 침입하는 자가 있다면, 설령 공자가 장군이고 안자顔子가 그 선봉이라 할지라도 우리는 그들을 적으로 보아야 한다[有來侵吾國者 雖孔子爲將 顔子爲先鋒 吾當以讐敵視之]"라고 하였다. 아아! 한일韓日의 강약 차이는, 바로 양국 유교도의 정신을 보아도 알 수 있다.[84]

여기에서 이항로의 발언으로 되어 있는 "오늘날 우리의 책무는 유교의 성쇠에 있으니 국가의 존망은 두 번째 일이다"라는 말은 "유교를 발전시키는 것이 유학자의 가장 중요한 책무이고, 국가를 존속시키는 일은 그다지 중요하지 않다"라는 의미처럼 읽힌다. 그리하여 이 논설은 '서양 열강의 접근을 물리치자'는 이항로의 "위정척사衛正斥邪(올바른 것을 지키고 잘못된 것을 물리침) 사상의 약점을 매우 날카롭게 공격하고 있다"[85]라는 평을 받았고, 또 "일본과 조선 유학의 성격 차이가 확연히 드러나는"[86] 논설로서 거론된다.

그런데 이항로가 정말로 이와 같은 인식을 지녔으며, 또 이러한 발언을 한 적이 있는 것일까? 이항로는 일평생 주자학 연구에 전념하여 방대한 《주자대전》에 주석을 붙여 《주자대전차의집보朱子大全箚疑輯補》를 완성하였다. 이러한 생애를 보내면서 이항로는 주자학의 선양이 국가의 안위존망보다 중요하다고 생각하기에 이르렀던 것일까? 그러나 현존하는 그의 문집에서는 위의 인용문과 일치하는 문장은 찾을 수 없다. 게다가 그의 저작에는 '유가儒家', '유신儒臣', '유생儒生' 등의 단어는 보이지만, 어디에도 '유교儒敎'라는 단어를 사용한 적은 없는 듯하다. 즉 '유교성쇠儒敎盛衰'라는 말은 논설의 작자가 이항로의 문장에 있는 어떤 단어를 '번역'하여 '만든' 것으로 생각된다. 인용문의 원문은 다음의 밑줄 친 부분으로 추정된다.

서양이 도를 어지럽히는 것이 가장 근심스러운 일이다. 천지 사이에 한 줄기의 양기가 우리 동방(조선)에 있으니, 만일 이조차도 파괴된다면 천심이 어찌 차마 두고 보겠는가. <u>우리는 천지를 위해 마음을 단단히 먹고 마치 불을 끄는 것과 같이 정신을 쏟아 이 도를 밝혀야 한다. 국가의 존</u>

망은 오히려 두 번째 일이다.[87]

위의 문장으로부터 파악할 수 있는 이항로의 생각은 다음과 같을 것이다.

첫째, 유학자의 급선무는 도를 밝히는 것이다.
둘째, 중국에서 맥이 끊겨 버린 도는 이제 조선에 남아 있을 뿐인데, 서양 세력이 이를 어지럽히고 있다.
셋째, 천지 간에 유일하게 도를 지키고 있는 조선을 지켜 내야 하는데, 그 의미는 도를 밝히는 데에 있다. 국가 존망에 관한 의의는 그 다음이다.

앞서 인용한 논설에서는 '유교의 성쇠'와 '국가의 존망'이 공존할 수 없었지만, 이항로의 발언을 위와 같이 본다면 '천지를 위해' '도를 구하는' 것이 바로 '조선을 지키는' 일이 되어 둘은 서로 보완하는 형태를 이룬다. 이항로의 다른 문장을 참조하여 그가 진정 말하고자 한 바를 확인해 보고자 한다.

먼저 이항로는 서양 세력의 천주교 전파와 개항 요구를 한국에 대한 안팎에서의 침략으로 간주하여, 화이관념하에서 국내를 다스리는 한편 '양이洋夷'를 일소해야만 한다고 주장하고 있다.

생각건대, 양이(서양西洋의 멸칭)가 우리나라에 잠입하여 사학邪學을 전파하는 일에 어찌 다른 목적이 있겠는가. 그들의 도당을 [우리나라 안에]

심어 놓고 안팎으로 협력해서 우리의 허실을 정탐하고 군대를 이끌고 침략하여 우리의 의복을 더럽히고 우리의 재화와 여성을 약탈하여 끝없는 욕망을 채우려는 것이다. 실상이 드러나 있어서 부녀자나 어린아이도 모두 이를 알고 있다. 상황이 이러하다면 안을 다스리는 일과 바깥의 양이를 물리치는 일은 근본과 말단이 서로 의지하는 것과 같으나, 어느 한쪽도 빠뜨려서는 안 될 것이 분명하다.[88]

이항로는 나라를 지키기 위한 방책은 무엇보다 자신들의 몸을 닦는 것이라고 하였다. 그는 '양이'가 우리의 토지와 인민을 노리고 있음이 분명하다고 인식하여,[89] 이를 막기 위해 필사적으로 노력하고 있다. '나라의 존망은 두 번째 일'이라고 주장하였다는 그가, 왜 여기에서는 '국가의 존망'을 이렇게나 걱정하고 있는 것일까? 그 이유는 말할 것도 없이 유학자에게 도를 지키는 것과 나라를 지키는 것은 모순되는 일이 아니기 때문이다. 유일하게 도를 보존하고 있는 조선을 지키는 일은 '천지를 위해 도를 지키는' 것이다. 천지를 위해 힘쓴다면 나라는 저절로 다스려질 것이다. 이항로의 문하인 화서학파華西學派가 서양과 일본이 침입했을 때 의병을 일으켜 항전을 전개하였던 것은 이러한 신념을 계승했기 때문이다.

《대한매일신보》에 게재된 논설로 돌아가면, 다음의 내용이 이어진다.

오늘날 한국의 종교는 유교, 불교뿐 아니라 예수교耶蘇敎(프로테스탄트계 크리스트교)도 있으며 천주교天主敎(가톨릭계 크리스트교)도 있는데, 그중에 국가주의를 포함하고 있는 종교는 어디 있는가? 그러나 우리의 눈과 귀가 미치는 곳부터 보건대, 일단 종교가의 이름을 띠면 불교 국가의 백성이 되고 천주 국가의 백성이 될 뿐이니, 한국 백성이 되는 이는 드물다. 슬프구나![90]

이 글에서 중국을 대신하여 중화를 책임지고자 한 자부심 넘치던 조선의 유학자는 신앙에 몰두한 나머지 국가의 일원임을 망각해 버린 예수교나 천주교 신자 같은 종교인처럼 묘사되어 있다. 당시 유가가 처해 있던 상황으로 보면 확실히 '천하'는커녕 '국가'도 지켜 내지 못하던 현실이었으므로, 그들이 통치계층으로서 품고 있던 뜻이 이해받지 못한 것도 당연한 일일 것이다.

한편으로 도쿠가와 일본의 이토 진사이는 "학자가 도에 나아갈 때 처음에는 학문과 현실 사회가 어긋나 서로 용납되지 않는다. 성실하게 힘을 쏟아 오랜 세월이 지나고 스스로 터득한 바가 있다면, 이전에는 멀다고 생각한 것이 지금은 비로소 가깝다는 것을 알게 되고 이전에는 어렵다고 생각한 것이 지금은 비로소 쉬운 것임을 알게 된다"[91]라고 하였다. 유학의 도는 '일용日用(현실 사회)'과 서로 용납되지 않아서, 둘 사이의 어긋남을 어떻게 조정할 것인가에 대해 고민했다는 말일 것이다. 여기에서는 국가의 틀에 머물지 않고 널리 천지의 도를 추구하는 유학과는 다른, '어떻게 하면 일상생활 속에 이 학문을 적용할 수 있을까?'라는 또 다른 학문 세계가 전개되고 있다. 양쪽 모두 중국 유학에서 발견할 수 없는 것은 아니지만, 이러한 차이는 역시 조선과 도쿠가와 일본의 유학자 세계가 확연하게 달랐음을 보여 주고 있다.

나카에 도주中江藤樹(1608~1648)는 9세에 조부의 양자가 되었고 15세에 조부를 잃었다. 어린 나이에 가문을 이어 군주를 섬기게 된 그는, "몸을 닦고 집을 다스리려 하여도 그 도를 알 수 없다"라는 연보의 언급에서 엿볼 수 있는 것처럼 실제적인 필요로 수신제가의 도를 배워야겠다고 생각했다. 나중에도 그는 유학을 좋아하여 그 학습에 힘썼으나, 무를 존숭하는 주변 무사들의 비판의 시선을 피하기 위해 밤시간을 이용하여《사서대전四書大全》을 독학하였다. 매일 밤 20쪽을 다 보고 난 후 잠자리에 들 정도로 열심히 수학하였는데《대학대전大學大全》의 경우 100번을 읽고 나서야 비로소 이해할 수 있었다고 한다. 그 후에는 또《논어》와《맹자》를 읽고 이해하기에 이르렀다.[92] 밤이라는 한정된 시간을 이용하여 사서四書 가운데《중용中庸》을 제외한 세 책을 통달할 때까지 읽으려면 아마 상당한 시간이 걸렸을 것이다. 가장 분량이 적은 《대학》의 경우에도《대전》의 소주까지 100번 숙독하는 데는, 대략 3일에 1회 독한다고 해도 300일이 소요된다. 게다가 대전본《논어》와《맹자》를 같은 방식으로 읽는다면 그 몇 배의 시간이 걸렸을 것이다. 31세의 나카에 도주가 이미 수년 동안 '성인의 도는 지금 세상에 맞지 않는다'라고 의심했다고 한 것[93]으로 보아, 경서의 내용을 이해하고 나서 얼마 되지 않아 회의를 품기 시작한 것으로 보인다.

그는 17세부터 31세까지의 학문 역정에서, 유학의 도에는 인정이나 물리物理를 거스르는 부분이 매우 많아 고민해 왔다고 한다. 요컨대 마음을 바로 하고 몸을 닦으며 집안을 다스리는 '정심正心·수신修身·제가齊家'의 도를 배워 일상생활에서 이를 활용하려고 생각했던 나카에 도주는, 유학서를 익혀 숙달한다 해도 이것을 그대로 실생활에 적용할 수 없음을 실감한 것이다.

도쿠가와 시대 일본의 유학자들은 유학과 일상생활 사이에 어긋남이 있음을 강하게 인식하였다. 이러한 인식이 있었기 때문에 "송학宋學은 여러 수정을 거쳤으나, 오히려 그 일[여러 수정-인용자 주]로 인하여 일본 사회에 어느 정도 널리 퍼져"[94] 나가는 과정을 밟게 된 것이다.

조선조 17세기에 유학을 일상생활 속에서 '실천'하는 새로운 현상이 출현했다고 일컬어지기도 하지만, 조선 유학에 관계된 사료상으로 이를 확인할 수 없다는 점은 앞 장에서 논증한 바와 같다. 위에서 보았듯이 그러한 현상은 조선이 아닌 도쿠가와 일본 유학자들 사이에 존재했던 것이다.

중국과 조선 유학자들의 경우에는 중화문명의 정수인 경서를 샅샅이 학습하고 과거에 급제하면 위정자의 일원이 되어 이상 실현의 세계에 들어갈 수 있게 된다. 개인적으로는 부귀영화까지 손에 넣는 것도 가능하다는 전망이 따랐다. "책 속에는 본디 천종千鍾의 곡식이 있으며 황금으로 된 집이 있다"[95]라고 하듯, 서적의 학습을 통한 사회적 성공이 제도적으로 보장되어 있었다. 과거제도하에서 유학자는 공인된 주석을 바탕으로 삼아 경서 내용을 철저하게 학습하여 관계官界에 진출할 수 있는 발판을 다진다. 경서의 가르침을 자신이 진정으로 납득하든 못하든, 경서의 내용을 일단 터득하기만 하면 사회 지배계층으로서 일정 역할을 이행할 수 있는 길이 열리는 것이다.

반면 과거제도가 시행되지 않는 사회에서의 유학자는 경서의 내용과 현실 사회의 연결고리를 스스로 만들어야만 했다. 게다가 유학자 개개인의 입장에서 생각해 보면, 경서의 내용이 전부 옳은 것이라고 상정할 필요성이 없다. 무사 신분이 통치하는 사회에서 애초부터 유학의 이상을 실현하는 일은 요구되지 않기 때문이다.

구로즈미 마코토黑住眞는 도쿠가와 시대 일본의 유학이 발상지인 중국의 유교체계에 충분히 편입되지 못하였던 원인과 관련하여 17세기 초 유학이 전개되기 시작할 때 송·원·명과 조선에서 전개된 400여 년의 신新유교의 내용이 1,000년이 넘은 구舊유교의 내용과 함께 수입된 상황에 주목해 분석하였다. 구로즈미에 의하면, 외부와 일본 사이에 존재하는 어느 정도의 차이가 '수정주의적' 수용이라는 결과를 가져오게 하였다. 구로즈미는 또 이와 같은 현상이 일본문화의 형성사에서 종종 일어나는 일이라는 인식에 입각해 이 현상을 도쿠가와 유교의 토양적 전제로서 먼저 확인해 두어야 한다고 강조하였다.[96]

구로즈미가 서술한 '일본문화의 형성사에서 종종 일어나는 현상'은 불교 수용의 경우에도 일어났다고 한다. 나카무라 하지메中村元에 의하면, "일본인이 일부러 한문을 틀리게 읽는 경우가 있다. 이는 특히 중시되어야 할 사상사적 현상이다. 중국인이 기록한 한문을 원래의 뜻대로 이해하지 않고 게다가 극히 제멋대로 해석하고 있다. 즉 한문에 엄밀한 문법이 없으므로 그 점을 이용하여 자기 사상을 발표하는 데 유리하도록 자신의 사상을 주입하여 자의적으로 해석한 것이다. ……특히 일본적 특징을 지닌다고 일컬어지는 불교가일수록 더더욱 한문에 무리한 해석을 가하고 있다. 예를 들어 신란親鸞은 한문을 꼭 원뜻 그대로 읽지는 않았다. 이는 정토진종淨土眞宗의 전통적 교학을 고수하는 통파統派의 학자 본인이 분명히 인정하는 사실이다. 도겐道元도 한문의 문맥을 무시하고 해석하고 있다. 이러한 자의적인 해석은 니노미야 손토쿠二宮尊德 등 민중과 함께 활동한 학자들에게는 종종 인정된다. 뿐만 아니라 한문에 대한 자의적 해석은 학식 있는 학장學匠조차도 고의로 행하고 있으며, 더군다나 명확히 한문 원뜻에 반하는 해석을 조정에서 공공연하게 인정하고 칭찬하며 수용한 사실도 있다."[97] 나카무라 하지메는 전근대의 일본인이 한문 본래의 의미에서 벗어나 독특한 해석을 시도한 이유에 대해 "아마도 일본인으로서 심리적인 사유의 진행 과정이 한문의 언어 형식에 딱 들어맞지 않는 점이 있었기 때문일 것이다"라고 설명하였다.[98]

그렇다면 17세기 조선 사대부들의 심리적인 사유의 진행 과정은 한문의 언어 형식과 완전히 합치했다고 할 수 있을까? 현대어의 형태에서 보면 한국어 구조는 한문이 아닌 일본어와 가까우며 심리적 사유의 진행 과정은 그 모국어의 형식에 관련될 것이다. 그럼에도 불구하고 조선 사대부들에게는 왜 한문으로 쓰인 중화문화를 원래 형태 그대로 터득하려는 경향이 주를 이루었던 것일까? 조선조 사대부 사회에서는 경서의 학습 방법과 해석 기준이 이미 확립되어 있어서, 공유된 방법·기준에서 벗어난 독자적 해석에 대한 요구가 생겨나기 어려운 배경이 있었기 때문이라고 생각된다.

그 외에, 사회적 배경이나 언어적 측면에서 설명되는 것과는 별개로, 외부의 문화를 수용할 때 공동체(예를 들면, 어떤 나라나 동족 등)마다 독특한 경향이 존재한다고 추측된다. 이 점에 대해 우열의 관점에서 보지 않고 각기 다른 특징을 알아 둔다면, 동아시아 유학사의 다양한 전개를 이해하는 데 도움이 될 것이다.

유학자라는 업業

과거가 시행되지 않았다고는 하나 도쿠가와 일본에 유관儒官이 존재하였음은 널리 알려진 사실이다. 물론 그 양상은 과거제도가 있는 사회의 그것과는 상당히 달랐다. 하야시 라잔林羅山(1583~1657)은 23세의 젊은 나이로 도쿠가와 이에야스를 섬기게 되지만, 유학자로서 등용된 것이 아니었다. 박식한 머리 깎은 승려로서 관직에 올라 1629년(관영寬永 6) 민부경 법인民部卿法印에 서임되었고 그의 동생인 하야시 도슈林東舟는 형부경 법인刑部卿法印에 서임되었다. 하야시 라잔은 형제가 모두 법인法印이 된 것에 대해 〈서법인위시敍法印位詩〉를 짓고 그 서문에서 "이보다 더한 영광이 있겠는가"[99]라고 하였는데, 나카에 도주 같은 유학자들은 〈임씨체발수위변林氏剃髮受位辨〉[100]을 지어 유학자가 승려의 작위를 받고 또 이에 대해 해명한 것을 엄하게 비판하였다.

와지마 요시오和島芳男는 하야시 라잔이 쇼군을 가까이에서 모시면서 《논어》 등을 강론한 일, 토지나 황금을 하사받은 일 등 "일련의 사실을 본다면, 이에미츠家光 시대가 되자 하야시 가문이 마침내 은우恩遇를 입고 자연스레 그 가학家學이 한층 더 존중받았던 것처럼 받아들여질 수 있겠지만 실제로는 그런 것이 아니었다"고 논하였다. 예컨대 1624년(관영 원년) 하야시 라잔이 쇼군을 처음 알현한 일에 대해, 라잔 측 기록은 쇼군 측 기록과 온도차가 컸다.[101] 그 내용을 정리하자면 다음과 같다.

《라잔선생연보羅山先生年譜》에는 "《논어》를 강론하고 《정관정요貞觀政要》를 읽으며 일본과 중국의 고사를 이야기하고 정치에 관한 자문에도 응하였다[或講論語 或讀貞觀政要 或談倭漢故事 或接執政之咨詢]"라고 하여, 마치 정치 자문에도 참여한 것처럼 암시하고 있다. 한편《대유원전어실기大猷院殿御實紀》[102]에는 "지금 쇼군의 어린 시절에 부조父祖의 뜻으로 나이 많은 이들을 시켜 옛날 일을 들려주고자 하여, 당시의 노인들이 밤낮으로 찾아 뵈었는데 늘 하야시 도슌林道春이 말상대가 되어 고금의 일을 이야기하였다. 주상께서는 곁에서 들으시다가 나중에는 익숙해지셔서 재미있다고 생각하시어 몸소 질문도 하셨다. 이렇게 고금천하의 치란治亂, 정사의 가부, 또 인신의 공적을 분명히 아셨으니, 정사를 행하심에 훗날 도움 된 바가 적지 않을 것이다"라고 되어 있다. 요컨대 쇼군이 유역儒役에게 기대한 바는 바람직한 오하나시슈御咄衆 내지는 오토기슈御伽衆[즉 이야기 상대-인용자 주]가 되어 주는 것으로, 대화 내용이 유학과 관련된 일에 미치더라도 이는 주로 흥미 위주여야 했고 애초부터 유학자 관리가 정사에 간여하는 길을 여는 일은 있을 수 없었다.[103]

유학은 막번체제幕藩體制의 기초로서 인정받지 못했을 뿐만 아니라, 무사들 대다수는 유학을 포함한 학문이 무사의 도와는 관련이 없다고 생각하였으며 오히려 배척하는 태도를 취하였다. 나카에 도주가《논어》의 강석講釋에 출석한 것이나 밤중에 경서를 읽은 것은 드문 일이었다.[104] "사무라이의 대부분이 송학은커녕 애초부터 '학문' 일반, 더 나아가 서적을 접하는 일 자체에 무관심하여 이를 배우려는 동료에게 오히려 반발하고 조소한 것은 결코 이상한 행동이 아니었다. 그들에게는 글에서 터득한 지식·교양을 통해 자기 삶을 이끌어 가는 습관 같은 것은 없었다."[105] 무사가 출사하기 위해 칼은 필요하나 책이 꼭 필요한 요소는 아니었던 점에서 보면 당연히 있을 수 있는 풍조이다.

게다가 민간 측면에서도 유학자는 주류가 아닌 소외된 사람들이었다. "유학은 낮게는 유예遊藝와 같고 높게는 무예와 같은"[106] 존재였으며, "유학자에게는 독자나 청중이 보장되어 있지 않았다. 단가檀家도 없고 자격을 수여하는 이에모토제家元制도 없었다. 애초에 조정의 법도나 세상의 풍속 모두 그 현실은 유학의 가르침과는 크게 달랐다. 적의·경계·경멸·냉소의 시선을 의식하면서 '수기치인修己治人의 도'를 설명하고 설득시켜야만 했다"[107]

강렬한 사대부 정신을 지니고 경서에서 배운 도의 실현을 목표로 삼는 조선 유학자와, 성인의 도와 국가의 이익이 상충하는 경우 어떻게 해야 좋을지를 고민한 도쿠가와 일본의 유학자는 각자의 입장에서 경서를 이해하였을 것이다. 주희가 《논어》의 '인仁' 해석에서 사용한 '무사욕無私欲'이라는 단어를 어떻게 받아들이고 있었는지 살펴보면 그 일단을 엿볼 수 있다.

주희는 《논어》〈옹야雍也〉편 "안회顏回는 그 마음이 석 달 동안 인仁에서 떠나지 않았다[回也 其心三月不違仁]"의 해석에서, "인은 마음의 덕이다. 마음이 인을 떠나지 않는 것은 사욕은 없고 덕은 있는 것이다"라고 하여, 정자의 "인을 떠나지 않는 것은 아주 조금의 사욕도 없을 때뿐이다. 조금이라도 사욕이 있으면 곧 불인不仁이다"라는 말을 인용하였다.[108] 사람 마음에 조금이라도 사욕이 있으면 인을 떠나게 되어 버린다. 인을 떠나지 않기 위해서는 반드시 사욕을 완전히 없애야만 한다는 것이다.

조선 유학자 조익趙翼(1579~1655)은 "마음에는 본래 인이라는 덕이 있는데, 사욕이 그것을 가리면 이 덕은 사라져 버린다. 그러므로 사욕이 제거되면 이 덕은 반드시 존재한다"라고 해석하여 "배우는 이들은 학문할 때 인을 행하는 것을 일삼아, 인을 떠나지 않도록 노력해야 한다"라고 하였다.[109] 즉 조익은 사람의 덕으로서 인은 존재하나 사욕에 의해 없어지기 때문에 사욕에 가려지지 않도록 노력해야 한다는 주자학적 해석을 받아들여, 사욕을 없애는 일을 배우는 이들의 공부라고 보았다.

그러나 진사이는 이 경문에 대해 "인을 행하는 것보다 어려운 일은 없다"라는 의미라고 하였다. 게다가 그는 "인이 우리 마음의 주인이 되는 것이, 마치 모든 사람에게 있어서 오장육부가 우리 몸에 갖추어진 것과 같다면, 어찌하여 안자顔子만이 인을 떠나지 않은 것인가? 어찌하여 천하에는 인하지 못한 사람이 있는 것인가? 이는 송나라 유학자들이 인을 성性이라고 간주한 오류이다"[110]라고 하였다. 모든 사람이 그 본성으로서 인을 갖추고 있다는 주자학설에 의문을 던진 것이다. 그리고 다른 장의 해석에서 사욕을 없앤다는 송유宋儒의 해석에 대해 비판한다. 진사이는 '사욕을 없앤다'라고 한 송유의 문언을 '모든 욕구를 없앤다'라는 말로 이해하였다. 그리고 '허정虛靜'이라는 글자와 함께 이런 말을 한 송유의 학문은 불학佛學이라고 강하게 비판하였다.[111]

조익은 주희의 주석을 읽고 "인을 떠나지 않기 위해서는 사욕을 없애는 노력을 해야 한다"라는 교훈을 얻었다. 그러나 진사이는 사욕을 없앤다는 것에 강한 불편함을 드러냈다. 사욕을 없앤다는 과제에 대해 조익과 진사이는 왜 이렇게나 다른 반응을 보인 것일까?

먼저, 두 사람이 '사私'라는 글자를 각기 다른 의미로 파악하였기 때문으로 보인다. 고전 한문에서 '사'라는 글자가 갖는 부정적 이미지와 일본어에서 '와타쿠시わたくし[私]'가 지닌 중립적 이미지의 차이라는 관점에서 고찰해 보고자 한다.

한어漢語에서 '사私'는 '공公'과 상반되어 '공'에 해를 끼치는 개념으로 사용되는 경우가 많다. 특히 주자학 문헌에서 "사사로움이 없는 것은 인자함의 우선적인 일이다[無私 是仁之前事]"[112]라고 하듯이 인을 위해 반드시 제거해야 하는 것이기 때문에, '공'을 위해 '사은私恩을 막아야 한다'[113]라고 주장하는 것은 당연하다. 그러나 적어도 도쿠가와 시대의 일본어에서 '와타쿠시わたくし[私]'는 '오호야케おほやけ[公]'에 해를 끼치는 존재로 여겨지지 않았다. 와타나베 히로시渡邊浩에 의하면 '와타쿠시'와 '오호야케'는 "윤리적인 선악·정사正邪가 아니라 권력적인 대소·강약에 관련된다."[114] "이 '와타쿠시'와 '오호야케'는, 이것들을 각각 일종의 상자라고 상상해 보면 옆으로 늘어선 형태가 아니라 포개어 넣는 구조를 이루고 있다. 커다란 '오호야케' 속에 복수의 '와타쿠시'들이 있는데 그 '와타쿠시' 또한 내부의 작은 '와타쿠시'에 대해서는 '오호야케'이다. 그 아래로도 마찬가지로 상대적인 '오호야케'와 '와타쿠시'가 연쇄적인 구조를 이루면서 가장 작은 '와타쿠시'에 이르게 된다."[115]

요컨대, 진사이가 살던 당시의 일본어로 보면 '와타쿠시[私]'는 '오호야케[公]'를 구성하는 일부분이다. 이러한 구조 내의 '와타쿠시'를 염두에 둔다면, 사욕을 완전히 없애는 일은 실천할 이유도 없고 실천 가능성도 낮다.

그리고 또 한 가지 지적하자면, 송유의 주석에 대해 진사이가 느낀 불편함은 송유가 강하게 느끼고 있던 사대부 의식을 체득할 수 없는 그의 입장과 관련이 있지 않을까? 주희 및 조선조 주석자들이 감안하지 않았던 '일반인도 이 주석의 내용대로 살아갈 수 있는가?'라는 문제에 대해, 진사이는 고려하지 않을 수 없었을 것이다. 조선 유학자 조익은 통치계층의 일원으로서 강렬한 사대부 의식을 지니고 사욕을 없애는 과제에 힘쓰기로 결심한다. 반면 '일반인'에 가까운 도쿠가와 일본의 유학자인 이토 진사이는 주자학이 (보통사람에게) '무리한 일을 억지로 권한다'라고 여겨 주자학을 비판하였던 것이다. 조선조 유학자들의 관점에서 보면, 배우는 이가 사욕을 완전히 없애고 인을 행하기 위해 노력하는 것은 반드시 불편하게 느껴질 만한 일은 아니었을 것이다.

주희의 주석은 인仁이라는 성性을 지녔다는 점에서 사람은 모두 동등하다고 말한다. 그러나 이는 누구라도 가능성을 지니고 있다는 의미다. 주희가 말하고자 한 요점은, 이를 항상 발휘할 수 있는지 아닌지는 자신의 노력 여하에 달려 있다는 것이다. 이 때문에 주희의 학설을 신봉하는 조선 유학자들은 사욕을 없애는 것뿐만 아니라, 많은 수양 방법을 통해 인에 가까워지고자 노력하였다.

또 '우리에게 사욕을 완전히 없애도록 요구하는 것이 과연 타당한가?'라는 문제에 있어, 주희와 진사이가 말하는 '우리'는 사실 각기 다른 사람을 가리킨다는 점에 주의해야 한다. 주희가 무리한 것을 요구하는 대상은 일반 서민이 아니다. 안자顔子와 같이 하고자 힘쓰고 군주를 올바른 도로 이끄는 역할을 자임하는 장래의 치자治者가 바로 이 '우리'에 해당한다.

태어나면서부터 유학자가 되는 조선 유학자와는 달리, 도쿠가와 일본의 유학자들은 본인이 유학이라는 '업業'을 택한 이들이다. 그 후에도 이들은 적극적인 선택을 통해 성장해 간다. 예컨대 젊은 시절의 이토 진사이는 초닌町人(성城 주변의 시가지에 거주하며 상공업에 종사하는 신분)이나 의사 등의 선택지를 버리고 주위의 반대에 부딪히면서도 유학에 뜻을 두었다. 나카에 도주는 주변 무사들의 배척을 우려하면서도 경서 학습에 매진하였다. 그리고 경서의 내용에 관해서도 그들이 선택할 수 있는 폭이 넓었기 때문에, 서적을 입수할 수만 있다면 다양한 주석을 접해 경서 해석에 여러 가지 가능성을 고려할 수 있었다.

도쿠가와 초기에 공가公家인 기요하라清原 가문에서 사서를 강론할 때 《대학》·《중용》에는 주희의 주석이 쓰였고, 《논어》·《맹자》에는 하안何晏(193경~249)·조기趙岐(?~201)의 주와 황간皇侃(488~545)·형병邢昺(932~1010)의 소疏가 사용되었다. 오경五經은 한당漢唐의 주소注疏로 정해져 있었다. 하야시 라잔이 《논어집주論語集注》를 사용하여 강론한 것을 문제시한 일도 있었다.[116] 이 한 가지 일을 보아도 한대의 경학이나 송대의 주자학 모두 사회적으로 공인된 권위로서 존재했다고 상정할 수는 없다.

유학자가 개인적 판단으로 사용하고 있던 주석의 종류를 보면, 예컨대 하야시 라잔은 《논어》의 경우 먼저 하안의 《논어집해論語集解》[117](이하, 《집해》로 표기)와 여기에 달린 황간의 소疏를 접하였고, 그 뒤 17~18세 무렵 처음으로 주희의 《집주》를 읽었다고 한다.[118]

이토 진사이는 16~17세 때 주희의 사서 주석을 읽고 주희의 주석은 훈고학이지 성문덕행聖門德行의 학문은 아니라고 생각하였다. 그런 까닭에 다른 주석을 읽으려 했지만 당시에는 입수하지 못해 일단 주자학 계통의 서적을 읽을 수밖에 없었다고 한다.[119] 그러나 진사이의 주석서에서 여러 주석서를 동시에 참고한 정황이 확인된다. 그는 나중에 한대의 주소注疏를 입수하여 주자학적 주석과 함께 읽었다고 추측된다.

진사이는《논어고의論語古義》(이하,《고의》로 표기)에서 하안의《집해》경주본經注本 혹은 이 경주본을 중심으로 한 집성서集成書, 즉 역대 주석을 모아 편집한 서적을 주된 텍스트로 삼았다고 생각된다.[120] 예를 들어 진사이는《고의》학이편學而篇의 신종추원장愼終追遠章[121]의 주석에, 한나라 공안국孔安國의 설을 하씨何氏(하안)와 주씨朱氏(주희)의 설로 인용하고 있다.[122] 이는《집해》를 통해 공안국의 설을 보았다는 증거[123]일 것이다. 또〈학이〉편의 도천승지국장道千乘之國章[124]에 주희《집주》와 거의 비슷한 소주를 달았는데, '주씨왈朱氏曰'이 아니라 '포씨왈包氏曰'이라고 썼다.[125] 이 주석이 하안의《집해》에는 포씨설로 인용되어 있으므로[126] 진사이는《집해》에서 이 주석을 인용한 것으로 보인다. 이 부분에 대한 주희《집주》의 주석은 기존 주석서를 참고해 조금 가필한 내용이었던 것이다.[127]

《맹자고의孟子古義》에서 진사이는, 조기와 주희의 주석을 동시에 보고 있었거나 두 주석이 함께 인용된 서적을 본 것으로 생각된다. 예를 들면《맹자》공손추 하公孫丑下의 "천시불여지리天時不如地利 지리불여인화地利不如人和"의 주석에, 진사이는 조기의 훈고주를 그대로 베껴 놓았다. 이 부분에 대한《집주》의 훈고주는 조기의 주석과 거의 똑같지만, 진사이는 '조씨왈趙氏曰'이라고 인용하였다. 주희의 훈고주를 인용할 때에는 '주씨왈朱氏曰'이라 하지 않고 그대로 인용한 부분이 적지 않다.[128]

조선조의 과거시험에서는 주자학의 해석이 모범답안의 기준이 된다. 유학자들은 수기修己(자신을 수양함)부터 치인治人(사람들을 다스림)에 미치는 《대학》의 도를 배우면서 치인의 지위, 즉 관료가 되는 궤도에 오르기 위해 주자학적 해석을 익혀 통달하였다. 이 길을 향해 출발하는 16~17세에 양반 가문의 자제가 (진사이처럼) 주희의 사서 주석은 성문덕행의 학문이 아니라고 의심하기 시작한다면 매우 곤란해진다. 아니, 그보다 16~17세의 조선 유생에게는 자신에게 주어진 주희 주석이 진정 성문덕행의 학문인지 아닌지 의심할 계기가 없었다 해도 과언이 아니다.

한편 도쿠가와 일본의 유학자들은 《대학》의 도를 몸에 익힌다 하더라도 치인의 지위로 나아가는 통로가 보장되지 않았고, 바로 그 때문에 오히려 과거 합격이라는 목표에 구애받지 않고 사상적 여유를 지닌 채 경서를 마주하여 다양한 발상을 발휘할 수 있었다. 와타나베 히로시는 "과거시험의 표준 학설을 가르칠 필요가 없다는 점에서 그들은 자유로웠다. 주자학을 따르든 양명학을 따르든 두 학설을 전부 비판하든 그다지 문제가 되지 않았다. 도쿠가와 정부나 다이묘大名들 모두, 어떤 것이 옳은 경서 해석인가 등의 문제에 대해 기본적으로 관심이 없었기 때문이다. 이 자유의 이면은 권력으로부터의 소외이다"[129]라고 하여, 도쿠가와 유학자를 학문적 자유를 누리고 권력으로부터 소외된 존재로 묘사하였다. 또 비토 마사히데尾藤正英는 "주자학뿐만 아니라 유학은 일본에서 외래사상이었다. 쇼군이나 다이묘가 이를 존중했던 것은 일종의 지적 허영에 불과하다. 이같이 본다면 17세기 중반 즈음부터 많은 학자들이 주자학에 대한 의문이나 비판을 제기했던 것도, 체제를 지탱하는 이데올로기에 대한 비판이라기보다 외래사상과 현실 사회 양상의 간극을 의식하게 됨으로써 나타난 현상이라고 보는 편이 타당할 것이다"[130]

라고 서술하였다. 그렇다면 도쿠가와 시대 일본 유학자들의 주자학 비판은, 다카하시 도루가 의미를 부여한 것과 같이 "관학인 주자학파에 대해 크게 민학民學의 불꽃을 드높였다"라고 하는 양상은 아니다. 조선 유학사에서 주희설에 대한 이견 제시 자체를 의미 있게 보았던 상황과는 다른 것이다.

이상에서 확인한 바와 같이 조선과 도쿠가와 일본에서 유학이 전개된 배경은 전혀 다르다. 그러나 20세기 초반, 전혀 다른 이 두 종류의 '주자학 연구'와 '주자학 비판'은 식민과 반식민항쟁의 권력구조에 의해 무리하게 연계되어 단순한 비교 대상이 되었다. 이처럼 타당치 못한 문화 비교가 조선 유학사 연구에 타당한 관점이 마련되기 어려운 환경으로 작용했던 것이다.

그렇기 때문에 이 책에서는 전혀 다른 사회상황 속에서 이루어진 사상사의 전개를 평면적으로 비교하여 '문화'나 '민족성'의 차이를 논하는 것은 중단하고자 한다. 이것은 부당하며 무의미하다. 이 책은 이러한 헛된 의론을 그만두고, 조선 유학사를 조선 유학사로서 이해하는 일을 과제로 삼고자 한다.

朝鮮儒學史

3

유학자들의
신념

주자학을 국시國是로 삼고, 과거시험에서 주자학의 경서 해석이 기준이 되는 조선 사회에서도 주희의 주석과 다른 견해를 내는 인물들이 있었다. 그들 중 몇몇은 물의를 빚은 끝에 처벌되기도 하였다. 주희와 다른 주석을 저술한 사람들의 등장과 그에 대한 견제나 공격의 기록은, 주자학에 대해 비판의식을 지닌 측이 주자학 측에 탄압당하는 상황으로 이해되어 왔다. '주자학 측과 반反주자학 측의 대립 도식'이 세워졌던 것이다. 그런 까닭에 17세기 조선 유학사는 주자학의 심화 연구 및 교조화, 그리고 주자학에 대한 회의 및 비판이라는 두 가지 대립적인 축으로 설명되어 왔다. 그러나 필자는 17세기의 조선 유학사가 이 두 가지 대립적 축을 넘어선 지평에서 전개되었다고 판단한다.

앞에서도 서술하였듯이 17세기 동아시아의 최대 '사건'인 명청明清 교체는 주자학 사상에 대한 비판의식을 촉발시킬 만한 것은 아니었다. 게다가 아래에서 서술하겠지만, 주희의 경서 해석과 견해를 달리하는 저작이 반드시 주자학 사상에 회의를 느껴 나온 것이라고는 할 수 없고, 또 주자학 연구의 심화가 반드시 주자학의 교조화로 진행되었다고 할 수 없다.

일반적으로 어느 대상에 관한 연구가 극히 세밀한 단계에 이르게 되면 시야가 좁아져 혹 고정관념에 갇히기 쉬울 수도 있지만, 다른 한편으로는 연구할 때 그 사상체계의 결점을 깨닫게 되는 등 대상을 객관화하여 비판적으로 인식하게 될 가능성도 높아질 것이다. 완전무결해 보이는 사상체계라 할지라도 철저하게 캐어 들어가 연구하면 빈틈이 저절로 드러나게 되는 법이다. 뒤에서 서술하겠지만 17세기 조선의 주자학자들은 주희의 각기 다른 저술들을 대조 연구하여 주희의 학설이 몇 번이나 변화하는 것을 확인하였고, 나아가 주희의 여러 언설 간에 많은 모순이 존재한다는 사실도 확인하였다.

이상의 내용에 근거한다면, 그들의 연구가 주희 주석과 다른 견해를 창출해 내는 원동력이 되지 못한 채 오로지 주자학 교조화 한 길만을 갔다고 보기는 어렵다. 무비판적인 신봉은 오히려 대상에 관한 지식이 철저하지 않은 상태에서 생겨나기 쉬운 것 아닌가? 게다가 경서 학습에 있어 수백 년 동안의 역사를 가진 조선조 사대부들이 주희의 주석을 반복하기만 하는 것에 만족하고, 윤휴나 박세당 등 몇 사람만이 주희의 주석에 이견을 주장했다는 것은 설득력이 있는 견해일까?

주자학 연구의 심화와 마찬가지로 주희 주석과 다른 경서 해석 또한 조선 유학자들의 신념에서 생겨난 것이다. 그러므로 만일 기존의 도식이 이 신념에서 벗어난 것이라고 한다면 이는 수정의 여지가 있음을 의미한다. 나아가 주자학 연구의 과정 및 주희 주석과는 다른 주석의 탄생 과정을 자세하게 분석한다면, 이 두 가지 축이 어떠한 관계에 있는지 확인할 수 있을 것이다.

조선 유가 사회의 사상적 기초

식민지시대에 본격화된 만큼 조선 유학사 연구는 망국을 초래한 원인을 구명하려는 깊은 반성으로부터 시작되었다. 실용을 경시하는 유가儒家 사회의 경향이 비판받는 동시에, 17세기에 실용과 실천을 중시한 인물이 발굴되어 칭송받아 왔다. 그러나 20세기에서 상정한 실용·실천을 가지고 조선의 유학사를 논한다는 것이 의미가 있는 일이었을까? 조선 유가 사회의 사상적 기초를 고찰해 보면, 실용 경시에 대한 반성이나 실용 중시에 대한 칭송 모두 역사적 사실과 어긋난 것은 아닐까? 역사적 사실로부터 교훈을 얻었다기보다 지금 필요한 교훈에 적합하도록 역사를 다시 읽은 것은 아니었을까?

유학자의 제일의第一義

경학經學을 하는 조선 사대부들에게 경서 내용을 일상생활에 도움이 되도록 실용적으로 활용하는 것은 그다지 관심 있는 과제가 아니었다. 중국의 전통 사회에서 "과거시험에서 평가하는 것은 세세한 법률 지식이나 징세 계산 등과 같은 실무적인 능력이 아니다. 그러한 실무는 서리胥吏나 막우幕友(지방관의 사설 비서)가 할 일이고 관료에게 요구되는 것은 진정한 도덕적 능력이다"[1]라고 하였듯이, 조선조 사회가 사대부에게 요구했던 것은 높은 도덕적 능력이었다. 구체적으로 말하자면 재상이 나라를 다스리는 것을 '섭리음양燮理陰陽'[2]이라고 하였다. 관료로서 최고의 책무는 만물을 만들어 내는 음양의 기를 조화시키는 것이라는 인식이다. 그렇기 때문에 음양의 부조화를 이유로 재상의 사직을 요구하는 것은 드문 일이 아니었다. 《조선왕조실록》에는 다음과 같은 기사가 실려 있다.

> 영의정 심연원沈連源, 좌의정 상진尙震, 우의정 윤개尹漑가 재변이 일어난 것을 이유로 사직하였다. ……사신史臣은 논한다. 삼공三公은 모든 관료의 윗자리에 있으면서 음양을 다스려 사시를 순행하게 하는 것이 바로 그들의 책무이다. 따라서 재해가 일어난 일로 사직하는 것은 당연한 일이다.[3]

위의 글은 재해 발생의 책임을 지고 삼공이 사직한 사건에 관한 기록이다. 기록자인 사관은 재해 방지책을 갖추지 못한 구체적인 책임을 묻기 전에, 음양을 다스려 사시를 순행하도록 하는 책무를 다하지 못했다는 점에서 사직의 당위성을 찾고 있다. 이는 당시의 보편적 인식에 기초한 것이다. 또 중종 2년(1507) 기사에서 "무관이 어떻게 음양을 다스릴 수 있겠는가. 재상의 자리에 오래 있게 해서는 안 된다"[4]라고 하였는데, 무관이 아무리 능력이 있더라도 음양을 다스리는 재상의 지위에 걸맞지 않다는 이 주장은 당시로서는 설득력을 지닌 것이었다.

그러므로 고위 관료가 백성이 산속의 고목을 함부로 베어 가는 행위를 금지하자고 건의한다면, 사소한 부분까지 두루 세심하게 살핀다는 좋은 평가를 받는 대신에 다음과 같은 의론을 일으키게 된다. "좋은 것은 건의하고 좋지 않은 것은 그만두게 하여 군주가 도를 행하도록 이끌고 백관들을 바로잡는다면 [대사헌의] 직분을 완수하는 것이다. 소나무의 벌목을 금지하는 것은 유사有司의 직무이므로, 군주에게 번거로이 아뢸 것도 못 되는 일인데 이를 언급하였다. 식견이 있는 자들은 그가 대국大局을 알지 못한다고 비난한다."[5] 고위 관료가 자잘한 업무에 종사하면 오히려 비판거리가 되었던 것이다.

이러한 사회에서 유학자들이 수기치인의 도를 생각할 때 실용적·구체적인 업무를 위주로 하지 않는 것은 자연스러운 일이다. 유학자가 실용 공부를 궁극적인 일로 여기지 않는 태도는, 정사나 경학의 영역에만 한정되지 않는다. 예를 들어 수학 연구 영역을 보자. "양반도 중인中人(양반에 준하는 제2의 신분인 기술 관료와 그 가계의 사람)[6]도 산학算學을 연구하는 사람이라고 하기에 충분하지만, 양반의 산학과 중인의 산학은 그 성격이 크게 달라 상호 단절된 전통을 지닌다. 양반 수학자는 산학 사상에 강한 관심을 보이며 서양 산학 등 새로운 수학 지식에도 의욕적이었던 것에 비해, 중인 수학자는 전문가로서 알고리즘 자체에 깊은 흥미를 느끼고 기법의 습득이나 완성을 추구하였다."[7] 어느 영역을 막론하고 양반 사대부는 실용적·구체적인 내용을 터득하는 데 전력을 다해야 한다고는 인식하지 않았던 것이 일반적이었다.

식민지시대 이래 주자학자의 이론 전개는 쓸모없는 공론으로서 비판받고, 윤휴나 박세당의 경서 해석은 경서 내용을 일상생활에서 실천하는 것에 중점을 둔 것이라고 분석되었다. 더 나아가 이러한 점은 조선 후기의 이른바 '실학' 사상의 선구가 된다고 일컬어져 왔다. 예를 들어 박세당의 다음 주석은 양명학의 '지행합일知行合一'을 염두에 둔 것이라고 해석되고 있다.[8]

정자程子는 "효도하고자 하는 이는 겨울에는 따뜻하게 여름에는 시원하게 해드리는 봉양 방법을 알아야 하고, 치지致知의 요령으로는 지선至善의 소재, 이를테면 아버지는 사랑[慈]에 그치고 아들은 효도[孝]에 그치는 것과 같은 종류를 알아야 한다. 여기에 힘쓰지 않고 한갓 온갖 이치를 널리 관찰하려고만 한다면, 이는 대군의 기병이 너무 멀리 가서 돌아오지 못하는 것과 같을 것이다. 격물格物은 자기와 가까운 곳부터 살펴 절실히 체득하는 것만한 것이 없다"라고 하였다.[9]

정자는 부모에게 효도하려는 이는 온갖 이치를 두루 알기보다, 봉양의 방법 및 부모는 자식을 사랑하고 자식은 부모에게 효도해야 한다는 사실을 '명확하게 알아 두는 것'을 강조하고 있다. 이를 행하기 위해서는 자신과 가까운 곳을 살펴서 '정밀하게 아는 것'이 필요하며, '이것이 격물'이라고 하였다. 정자의 이 견해를 그대로 인용하고 있는 박세당은 '무언가를 행하려는 이는 반드시 무엇이 중요한지를 명확하게 알아야 함'을 강조하고 있는 것이다. 그러나 과연 이러한 주석에서 지식보다 실천을 우선시하는 사고를 읽어 내고 나아가 양명학의 '지행합일'에 연결시키는 것이 가능할까?

또한 박세당은 경서를 읽는 목적은 학자가 성현이 제시한 준칙을 알고 이를 따르기 위함이라고 하였다.

성현의 가르침과 말씀은 후세의 학자를 위해 준칙을 제시하여 따라야할 바를 알려 주기 위한 것이다. 그런데 지금 무엇이라 형용하기 어렵고이해하기 힘든 학설로 성현의 말을 해석하여 후학에게 무익한 공론空論이 될 화려한 볼거리만 보여 주고 있다. 이래서야 되겠는가.[10]

그러므로 박세당은 인간의 본성에 관해 설명하는 것이 현실적으로 쓸데없는 공리공론이라고는 말하지 않는다. 그는 성性에 대한 정자의 말을 열거한 후 다음과 같이 말한다.

이 몇 가지 설은 성性의 본체를 분명히 제시하여 이에 따르는 척도·준칙으로 삼는다는 의미에 있어서는, 조금도 새로이 발명發明한 부분이 보이지 않는다. 다만 아득히 헤아릴 수 없어 전혀 의지할 수 없다는 생각만드니, 읽는 사람은 갈피를 잡지 못하여 어떻게 사고해야 할지 모른다. 이러한 점은 몹시 의심스러우므로 나는 이에 대해 반드시 합치되기를 구하지 않는 것이다.[11]

박세당은 일상생활에 도움이 되지 않는 것에 대해 설명하는 것이 불필요한 일이라거나 옛 도道가 아니라고 말하지 않는다. 그저 정자의 설은 성의 본질을 분명하게 나타내지 않고 있음을 지적한다. '솔성率性(천성에 따라 행하는 것)'의 척도·준칙을 부여하여 솔성을 실제로 가능하게 하는 것이 박세당의 목표인 것이다.

'경전의 도리에 대한 이해'를 본체로 하고 '개인이 현실 속에서 그 내용을 실천'하는 것을 기능으로 하여 분석해 보면, 위 주석의 중점은 기능이 아닌 본체에 있다. 근본을 '체體'로, 기능을 '용用'으로서 논한다면 '체'를 위주로 삼는다고 말할 수 있다. '용'이 무의미하다는 뜻은 아니지만, 그들이 경서를 읽는 것은 '체'를 위함이지 '용'을 공부하는 과정은 아니다. 일상에서 자신과 가까운 곳부터 공자의 말을 실천하는 방법을 찾는 데 중점을 두었다기보다, 나 자신을 수양하면 성현의 도가 실현된다고 믿고 이러한 방향에서 경서를 해석하고 있는 것이다.

"희로애락이 아직 겉으로 드러나지 않은 상태를 '중中'이라고 한다. 겉으로 드러나 모두 절도에 맞는 것을 '화和'라고 한다. 중은 천하의 큰 근본이고 화는 천하 어디에서나 통하는 도다. 중화中和를 지극히 하면 천지가 제자리에 위치하고 만물이 잘 자라난다"[12]는 《중용》의 내용에 대해 박세당은 다음과 같이 주석을 달았다.

장章의 처음에서 이미 '성性에 따르는 것, 이를 도라고 한다'라고 말했으니, 만일 또 성이 체가 되는 까닭이 무엇인지를 명확하게 하지 않으면 배우는 자들은 멍하니 그 의미를 알지 못하게 될 우려가 있다. 성의 본연의 체를 알지 못한다면, 또 어디를 따라 이 도를 행하겠는가. 이와 같다면 도를 떠나지 않으려 해도 그렇게 되지 않을 것이다. 그러므로 여기에 제시하여 배우는 사람들에게 '천리가 내 마음에 분명히 존재하고 있음은 본래 이와 같기 때문에, 도를 행하고자 한다면 다른 데에서 구할 필요 없이 자신의 마음을 돌아보는 것으로 충분하다'라는 것을 알려 주는 것이다. 노력에 노력을 거듭하면 성찰이 정밀해져 [희로애락이] 드러나더라도 그것이 모두 절도에 맞는다. '천지가 제자리를 찾고 만물이 잘 자라나는' 것과 같은 지극한 공功이라 할지라도, 이로 말미암아 순차적으로 어렵지 않게 달성할 수 있다.[13]

박세당은 '솔성지위도率性之謂道'라는 경문을 염두에 두고, 성의 본체를 확실히 알지 못한다면 경문의 내용이 무엇인지 이해할 수 없을 것이며 따라서 도를 실현할 수 없을 것이라 하였다. 박세당은 '중화'를 설명한 이 경문에서 '중', 즉 성性 본연의 체體의 중요성을 파악해 낸 것이다. 또한 '치중화致中和'에 대해서는, 사물을 본체와 작용의 표리일체로 설명하는 체용體用의 설을 사용하여 다음과 같이 말하였다.

천하의 사물은 '체'와 '용'이 없는 것이 없으니, 용이 없으면 체는 빈 그릇이 되며 체가 없으면 용은 근본할 바가 없게 된다. 체·용 이 두 가지는 물物이 시작하고 끝나는 소이이니 그 일은 한 가지이고 그 공功은 동일하다. 그러므로 [《집주》에서 말하는] '체가 서야만 그 후에 용이 행해지는 것이니 두 가지 일이 아니다'라고 한 것은 진실로 그렇지 않겠는가. 그러므로 눈으로 보고 귀로 들으며 손으로 들고 발로 걸어갈 때, 귀·눈·손·발은 '체'이고, 보고 듣고 들고 걷는 것은 '용'이다. 체가 이미 확립되면 용이 이로써 행해지는 것이니, 저 보고 듣고 들고 걷는 것 외에 귀·눈·손·발에는 별다른 사공事功이 있지 않다.[14]

요컨대 경문의 '중中'·'화和'에서 '체'·'용'을 읽어 낼 수 있고 또 이로부터 체·용의 불가분성, 즉 체가 확립되면 용이 곧바로 실현된다는 점이 확인된다는 것이다. 박세당이 체와 용이 각기 다른 것이 아님을 강조하는 것은 다음과 같이 주희의 주석을 비판하는 일환이기도 하다.

[주자는] '계구戒懼(경계하고 걱정하는 것)하여 이를 다잡으면 중中이 극치에 도달하게 되어 천지가 제자리를 찾고, 근독謹獨(홀로 있을 때도 신경을 써서 마음을 바르게 하는 것)하여 이를 정밀히 하면 화和가 극치에 도달하게 되어 만물이 길러진다'라고 하였다.[15] 이와 같다면 '그 중을 지극히 한다'라는 것은 절로 체의 일이 되고 '천지가 제자리에 있다'라는 것은 그 공효功效가 되며, '그 화를 지극히 한다'라는 것은 절로 용의 일이 되고, '만물이 길러진다'라는 것은 그 공효가 된다. 하나는 체가 되고 하나는 용이 된다면, 일은 두 가지가 되고 공은 나뉘게 되어 버린다. 이것이 어찌 '동정動靜의 차이가 있을 뿐, 그 실상은 두 가지 일이 아니다'[16]라는 주자의 설명과 합치되겠는가. 저 천지만물은 실제가 아니고 무엇이겠는가? 천지만물을 놔두고 또 실제라고 말할 만한 것이 있는가? [주자는] 타고난 선한 본성을 기르는 존양存養과 스스로 반성하는 성찰을 별개의 수양으로 다루었으니, 근본적인 부분에서 잘못한 것이다. 그대로 나란히 중과 화를 [천지가] 있어야 할 곳에 있는 것과 [만물이] 길러지는 것 두 가지로 나누어, 하나는 존양의 효과로 하나는 성찰의 효과로 만들어 버렸

다. 그 후 결국에 둘로 나누어서는 안 됨을 알았으므로 그만둔 것이다. 그리하여 다시 여기에서 하나로 합하였으나, 하나로 합친 것 또한 합일하는 까닭에 대해 명확한 근원을 밝히지 않고 있다.[17]

주희의 주석은 《중용》의 경문에서 '중中'을 '천하의 큰 근본'이라 하고 '화和'를 '천하의 달도達道'라고 한 것을 받아들여 '중'을 '체'로 '화'를 '용'으로 해설하였다. 그리고 '천지위언天地位焉'은 '중'을 지극히 한 효과로, '만물육언萬物育焉'을 '화'를 지극히 한 효과로 보았다. 여기에서는 중과 화를 각기 다른 것으로 해석하고 있다. 그러나 주희는 또 "동정動靜이 다를 뿐 실제 둘로 나뉘는 것이 아니다"라고 하며 다른 것이 아니라고 하였다. 그렇기 때문에 박세당은 두 문장이 모순된다고 주장하는 것이다.

박세당은 '두 가지 일이 아니다'라는 주희의 말은 그야말로 자신의 견해와 동일하다고 말한다. 그러나 주희의 설을 전체적으로 살펴보면 두 가지 일로 나누어 설명하고 있다. 그러므로 뒤에서 '두 가지 일이 아니'라고 보충 설명을 했어도 모순이 해결되지 않는다고 주장한다. 또한 체와 용이 분리될 수 없다는 것을 이유로 들어 주희처럼 나누어 해석하는 방법은 틀렸다고 하였다. 경문에서는 '중', 즉 '체'가 확립되어 있다면 '화', 즉 '용'은 자연스레 달성될 수 있음을 나타내고 있기 때문이다.

그러나 주자학에서 체와 용을 분리할 수 있다고 간주하지 않는다는 것은 널리 알려진 사실이다. '이耳·목目·수手·족足'과 '시視·청聽·지持·행行'을 체용 관계로 설명하는 것은 주희가 자주 사용하는 설명 방법이다. 즉 박세당은 주자학으로써 주희의 주석을 비판하는 것이다. 박세당은 마음속에 주자학과 다른 학설을 지니고서 그러한 측면에서 주자학이론을 반박하고 있는 것이 아니다. 이러한 박세당이 주자학 체계에 불만을 품고 그에 따라 경서 주석을 통해 주자학 자체를 비판하려 했다고는 도저히 생각할 수 없다.

다음으로 인용할 박세당의 주석은 "군자는 몸을 수양하지 않아서는 안 된다. 몸을 수양하고자 생각한다면 부모를 섬기지 않을 수 없다. 부모를 섬기고자 생각하면 사람을 알지 못해서는 안 된다. 사람을 알고자 한다면 하늘을 알지 못해서는 안 된다"[18]라는 《중용》의 구절에 대한 것이다.

임금 됨과 신하 됨은 반드시 먼저 자신을 수양한 뒤에 장차 큰일을 할 수 있는 것이다. ……그 근본은 모두 부모를 섬기는 데 있다. 그러나 사람이 사람 된 근본적인 이치를 알지 못하면 부모를 섬길 수 없다. 이치는 본래 하늘에서 나온 것이기 때문에, '사람을 알지 못해서는 안 되며 하늘을 알지 못해서는 안 된다'라고 한 것이다. 여기에서 말하는 '사람'이란 [위 문장의] '인仁은 인사이다[仁者 人也]'라고 할 때의 인사과 의미가 통한다. 아마 현자賢者를 가리키는 것은 아닐 것이다.[19]

마지막에 박세당이 《중용》 본문의 '인사' 자에 대해 '현자를 가리키는 것은 아닐 것'이라고 말한 것은, 주희의 주석에 대한 비판에 해당한다.

주희는 《중용》의 이 구절에 대해 "몸을 닦는 것은 도로써 하고 도를 닦는 것은 인仁으로써 한다. 그러므로 몸을 닦고자 하면 어버이를 섬기지 않을 수 없다. 어버이를 공경히 섬기려고 한다면 반드시 현인을 존경하는 뜻을 근거로 해야 한다. 그러므로 또한 사람[人]을 알지 못해서는 안 된다. 친친親親(가까운 사람을 친밀히 대하고 사랑하는 것)을 행함에 있어 친소의 정도에 따라 그 친밀함을 가감하는 것, 현인을 존경함에 있어 등급을 매기는 것은 모두 천리이다. 따라서 또 마땅히 하늘을 알아야 한다"[20]라고 하였다. 즉《중용》의 '지인知人'을 현자를 알아보고 존경한다는 의미로 해석하고 있다. 이렇게 해석한 이유는 바로 앞의 경문에서 부모를 섬기는 것과 현자를 존경하는 것에 대해 설명하고 있다는 점에 착안했기 때문일 것이다.

이에 반해 박세당은 '지인'을 '사람이 사람 된 소이所以의 이치를 아는 것'이라고 하였다. 그는 '사친事親'과 '지인知人'을 연결한 경문에서 부모를 섬기는 일은 사람이 사람 된 까닭을 알아야 비로소 가능하다는 의미를 파악해 냈다. '사람이 사람 된 근본적인 이치를 아는 것'을 무엇보다도 우선시하여, 실행은 그 까닭을 알고 난 후의 일이라는 것이다. 이 주석도 체體(근본)와 용用(기능)의 측면에서 말하자면, '체'를 밝히는 데 중점을 둔 것이라고 할 수 있겠다. 그러나 현대 학계에서는 이마저도 실천 중시의 '용'에 대해 논한 것으로 해석해 왔다.

공리功利를 추구하지 않는 유학자라 할지라도 현실 사회에서 살아가는 이상 실용성을 완전히 무시할 수는 없을 것이다. 17세기 조선의 유학자들도 현실을 고려하지 않은 정책이나 논쟁에 대해 비판하는 일은 있을 수 있다. 하지만 그들이 적어도 실용적으로 도움이 되는지 아닌지를 판단 기준으로 삼는 일이 있을까? 더욱이 이를 경서를 해석하는 기준으로 삼는 일이 있을까?

박세당의 경서 주석에서 '실實'이라는 글자는 '실천'이나 '실학'과 결부되어[21] 서양적 '근대정신'과 비견될 수 있는 '실천 중시' 사상으로서 이해되어 왔다. 그러나 박세당은 경전 이념의 사회적 실현을 염두에 둔 것이지, 개인이 일상생활 속에서 하나하나 실천하는 것에 중점을 두지 않았다. 유학자로서 부모에 대한 효도를 실제로 행해야 한다고 생각하는 것은 당연하지만, 어떻게 해야 효도를 실천할 수 있을지를 궁리하는 차원에서 경서의 내용을 해석한 것이라고는 할 수 없다. 성인의 이념을 명확하게 인식하고 그 이념을 세상에 실현하기 위해 그 '체'를 밝히는 것이, 경서를 마주한 박세당의 의식이었다.

게다가 "박세당의 실학사상은 ……자신이 이해하는 한 이상적이라 생각되는 범위에서 표명된 것이지만, 그 이상의 기준은 역시 공자의 '문文[虛]'·'질質[實]'이 조화[彬彬]되어야 한다는 점에 있었다.[22] '문'과 '질' 어느 편에도 치우쳐서는 안 된다는 이론상의 이상이 그대로 평가의 기준으로 적용될 수 있다면, '실'에의 치중 역시 이상적인 '정상'은 아니다. 이 점에 오히려 반주자학으로서의 서계 실학의 보다 큰 한계와 약점이 있을 수 있다"[23]라고 한다. 공자의 발언을 이상적인 틀로 삼은 것은 17세기 유학자로서 극히 자연스러운 일이다. 그러나 박세당의 경서 주석이 20세기에 요구되는 '실용'의 관점에서 고찰되어 기존 사상을 극복할 것이라는 기대를 받은 탓에, 그의 '극히 자연스러운' 사고방식은 한계성으로 간주될 수밖에 없었던 것이다.

드 배리는 주희 등이 《대학大學》의 '친민親民'을 '신민新民'으로 수정한 것은 사회의 갱신·재생 및 혁신을 강조하는 신유가新儒家 학자들의 사고방식을 나타낸다고 하였다. 한편 이러한 그들의 '강조'가 꼭 '진보'의 시각이라고 할 수는 없다며 주의를 환기시켰다. 신유가에서 말하는 '신新'은 1년이 지나고 새해[新年]가 돌아오고 사계절이 지나고 새로운 봄[新春]이 돌아오는 것과 같은 '신'에 가까운 의미이므로, 신유가의 '생명력' 혹은 '창조성'이라는 개념을 서양인의 어감에 따라 개별적·개인적 독창성이나 완전한 독자성에 높은 평가를 부여한다는 의미로 이해하는 것은 곤란하다는 것이다.[24]

마찬가지로 박세당이 말한 '실'은, 17세기 조선 유학자들이 중시했던 것을 기반으로 해서 이 말의 의미를 고찰해야 한다. 현대 사람들이 보통 생각하는 '실'의 의미를 여기에 그대로 적용할 수는 없는 것이다.

학술환경

17세기에 '사문난적'으로 몰린 사람들과 그들을 궁지에 몰아 넣은 사람들과의 차이점은 그동안 충분히 주시되어 왔다. 그러나 양쪽이 동일한 학술적 기초 위에 있었다는 점에 다시 주의를 기울인다면 조선 유학사의 재검토에 새로이 한 걸음을 내딛게 될 것이다. 먼저 17세기 유학자들의 학술환경이 어떠했는지를 간략하게 소개하고자 한다.

첫째, 과거시험을 위해 관학으로 공인된 주자학에 기초하여 경서를 상세히 분석하면서 이해하는 것이 요구되었다. 이를테면 과거시험에 '사서四書에 보이는 성誠에 대해 논할 것'과 같은 문제가 있었기 때문이다.[25] 훌륭한 답안을 작성하기 위해서는 《대학》·《중용》·《논어》·《맹자》에 설명되어 있는 '성誠'을 주희의 주석에 기반하여 종합적으로 논해야만 한다. 따라서 사대부 집안의 남자는 어렸을 때부터 《사서》를 주희의 《장구집주章句集註》, 혹은 이 책에 송·명대의 학설을 소주小注로 추가한 《장구집주대전章句集註大全》을 정밀하게 분석·종합하면서 학습하게 된다.

둘째, 방대한 주희의 저작을 망라할 필요가 있었다. 《장구집주》 등 주희의 경서 주석을 읽을 때 문장이 간결하여 그 의미를 파악하기 어려운 경우가 있다. 그런 경우 주희의 다른 저작이나 서간을 통해 주희의 생각을 확인할 수밖에 없다. 이 때문에 많은 뛰어난 학자들은 솔선하여 주희의 저작에서 주요 문장을 추려 선집을 만드는 한편, 난해한 부분에는 해설을 부기하여 독자에게 제공하였다. 예를 들어, 퇴계 이황은 《주자대전》에서 특히 중요한 서간문을 선별하여 《주자서절요朱子書節要》[26]를, 정경세鄭經世(1563~1633)는 《주자대전》의 각종 문장(封事·奏箚·議狀·書·雜著·序 등)에서 특히 중요한 문장을 발췌하여 《주문작해朱文酌海》를, 조익은 주희의 서간문을 정선한 《주서요류朱書要類》 및 주희의 글을 각각 수십 편씩 발췌한 《주문요초朱文要抄》를 편찬하였다. 송시열은 《주자대전》에서 중요한 문장을 선별하여 주석을 달아 《절작통편節酌通編》을 편찬하는 한편, 《주자대전》의 난해한 부분에 해설을 부연한 《주자대전차의朱子大全箚疑》를 저술하였다. 김창협金昌協(1651~1708)은 《주자대전차의》를 읽고 송시열에게 질의한 뒤 그 내용을 《주자대전차의문목朱子大全箚疑問目》으로 편찬하였고, 이항로는 《주자대전차의》를 위주로 하고 제가諸家의 학설을 추가하여 《주자대전차의집보朱子大全箚疑輯補》를 완성하였다. 김문식에 의하면 조선시대에 편찬된 주희의 서간문 선본選本 및 연구서는 35종에 달한다고 한다.[27]

셋째, 주희의 경서 주석과 다른 저작 간의 모순에 대해 설득력 있는 해명이 필요하였다. 앞에서 서술하였듯 유학자들은 주희의 다양한 저작을 망라하여 학습하였다. 그리고 주희의 저작을 대조하면 할수록 그 학설이 일정치 않은 점에 대해 고민하였다. 그중에는 주희의 견해가 시대와 함께 변해 간 것도 있는가 하면, 각기 다른 저술의 문언에서 중점을 두는 부분이 달라 생긴 모순도 있었다. 주희의 저작을 철저하게 연구하면 할수록 이 모순에 대한 문제의식은 깊어져 갔다. 이 때문에 송시열 같은 경우 주희 언론의 차이를 조사하는 작업을 행했다. 송시열은 주희의 저작에 대해 가장 상세히 아는 사람 중 하나로, '주자학 원리주의자'라고까지 불리는 유학자다. 이러한 송시열이 착수하고 그의 학맥을 계승한 한원진韓元震이 완성한 《주자언론동이고朱子言論同異攷》가 바로 그 성과이다. 이 저작에서는 주희의 다양한 문언 사이에 상호 모순되는 말들을 뽑아, 조만早晩의 차이임을 밝히거나 주희가 평소 일관되게 주장한 설과 일시적인 견해로 구분하여 설명하고 있다.

넷째, 관학으로서의 주자학과 충돌하지 않으면서도 참신한 경서 해석을 제시할 것이 요구되었다. 관학으로 규정된 주자학 해석에 모순되는 견해라면 사회에서 용납되기 어렵고, 반대로 경서의 뜻을 새로이 밝히려는 시도 없이 주희의 학설만을 반복한다면 일독할 가치가 없기 때문이다. 따라서 유학자들은 이 두 가지 균형을 잘 맞추어 주희의 견해에 합치되면서도 참신하게 해석하고자 노력하였다.

'사문난적'이라 불린 윤휴와 박세당 또한 위와 같은 학술환경에 있었다. 윤휴는 주희의 《중용장구中庸章句》의 '수도지위교修道之謂教'[28]에 관한 해설에 의문을 품고, 권시權諰에게 다음과 같이 물었다.

《중용》에 대해서는 최근 의심스러운 부분을 기록하고 있습니다. 작업이
끝나면 고견을 구하려고 생각 중입니다. ……'수도修道'의 '수' 자를 주
자는 '품절品節(등차等差를 둠)하는 것'이라 해석하고 있는데, 이는 '계신
戒愼(마음속의 경계 및 삼감)'과는 의미가 다른 것입니까? '예악형정禮樂
刑政'은 단지 외면의 일을 말하는 것입니까, 아니면 존성存省(存養省察: 본
심을 길러 명확히 살핌)·극복克復(克己復禮: 자기의 욕망을 이겨 내 예를 회
복함)과 같은 의미입니까? 도저히 알지 못하겠습니다. 노형의 생각은 어
떠합니까? 답신에서 가르쳐 주시기 바랍니다.[29]

윤휴는 《중용장구》의 '수도지위교修道之謂教'에 대한 해설, 즉 "성인은
인과 물이 마땅히 행해야 할 것을 품절하여 천하에 법으로 삼았다. 이
것을 교教라 한다"[30]라고 한 내용에 의문을 제기하고 있다. 주희는 '예
악형정', 즉 국가를 운영하는 데 필요한 요소인 예의·음악·형벌·정치
를 '수도지위교'의 예로 들고 있다. 이에 반해 윤휴는 군자가 도를 닦
아 사람을 다스리는 기초로서 '수도修道'를 생각한다. 요컨대 '품절'이
나 '예악형정'이 아닌 '마음속의 경계 및 삼감[戒愼]'으로 해석해야 한
다고 생각하였다. 이에 윤휴는 주희의 저작을 조사하여 자신의 해석과
일치하는 한 마디를 발견하고 다시 권시에게 답신하였다.

가르쳐 주신 '교教' 자에 대해서는 저도 생각이 같습니다. 일찍이 주자의
〈명당실기名堂室記〉를 보았는데, '계신공구戒愼恐懼를 수도지교修道之教
[의 시작으]로 삼는다'[31]라고 하였습니다. 《중용》의 주석과는 다르니, 어
느 쪽이 정론定論인지 알지 못하겠습니다. 노형의 의견은 어떠십니까?

답신으로 가르쳐 주시기를 바랍니다.[32]

첫 부분의 말을 보면, 권시와 윤휴 모두 '수도지위교'의 해석에 있어 주희와 견해를 달리하였다고 추측된다. 윤휴는 주희의 기문記文인 〈명당실기〉에서 자신의 견해와 비슷한 내용을 발견하였다. 그래서 이것이야말로 주희의 '정론'이며, 자신의 견해는 본래 주희의 정론과 일치한다고 전달하려 했던 것이다. 《주자대전》을 정밀히 읽어 간단한 한 마디라도 놓치지 않고 이를 채택하여 자기 의견의 근거로 삼으려 했음을 알 수 있다. 그 후 《중용주자장구보록中庸朱子章句補錄》을 저술한 1668년에는 다음과 같이 자신의 설을 확정하고 있다.

천명에 근거하여 생겨난 이치가 있고, 사람의 본성에 따라 행해야 할 길이 있고, 사물의 도를 따라 군자에게는 자기를 다스려 남에게 미치는 일이 있다. 이 세 가지는 하늘이 하늘 된 까닭이요, 사람이 사람 된 까닭이요, 사물에 법칙이 있는 까닭이다. 군자가 마음을 세워 하늘을 섬기는 것이 큰 근본이다.[33]

최종적으로 윤휴는 '수도지위교'를 '군자가 자신을 수련하여 그 좋은 영향을 다른 사람에게까지 미치는 것'이라고 자기의 의견을 확정하였다. 그리고 이 해설의 말미에는 정자의 설을 인용하여 근거를 뒷받침하였다.

정자가 말하였다. ……'수도지위교修道之謂教'란 오로지 인사人事이다.

이 본성을 잃었기 때문에 이를 닦아 회복하기를 구하는 것이 배움에 들어서는 것이다.[34]

이상에서 살펴본 바와 같이 17세기에는 '사문난적'이라 불리고 20세기에는 '주자에 반대하는 이설異說을 제창하였다'고 칭송되었던 윤휴의 '이설' 제기는, 주희 저작에 대한 상세한 조사로부터 발전해 나간 것이다. 여기에서 윤휴가 주희의 《중용》 이해를 뒤엎었는지 아닌지를 논하는 것은 불가능하다. 윤휴의 의론은 '천명에 근거하여 생겨난 이치가 있으며 사람의 본성에 따라 행해야 할 길이 있다'라고 하는, 리理를 사용하여 천명과 인성을 연결짓는 주자학적 해석을 전제로 하고 있기 때문이다. 따라서 윤휴가 주자학에 회의를 품고 이견을 주장하였다는 가설은 성립하지 않는다. 그러나 조선시대에 그러하였듯 주자의 주석을 '고쳤다'라고 말한다면, 이는 확실히 그 말대로이다.

박세당은 《중용》 첫 장의 "도는 잠시라도 떨어져서는 안 된다. 떨어질 수 있다면 도가 아니다[道也者 不可須臾離也, 可離非道也]"에 대한 해설에서, 주희의 《중용장구》 주석에 있는 '존천리存天理'라는 표현을 언급하며 이 주석을 고치고 있다. 우선, 《장구》의 내용은 다음과 같다.

도는 일용사물日用事物에 있어 마땅히 행해야 할 이치로, 사람마다 본성의 덕목으로서 마음속에 갖추어져 있다. 이것이 있지 않은 사물은 없으며 그러하지 않은 때는 없다. 그러므로 잠시도 떨어져서는 안 된다는 것이다. 만일 떨어질 수 있다면 어찌 '성性을 따르는 것[이 도道이다]'이라고 했겠는가. 이 때문에 군자는 항상 공경히 하고 걱정하면서 보고 듣지 않을 때라 할지라도 소홀히 하지 않는다. <u>천리의 본연을 보존하여</u> 잠시도 떨어지게 해서는 안 되는 까닭이다.[35]

위의 내용 중 박세당이 문제 삼은 것은, 밑줄 친 '천리의 본연을 보존한다'라는 표현이다. 박세당은 이 표현을 비판하며 "천리는 애초부터 마음속에 분명히 갖추어져 있는 것으로, 한순간도 존재하지 않은 적이 없다. 다만 이를 따르고 따르지 않는 문제일 뿐이다. 따르면 도이고 따르지 않으면 도에서 떨어지게 된다. 만약 '천리에 순응한다[循天理]'라고 표현한다면 괜찮지만, '천리를 보존한다[存天理]'라고 해서는 안 된다"[36]라고 하였다.

이 주석이 주자학의 해석을 뒤집은 것인지 아닌지는 확정할 수 없다. 박세당은 주희의 '존천리'라는 해석이 갖는 가장 큰 특징, 즉《중용》의 '천명지위성天命之謂性 솔성지위도率性之謂道'의 해설에 임의로 '리理'를 덧붙인 것에 대해 어떠한 이의도 제기하지 않았기 때문이다. 뿐만 아니라 사람은 애초부터 천리를 마음속에 갖추고 있다는 주자학의 이론 또한 문제시하지 않고, 오히려 이를 전제로 삼고 있기 때문이다. 박세당의 '존천리라고 말하는 것은 불가하다'라는 발언은 주자학이론을 비판하는 것이 아니다.

이 주석은 (주희가 말한 것처럼) 천리는 본래 사람의 마음속에 갖추어져 있는 것인데 '천리를 보존한다[存天理]'라는 표현은 마치 천리로부터 떨어지는 경우가 있는 듯이 되어 버리기 때문에 이를 문제 삼은 것이다. 그러므로 '존存' 대신 '순循'을 사용해야 한다고 말한다. '천리는 자신의 마음속에 이미 존재한다. 따라서 우리는 그대로 천리를 따르면 된다'라는 점을 명확하게 드러내야 한다는 것이 박세당 주석의 요점이다.

박세당은 또한 주희의 '성즉리性卽理'라는 말이 잘못되었음을 다음과 같이 비판하였다.

'성性'은 마음의 밝음을 통하여 천리를 받아들여 평생 함께하는 것이다. 하늘에는 밝은 '리理'가 있으니 사물은 리에 맞추고 리를 따른다. 이 '리'라는 법칙을 사람에게 부여하면 사람의 마음은 밝기 때문에 천리를 받아들여 그 '리'가 사람들의 마음속에 밝게 존재하게 된다. 이렇게 하여 사람은 사물의 옳고 그름을 고찰할 수 있는 것이다. ……주자의 주석에서는 '성'을 '리'라고 하였는데[성즉리性卽理라는 표현을 가리킴 – 인용자 주], 지금 나의 해석이 이와 같지 않은 것은 어째서인가? '리'가 마음속에 밝게 존재하는 것을 '성'이라 하는데, 하늘에 있을 때는 '리'라 하고 사람의 마음속에 있을 때는 '성'이라 칭하는 것이니 각기 다른 명칭을 어지럽혀서는 안 되기 때문이다. 리理·성性·도道·교教는 그 귀결을 따지자면 같은 것이지만, 명칭을 어지럽혀서는 안 된다.[37]

이 주석은 먼저 주자학에 기초하여 성性과 천리의 관계를 서술하고 있다. 그러나 후반에서 박세당은 자신의 주석은 주희의 '성즉리性卽理'와는 다르다고 말한다. 그 이유는 사람에게는 '성性'이라는 명칭을 사용하고 하늘에는 '리理'라는 명칭을 사용해야 하기 때문이다. '즉卽' 자를 써서 '성즉리'라고 하면 '성=리'가 되어 버려 각 명칭을 올바로 표현할 수 없게 되므로 옳지 않다고 말한다. 요컨대 박세당은 주자학의 '사람이 하늘의 이치를 받아 본성으로 삼는다'[38]라는 이론에 근거하여,

주희 주석은 이 이론을 보다 명확하게 표현해야 한다고 주장한 것이다. 그럼에도 불구하고 현대의 연구에서 박세당이 주희의 주석을 '명칭을 어지럽힌다', '본말本末의 순서를 잃었다'라고 말한 부분을 가지고 주자학 자체를 비판하였다고 오해하는 경우가 있다.

박세당은 자신이 어째서 주자와 다른 해석을 하였는지 자문하고 그에 답하는 형식을 취하여 구체적 이유를 서술하고 있다. 그러나 이를 주희의 주석과 대조해 보면, 박세당 본인이 느끼는 만큼 '주자와 다른' 내용은 아니라는 것을 확인할 수 있다. 바꾸어 말하면, 박세당은 주자학적 지식에 기반하여 주희의 주석을 뛰어넘어 더 정확한 경문 해석을 시도한 것이다. 그러므로 박세당은 17세기에 사문난적이라고 일컬어졌듯이 주자의 주석을 고친 것은 분명하지만, '주자학에 대한 비판의식을 가지고 그로부터 비판을 진행하였다'는 점은 확언할 수 없다.

학술적 논의 — 그 중점

주자학이 국시國是였던 조선에서 주자의 주석을 고친 저자는, 본래 의도와 관계없이 정치적으로 대립하고 있던 사람들에게 '주자를 모욕하고 폄하했다'며 공격당하였다. 그러나 정치적인 문제와 관련되기 전, 즉 정치적 대립이 배제된 친우와의 학술적 논의는 어떻게 이루어지고 있었을까? 박세당과 윤증尹拯(1629~1714)이 《대학》의 '격물格物' 해석을 둘러싸고 행하였던 논의를 예로 들어 그 중점을 고찰해 보겠다.

박세당의 형인 박세후朴世垕는 윤증의 여동생과 결혼하였고, 박세당의 아들 박태보朴泰輔는 윤증을 사사師事하는 등 박세당과 윤증은 밀접한 관계가 있었다. 두 사람은 정치적·학술적으로 의견을 나누는 동지였다.[39] 널리 알려진 대로 격물에 대한 해석은 주자학에서 가장 중요한 항목이다. 그러므로 양명학은 '사물의 이치에 이른다'라고 한 주희의 격물 해석을 정면에서 부정하고 '사물을 바로잡는다'라는 해석을 제시하며 주자학에 반기를 들었다. 이러한 상황에서 보면, 주희의 격물 주석에 비판적인 생각을 나타내는 인물은 주자학에 대한 비판의식을 지녔다고 추측되기 쉬울 것이다.

박세당은, 주희의 격물 해석은 초학자들에게는 무리가 있는 내용이므로 '초학입덕지문初學入德之門(초학자가 덕을 몸에 익히기 시작하는 입구, 《대학장구》첫 부분에 인용된 정자의 말)'이라는 《대학》의 취지'에 적합한 형태로 수정해서 해석해야 한다고 주장한다. 대부분의 선행 연구에서는 박세당의 격물 해석에 대해 그가 발언한 대로 의미를 부여하였다. 즉 주희의 난해한 해석을 초학자에게 알맞은 내용으로 수정한 것이라고 인식하였으며, 또 윤증은 박세당의 생각과 대립된 각도에서 그를 비판하였다고 간주하였다.[40] 윤증과 박세당의 논의는 정치적 대립이 배제되어 있으므로, 당시 학술적 논의에서 무엇이 중점이었는지 확인할 수 있는 매우 적절한 사료다. 그러므로 이들의 논의를 연구 대상으로 삼은 것은 선행 연구의 큰 공헌이다.

그러나 선행 연구의 의미 부여는 '주자학적 해석에 대항하여 등장한 새로운 경서 해석'이라는 도식을 염두에 두고, 격물 논의를 여기에 적용시킨 것이다. 이러한 도식적 해설을 통해서는 논의의 진정한 의미를 파악할 수 없을 것이다. 박세당 주석의 기준이 되는 '초학입덕지문初學

入德之門'은 주희가 《대학》을 해석하는 기준이기도 하며, 윤증과 박세당 두 사람 모두 이 기준에 동의하고 있기 때문이다. 게다가 윤증이 거론하는 주희의 문언에 대해 박세당이 꼭 이견을 가진 것은 아니다.

윤증과 박세당의 논의에서 그 중점을 파악하기 위해서는, 우선 주희의 《대학장구》가 '격물치지格物致知'와 '물격지지物格知至'를 다음과 같이 구분하고 있다는 점에 유의해야 한다. 《대학장구》에서는 '격물치지'에 대해 '치지致知는 자기의 앎을 궁극까지 발전시키고자 노력하는 것이다. 격물은 사물의 이치에 대하여 그 궁극까지 도달하고자 노력하는 것이다[推極吾之知識 欲其所知無不盡也. 窮至事物之理 欲其極所無不到也]'라고 하였다. 한편 '물격지지'에 대해서는 '물격物格은 사물의 이치가 모두 궁극까지 도달한 것이다. 지지知至는 자기 마음의 앎이 궁극에까지 다한 것이다[物理之極處無不到也. 吾心之所知無不盡也]'라고 하였다.

요컨대 주희의 주석은, 궁극의 단계에 도달하려고 노력하는 것이 '격물치지'이고 궁극의 단계에 도달한 상태가 '물격지지'라는 말이다. 따라서 주희는 '격물'은 급하게 극치에 도달하기를 구하는 것이 아니라 축적하는 것이 중요하다고 생각한다. 《주자어류朱子語類》의 "한 사물의 이치를 지극히 하여 온갖 이치에 통하는 것으로 말하자면, 안회顏回(공자의 뛰어난 제자)도 이 경지에는 이르지 못하였다. 다만 오늘 한 가지 일을 이해하고 내일 또다시 한 가지 일을 이해하여 이를 거듭 쌓은 후에야 비로소 훤히 전체를 꿰뚫는 이해가 가능해진다"[41]라는 문장을 참조해 보면 이를 확인할 수 있다. 그리고 주희는 《대학》의 독법을 설명할 때, 초학자가 여기에서 기초를 배운다고는 말하지 않고 《대학》을 통해 학문의 대강大綱을 확립하고 그 강령 속에 앞으로 수학하는 내용을 담아야 한다고 가르치고 있다.[42] 배우는 이들이 격물을 진행하는 단계에 있더라도 극치의 목표를 잊어서는 안 된다는 주희의 생각을 엿볼 수 있다.

그렇다면 박세당은 주희의 주석에 대해 어떤 점을 비판적으로 파악한 것일까?

[주자의] 주석에서 "'물격'은 사물의 이치가 모두 궁극까지 도달한 것이다. '지지'는 자기 마음의 앎이 궁극에까지 다한 것이다"라고 하였다. ……이치가 모두 궁극까지 도달하고 앎이 궁극에까지 다한다는 것이, [《중용》에서 말하는] 진실로 사람의 성性을 다하고 물物의 성을 다하여 천지가 만물을 기르는 일에 참여하는 것이라면, 이는 성인의 최고 경지의 공적이자 학문을 통해 도달할 수 있는 최종 단계이다. 그렇다면 또 어찌 정심正心과 수신을 일삼겠으며 제가와 치국을 논하겠는가. ……[다른 조목은 모두 초학자들이 힘써야 할 것들인데] 어찌하여 유독 격물만 사물의 이치를 반드시 궁극까지 다해야만 하며, 그렇지 않으면 '격格'이라고 하기에 부족한 것인가? 또 '지지'의 경우에도 자기 마음의 앎을 반드시 끝까지 다해야만 하며, 그렇지 않으면 '지至'라고 하기에 부족한 것인가?[43]

박세당의 주석 첫 부분에는 주희의 '물격지지'의 주석이 인용되어 있다. 그러나 그 후반에 '어찌하여 유독 격물만이'라고 서술한 부분을 보면, 주희의 '격물' 주석에 대해 언급하고 있음을 알 수 있다. 즉 박세당은 주희 주석에서 '격물'은 하나하나의 단계이고 '물격'은 이것이 궁극에 도달한 단계라고 말한 차이에 주의를 기울이지 않은 것이다. 이처럼 박세당은 윤증에게 보내는 편지에서 '주희는 격물을 해석하기를, 모든 사물의 이치를 전부 지극히 하고 모든 지식을 전부 알아야만 다음 단계에 나아갈 수 있다고 하였는데 이는 경문의 내용과 어긋난다'고 문제 제기하고 있다. 이에 대해 윤증은《주자어류》를 인용하여 다음과 같이 설명하였다.

주자는 "격물에서부터 평천하에 이르기까지는 성인이 순서를 대략 나누어 사람들에게 보여 준 것으로, 하나를 완벽하게 해낸 뒤에 다음 일로 나아간다는 말이 아니다. 이와 같다면 어느 때에 완성할 수 있겠는가"[44]라고 하였습니다. 이 말로 그대의 의문이 풀리겠습니까.《대학》의 전문傳文은 각 조목마다 설명한 것이지만《장구》는 장별로 의미를 풀이하였기 때문에, 하나의 일마다 각각 그 끝까지 설명해 놓은 것일 뿐입니다. 어찌 한 가지 일을 반드시 끝까지 행하고 나서 그 다음의 일을 행한다는 의미이겠습니까. 지금 학자의 일상생활로 말하자면, 매일 눈앞에 닥친 여러 가지 일이 있으니 격格·치致·성誠·정正·수修·제齊, 각각의 일에 힘을 다할 뿐입니다. 어찌 오늘은 격물을 행하고 내일은 성의誠意를 행할 리가 있겠습니까. 다만 앎이 철저하지 못할 때는 실행도 철저하지 못하고 앎이 철저할 때는 실행도 철저하다는 의미일 뿐입니다. 그대의 잘못은 책을 너무 국한하여 읽는 점에 있습니다.[45]

윤증은 박세당이 주희의 격물 주석에 대해 모든 사물의 이치를 지극히 하고 모든 앎을 지극히 하고 난 뒤에야 다음 단계로 나아간다는 의미라고 이해하는 것은 오해라고 하였다. 윤증은《대학장구》의 간결한 주석을 《주자어류》의 말로 보충하여 생각하는, 조선 유학자들의 연구 방법을 이용해 설명함으로써 박세당의 오해를 풀어 주려고 하였다. 그러나 윤증의 설명에 대해 박세당은 《주자어류》를 이용해 《대학장구》의 내용을 보충하는 방법을 거부하고, 《대학장구》의 설과 《주자어류》의 "하나를 완벽하게 해낸다는 것이 아니다"라는 말은 모순을 면치 못한다며[46] 다시 반론하였다.

반론을 받고 윤증은 《대학장구》의 내용으로 돌아가 주희의 '격물치지' 주석과 '물격지지物格知至' 주석을 구별하여 이해해야 한다고 지적하였다.

[주자의] 보망장補亡章(소위 '격물보전格物補傳')[47]에서 이른바 '이미 알고 있는 이치를 바탕으로 하여 천하 모든 사물의 이치를 알기 위해 더욱 궁구하고 노력한다' 등의 말은 모두 '격치格致' 공부입니다. 노형이 말하는 '하나의 사물을 격格하면 이에 사물의 이치가 이르고, 하나의 앎을 치致하면 이에 앎이 지극해진다', '사물에 따라 힘쓰면 효과가 나타난다'라는 것은, 그[격물치지格物致知]의 일에 해당합니다. [보망장에서] 이른바 '겉부터 속까지 작은 것부터 큰 것까지 전부 빠짐이 없고, 완전한 본체부터 광범위한 작용까지 전부 밝아진다'라는 것은 격물치지의 효과[즉 물격지지物格知至]입니다. 이는 곧 노형이 말한 '천하 사물의 이치를 전부 지극히 하여 하나로 관통한다'라는 것입니다. 생각건대 사물의 이치가 이르고 하나의 앎이 지극해지며 사물에 따라 힘써서 효과를 보는 것은 [격물치지의] 공부에 착수하는 것이지, '물격지지'의 전체全體라고 할 수는 없습니다.[48]

윤증은 나아가 주희의 편지 내용을 인용하여 다음과 같이 설명하였다.

예를 들면, [주자가] 어떤 학자에게 답신한 글에서 "어디에서든 마음을 불러 깨우고[提撕], 어디에서든 마음을 수렴하고[收拾], 어느 때이든 상세히 연구하고[體究], 일에 따라 토론해야 한다. 하루에 세 번 혹은 다섯 번 마음을 가다듬고[整頓], 세 가지 혹은 다섯 가지 일을 이해한다면 자연스레 숙련되어 절로 명확해진다"라고 하였습니다. 여기에서 말하는 제시提撕·수습收拾·정돈整頓은 존심存心·수신修身의 일이고, 체구體究·토론討論·이해[理會]는 격물치지의 일입니다. 매일같이 수양한다면 이는 바로 노형이 말한 '사물에 따라 노력하면 효과가 나타난다'라는 것이 아니겠습니까. 주자의 저작에는 이러한 취지의 발언이 많이 있으니, 보망장補亡章의 '용력用力' 두 글자에도 이미 이러한 취지가 포함되어 있습니다.[49]

위의 서신들에서 주자학 추종자와 주자학 비판자의 대립이나 '지행분리' 입장과 '지행합일' 입장의 대립[50] 등 선행 연구에서 파악한 내용은 발견할 수 없다. 박세당의 이론 제기는 어디까지나 주희가 격물치지의 해석에서 갑자기 최고 단계까지 말한 것은 '초학입덕지문'이라는 전제에 어긋난다는 점이었다. 이에 대해 윤증은《주자어류》나 서간문 등의 내용에서 주희 주석을 보충하여 주희 격물론의 전체상을 제시함으로써 주희 주석에 대한 박세당의 오해를 고쳐 주려 하였다. 이에 대해 박세당은《주자어류》의 내용은 옳다고 인정하더라도《주자어류》와《대학장구》의 내용은 분명히 다르므로 이 두 견해는 모순된다는 주장을 굽히지 않았다. 그래서 윤증은《장구》의 내용으로 돌아가 '격물치지'의 주석과 '물격지지'의 주석을 구별해서 설명하고, 박세당이 이 두 해석을 혼동하고 있음을 지적하였다. 그 후 박세당은 주희의 편지 내용을 인용하여 자신의 견해가 이 편지에 보이는 주희의 견해와 동일하다고 주장하였다.

그리고 박세당은 격물의 의미를 초심자를 대상으로 해석해야 하는 또 하나의 근거로서, 《대학》의 다른 조목인 성의·정심도 원래 높은 수준이 필요하지 않는 매우 쉬운 내용이라는 점을 들었다.

지금 《대학》의 성의·정심설은 모두 사물을 가리켜 친절하게 설명하고 귀를 끌어다가 들려줄 뿐만 아니라, 어리석은 부인이나 어린아이라도 이해하고 실행할 수 있도록 한 것입니다. 이런 관점에서 보건대, 어찌하여 [격물에 대한 해석에서만] 거창한 말로 듣는 사람을 놀라게 하고 도저히 미치지 못할 것이라고 근심하게 한단 말입니까.[51]

박세당은 《대학》의 성의장誠意章을 보면 성의라는 공부는 알기 쉽고 실천하기 쉬운 내용뿐이라고 말한다. 또한 격물에서만 초학자가 도달할 수 없을 듯한 극치를 말할 리가 없다고 강조한다. 이를 토대로 격물에 대한 주희의 해설은 다른 조목의 쉬운 내용과는 어울리지 않는다고 주장한다. 이에 대해 윤증은 다음과 같이 반론한다.

격물치지를 해석할 때에는 격물치지의 극치까지 설명하고, 성의를 해석할 때에는 성의의 극치까지 설명해야 합니다. 예를 들어, 성의에서 '심광체반心廣體胖(몸도 마음도 평온한 상태인 것)'은 어찌 초학자나 어린아

이가 미칠 수 있는 것이겠습니까. 다만 성의의 궁극적인 효과를 설명하고 있을 뿐입니다. 어찌 거창한 것을 말하기 위함이겠습니까. 지금 만일 심광체반의 경지에 도달한 후에야 비로소 정심正心 공부로 나아갈 수 있다고 생각한다면, 이 역시 잘못된 것이 아니겠습니까.[52]

윤증은 주희가 격물의 극치까지 언급한 것은 최고 단계를 제시한 것일 뿐이고 격물 자체를 극히 높은 수준으로 간주한 것은 아니라고 하였다. 이어서 윤증은 성의장에서도 '심광체반'의 경지 같은 경우 마찬가지로 높은 단계를 제시한 것이므로, 주희의 격물설은 성의장과 서로 균형이 맞는다고 반론하였다. 박세당은 주희가 생각하는 '격물'의 개념이나 격물이론 자체를 문제 삼지는 않았다. '격물' 해석에 대한 박세당의 사고방식 자체가 17세기의 이른바 '주자학자'들에게 받아들여질 수 없는 것은 아니었던 것이다.

예전에는 이 논의에서 박세당의 실천 중시 사상을 이끌어 냈다. 여기에서는 박세당이 '어리석은 부인이나 어린아이까지 격물치지를 실천할 수 있다'라는 인식을 지니고 있었다고 간주된다. 반면 윤증은 '격물치지'를 초월적이며 고원한 경지에 도달하는 것으로서 인식하였다고 일컬어진다. 이러한 해석으로부터, 평범한 인간에게까지 '격물' 실천의 폭을 넓힌 박세당의 '근대적' 측면이 추출되었다. 박세당의 저작에서 '근대정신'의 맹아를 추출하는 식민지시대의 과제가 여기에도 계승되고 있는 것이다.

그러나 이상의 분석을 바탕으로 논의의 중점을 고찰해 보면, '격물'을 기초적인 수양으로 규정할 것인지 아니면 고원한 경지를 목표로 하는 수양으로 규정해야 하는지에 대한 대립은 존재하지 않는다. 두 사람 모두 《대학》을 주희와 마찬가지로 '초학입덕지문'으로 인식하고 있을 뿐만 아니라 주자학의 근간이 되는 격물치지론을 논의의 전제로 삼고 있다. 박세당은 윤증이 제시하는 주희의 서간문이나 《주자어류》의 견해, 즉 윤증이 정리한 주자학적 격물 해석에 기본적으로 동의하고 있다. 그는 주자학적 해석에 근본적인 의문을 품은 것이 아니다. 그러므로 박세당의 주석에서 '주자학 비판', 나아가 '근대성'을 끄집어 내는 것은 지나치게 성급하다.

게다가 윤증과 박세당의 격물 논의에서 다음과 같은 연구방법론의 차이를 파악할 수 있다. 윤증은 주희 주석의 진의가 명확하지 않을 경우 다른 저술로 이를 보충하는, 조선 학술계에서 널리 행해지고 있던 방법을 사용하였다. 그러나 박세당의 주자학 학습 수준은 윤증에 미치지 못하여 《대학장구》 이외의 주희 저술에 대해 그만큼 상세히 알고 있는 모습이 보이지 않는다. 박세당은 《장구》의 주석에는 그러한 (주자학적) 사고가 명확하게 발견되지 않기 때문에 《장구》와 다른 저술의 내용이 서로 모순된다고 주장한 것이다.

새로운 경서 주석의 등장에 즈음하여

주희 주석과 다른 견해를 제시하여 물의를 빚은 끝에 처벌된 대표적인 인물로는 윤휴와 박세당을 들 수 있다. 윤휴와 박세당의 저작과 이에 대한 당시의 반향에서 확인할 수 있는 기존의 사상적 맥락은 다음의 세 가지 요소로 구성된다.

1. 그들은 주자학에 이견을 제창한 것이 원인이 되어 '사문난적'이라고 공격당한 끝에 처벌되었다.
2. 그들은 주자학을 비판할 의도로 새로운 경서 해석을 저술하였다.
3. 그들의 해석은 대다수 주자학자의 그것과는 대조적이며 차원을 달리하는 것이다.

이러한 요소들로부터 '주자학에 대한 비판의식으로써 새로운 경서 해석을 집필하여, 엄격한 사상 통제의 억압 속에서 주자학에 반기를 들었다. 이러한 점에서 근대적 의식의 맹아가 발견된다'라는 사상사적 전환으로 해석되었다.

그러나 위에서 언급한 세 가지 요소가 반드시 역사적 사실과 일치하는 것은 아니다. 따라서 이로부터 이끌어 낸 사상사적 전환이라는 의미 또한 재고해야 한다.

우선 첫 번째 요소에 대해서는, 앞에서도 서술한 것처럼 1960년대에 이병도가 "학문의 자유를 부르짖고 구각舊殼을 이탈하려는 진보적이고 계몽적인 태도와 사상이 귀엽고 아름답다고 하겠다. ……당론이 매우 엄격하던 그때 주자에 반대하는 이설異說을 토로했다는 것은 참으로 대담하다기보다 학문적 양심에 의한 일종의 의분이라고 하지 않으면 아니 되겠다"라고 한 것이 대표적인 견해이다. 그러나 그 후의 연구에서 논증되었듯이, 적어도 이 두 사람에 대한 처벌은 여러 가지 요인에 의한 것이며 문제의 저작이 주요 원인은 아니었다. 이는 이미 학계에서 통설로 자리 잡았다.

윤휴가《중용설中庸說》을 저술한 것은 28세였던 1644년이고,《대학고본별록大學古本別錄》을 저술한 것은 55세였던 1671년이다. 이 기간은 물론 그 후에도 소속 당파인 남인이 정권을 잡으면 그는 대체로 정계에서 지위를 갖고 계속 활발히 활동하였으며 궁중의 경연經筵(문관들이 왕에게 경서를 강의하는 공부 모임)에도 출석하였다. 그는 64세였던 1680년이 되어서 퇴출당하였고 얼마 뒤 사사되었다. 그러나 윤휴가 사사되고 9년이 지난 1689년, 남인이 정권을 회복하자 그에게 영의정이 추증되었다. 주자학을 국시로 하는 조선에서 왜 '사문난적'인 윤휴에게 영의정을 추증한 것일까? 윤휴가 사사에 이르게 된 직접적인 원인은 그가 사문난적이었기 때문이 아니라 국상國喪의 예를 둘러싼 논의에서 송시열과의 대립이 더욱 깊어졌기 때문일 것이다. 윤휴에게 영의정이 추증된 사실은, 당시 사람들이 그렇게 생각하고 있었다는 증거가 될 것이다.

한편 박세당도 《사서사변록四書思辨錄》을 주로 1680년대에 순차적으로 저술했고, 그중에서도 물의의 표적이 된 《대학사변록大學思辨錄》은 52세였던 1680년에 완성하였다.[53] 그러나 이 저작이 문제가 된 것은 1702년 (74세)의 일이다.[54] 박세당은 이 해에 이경석李景奭(1595~1671)의 신도비명神道碑銘을 지었다. 이경석은 17세기 초·중기 인조·효종·현종 3대 50년 동안 활약한 명재상이다. 이경석은 병자호란 후 청의 요구로 세운 삼전도비三田渡碑 비문을 짓는 책임을 맡았는데, 그 비문의 내용이 굴욕적이었기 때문에 송시열 등에게 비난받게 되었다. 이경석 사후 박세당이 그를 위해 지은 신도비명에는 내밀하게 송시열을 비판하는 말이 있어 송시열 문하를 자극하였다. 1703년, 송시열을 신봉하는 유생들이 이 신도비명과 함께 《사변록》을 공격하는 상소를 올렸다. 주희를 모욕하고 그를 통해 송시열을 비판한 것이라고 주장하며 박세당을 공격하였다. 박세당의 〈연보年譜〉에는 이 유생들이 신도비명만으로는 그를 처벌하기 어렵다고 생각하여 《사변록》도 거론한 것이라고 기록되어 있다. 이로 인해 박세당은 관직을 삭탈당하고 문외출송門外黜送의 형을 받았다. 그 후 박세당의 문인들이 변호하는 상소를 올려 유형 명령은 철회되었으나, 3개월 뒤 박세당은 세상을 떠났다.

그러나 사후인 1704년과 1710년에 박세당은 다시 송시열을 계승한 노론의 비난을 받았다. 당시 사대부가에서는 삼년상식三年上食이 정착되어 있었다. 삼년상식이란, 부모의 상을 당했을 때 졸곡卒哭(장례로서 무시로 곡하는 것을 중지하는 것. 이후에는 아침저녁으로 정해진 시각에만 곡을 함)한 뒤, 3년 동안 아침저녁으로 식사를 올리는 예다. 박세당이 남긴 〈계자손문戒子孫文〉에 삼년상식은 고례古禮가 아니므로 의거하지 말도록 자손에게 명하는 내용이 있어, 이 점이 문제가 되었다.[55] 게다가 그의 10대조 박상충朴尙衷의 비석을 세운 숙종 8년(1682)에 그가 청나라의 연호인 '강희康熙'를 사용하려 한 일도 박세당 사후에 다시 공격 대상이 되었다. 이는 명나라가 멸망한 후에도 명의 연호인 '숭정崇禎'을 사용하자고 주장한 송시열 등의 견해와 반대되었기 때문이다. 노론이 권력의 중심부에 있는 동안 송시열과 대립하였던 박세당의 모든 발언이 다시 문제시되었다. 이러한 상황 속에서 '사문난적'이라는 이미지가 더욱 고착화되었을 것이다.[56]

두 번째 요소인, 그들이 주자학을 비판할 의도로 새로운 경서 해석을 저술하였다고 한 것에 대해서는, 이들의 저작을 주자학의 핵심이론이나 방법론에 비추어 비교 분석해 보면 확인할 수 있을 것이다. 예를 들어 주자학의 이기론理氣論을 거부하고 있는지, '격물치지'나 '거경궁리居敬窮理' 등의 방법을 비판하고 있는지 등을 살펴보면 확인 가능할 것이다. 세 번째 요소인, 그들의 해석이 대다수 주자학자와 대조적이며 차원을 달리하는 것이었는지의 여부에 대해서는 당시의 의론 내용을 상세하게 고찰해 본다면 알 수 있을 것이다. 다음에서는 먼저 당시 문제의 초점에 대해 고찰해 보도록 하겠다.

문제의 초점

윤휴나 박세당은 새로운 주석을 쓰고 나면 사우師友들에게 보여 주었다. 그들의 반응을 통해 당시 유학자들이 주희 주석과 견해를 달리한 저술을 어떻게 받아들였는지 엿볼 수 있다. 윤휴는 새로운 주석인《독서기讀書記》를 저술한 후 같은 당파 선배인 허목許穆(1595~1682)에게 보여 주었다. 허목은 이를 읽은 뒤 윤휴에게 이렇게 답하였다.

《독서기》 몇 편은 훌륭한 부분이 많아 사람을 감동시켰습니다. 우리 희중希仲(윤휴의 자)이 아니면, 어찌 이러한 내용을 터득할 수 있겠습니까. 기쁘게 세 번 반복하여 읽었더니 마음속이 상쾌해졌습니다. 안타깝게도 결점이 있는데, [이는] 견식은 매우 높으나 표현이 너무 가볍다는 점입니다. 매우 고상하고 늠름하나 겸허함이 부족하고, 매우 굳세고 과감하나 조심스럽고 중후함이 부족합니다.[57]

허목은 윤휴의 주석에 대해 사람을 감동시키는 훌륭한 내용이라고 평가하였다. 그러나 말투가 가벼우며 겸허하고 조심스러운 태도가 부족한 것을 결점으로 지적하고 있다. 《독서기》에는 오늘날 반주자학이라고 불리는, 주희 주석과 다른 설이 포함되어 있다. 허목은 《독서기》를 세 번 반복해서 읽고서 분명 주희와 다른 내용을 파악했을 것인데, '주희의 주석을 고쳐서는 안 된다'와 같은 말은 하지 않았다. 경서를 연구하여 새로운 견해를 갖게 된 것을 불편하게 여기는 점은 발견할 수 없다. 가령 윤휴가 신중한 태도를 취하였다면 허목에게 칭찬을 들을지

언정 이렇게 지적받는 일은 없지 않았을까?

박세당도 주희와 다른 견해를 기록한 저작을 같은 당파인 서인에 속하는 벗 윤증尹拯에게 보여 주었다. 윤증은 박세당에게 보내는 편지에서 다음과 같이 충고하였다.

근래 포옹浦翁(조익)의 저작을 보았는데 수학修學에 힘쓰는 노력이 더할 나위 없이 독실하다고 할 만합니다. 부득이하게 [주자 등의 선유先儒와] 견해를 달리할 때는 항상 '감히 나의 설이 옳다고 할 수 없다. 다만 한 가지 설을 내었을 뿐이다'라고 하였으니, 그 신중함이 이와 같았습니다. ……노형께서 부지런히 힘쓴 것은 잘 알겠지만 노력을 허비한 것은 안타깝습니다. 게다가 자기 주장이 지나쳐서 고인古人이 잘못 이해했다고 말씀하시니, 문언의 득실을 따지기 전에 그 마음가짐이 이미 좋지 않으므로 더욱 애석합니다.[58]

윤증은 자기 학설을 강하게 주장하며 선인의 견해가 틀렸다고 여기는 박세당의 태도에 불편함을 느껴, 박세당의 견해가 옳은지 그른지는 논외라고 하였다. 선인과 견해를 달리할 때는 조익의 태도를 본받아야 한다고 주장한다. 경서를 연구하는 과정에서 기존의 권위 있는 해석과 다른 학설을 제시하는 경우는 있을 수 있다. 그 자체는 어쩔 수 없는 일이다. 다만 그때 조익은 겸허한 자세를 지키며 자기 설이 옳다고 하지 않고 또 다른 하나의 설로 제시할 뿐이라고 하였다. 높이 평가받을 만한 연구 성과를 얻었음에도 불구하고, 자기 주장이 옳고 선인의 업적이 잘못되었다고 하는 태도를 취하지 않았던 것이다.

그러나 바람직한 태도라고 칭찬받은 조익 또한 《조선왕조실록(효종실록)》에서 "성리학에 잠심潛心"하였다고 인정받는 한편, "그가 저술한 《서경천설書經淺說》, 《용학곤득庸學困得》 등의 책에서 주자의 《장구章句》를 상당 부분 고쳤으니, 사람들은 이 일로 그를 비난하였다"[59]라고 한 것처럼, 주희의 설과 견해를 달리하는 주석서를 저술하였다는 이유로 비난받았다. 그런데 이러한 조익을 옹호한 것은 다름 아닌 송시열이었다.

조익을 비판하는 목소리에 대해 송시열이나 그의 동종同宗이자 동지인 송준길宋浚吉(1606~1672)은 "윤휴는 주자를 모욕하고 폄하하며 자기 학설이 옳다고 하였으나, 조익은 마음에 의심을 품고 지자智者에게 질정質正을 구한 것일 뿐이다. 두 사람은 흑과 백처럼 확연히 다르다"[60]라고 하여, 윤휴와 조익의 태도 혹은 의도의 차이를 비교하면서 조익을 옹호하였다. 《효종실록》의 내용대로라면 조익은 주자학 연구에 힘을 쏟는 한편, 주희의 경서 해석과 다른 주석을 저술하였다. 송시열과 송준길은 같은 당파의 선학先學인 조익을 옹호하고 있으나 '조익은 주자와 어긋나는 견해를 갖고 있지 않다'라 하지 않고, 그가 '의문을 가진' 점을 인정하고 있다. 조익이 주희와 다른 새로운 견해를 제시했다는 점은 문제시하지 않고 있다는 것이다. 그리고 앞서 거론한 윤증의 편지와 마찬가지로, 조익이 제출한 새로운 주석의 겸허한 문투를 칭찬하고 있다.

즉 이들에게서 '주자와 다른 견해를 냈는지 아닌지의 문제보다, 자기 학설을 제시할 때의 의도나 태도가 중요하다'라는 사고방식이 발견되는 것이다. 윤휴와 박세당의 주석은 조선조 사대부들에게 그 주장의 옳고 그름이 아니라 마음가짐이 좋지 않다는 이유로 비판받았으나, 역설적이게도 20세기에 들어서면 여전히 주석의 실제 내용은 불문하고 과감하게 주희의 설이 틀렸다고 제창한 것을 이유로 근대적 지식인으로 칭송받게 되었던 것이다.

그 후 송시열은 조익을 불공평하게 옹호했다고 비판받게 되었다. 그는 자신을 비판하는 소문을 듣고 조익의 손자인 조지항趙持恒에게 다음과 같은 편지를 보냈다.

근래 어떤 소문을 들었다. "우장尤丈(송시열)은 윤휴에 대해서는 《중용》의 주석을 고친 일 등으로 엄하게 배척하여 연을 끊고, 그의 당파까지 통절하게 물리쳤다. 이로부터 여러 사태가 일어나 오늘날의 파국에 이르게 된 것이다. 포저 조상浦渚趙相(조익)도 《대학》에서 [주자의] 주석을 고치고, 심지어 '30년 동안 학문에 잠심하였는데, 주자의 설이 옳고 나의 설이 그르다고는 생각하지 않는다'라는 말까지 하였다. 그의 말이 이와 같다면 비난을 면하기 어려운 일인데, 우장은 끝내 배척하지 않았다. 지금 [조익의] 신도비명을 지어 더할 나위 없이 칭찬한다면, 배척당한 윤휴의 당파가 어찌 그 죄를 승복하겠는가. 혹 조익의 신도비명을 이미 지어 놓았다면, 파기해 버려야 웃음거리가 될 소지가 없을 것이다"라는 내용이다. ……이러한 내용이 퍼져 나간다면, 필시 한바탕 난리가 일어나 사문斯文의 불행을 더할 것이므로 작은 일이 아니다. 그제 송병하宋炳夏[61]를 불러 상의하고 또 그의 조부[송준길]가 지은 [조익의] 행장을 자세히 살펴보았더니, 선노야先老爺(조익)의 평소 말씀을 기록한 것에 '공자 이후 군유群儒를 집대성한 이는 주자다. 그의 공은 맹자보다 크다' 등의 말이 있었다. 만약 《대학》에 관해 소문의 내용처럼 발언했다면, 그 말씀이 어찌 이와 같을 리가 있겠는가. 이에 병하를 시켜 간행된 문집을 찾아서 보내

라고 하였는데, 찾지 못했다고 하였다. 몹시 한탄스럽다.[62]

인용문으로부터 알 수 있는 조익에 관한 소문 중 하나는 주희의 견해와 다른 주석을 저술했다는 것이다. 다른 하나는 '주자의 설이 옳고 나의 설이 틀렸다고는 생각하지 않는다'라는 말을 했다는 것이다. 송시열이 가장 마음에 걸려 했던 것은, 조익의 주석이 정말로 주희설과 어긋나는지가 아니라 주희를 경시하는 발언을 하였는가였다.

이상의 예로 보자면 조익·윤휴·박세당의 주석은 모두 같은 당파의 동료로부터 학술 가치를 인정받았다. 그러나 주자 학설의 권위를 무시하고 자기 주장이 옳다고 여기는 듯한 태도를 보이는지 아닌지에 따라 동료들의 평가는 달라졌다. 즉 주자학의 권위를 무시하는 불손한 태도는 비난받았지만, 주희와 다른 견해를 제시하는 일 자체가 곧바로 배척당한 것은 아니다.

이러한 인식은 시대와 함께 변화하는 것이 아니었다. 조선 후기 문신인 서형수徐瀅修(1749~1824)[63]도 주희설에 대한 이견 제시는 인정하면서 그 오류를 직접 지적하는 태도는 비판하였다.

주자는 정자의 학설을 매번 우선하였으나 《역경》·《시경》·《논어》·《맹자》와 같은 경우에는 전부 정자의 설을 따르지는 않았다. 《대학》과 《중용》은 가장 독실하게 정자의 학설을 종주宗主로 삼고 있지만, 정정한 부분도 더욱 많다. ……주자에게도 진실로 오류가 없을 수는 없다. ……옛날, 진대장陳大章[64]은 《통감通鑑》에 통달하여 잘못된 부분을 조사해서 반론하는 글을 지어 벗에게 보여 주었다. 그러자 그 벗은 다음과 같이 말하였다. "굳이 이렇게 할 필요는 없다. 단지 그 아래에 주석을 달아 '어떠어떠하게 해야 한다'라고 적어 두면 된다. 천하에 존재하는 몇몇 위대한 책은, 비유하자면 부조父祖의 유훈遺訓과 같은 것이다. 만에 하나 어쩌다 잘못된 부분이 있더라도 단지 '나는 이날 이렇게 기록하였다'라고 말할 뿐이다. 만일 강하게 변증한다면 입언立言의 올바른 체재가 아니다."《통감》도 이와 같은데 하물며 경전의 전주箋注에 있어서랴.[65]

서형수는 주희가 정자의 학설을 우선시한 태도와 남의 학설에 무조건 추종하는 태도와의 차이를 구별하여 자신의 논거로 삼았다. 주희는 무엇보다도 정자의 설을 존중하였으나 경서 해석에서 오로지 정자의 설만을 따른 것은 아니었다. 그 예로 주희의 사상체계에서 가장 중요한 《대학》과《중용》의 해석은 정자의 설을 근본으로 삼는 한편, 많은 부분에서 정정하였다는 점을 들고 있다. 서형수는 주희의 이러한 방식에 근거하여 주희설에도 정정해야 할 부분이 있으며 이를 정정하는 것은 타당하다고 주장하였다. 그러나 주희설의 오류를 강조하거나 자신의 견해를 강하게 내세워서는 안 된다고 생각하였다. '주자와 다른 견해를 제시해서는 안 된다'가 아니라, '주자의 오류를 강조하고 자기 학설을 내세우려는 의도나 태도를 취해서는 안 된다'라는 것이다.

공방 — '주자의 주석을 고친' 것인가?

새로운 저작에 대한 사우師友들의 관심은 주희와 다른지 여부가 아니라 그 태도였다. 그러나 조익이 주자의 《장구》를 상당 부분 고쳤다고 비난받았던 것처럼, 주자의 주석을 고쳤다는 명목으로 정치적인 공격이 행해지는 경우가 종종 있었다. 이 공격에 대한 반론은 어떠한 내용이었을까? 비난받은 이들은 정말로 주희의 주석을 고쳤던 것일까?

조익은 《대학》 주석서인 《대학곤득大學困得》을 저술하였다. 그중 성의장誠意章에서 주희의 주석이 경문을 올바로 해석하고 있지 않다고 보고 새로운 해석을 제시한다. 주자학에서 《대학》의 내용을 지知와 행行으로 정리할 경우, '성의誠意'는 '행'에 들어가는 첫 단계로서 중시되는 조목이다. '의意'는 '어떤 일을 하려고 하는 의식'[66]으로, 의식이 싹틀 때 선을 행하고 악을 제거한다면 실천 또한 그와 같이 될 수 있기 때문이다. 주희는 다음과 같은 주석에서 《대학》의 '성의'에 대한 견해를 피력하였다. 먼저 주희 《대학장구》의 경經 1장[67]에 대한 주석에서는 "의意는 마음이 움직이기 시작하는 바이다. [성의誠意란] 마음이 움직이기 시작하는 바를 성실하게 하여, 선善에 한결같이 하고 스스로 속이지 않겠다고 의식하는 것이다"[68]라고 해설하였다. 그리고 전傳 6장인 성의장의 주석에서는 "이른바 의를 성실하게 한다는 말은 자신을 속이지 않는 것이다. 악취를 싫어하는 것처럼 악을 미워하고 여색을 좋아하는 것처럼 선을 좋아하는 것이니, 이것이 스스로 만족하는[자겸自謙] 것이다[所謂誠其意者 毋自欺也. 如惡惡臭 如好好色 此之謂自謙]"에 대해 다음과 같이 해설하고 있다.

의를 성실하게 한다는 것은 자기 수양의 시작이다. ……자신을 속인다는 것은 선을 행하고 악을 제거해야 함을 알고 있으면서도 마음이 발하는 바에 성실하지 못함이 있는 것이다. ……스스로 닦고자 하는 자가 선을 하고 악을 제거해야 함을 알았다면, 성실히 노력하여 스스로 속이는 것을 허락하지 않고 악취를 싫어하듯 악을 미워하고 여색을 좋아하듯 선을 좋아하여, 기필코 악을 제거하고 선을 얻기를 구하여 스스로 쾌히 만족할 수 있도록 힘써야 할 것이요, 한갓 일시적으로 [자기 마음의 의식이 아닌] 외부를 표준으로 삼아 남을 위하여 행해서는 안 된다.[69]

주희는 '성의誠意'를 자기 수양의 첫 단계로 해석하였다. '성의'를 설명한 단어인 '무자기毋自欺(자신을 속이지 않음)'에 대해서는, 악취를 싫어하고 여색을 좋아하는 것처럼 선을 행하고 악을 제거하는 일에 힘쓰는 것이라고 해석하였다. '자겸自謙'에 대해서는, 스스로 기분 좋게 만족할 수 있도록 노력하는 것이며 외부를 표준으로 삼아 타인에게 보여주기 위해 하지 않는 것이라고 해석하였다.

주희 주석에 대한 조익의 문제의식은 '성의'라는 자기 수양에서 '무자기'와 '자겸'은 구체적으로 어떠한 행위인가라는 점이었다. 앞서 서술했듯이 주희는 '무자기'와 '자겸'을 모두 성의의 수양 방법으로 해석하고 있다. 주희에 따르면 자신의 생각을 속이지 않으려 노력하는 것이 '무자기'이고 스스로 만족할 수 있도록 노력하는 것이 '자겸'이다. 마지막으로 자기의 의식이 아닌 타인의 평가를 기준으로 삼는 '위인지학爲人之學'이 되지 않도록 노력하는 것이라고 정리하고 있다.

이에 대해 조익은 《대학》 본문에서 성의의 수양 방법으로 제시한 것은 '무자기'뿐이고, '여오악취如惡惡臭 여호호색如好好色', 즉 '자겸'은 그 수양을 통해 얻게 되는 효과라고 하였다.[70] 조익의 생각에 의하면 이 장은, 성의의 수양이 제대로 이루어진다면 스스로 만족할 수 있게 된다는 의미로 해석해야 한다. '악취를 싫어하듯이 악을 미워하고 여색을 좋아하듯이 선을 좋아한다'라는 것은, 주희의 설명처럼 수양의 방법이 아니다. '무자기'도 주희의 해석처럼 '다른 사람에게 보여 주기 위해 하지 않는' 것이 아니다. 그러므로 《대학》 전문傳文은 '무자기(즉 노력)'부터 '자겸(즉 효과)'의 순서로 되어 있는 것이다. 조익은 주희가 자겸을 먼저 해석하고 이로부터 무자기의 의미를 이끌어 내고 있는데 그렇게 해석하면 전문의 순서와 맞지 않는다면서 다음과 같이 설명하였다.

[주자의]《장구》는 성실히 노력을 기울이고 자신을 속이지 말아야 한다고 하면서, 여색을 좋아하고 악취를 싫어하듯이 하는 것을 그 노력의 구체적인 예로 들고, 외부의 표준을 따라 남에게 보여 주기 위해 하는 것을 스스로 속이는 구체적인 예로 들었다. 그래서 주자는 '싫어하고 좋아하듯이 하는 것'을 먼저 해야 할 일로, '자신을 속이지 않는 것'을 나중의 일로 보아 전문傳文의 순서를 뒤바꾸었다. 이 같은 해석은 전문의 본지에 꼭 합치되는 것은 아닌 듯하다.[71]

나중에 조익은 두 편의 글(1638년 7월에 〈후설중後說中〉, 1653년 2월에 〈후설하後說下〉)을 지어, 주희의 주석에 대해 이견을 낼 수밖에 없었던 경위를 곡진하게 설명하였다. 그는 이 글에서 주희의 서간문 가운데 자신의 설을 뒷받침해 줄 수 있는 문장을 찾아내어, 《장구》의 주석은 주희의 일시적인 견해이고 정론定論은 바로 이 서간의 내용대로라고 하였다. 그러므로 자신의 견해는 《장구》의 말과는 다소 차이가 있으나 주희의 정론과는 다르지 않다고 주장하였다. 조익은 주희의 〈답장경부서答張敬夫書〉를 비롯한 15통의 편지와 《심경부주心經附註》, 〈서양귀산첩후書楊龜山帖後〉 등 17편의 글에서 '자기自欺'와 관련된 문장을 인용한 뒤, 어느 쪽이 주희의 정론인지에 대해 다음과 같이 서술하였다.

주자의 이 문장들을 살펴보건대, 주자가 평소 설명했던 '자기自欺'에 관한 말은 모두 자신의 마음을 속이는 것으로, 남에게 보여 주기 위해 하는 것을 '자기'라고 본 부분은 확인할 수 없다. 유일하게 《대학장구》에서만 '순외위인徇外爲人'으로 해석하고 소주小註의 한두 부분에서 '위인爲人'이라고 해설하였을 뿐이니 그 말들이 이처럼 동일하지 않다. 게다가 '자신의 마음을 속이는 것'이라고 설명한 쪽은 전부 평소의 설이었고 '남을 위하는 것'으로 설명하고 있는 쪽은 이 두세 부분뿐이다. 그렇다면 아마도 이 《대학장구》의 해석은 주자가 우연히 한 일시적인 견해이지 평생의 정론은 아닐 것이다. 훗날의 독자들이 그저 《장구》의 해석이 이러한 것을 보고 주자가 다른 때 한 말은 상고해 보지도 않은 채 '주자의 본지本旨는 이러할 뿐이다', 《대학》의 본지는 단지 이러하다'라고 한다면, 주자의 본뜻을 깊이 추구하는 자가 되지는 못할 것이다. 나의 터무니없는 주장이 《장구》의 말과는 다르기는 해도, 주자가 평소에 말하던 생각과는 실로 일치한다. 그렇다면 나의 설이 《장구》와 다르다고 말할 수는 있겠지만 주자의 본지와 다르다고 한다면 실로 그렇지 않다.[72]

조익은 자신의 견해가 《장구》와 다르다고는 할 수 있지만, 주희의 본지에 어긋난다고 한다면 사실 그렇지 않다고 주장하였다. 즉 주희 주석을 고쳤다는 점에 대해 부정하지 않을 뿐더러 주자학을 존중하고 있기에 오히려 주석을 수정한 것이며, 이를 통해 주자학 본래의 사고방식을 밝혔다는 입장을 취한 것이다. 그는 자신의 새로운 해석이 주자학 사상 체계 속에 포함되어 그 체계를 더욱 완비시킨다는 확신에서 위와 같이 설명한다. 조익이 내심 주자학의 그릇됨을 비판하면서도 남들의 이목을 우려하여 변명하고 있는 것이 아니라는 사실은 그의 문집에서도 분명히 드러난다.

그렇다고는 하나 주희의 주석을 고쳤다는 이유로 저작이 불태워진 경우가 없던 것은 아니다. 그렇다면 소각 처분과 같은 엄한 처분을 받은 저작의 저자는 어떤 식으로 자신의 결백을 증명했을까? 최석정崔錫鼎의 《예기유편禮記類編》(이하, 《유편》으로 표기)을 예로 들어 확인해 보겠다.

《유편》은 1693년에 완성되어 1700년과 1707년에 간행되었다. 그 뒤 많은 이들에게 하사되어 널리 읽히고 있었다. 이 책은 제목에 드러나듯 《예기禮記》의 경문을 원래의 순서대로 하지 않고 다시 분류하여 편집해 놓은 것이다. 그 분류 항목을 정할 때는 주희의 《의례경전통해儀禮經傳通解》에 따르고 있다. 예를 들자면 〈가례家禮〉 편목篇目을 만들고 여기에 〈곡례曲禮·소의少儀·내칙內則〉편을, 〈방국례邦國禮〉 편목에는 〈왕제王制·월령月令·옥조玉藻〉편을 분류해 넣었다. 게다가 《대학》과 《중용》을 《예기》에 되돌려 〈학례學禮〉 편목에 넣고, 《효경孝經》도 사실 《예기》에 속한 것이었다고 하여 《유편》에 편입시켰다. 1700년 11월 간행된 초간

본에는 각 권의 첫 부분에 간략한 설명을 기록하고 종류별로 편집한 경문을 수록한 후 각 권의 말미에 '부주附註'를 추가하였다.[73] 1707년 재간행될 때에는 《예기》의 경문을 《사서대전四書大全》의 형식처럼 단락별로 나누어 기록한 후 각 단락 아래에 남송 진호陳澔(1260~1341)의 《예기집설禮記集說》에 보이는 해설을 붙이고서 밑에 최석정 자신의 부주를 더하였다. 《예기집설》은 《대학》과 《중용》에 대해서는 주석을 다는 대신에 '주자장구朱子章句'라는 네 글자를 기록하고 있을 뿐이다. 최석정은 《대학》과 《중용》 부분에 주희의 《장구》 주석을 신고 다른 편과 마찬가지로 부주를 달았다.[74]

　최석정은 서문序文에서 이 책을 편찬한 주된 이유와 편집 방침을 기술하고 있다. 요약하면 다음과 같다. 진秦나라의 분서焚書 이후로 육경六經이 소실되었는데, 그중에서도 예악禮樂에 관련된 서적들의 손실이 심하였다. 이에 주희는 《역경》에 대해서는 《주역본의周易本義》를, 《시경》에 대해서는 《시집전詩集傳》을 저술하였고, 《서경》에 대해서는 제자인 채침蔡沈(1167~1230)에게 《서집전書集傳》을 집필하게 하였다. 예에 관련해서는 《의례儀禮》를 중심으로 그 밖의 경서·역사서·제자백가 등의 글을 편집한 《의례경전통해儀禮經傳通解》를 남겼다. 《의례경전통해》는 잡다한 서적으로부터 다양한 글들이 많이 인용되어 있기에 중복된 문장도 많고 특정 경서에도 속하지 않으며, 분량이 방대해서 배우는 이들이 요령을 파악하기 힘들다. 《예기》는 본래 예악에 관한 단편적인 기사를 한대漢代의 유학자가 모아 편집한 것인데, 고대 성인의 예와 관련된 말들이 많이 담겨 있는 데다가 영락 연간(1403~1424) 이후로 오경五經에 포함되었다는 점을 생각하면 소홀히 할 수 없는 책이다. 다만 《예기》는 한나라 유학자들이 수집한 책이라는 인식 탓에 주희를 비롯한 선유先儒들이 그 문헌 자체를 많이 의심하였다. 주희는 이를 의심하면서도 《예기》는 교감하지 못하였다. 그래서 텍스트에 문제가 많아 전주箋注를 다는 사람이 크게 의문을 품어 왔지만, 아직 그 뜻이 밝혀지지 않았기 때문에 배우는 자들은 오랜 시간 이를 고민하였다. 최석정은 이러한 필요성을 깊이 인식하여 산정刪定하는 일에 뜻을 두고 원고를 여러 번 수정하여 마침내 완성했다.[75]

최석정의 편집 방침은 주희의 《의례경전통해》 형식을 따라 몇 가지 항목을 세우고 각 항목 밑에 《예기》의 편篇을 종류별로 분속分屬시키는 것이었다. 책의 이름을 《유편》이라고 한 이유에 대해서는, 주희가 당唐 위징魏徵의 저작인 《유례類禮》가 전하지 않은 것을 아쉬워했던 것에 착안하여, 이 《유례》가 전해졌더라면 하는 안타까운 마음으로 이 이름을 붙였다고[76] 표명하였다.

이상의 서문에서 엿볼 수 있는 최석정의 《유편》 편찬 목적은 다음과 같다.

첫째, 어지러워진 경서를 정리하는 것.
둘째, 주희가 《의례경전통해》를 편찬한 의지를 계승하는 것.

최석정은 《의례경전통해》를 편찬한 주희의 취지를 충분히 이해하여, 행해야 했음에도 행해지지 않았던 중요한 작업을 본인이 담당하고자 하였다. 즉 그는 《예기유편》의 편찬을 주희의 도의 계승자로 자임한 것이었다.

최석정은 1700년(숙종 26, 55세)《춘추》와《예기》를 강학하는 일과《예기》강학 시에 자신이 지은《예기유편》을 사용하는 일을 숙종에게 건의하여 윤허를 받았다.[77] 그해 11월 왕명으로 교서관校書館에서《예기유편》이 간행되었다.[78] 이 저작이 '주자와의 다름을 추구한' 것이라고 공격받기 시작한 것은 몇 년 뒤의 일이다.

송시열의 문인인 정호鄭澔(1648~1736)는 동문인 권상하權尙夏(1641~1721)에게 편지를 보내, 최석정의《예기유편》을 공격하여 세도世道를 바로잡기를 권하였다.[79] 권상하는 이에 응하지 않았으나 그 후 권상하의 제자인 윤봉구尹鳳九가 대신 상소문을 지어[80] 윤헌尹憲 등 젊은 사림의 공론公論이라는 형태로 상소를 올렸다. 윤헌 등이 상소를 올린 내막에는 송시열 문하의 움직임이 있었던 것이다. 상소에서 그들은《예기유편》의 판각을 부수고 조정에서 진강한다는 명령도 철회할 것을 요청하였다.[81]

최석정은 몇 번이고 상소를 올려 결백을 증명하고자 하였다. 그는 선유인 이언적李彦迪(1491~1553)이나 조익의 저작을 예로 들어, 그들 또한 주희와 다른 견해를 제출한 적이 있다고 하였다.[82] 선유인 이언적도, 송시열이 옹호한 조익도 모두 주희를 그대로 따르지는 않은 점을 들어 자신의 저작이 '주희와 다름을 추구한' 것이 아님을 호소한 것이다.

본격적인 공방의 불씨를 지핀 것은 1709년 1월에 올라온 동부승지 이관명李觀命(1661~1733)의 다음과 같은 상소였다.

지금 듣건대,《예기유편》을 간행하여 궁중에 바치고 이제부터 경연에서 강의할 참고서로 사용할 예정이라고 하였습니다. 신이《예기유편》의 설을 자세히 살펴보았더니, 주자와 다름을 추구한 부분이 셀 수 없을 정도로 많았습니다. 《중용》과 《대학》은 주자가 스스로 '한평생의 정력精力이 전부 이 책에 있다'라고 했을 만큼 미묘한 말과 심오한 의미를 유감없이 밝힌 책입니다. 그러니 어찌 후세 사람이 이에 대해 의론할 수 있겠습니까. 그럼에도 불구하고 [《예기유편》에는] 《대학》의 제4장을 제3장에다 합쳐 놓고서 "이상은 지어지선止於至善을 풀이한 것이다"라고 하며 '석본말釋本末' 한 장을 삭제하였습니다. 《중용》의 제28~29장의 정문正文에 대해서는, 어구와 행을 잘라 내어 이리저리 이동시켜 위로 붙이고 아래로 붙였습니다. 비은장費隱章은 의리義理가 가장 깊은 내용으로서 이에 대한 《장구》의 해설이 매우 극진합니다. 그러나 지금 《예기유편》의 부주附註 두 조목은 [주자의 《장구》에서 말한 본지가 아닌 별도의] 본지를 믿고 있다는 의도가 명확히 드러나 있습니다. 그리고 정자程子가 [원래 《예기》 안에 있던] 《대학》과 《중용》을 따로 내어 독립된 책으로 만든 것은 우연한 뜻으로 한 것이 아닙니다. 지금 최석정의 책은 '유편'이라는 이름을 붙여 보기에 편리하도록 분류해 놓은 것에 불과하며 그 체재體裁 또한 경서와 비교도 되지 않는 것인데, 《중용》과 《대학》을 《예기》 속에 도로 편집해 넣어 선현이 현양해 놓은 본의를 알 수 없도록 만들었습니다. ……이미 간행하도록 명하시고 또 장차 진강에서 참고하게 된다면, 모든 사람이 이를 듣고서 반드시 경솔하게 괴이한 말을 믿는 것이라 여겨 망령되이 전하를 의심하게 될 것이므로 결코 사소한 일이 아닙니다. 또 고인古人이 "경문 한 글자의 잘못된 해석이 천리千里에 피를 흘리게 한다"[83]라고 한 말이 있습니다.[84]

이관명의 '주자와 다름을 추구한 부분이 셀 수 없을 정도로 많다'라는 주장은 객관적으로 납득할 수 있는 것일까?

우선 그가 가장 문제 삼던 《대학》의 3장과 4장을 통합한 부분을 살펴보겠다. 최석정은 주희의 《대학장구》의 순서대로 경문을 베껴 쓰고 주희의 주석도 그대로 베껴 썼다. 즉 최석정은 주희가 각각 3장과 4장으로 나누어 놓은 부분을 합쳐 놓고서 '이상은 제3장이다'라고 주장한 것이 아니다. 따라서 《대학》 4장을 3장에 합쳤다는 이관명의 주장은 성립되지 않는다.

그렇다면 이관명은 왜 이러한 지적을 한 것일까? 주희는 3장 뒤에 "이상은 지어지선止於至善에 대한 해설이다"라 하고, 4장 뒤에는 "이상은 본말本末에 대한 해설이다"라고 하였다. 최석정은 주희의 "이상은 지어지선에 대한 해설이다"라는 한 구절을 그대로 4장 아래로 옮겼다. 다른 설명을 덧붙이지 않고 그저 주희의 문장을 그대로 베꼈기 때문에, 이유는 확실히 알 수 없지만 3장의 설명이 4장까지 이어진다는 견해를 나타내고 있는 것이 아닐까 추측된다. 이는 주희가 3장을 '지어지선'에 관련된 문장으로 보고 4장을 '본말'에 관련된 문장으로 보았던 반면, 최석정은 3장과 4장을 '지어지선'에 관련된 문장으로 보았다고 해석할 수 있을 것이다. 그래서 이관명은 최석정이 4장을 3장에 통합시켰다고 비판한 것이다.

그러나 그 뒤의 5장을 살펴보면, 최석정은 주희의 격물보전格物補傳 제5장을 본래 《대학》의 본문보다 한 글자 내려 쓰기는 했지만 하나의 구절마다 부주附註를 다는 형식으로, 즉 구성의 측면에서는 경문 격으로 베껴 써 놓았다. 그러고는 "이상은 주자가 망실된 전문傳文을 보충한 것으로, 이른바 '삼가 정자의 뜻을 취하여 보충하였다'라는 것이다[以上朱子補亡所謂竊取程子之意以補之者也]"라는 부주를 달았다. 주희가 지은 보망장을 확실하게 제5장인 격물전格物傳으로 승격시킨 것이다. 최석정은 《대학》이 학자들의 수학修學 순서를 제시하고 있는 책이라는 주희의 생각에 동의하고,[85] 이를 바탕으로 8조목을 충실히 하는 형태로 해석하고 있다. 게다가 최석정은 《예기》의 모든 편에 대해 경문을 옮겨 편집하기는 했으나, 《대학》과 《중용》의 경우 《장구》의 내용을 그대로 두고 이동시키지 않았다.

이관명의 두 번째 주장, 즉 《중용》 제28~29장의 정문正文을 잘라 이동시켰다는 주장에 대해 검토해 보겠다. 《중용장구》에 따르면, 제28장은 "공자께서 말씀하셨다. '어리석으면서 자기 의견을 쓰기 좋아하며 천하면서 자기 마음대로 하는 것을 좋아하고, 지금 세상에 태어나 옛 도를 회복하려고 하면 이와 같은 자는 재앙이 그 몸에 미치게 된다.' 천자가 아니면 예를 의논하지 않으며 제도를 만들지 않으며 문을 상고하지 않는다. 지금 천하에 수레바퀴의 폭이 같으며 글의 문자가 같으며 행동의 차례가 같다. 비록 지위를 갖고 있더라도 만일 그만한 덕을 갖추지 못하면 감히 예악을 짓지 못하며 비록 덕이 있더라도 만일 지위가 없으면 또 감히 예악을 짓지 못한다. 공자께서 말씀하셨다. '내가 하夏나라 예를 말하나 그 후손인 기杞나라가 충분히 증명해 주지 못하며, 내가 은殷나라 예를 배웠는데 그 후손인 송宋나라가 있다. 내가 주周나라 예를 배웠는데 지금 이것을 쓰고 있으니, 나는 주나라 예를 따르겠다'"[86]라는 문장이다. 이를 보면 알 수 있듯이, 이 장에는 '자왈子曰'이 두 번 나온다. 그리고 29장에는 '자왈'이 빠져 있다. 즉 "천하에서 왕

노릇을 함에 세 가지 중요한 것이 있으니, (이를 잘 행하면) 그 허물이 적을 것이다[王天下有三重焉 其寡過矣乎]"라는 문장으로 시작한다. 보통 '자왈'은 문장의 처음에 오는 것이 자연스럽다. 이 때문에 하나의 장에 '자왈'이 두 번 있는 28장과 '자왈'이 빠져 있는 29장은 주석자의 설명이 필요한 부분임에 틀림없다.

이에 대해 주희의 《중용장구》는, 제28장에 대해 앞의 '자왈'은 공자의 말을 인용했음을 나타내며 그 뒤에 이 말에 대한 자사子思의 해설이 이어지고, 마지막 '자왈'에서 다시 공자의 말이 시작되는 것이라고 설명하였다. 반면 최석정은 두 번째 '자왈'을 다음 장인 29장의 시작으로 보고 원래 29장의 첫 부분인 '왕천하유삼중언王天下有三重焉 기과과의호其寡過矣乎'에서, 앞의 일곱 글자는 '비천자非天子 불의례不議禮 불제도不制度 불고문不考文'의 앞으로 옮기고 뒤의 다섯 글자는 그대로 남겨 두어 '오학주례吾學周禮 금용지今用之 오종주吾從周'에 이어지는 구절로 삼아야 한다고 하였다. 최석정은 주희의 《장구》에 있는 여씨呂氏의 주석인 "삼중三重은 의례·제도·고문考文을 이른다"라는 말을 인용하여, 이 일곱 글자를 이동시킨 의도는 자의적인 것이 아님을 나타내었다. 즉 '주자의 주석이 틀렸으므로 내가 이를 고쳤다'라는 것이 아니라 《장구》의 주석에서 근거를 얻어 더욱더 공부한 결과임을 분명히 한 것이다.

이 주석이 어떻게 주희의 《장구》와 다른 결과를 얻게 되었는지 유추해 보면 다음과 같을 것이다. 《중용》 제28장의 본문에는 두 개의 '자왈子曰'이 있는 반면 다음 29장에는 '자왈' 없이 문장이 시작된다. 따라서 당연히 이에 대한 설명이 필요하다. 주희의 《장구》에서는 장을 나눈 것을 변경하지 않았으나, 29장에 대한 주석에 여씨의 주석을 인용함으로써 29장에서 말한 '삼중三重'이란 28장의 '의례·제도·고문'을 가리킴을 나타냈다. 이를 근거로 하여 최석정은 여씨 주석의 취지에 맞추어 29장의 '삼중' 부분을 28장의 '의례·제도·고문' 앞으로 이동시킨 것이다. 이는 주희의 분장分章과는 다르지만 주희의 취지에 어긋난다고는 할 수 없다. 주희 본인이 여씨의 주석에 동의하면서도 감히 본문을 옮기지 못했던 것에 반해, 최석정은 이 뜻을 읽어 내고 실행에 옮긴 것이라 해석할 수 있다. 이는 주희가 만약 살아 있었다면 행했을지도 모르는 작업이 아닐까?

이관명의 세 번째 주장, 《중용》의 비은장費隱章에 대한 최석정의 부주 두 조목은 주희가 말한 본지가 아닌, 자신이 믿고 있는 또 다른 본지를 주장하는 의도가 분명하다고 한 점은 어떠할까? 비은장은 "군자의 도는 비費하고 은隱하다"로 시작되어 "군자의 도는 누구라도 알 수 있고 행할 수 있는 것이면서도, 한편으로는 성인이라도 할 수 없는 지점이 있다"라는 내용을 담고 있다. 이 장에 대해 최석정이 부주를 달아 지적하고 있는 점은 '《하남정씨경설河南程氏經說》[87]과 《중용집략中庸輯略》[88]을 보면 《중용장구》와는 해석이 다르다'[89]는 것과 《장구》에서 인용한 후사성侯師聖(하동 후씨河東 侯氏, 정이의 제자)의 주석에 대한 비판이다. 전자는 《하남정씨경설》과 《중용집략》의 정씨의 설은 '비費' 자를 '상도常道 (《하남정씨경설》)'나 '일용日用(《중용집략》)'의 측면에서 해석하고 있는데 《중용장구》에서는 '범위의 넓음'으로 해석하고 있으므로, 정자와 주자의 해석이 일치하지 않는다는 것이다. 후자는 주희의 《중용장구》에 인용된 하동 후씨의 설이 타당하지 않음을 말하고 있다. 여기에서 사용된 방법은, 주희의 어록인 《주자어류》에서 이와 상반되는 내용을 직접 인용하고 마지막에 "이 한 조목은 《주자어류》에 보인다[此一條見朱子語類]"
라는 해설로 끝맺는 방식이다. 즉 자신의 설을 사용하여 주희의 《장구》
에 이견을 주장한 것이 아니라, 주희의 말(즉 《주자어류》)을 가지고 주희
의 해석에 이의를 제기한 것이다. 그러므로 최석정의 주석은 주희의 주
를 수정하기는 했으나 주희의 문언을 그 근거로 제시하고 있으므로,
'주자와 다름을 추구'하였다고 확정할 수는 없다.

　이관명의 네 번째 주장은, 《대학》과 《중용》을 《예기》에 돌려 놓은 것
은 이 두 편을 별도의 서적으로 만든 선현의 본의를 그르치고 있다는
것이다. 확실히 《예기유편》은 주자학에서 엄연히 사서四書의 두 축으로
삼은 《대학》과 《중용》을 《예기》에 되돌려 〈학례學禮〉 편목에 넣었고, 게
다가 《효경》도 실은 대기戴記에 속한 것이라고 하면서 《예기유편》에 편
입시켰다. 그러나 주희의 《의례경전통해》에서도 〈학례〉 항목에 《대학》
과 《중용》을 싣고 있으며 《예기유편》은 이를 따르고 있다. 최석정 또한
물러나며 올린 상소문에서 실제 이처럼 반론하고 있다. 그리고 《효경》
의 편입에 대해서는, 주희가 종종 "《효경》은 후대 사람들이 편집한 것
이다", "이 책[《효경》]은 앞 부분만 당시 증자曾子가 공자에게 들은 내용
이고 뒷부분은 전부 후대 사람들이 모아 엮어서 만든 것이다"라고 말
했던 것[90]을 고려해 보면 '주자와 다름을 추구했다'라고 확정할 수는
없다.

　이상의 내용에서 알 수 있듯이, 최석정의 '부주'는 주희의 《장구》 주
석과 견해를 달리하였지만 '주자와의 다름을 추구했다'고 단언할 수는
없다. 《예기유편》의 편집 양식도 주희의 언설에 의거하고 있으므로, 주
자와 다름을 추구하려 했다고는 볼 수 없다. 즉 객관적인 입장으로 보

면 이관명의 비판에는 동의하기 어려운 것이다. 실제로 이관명의 상소에 대해 숙종은 곧바로 "《예기유편》은 이미 보았다. 어찌하여 이것을 [박세당의]《사변록》에 견주어 논할 수 있겠는가. 최석정의 말은 마음 씀이 매우 깊다. 서문을 보면 그 규모와 의례義例 모두 주자의《의례경전통해》에 따라 한 마디 한 구절도 감히 함부로 산삭刪削한 바가 없다고 말하였다"[91]라고 하며 상소를 물리쳤다. 숙종은 이관명의 반론을 전부 확인한 뒤에 그 비판의 목소리를 물리쳤던 것은 아닐 것이다. 주자를 따랐다는 저자의 의사를 중시할 뿐 각 주석이 실제로 주희의 설과 다른지의 여부를 따진 것은 아니었다.

최석정은 이관명의 지적에 대해 하나하나 반론하는 상소를 올렸다. 그는 선유인 이언적도 일찍이 주희의《대학장구》를 개정한 저작을 낸 바 있으며 이이李珥(1536~1584)도 그것을 높이 평가한 것을 예로 들어, 모두 주희를 독실하게 존신尊信하였기 때문에 한 일이라고 주장하였다. 게다가《예기유편》의 양식이 주희의《의례경전통해》를 따르고 있는 점, 그 밖의 편집 방침도 주희의 문언에 모두 의거하고 있다는 점을 곡진하게 설명하였다.[92] 그러나《예기유편》을 둘러싼 논란은 더욱 확대되어 갔다. 관료들이 앞다투어 상소를 올렸을 뿐만 아니라[93] 성균관 및 사학四學[94]의 유생들이 집단적으로 상소하는 등 소란은 진정되지 않았다.[95] 결국 이미 배포된《예기유편》을 회수하여 소각하고 그 판본은 부수어 없애라는 요청이 승인되고 그 실시 명령이 내려지는 것으로 사태는 종결되었다.[96]

《예기유편》이 소각 처분된 진짜 이유는 선행 연구에 이미 논증되어 있다. 이는 노론파가 숙종에게 신임받고 있던 최석정을 정치적 목적으로 공격하기 위해 《예기유편》을 이용한 것에 지나지 않는다.[97] 《예기유편》이 과연 주자의 주석을 고쳤는지 묻는다면 '고쳤다'라고 답변할 수 있다. 그러나 저자인 최석정은 '고쳤다'는 사실 자체를 문제라고 여기지 않았다. 자신의 학문이 주희의 문언에 기반하고 있다고 확신하고 있었기 때문이다. 또한 최석정 주위에도 이렇게 인식하는 이들이 있었다. 최석정이 주희와 견해를 달리하는 점을 문제 삼은 것은 정치적 목적으로 그를 비판하던 일파만이 아니었을까?

이견을 제시한 이들 ─ 그 정체성

그렇다면 주희의 주석을 고친 저자나 정치적 목적을 지니지 않은 유학자들의 관심 속에는 주자학에 대한 문제의식 같은 것이 있었을까? 만일 그들이 주자학에 대한 비판의식을 지닌 채 이를 바탕으로 주희의 경서 해석을 고치려고 했다면, 그들의 정체성은 '주자학 비판자'라고 할 수 있을 것이다. 주희의 설과 다른 견해를 제시할 때, 그들의 자기인식은 어떠한 것이었을까?

조익은 '주자의 《장구》를 상당 부분 고쳤다'라고 비난받았다. 송시열이 그를 옹호해 준 덕분에 대립관계의 당파로부터 비판받으면서도 화는 면할 수 있었다. 그런데 조익 자신은 주자학을 뛰어넘는 새로운 사상 지향의 일환으로서 주희의 설에 이견을 제시했다고 할 수 있을까?

조익은 직제학直提學으로 있던 1624년(인조 2) 인조에게 《대학곤득大學困得》과 《논어천설論語淺說》을 바쳤고,[98] 1646년(인조 24)에 다시 개정판

《대학곤득》과 《중용곤득中庸困得》을 바쳐 세자(훗날 효종)의 강학에 대비하도록 하는 한편, 인조에게도 일독을 권하였다.[99] 효종이 즉위하던 해에 다시 《대학곤득》과 《중용곤득》을 바칠 때는, 주희의 해석과 다르다고 자타가 공인한 《대학》 성의장의 주석을 올리면서 이 장에 대한 해설은 평생에 걸친 사색을 통해 터득한 것이라고 설명하였다.[100] 주자학이 체제교학이었던 환경에서 이 저작이 주자학 비판의 목적으로 집필된 것이었다면, 특히 그 내용 중 주희의 주석을 수정한 성의장의 주석을 평생토록 사색한 결과라고 자부하며 왕에게 이 정도로 열심히 일독을 권할 수 있었을까? 저자 자신도 "주자의 《장구》를 상당 부분 고쳤다"고 하는 이 저작을 경서 연구의 성과로서 인식하고 있었으며, '주자학 비판'이라는 의식은 없었을 것이다.

주희의 주석을 고쳤다 하여 저작이 불태워진 최석정은 어떠했을까? 그는 주자학에 대해 회의를 품은 적이 있었을까? 최석정은 양명학을 신봉했다는 이유로 비판받고 있던 벗 정제두鄭齊斗(1649~1736)에게 보낸 편지에서 다음과 같이 말하였다.

사앙士仰(정제두의 자字) 족하, 근년 사우들 사이에서 그대가 양명학을 위주로 삼고 있다는 소문이 들려 당혹스러웠습니다. 작년 현석장玄石丈(박세채)을 파산坡山에서 뵈었을 때, 현장玄丈께서도 그대가 이학異學에 미혹되어 돌아올 줄 모르는 것을 근심하셨습니다. ……천하의 이치는 하나이므로 이치가 있는 곳이라면 본디 사람을 가지고 그 경중을 판단해서는 안 됩니다. 그러나 고인이 학문을 논한 본지는 《대학》보다 긴요한 것이 없으며 주자의 가르침은 지극히 분명하고도 완비되어 있습니다. 그럼에도 불구하고 양명자陽明子(왕양명)는 이를 지리멸렬하다고 비난하고, 정주程朱의 해석을 벗어나 새로운 뜻을 제기하였습니다. 이러한 내용은 모두 [왕양명의] 유집遺集 및 《전습록傳習錄》에 실려 있으니 그의 논설이 치우친 것인지 옳은 것인지, 학술이 순정醇正한 것인지 하자가 있는 것인지에 대해 실제로 확인하여 말할 수 있습니다. 그대가 이렇게 믿고 좋아하는 것은, 믿어서는 안 될 것을 믿고 좋아해서는 안 될 것을 좋아하는 것이 아니겠습니까. 나는 13세에 《대학》과 《혹문或問》을 읽고 그 후에도 자주 읽으며 정밀하게 연구하였습니다. 그러던 어느 때 계곡谿谷 장유張維(1587~1638)의 저작을 보았는데, 양명학을 칭찬한 부분이 많았습니다. 이에 마침내 양명의 문집과 어록을 구하여 읽어 보았습니다. 얼핏 보니 참으로 신기하여 사람을 놀라게 하는 부분이 있었습니다. 그 후 반복해서 읽고 여러 책을 통해 폭넓게 검토하였더니, 다만 어구가 묘하게 유창하고 문장이 해박한 것일 뿐 학문하는 방법은 모두 엉망이었습니다. 주자의 설에 모순될 뿐만 아니라 공자·증자가 전한 본지와도 남과 북처럼 확연히 달랐습니다. 이에 변론하지 않을 수 없어 드디어 〈변학辨學〉을 저술하였습니다. 이것을 동지들과 강론하려고 생각했지만, 아직 실행하지는 못하였습니다.[101]

이 편지는 1692년에 쓴 것이다. 즉 최석정이 《예기유편》을 한창 마무리하던(1693) 시기의 생각을 엿볼 수 있는 자료이다. 이를 통해 최석정이 주희의 주석을 수정한 《예기유편》을 저술하고 있을 즈음, 주자학의 도리를 굳게 믿고 있는 주자학자였음을 알 수 있다. 바꾸어 말하면, 최석정은 주희가 경서를 해석한 본지를 무엇보다도 존중하는 주자학자였기에 오히려 주희의 주석을 수정했다.

경서 해석에 대해 주희와 견해를 달리하여 주희의 주석을 고쳤다고 비판받았지만, 반주자학의 의도를 갖지 않았을 뿐만 아니라 주자학의 도리에 대한 확신을 표명한 것이다. 따라서 그가 주자학을 극복하려는 의도로 주희 주석을 고친 것이라고는 도저히 인정할 수 없다.

그런데 최석정의 《예기유편》이 주희의 주석을 고친 일로 전국적인 논의를 불러일으켰을 때, 정치적 목적으로 공격을 가한 그룹에 속하지 않았던 사람들은 《예기유편》이 주자학에 위배되는지의 문제에 관심이 있었을까?

최석정과 마찬가지로 소론에 속한 윤증은 이 사건에 대해 다음과 같이 말하였다. "최상崔相(최석정)이 선유인 회재晦齋(이언적)와 율곡栗谷(이이)의 일로써 스스로 해명하더라도 이미 주자와 다른 견해임을 면할 수 없는 이상, 공격의 칼끝을 어찌 피할 수 있겠는가. 솔직하게 받아들이면 될 뿐 다툴 필요는 없다."[102]

앞서 서술하였듯이 최석정은 이언적이 주희의 《대학장구》를 고쳤고 이이가 그 저작을 높이 평가한 일을 들어 자기 저서의 정당성을 주장하였다. 윤증은 최석정의 이러한 반론은 필요하지 않으며 공격하는 사람들의 말을 그대로 인정하면 된다고 말한다. 최석정의 저작이 주희와 다른 견해를 포함하고 있는 것은 사실이므로, 상대 측에서 이 사실을 이유로 공격한다면 피할 도리가 없다는 말이다. 윤증의 이 말에서 주희와 다른 견해를 가진 것이나 그러한 견해를 제시한 것 자체가 중대한 문제가 된다는 인식은 발견되지 않는다.

또한 송시열 문하에 있던 사람들 모두 주희 주석을 고친 최석정을 궁

지로 몰아 넣는 일에 가담한 것은 아니었다. 권상하權尚夏는 동문인 정
호鄭澔로부터 최석정의 《예기유편》을 공격하는 서신을 두 차례 받았음
에도 움직이지 않아 송시열 문하의 사람들에게 크게 비난받았지만 마
지막까지 관여하지 않았다.[103]

《예기유편》은 나중에 소각 처분당하기는 하였지만 간행본이 이미 남
쪽 전라도와 경상도 지역까지 배포되어 유가 사회에서 널리 읽히고 있
었다.[104] 그중 일부는 집안에 숨겨 놓은 덕에 소각을 면하여, 훗날 《예
기》를 연구하는 이들에게 종종 쓰였다. 소각 처분 뒤 수십 년이 지나 성
해응成海應(1760~1839)은 '최씨석정예기유편심의편부주왈崔氏錫鼎禮記類
編深衣篇附註曰'이라고 하여 최석정의 부주를 인용하였다.[105] 그는 《예기》
심의편深衣編을 연구할 때, 한漢 정현鄭玄의 주와 당唐 공영달孔穎達의 소
疏에서 청대 주이준朱彝尊(1629~1709)의 《경의고經義考》에 인용된 설까
지 중국의 설들을 망라하고 최석정의 부주까지 더해 《예기》의 선행 주
석으로 참조하고 있다.

한편, 정치적 당파로는 소론이었던 최석정의 《예기유편》이 엄중한
처분을 받은 것에 대해 남인에 속하는 이만부李萬敷(1664~1732)는 다음
과 같이 말하였다.

가령 이 책[《예기유편》]에 옳지 않은 부분이 있다면, 최상崔相의 벗이 이에
대해 논변하면 될 것이다. [이런 일은] 본래 조정에서 시비를 논할 일이
아니다. 노론이 이 책을 가지고 최상을 공격하여 그 관직을 삭탈시킨 것
은, 어찌 당파적 의론에 의한 것이 아니겠는가.[106]

언뜻 보면 이만부는 남인이라는 정치적 입장에서 노론의 주자학 원

리주의적 행위를 비판하고 있는 듯하다. 이만부는 15세에 아버지인 이옥李沃(1641~1698)이 유배되어 일찍부터 관직을 포기해야만 했다. 이옥이 유배당한 직접적인 원인은 다름 아닌 노론의 영수 송시열을 극형에 처해야 한다고 주장했기 때문이다.[107] 이러한 아버지를 둔 이만부였기에 노론이나 그들의 주자학 원리주의를 혐오했던 것일까? 하지만 이러한 설명으로는 충분하지 않다.

이만부는 같은 당파인 조하주曹夏疇, 이숙李淑, 이잠李潛 등의 친우들과 자주 학술적인 토론을 하였다. 그 내용이 실려 있는 〈중원강의中原講義〉를 살펴보겠다.[108] 조하주는 주희의 《대학》 주석이 체계없이 번쇄하다고 비판하며, "송대 말기의 학자들이 말단만 쫓아 학문이 엉성하게 된 것은 주희가 그 실마리를 열었기 때문이다[宋季學者 趨末無實 豈非朱子啓之乎]"라고 주장한다. 이에 대해 이만부는 "그건 후대 사람이 스스로 잘못으로 흐른 폐단이지, 주자가 연 것이 아니다[此乃後人自流之廢 豈朱子所啓也]"라고 반론하였다. 게다가 이만부는 끝 부분에서 "징숙澄叔(이숙의 자)이 일찍이 말하기를, 조하주는 생각만 하고 배우지 않는 과실이 있다고 하였는데 조하주의 이러한 발언으로 보건대 그 잘못은 배우지 않는 것에만 그치지 않는다[嘗言曹兄有思而不學之病 以此數說觀之 其病不但止於不學而已也]"라고 단언하였다. 또 이만부가 다른 글에서 조하주에 대해 언급한 내용을 보면 "군서공君敍公(군서君敍는 조하주의 자)은 내가 정주학에 중독되었다고 비난하지만, 정주의 도는 지극히 공정하여 본래 중독시킬 만한 독이 없다. 그러나 만일 내가 중독되었다면 매우 다행스럽지 않겠는가[君敍公以弟爲中毒於程朱 程朱之道 大中至正 本無毒可中人 然如果爲所中 豈不幸甚]"[109]라고 하였다.

적어도 두 사람의 토론만 보자면, 한 사람은 주희 경서 해석의 폐해를 엄격하게 비판하고 다른 한 사람은 주자학이 옳다고 굳게 믿고 있다. 위에서 말한 조하주를 노론파와 결부된 주자학파를 혐오하는 주자학 비판의 측에 놓고 이만부를 주자학파 측으로 분류하여 조선 유학사에서의 대립 도식으로 삼는다면, 이는 타당한 것일까? 그러나 이렇게 되면 최석정을 궁지에 몰아 넣은 노론을 비판한 이만부와, 적극적으로 주자학을 옹호하며 정주학에 중독되었다고 지목당한 이만부는 동일인물이 되어서는 안 될 것이다.

　이상의 내용으로 보건대 17세기 주자의 주석을 고쳤다고 일컬어지는 경서 해석에서 저자들이 주자학에 대한 회의나 비판의식을 지니고 있었다는 점은 발견할 수 없다. 게다가 주자학에 이견을 제시한 인물에 대해서는 심각하게 받아들이지 않던 사람이, 주자학의 공헌을 인정하지 않는 친우의 발언은 엄히 비판한다. 주자학을 옹호하는 측과 비판하는 측으로 나누어 조선 유학사를 설명하기는 곤란한 것이다.

　그렇다면 주희의 주석을 고쳤다는 '죄'를 얻게 될 위험을 무릅쓰고 주희와 견해를 달리하는 경서 주석을 저술한 사람들은, 실제로 어떤 생각을 지녔던 것일까? 그리고 왜 이것을 벗들에게 보여 주었을 뿐만 아니라 왕에게 바치기까지 한 것일까?

　이는 도통道統의 계승자로서 책무를 다한다는 인식에 기인한 것으로 보인다. 당시 동아시아의 보편적인 사고로 말하면 중화라는 이름을 내세울 수 있는 근거는 바로 성인의 존재이므로, 성인의 문언인 경서를 계승하는 것이야말로 중화의 도통을 잇는 후계자가 담당할 책무였다. 도통의 계승자라면 경서를 정리되어 있지 않은 상태로 내버려두어서는 안 된다. 주자학적 도통을 계승하는 조선 유학자에게 중화의 계승이란, 실질적으로는 주희가 완성하지 못한 채로 남겨 둔 경서의 의미를 확정하고 정리하는 책무를 완수하는 것이다. 그러나 누구나 주희의 뒤를 이어 그러한 작업을 맡을 수 있는 것은 아니다. 자칫하다가는 정치적으로 대립관계에 있는 이들에게 '주자를 모욕한다' 혹은 '주자의 주석을 고쳤다', 심지어는 '사문난적'이라고 공격할 수 있는 빌미를 제공하게 된다. 사대부 사회의 구성원들이 '당신이야말로 주자의 후계자로서 후속 작업을 행할 자격이 있다'라고 인정하지 않는 한, 혹은 스스로 '나야말로 주자의 후계자로서 작업을 행할 자격이 있다'라고 주장할 수 없는 한, 주희의 뒤를 잇는 책무를 자임하는 사람은 이러한 죄를 추궁당할 우려가 있다. 따라서 그들은 자신의 새로운 견해가 주자학적 사상체계를 더욱 완비시키는 것이라는 점을 증명해야 했다. 조선 유학자는 사실 이러한 포부를 안고 정치적인 위험성을 무릅쓰고서라도 주희가 미완성으로 남겨 둔 일을 완성함으로써, 도통의 적류嫡流임을 확고히 하고 그 책임을 완수하려 한 것은 아니었을까?

4

조선 유학사 전개의 요체

17세기에 성리학의 이기심성론理氣心性論이 다양하게 분화하는 현상은 "성리학이 주자가 완성한 불변의 학문이 아니라 시대 변화에 따라 탄력적으로 적응하는, 가변성을 지닌 것이라는 인식"[1]에서 나타났다고 한다. 그런데 이러한 인식은 어떻게 생겨난 것일까?

주자학 연찬

송시열과 그의 문하는 '북적北狄'인 청이 '중화'의 영토를 지배하게 된 사태에 직면하여 조선이 중화의 계승자로서 중화의 도리를 체현하는 주체가 되어야 함을 누구보다 강력히 주장한 그룹이다.[2] 동시에 이들은 주자학에 대한 정밀한 연구에도 누구보다 힘을 쏟았다.

주희의 학설 — 그 변화에 대한 추적

조선 유학자들은 경서를 읽을 때 무엇보다도 주자학적 해석을 치밀하게 고찰하였다. 자신의 견해를 제시할 때도 주희의 설과 충돌하지 않고 조화를 이루는 방법을 고려하였다. 관학인 주자학의 경서 해석과 크게 어긋나는 해석은 조선 사회를 살아가는 유학자에게 유용한 학술이 되지 못할 것이기 때문이다.

주자학의 중심축이자 조선 유학자의 경서 학습 기본서는 바로 주희의 《사서장구집주四書章句集注》이다. 그런데 이 《집주》를 주희의 서간문 등과 대조해 보면 서로 다른 부분이 많이 발견된다. 주희의 생애 후반 《집주》의 체계가 성립되기 전에 주희의 사서四書 해석은 크게 변화했을 뿐만 아니라, 성립 후에도 거듭해서 큰 폭으로 개정되었기 때문이다.

1177년(순희淳熙 4) 주희는 《논맹정의論孟精義》의 정수를 모아 《논어집주論語集注》와 《맹자집주孟子集注》를 저술하고, 전면적으로 수정한 《대학장구大學章句》와 《중용장구中庸章句》에 이를 합하여 《사서장구집주》를 완성하였다. 여기에서 주희의 사서학四書學 사상체계가 확립되었다. 1182년(순희 9) 무주婺州(현재 저장성浙江省에 속함)에서 이 서적이 간행되어, 마침내 경학사經學史에서 오경五經과 짝을 이루는 '사서'의 명칭이 본격적으로 등장했다. 그러나 이것으로 《사서장구집주》의 집필이 끝난 것은 아니었다. 주희는 그 후에도 끊임없이 재검토를 반복하며 대폭 개정했고, 죽기 1년 전인 1199년(경원慶元 5)에 건양建陽에서 간행한 것이 최후의 정본定本이라고 한다.[3] 이 때문에 사서 해석을 중심으로 하는 주희의 학설은, 생애 전반에 걸친 저술이나 서간문·교수 내용 등에서 서로 모순되는 부분이 발견되는 것이다.

조선 유학자들은 이러한 차이점이나 모순들을 적극적으로 연구하여 무엇이 주희의 정론인지 확정하고자 하였다. 주희의 '만년 정론晚年定論'을 확정한다는 이 주제는 학술계의 가장 주요한 과제가 되었다. 그들의 진정한 목적이 단지 주희가 정한 정론을 알아 내는 것일 뿐이라면, 주희의 최후 저작이 무엇이었는지 조사하는 작업에 몰두해야 할 것이다. 주희가 최후에 저술한 글이야말로 그가 마지막으로 확정한 생각이기 때문이다. 그러나 그들은 이와 같은 단순한 방법을 쓰지 않고, 주희 학설의 성립 과정을 추적하여 체계적으로 설명해 내고자 하였다. 예를 들어, 송시열은 주희의 《논맹혹문論孟或問》과 《논맹정의論孟精義》를 대조해 주희가 구체적으로 어떠한 사고를 갖고 선유의 설을 취사선택하였는지 확인하고, 배우는 이들이 《혹문》과 《정의》의 내용을 비교하면서 읽을 수 있도록 재편집한 서적을 편찬하였다.[4]

《논맹정의》는 주희가 1172년에 완성한 책으로 《논어》와 《맹자》에 관한 이정二程의 말을 위주로 하여 제가諸家의 학설을 모은 것이다. 주희의 《집주》 체계가 성립되는 과정을 엿볼 수 있는 저작이기도 하다. 앞서 언급했듯이 주희는 《정의》의 정수를 뽑아 《집주》를 저술하였다. 그래서 주희는 《집주》가 《정의》의 정수라고 하면서 《정의》를 그 발판으로 삼기를 권하였는데,[5] 주희의 '만년 정론'을 구하는 이들에게 필독서는 아니다. 하지만 조선 유학자들은 그의 다양한 저작들을 통해 주희 사상 체계의 성립 과정을 샅샅이 조사하였다. 주자학의 원전을 체계적으로 섭렵하는 이러한 경향은, 조선과 마찬가지로 주자학이 관학이었던 원대元代 학술계의 경향과는 다른 상황이었다.

이노우에 스스무井上進는, 원대에 주자학이 관학으로 정착됨과 동시에 출판이 빈곤해지기 시작하고 명대로 들어와서는 더욱 악화되어 가는 현상에 주목하였다. 이노우에는 "주자학, 이 정통사상을 대표하는 주자나 이정二程(명도明道·이천伊川 형제, 주자의 선배)의 논저까지도 본래의 형태로는 거의 출판되지 않았다는 사실은, 원나라 조정이 중국문화에 대해 지녔던 태도만으로는 설명할 수 없을 것이다. ……'정주의 논저'라고 한 것은 《정씨유서程氏遺書》 및 주자의 《어록語錄》·《문집文集》을 염두에 둔 것으로 ……모두 주자학의 원전이라고 할 만한 저작들이다. 주자학에서 매우 중요한 의의를 지닌 이 문헌들은 정주가 아직 유력한 학파에 불과하였던 남송 당시, 몇 번이고 중간重刊되거나 편찬·간행되었다. ……그런데 원대로 들어서면, 간행된 것으로 밝혀진 《유서遺書》는 1종뿐이고 《어록》으로 간행된 것은 간추린 판인 《유요類要》가 알려져 있을 뿐이다. 《문집》도 몇 종의 선본選本이나 《속집續集》은 간행되었으나 전집은 결국 출판되지 않았다. 즉 정주의 논저까지도 본래 형태로는 거의 출판되지 않았던 것이다"[6]라고 기술하였다.

요컨대 주자학이 체제교학으로 자리하였던 원·명대의 유학자들 대부분은 정주의 논저를 본래의 형태로 섭렵했다기보다, 간략본이나 선집을 통해 요점만을 취득했다는 의미이다. 바꾸어 말하면 유학자들이 주자학의 원전을 철저하게 분석하며 연구하는 학술 조류는 주자학이 관학으로서 부동의 지위를 구축한 시대라고 해서 당연한 현상은 아니었다.

17세기 조선 유학자들은 주자학의 원전을 조사하고 서로 대조해 보면서, 주희의 학설이 시대와 함께 변화하고 여러 저술 간에 모순이 발견되는 양상을 확인하였다. 주자학에 정통하면 할수록 주희 저작들 사이의 모순을 상세히 알 것이다. 따라서 자타가 공인하는 철저한 '주자 신봉자'였던 송시열은 늘 제자들에게 "주자는 이 건에 대해 역시 전후의 발언이 다르다"[7]라고 설명하였고, 그와 제자들은 주희의 학설이 서로 모순되는 문제에 대해 본격적으로 마주 대하는 일을 과제로 삼았다.

《중용》의 "희로애락이 아직 외부로 발현되지 않은 것을 중中이라고 한다. 바깥으로 드러난 것이 모두 절도에 맞는 것을 화和라고 한다[喜怒

哀樂之未發 謂之中 發而皆中節 謂之和"에서 '미발'의 개념을 둘러싸고 송시열이 동료와 토론하고 또 제자들의 질문에 답한 기록이 바로 그 사례이다. 주희의 초기 학설에서는 '심'의 작용을 '이발己發', 즉 밖으로 드러난 이후의 일로 보고 '미발' 단계에서 '심'의 작용은 배제하고 있다. 그러나 '미발'에서의 '심'을 재인식한 후로 이른바 '중화설中和說'은 다음과 같이 크게 변화하여, 조선 유학자들은 이 변화를 상세히 조사해야만 했다.

주희는 43세(1172)에 〈중화구설서中和舊說序〉를 저술하여 중화에 관한 자신의 생각이 어떻게 변화했는지를 밝혔다. 주희는 일찍이 스승인 이통李侗(1093~1163)에게 미발 시未發時에 기상氣象을 체인體認하는 것의 중요성에 대해 들은 적은 있으나 이해하지 못했다고 고백하였다. 그러나 주희는 스스로 더 깊이 고찰한 결과 '심心의 작용은 그치지 않기 때문에 미발未發이라는 상태는 있을 수 없고, 심은 항상 이발己發 상태이다. 따라서 미발은 내재적 본체(즉 성性)를 가리키는 것이지 발하기 전의 단계를 가리키는 것은 아니다'라고 이해하였다. 이것이 이른바 '중화구설中和舊說'이다.

그러나 40세에 정이程頤의 설을 거듭 숙독하고는 이제까지의 자신의 생각을 의심하게 되었다. '이발'은 사려思慮가 이미 싹튼 것이고 '미발'은 사려가 아직 싹트지 않은 것을 가리킨다고 생각하여, 심에는 미발일 때와 이발일 때가 있다고 이해한 것이다. 이전에는 '이발'일 때만을 염두에 두고 수양하면 되었지만, 심리心理의 활동에 '이발'과 '미발' 두 단계가 있음을 알게 된 후로는 '미발' 단계에서도 주경함양主敬涵養(공경하는 뜻을 위주로 하고 침잠하여 양성함)하는 수양 방법을 공부하게 되

었다.[8]

　조선 유학자들은 '중화'에 관해 토론할 때, 주희의 각기 다른 저작들을 자기 설의 근거로 삼았다. 이로 인해 어느 유학자가 주희의 '중화구설' 시대에 지은 저작을 바탕으로 하여 '미발'의 내용을 논한다면, 토론 상대는 '이것은 주희의 구설이니 정론이 아니다'라고 반론할 수 있었다. 예를 들어보겠다. 송시열의 문집에는 '미발'을 둘러싼 다수의 토론이 있다. 그중 박상현朴尙玄(1629~1693)과 주고받은 편지에서 그 양상을 살펴보고자 한다. 송시열은 다양한 주제에서 박상현과 견해를 함께했으나 '미발'과 관련해서는 일치하지 않았다면서, 주희의 '미발'에 관한 견해가 변화해 가는 과정을 논하였다.

　먼저 송시열은 주희의 서간문인 〈답서언장答徐彦章〉에서 "미발이란 아직 사물에 응하지 않을 때이다"[9]라고 한 부분을 인용하여, 주희 말에 따르면 마음이 외부의 사물과 접하지 않은 단계가 '미발'이라고 하였다. 이어서 다른 서간문 〈답임택지答林擇之〉에서 "사물에 감촉하지 않을 때라도 만일 마음이 그 중심이 되어 처리하지 않으면 또한 고요한 상태에 안주하지 못하게 된다. 이는 천성이 어두워진 상태이니 사물과 교접한 뒤에 비로소 어긋나게 되는 것이 아니다. ……홀로 있을 때 행동을 신중히 하지 못한다면 아직 사물에 접하지 않았을 때 이미 마음이 어지럽혀져 '미발' 상태로 다시 돌아가지 못한다"[10]라고 한 부분을 인용하였다. 여기에서는 사물과 접하지 않은 '미발'의 때일지라도 저절로 고요한 '미발' 상태가 유지되는 것이 아니므로 홀로 있을 때에도 늘 몸을 삼가는 수양이 필요하다는 생각이 드러난다. 그리고 《주자어류》에서 "수양하지 않으면 동動할 때는 당연히 동하지만 동하지 않고 정靜할 때

정하려 해도 하지 못하여 정할 때도 동하게 된다"[11]라는 부분을 인용하였다. 여기에서는 사려가 싹트지 않은 이른바 '정 시靜時'에도 정靜함을 얻지 못하고 마음이 동할 때와 똑같은 상태가 되어 버리기 때문에 '미발'일 때라 할지라도 수양이 요구된다는 생각을 파악해 내고 있다. 이러한 인용들을 통해 미발일 때에도 존심양성存心養性(본심本心을 보존하고 하늘로부터 부여받은 성性을 길러 냄)의 수양을 늘 행해야 한다는 것이 주희의 정론이라고 주장한다.[12]

송시열의 이러한 설명은 박상현의 "성인과 일반인의 기질지성氣質之性은 청탁의 차이는 있지만 그 동정動靜에 있어서는 하나다. 중인衆人의 성性이라 할지라도 끝내 정靜할 때가 없겠는가"[13]라는 주장에 대한 답변이다. 즉 박상현은 성인뿐만 아니라 일반 사람들도 사려가 싹트지 않았을 때는 고요한 상태를 얻을 수 있다고 생각하였다. 《주자어류》의 "희로애락이 아직 나타나지 않은 단계인 '중中'이란 성인에 대해 논하는 것이 아니라, 사람들도 이를 지니고 있으며 성인과 다르지 않음을 널리 논한 것이다"[14]라는 문언에 비추어 보면, 이러한 견해 또한 주희 생각의 일부분이다. 그러나 송시열은 미발 시의 수양을 강조한 주희의 말로써 박상현이 의거한 주희의 다른 의견을 비판한 것이다.

송시열은 이 편지를 1680년(74세)에 썼다. 그는 이보다 2년 전에는 《주자대전차의朱子大全箚疑》를, 1년 전에는 《주자어류》에서 중복된 부분을 삭제하고 종류별로 나눈 《주자어류소분朱子語類小分》을 완성하였으므로,[15] 주희 학설의 변화를 어느 정도 확인한 시기였다고 생각된다. 그러나 주희의 중화설은 서간문이나 《주자어류》에 많이 보이는데 그중 어느 것이 초년설初年說이고 어느 것이 만년설晩年說인지 분별하는 일은 간단하지 않아서 더욱 상세한 조사가 필요하였다. 그렇기 때문에 송시열은 이것에 대해 본격적으로 조사한 서적을 편찬하는 일을 자신의 과제로 삼았던 것이리라.

송시열의 문집인 《송자대전宋子大全》에 수록된 〈주자언론동이고朱子言論同異攷〉가 바로 그 성과이다. 그가 사사賜死된 1689년(기사己巳) 1월, 일단 완성된 부분을 정리해 둔 것이 문집에 실려 있다. 그 제사題辭는 다음과 같다.

> 《주자대전》과 《주자어류》 간에는 원래 차이가 많으며, 두 책은 각기 그 내부에서도 차이가 있다. 생각건대 《대전》에는 초년과 만년의 견해 차이가 있으며 《어류》의 경우는 기록자가 한 사람이 아니므로 이러한 차이가 생기는 것도 이상하지 않다. 내가 두 책을 읽을 때 서로 다른 부분을 발견할 때마다 이를 뽑아 내어, 서로 대조하여 참고할 기초 자료로 삼았다. 그러나 노병老病이 점차 깊어져 작업을 시작만 하고 끝을 보지 못하게 되었으니 한스러울 뿐이다. 나와 뜻을 함께하는 선비가 이어서 이 일을 완성해 준다면, 배우는 이들이 사물의 도리를 철저히 궁구하는 수양을 할 적에 도움이 될 수도 있을 것이다.[16]

송시열은 《주자대전》에 실려 있는 저작이나 편지 내용 간의 차이는 세월과 함께 주희의 생각이 변화했기 때문이며, 어록인 《주자어류》에 있는 차이는 전적으로 기록한 사람의 잘못이라고 생각하였다.

《어류》에서 《대학》의 정심장正心章을 논한 부분에서, 의意와 정情이 어떻게 다른지 질문한 것에 대해 "이 일을 하고자 하는 것은 '의意'이고, 이 일을 하는 것은 '정情'이다"라고 답하였다. 그러나 이는 주자가 평상시 의론한 내용과는 전혀 다르다. 생각건대 희로애락이 뜻하지 않게 갑자기 발한 것이 정情이니, 이는 처음부터 성性에서 발한 것이다. 의는 희로애락이 발생한 뒤에 이리저리 사색하는 것이다. 주자가 전후로 반복하여 잘 알아듣도록 일러 주면서 이를 논하였는데, 여기에서 이처럼 상반되는 것은 필시 기록자의 실수일 것이다.[17]

의와 정의 구분에 관해 주희의 정론으로 간주되는 내용과는 전혀 다른 문언이 《주자어류》에 실려 있다. 송시열은 이는 주희의 발언이 아니라 기록한 사람의 잘못이라고 하였다. 또한 '미발'에 관해 《주자대전》에서 서언장徐彦章에게 답한 편지에는 '하인이라도 마음이 미발 상태일 때가 있다' 하였는데, 임택지林擇之에게 답한 편지에는 '원래 누구에게나 희로喜怒하는 바가 없을 때는 있지만, 이를 그대로 미발이라고 표현해서는 안 된다. 마음이 집중하지 않으면 미발 상태가 아니기 때문이다' 하였다"[18]라고 주희의 서간문을 인용하였다. 앞서 박상현과의 토론에서 '미발' 상태는 누구든 곧바로 얻을 수 있는 것이 아니라 사려가 싹트지 않았을 때의 수양을 거듭해야만 비로소 가능하다고 주장한 것을 확인한 바 있다. 주희의 문언에는 누구든지 가능하다는 말도 있지만, 단순히 희로애락이 생겨나지 않았을 때를 그대로 '미발'이라 칭해서는 안 된다는 문언도 존재한다.

이러한 차이들을 더 밝혀 내는 작업을 누군가 완성해 주기를 바라는 송시열의 기대에 부응하여 재전제자 한원진韓元震이 《주자언론동이고》

를 하나의 책으로 만들어 냈다. 한원진은 송시열의 주희 언론 연구를 더욱 발전시켜 《주자대전》의 서간문이나 잡저雜著, 《주자어류》·《사서집주》 등을 상세히 조사하고 대조하는 작업을 행하였다. 예를 들면 위에서 기술하였던 송시열과 박상현이 토론한 중화설中和說에 대해서도 주희의 각기 다른 서간문의 집필 시기를 확인하여 구설舊說에 나타난 오류를 설명해 가며 독자의 주의를 환기하고 있다. 주요 부분을 정리하자면 다음과 같다.

첫째, 주희가 중화中和를 논할 때, 심心은 오로지 '이발已發'로만 보고 '미발未發'을 성性으로 보며, 심의 작용을 '이발' 때의 일로 인식하고 있는 문언은 초기의 설에 속한다. 한편 '사물과 접하기 전 사려가 싹트지 않은 것이 미발이고 사물과 교접하여 사려가 싹튼 것이 이발이다. 미발은 성性이고 이발은 정情이며 심은 미발과 이발을 꿰뚫어 성정性情을 지배한다'라는 문언은 후기의 설이다.[19]

둘째, 〈답하숙경答何叔京〉에 있는 "천성天性과 인심人心, '미발'과 '이발'은 혼연일치한다[天性人心未發已發渾然一致]"[20]라는 말은, 혼연한 것만을 위주로 하여 전혀 분별하고 있지 않은 점으로 보건대 중화구설中和舊說에 속한다.[21]

셋째, 〈답장경부答張敬夫〉의 "대화大化 속에 절로 안택安宅이 있다"[22]라는 부분은 말하려는 바가 명확하지 않다. 그러나 이전 설의 오류를 설명하고 있으므로 구설舊說을 수정한 후의 편지임을 알 수 있다. 다만, 구설 중에서도 이전 견해와 다른 점을 말하는 경우가 많으므로 꼭 새로운 설은 아니다. '대화안택大化安宅'을 논한 또 다른 편지인 〈여석자중與石子重〉에 가을에 장사長沙에서 돌아왔다는 내용이 있는데, 《주자연보朱

子年譜〉에는 정해년(1167) 8월에 장사에 갔다가 12월에 돌아왔다고 되어 있다. 〈중화구설서中和舊說書〉에 의하면 구설을 수정한 것은 기축년 (1169)의 일이다. 따라서 위 두 통의 편지는 확실히 구설이다.[23]

넷째, 〈답임택지答林擇之〉에서는 '미발'을 성性으로 보고 '이발'을 심心으로 보았던 주장을 수정한 뒤의 논의를 살펴볼 수 있다.[24] 이 편지는 구설을 고친 다음 제일 처음으로 쓴 중화설이라고 사료된다. 이 편지에서는 채계통蔡季通과 강론한 일을 언급하고 있는데, 〈중화구설서〉에 의하면 기축년 봄, 채계통의 논의에 대해 따져 물으면서 그동안 자신이 주장해 온 설을 의심하게 되었다고 했기 때문이다.[25]

다섯째, 〈답호광중答胡廣仲〉, 〈답방빈왕答方賓王〉, 〈여호남제공논중화제일서與湖南諸公論中和第一書〉[26] 등의 의론을 분석하면, 그 본지가 일치하지 않는다. 이는 중화설을 개정한 지 얼마 안 되었을 때의 의론이라고 생각된다. 게다가 〈여호남제공논중화제일서〉를 〈이발미발설已發未發說〉[27]과 대조하여 분석해 보면, 그 논리가 더 정확하므로 전자가 나중에 지어진 글임을 알 수 있다. 그러나 〈답호광중〉, 〈답방빈왕〉, 〈여호남제공논중화제일서〉 등에서는 정자程子의 설에 대한 해석이 모두 잘못되었다[所釋未免皆失]. 이에 대해 주희는 나중에 그 오류를 인정하였다.[28] 읽는 이들은 이 편지들을 사전 이해 없이 그대로 받아들여서는 안 될 것이다.[29]

여섯째, '미발'을 《주역》의 괘에 해당시켜 논할 때, 복괘復卦에 해당시킨 것도 있고 곤괘坤卦에 해당시킨 것도 있다. 앞의 의론은 〈답장경부答張敬夫〉,[30] 〈기논성답고후記論性答藁後〉에 나타나고, 뒤의 의론은 《중용혹문中庸或問》이나 〈답여자약答呂子約〉[31]에 나와 있다. 〈기논성답고후〉

는 임진년(1172)에, 〈답장경부〉는 그 이전에 지은 것이다. 그리고 《중용혹문》은 《중용장구》가 완성된 후에, 〈답여자약〉은 《혹문》보다 나중에 쓴 것이다. 《혹문》과 〈답여자약〉에서는 '미발'을 곤괘에 해당시키고 있으며, 복괘에 해당시켰던 것은 오류라는 것도 분명히 밝히고 있다.[32]

위와 같은 《주자언론동이고》의 논증은 주희의 다양한 문언을 '정론定論'에 비추어 보아 그 이전의 설은 '오류'임을 밝히고 있다. 그리고 이를 위해 각각의 서간문이나 저작이 언제 지어졌는지 논증하였다. 시기를 논증하기 위해 《주자연보》 등을 참조하는 방법뿐만 아니라, 저작의 내용을 분석하여 미숙한 설과 그렇지 않은 설을 구별하는 방법도 다양하게 사용하였다. 이는 주자학 추종이라고도 주자학 비판이라고도 딱 잘라 말할 수 없다. 그야말로 주자학 연구라고 해야 할 것이다.

그렇다면 이러한 '연구' 과정을 통해 어떠한 생각들이 싹트게 되었을까?

주자는 성인聖人이 아니다

제자들이 기록한 언행록에 의하면, 송시열은 항상 "'모든 말이 전부 도리에 맞는 것이 주자이며 모든 사적이 이치에 합치되는 것이 주자이다. 만일 총명예지聰明叡智하여 온갖 이치를 통달한 자에 가깝지 않다면, 분명 이처럼 할 수 없을 것이다. 그러니 주자는 성인이 아니겠는가'라고 말씀하셨다. 그러므로 [선생은] 주자의 언행을 거친 것이라면, 과감히 이행하고 의심하지 않았다"고 하였다.[33] 확실히 송시열이 남긴 저작 속에는 주희에 대한 절대적인 존경이 반복적으로 드러난다. 한편으로 송시열은 주희의 학설이 생애 전반에 걸쳐 몇 번이나 변화했음을 확인하고 상세한 조사 작업을 진행하기 시작하였다. 송시열은 늘 제자들에게 이 문제에 주의를 기울여야 한다고 강조하였기 때문에 그의 문하에서 이를 철저하게 조사한 성과가 나오게 된 것은 당연한 일이었다.

주희의 학설이 재검토를 거듭하며 변화했다면, 주희 만년의 학설에 비해 젊은 시절의 저작에는 '틀린' 학설이 포함되어 있으므로 그 '틀린' 부분을 '옳은' 정설과 명확하게 구별하는 작업이 필요했다. 송시열은 늘 '주자는 성인이므로 그의 언설에 모순이 있는 것은 단지 조만早晚의 견해 차이가 있기 때문이며 《어류》의 경우 전적으로 기록한 사람의 실수'라고 언급하곤 했다. 그럼에도 불구하고 그가 전수한 사고방식을 끝까지 궁구하고 난 뒤 최종적으로 주자는 성인이 아니며 이 때문에 그의 학설이 몇 번이나 변화했다는 인식에 도달하게 되었을 것이다. 이러한 인식은 송시열을 계승하여 주희 언론의 차이를 철저하게 캐어 들어가 연구한 한원진의 말(《주자언론동이고》의 서문)에서 확인할 수 있다.

경經을 지은 전성前聖으로는 공자보다 훌륭한 이가 없고 의義를 전한 후현後賢으로는 주자만큼 완비한 이가 없다. 그러므로 배우는 이들은 반드시 공자의 책을 읽은 후에 천하의 의리를 다할 수 있고, 또 반드시 주자의 책을 읽은 후에 공자의 책을 읽을 수 있다. 그러나 공자는 나면서부터 모든 것을 안 분이므로 그 말에는 조만早晚의 차이가 없다. 주자는 배워서 알게 된 분이므로 그 말에는 조만의 차이가 없을 수 없다. 이 때문에 배우는 이들은 각자의 의향대로 이를 취사取捨하여, 종종 주자의 초기설을 만년설로 보거나 만년설을 초기설이라 하여 그 본지를 파악하지 못한 이들이 많다. ……우옹尤翁(송시열)은 만년에 이를 깊이 근심하여 《주자대전》에 설명을 덧붙이고 또 내용 가운데 차이를 조사함으로써 옳고 그름을 분별해 내고자 하였다. 이 작업을 시작하였으나 십수 조목에서 마쳤으니, 아아, 안타까운 일이다. 나는 어렸을 적부터 주자의 책을 배우고 이를 두루 고찰하였다. 생각건대 한평생의 힘을 쏟아 그 차이를 분별함에 있어 거의 여덟아홉은 해답을 얻을 수 있었다. 그로부터 설명을 붙여 공개하려 함에 그 발언 시기의 선후를 조사하기도 하고 증거에 합치되는지 검증하기도 하고 의리상 타당한지 판단하여, [주자의] 젊은 시절의 설과 만년의 설을 분별하여 정론定論을 밝혀 냈다. 그리고 말은 다르나 의미하는 바가 동일한 것도 모두 설명을 덧붙여서 이해할 수 있도록 하나의 책으로 엮었다.[34]

한원진은 주희가 전한 의리를 바탕으로 삼아야만 공자의 말을 올바르게 이해할 수 있다고 언급하기는 했지만, 주희는 성인과 다른 존재라는 인식을 명확히 드러내고 있다. 이는 송시열이 주희의 학설이 모순된다고 인식하고 있으면서도 그가 성인임을 의심하지 않았던 일관된 태도와는 다르다. 그러므로 《주자언론동이고》에서는 주희의 여러 언설 중 모순이 발견되는 부분에 대해, 그 견해가 아직 확정되지 않았을 때의 설과 확정된 후의 설을 구별해서 논하고 동시에 주희의 오류를 곧이곧대로 지적하였다.[35] 또한 정자의 문언의 본지를 주희가 잘못 해석하였다고 서술하기도 하고[36] 주희와 제자가 나눈 대화에서 대답이 적절지 못한 부분을 들어 오류를 정정하기도 하였다. 한원진은 서문에서 어느 것이 주희의 정론인지 밝혔다고 했으나, 이는 주희 본인이 '이것이 나의 정론이다'라고 분명하게 말한 부분을 찾아낸 것은 아니다. 이를테면 다음과 같은 경우이다.

주희의 제자인 석자중石子重은 편지로 다음과 같이 질문하였다. "주희의 〈극재기克齋記〉[37]의 내용 중 《논어》 안연편顏淵篇의 '천하귀인天下歸仁'에 대한 해석은 선본先本과 후본後本이 매우 다른데, 어느 것이 옳은 것입니까?" 주희는 후설後說이 옳다고 답하였다.[38] 그러나 한원진은 주희의 이 발언을 근거 삼아 그대로 정론을 확정하지 않았다. 한원진은 《논어집주》에서는 오히려 전설前說을 채택하였으며 〈극재기〉에서도 최종적으로 그 단락이 삭제되어 있으므로, '후설이 옳다'라는 주희의 말은 그 후에 번복되었음을 밝히고 있다.[39] 게다가 '천하귀인'에 대한 주희의 설은 〈답범백숭答范伯崇〉, 〈답연숭경答連崇卿〉, 〈답양자순答楊子順〉, 〈답증택지答曾擇之〉[40] 등의 편지에 있는 내용이 정론이라고 논하였다.

한편 《주자언론동이고》에서는 정설을 확정하는 대신 《어류》와 《집주》의 내용이 다른 점을 확인하거나, 서간문과 《어류》 또는 서간문과 《집주》의 내용이 다른 부분을 분석하여 모순의 존재를 지적한 부분도 있다. 또 주희의 오류를 강하게 지적하지는 않고 주희 말의 '본래 의도'를 곡진히 설명한 뒤에, 독자는 표면적인 말에 구애되어 진정한 의미를 잘못 이해해서는 안 된다고 하였다.[41] 이와 같은 분석 방법은 한원진 본인이 직접 분석하고 체계화한 주자학에 비추어 주희가 남긴 다양한 발언의 옳고 그름을 구별하는 작업이었다.

조선 후기 강준흠姜浚欽(1768~1833)은 주희는 배워서 알게 된 자이기 때문에 그의 말에는 전후의 차이가 있다면서 그 차이의 자취는 주희의

조예가 이전에는 얕았으나 나중에 깊어졌음을 의미한다는 인식을 드러내고 있다.[42]

요컨대 조선 유학자들은 철저한 주자학 연구를 통해 '주자는 날 때부터 성인은 아니다', '주자의 초기 학설은 조예가 깊지 않았다'고 생각하게 되었고, 이를 확실히 표명하였다. '주자는 성인이 아니다'라는 표명은 주자학에 대한 회의에서 생겨난 것이 아니다. 주자학에 대한 연찬을 통해 그로부터 자연히 발생한 것이다.

유학사에서의 소실 ― 송시열 문하의 주자학 연구방법론

송시열은 주희의 정론을 확정한다는 과제를 수행하기 위해 주자학 원전에 대한 세밀한 연구를 추진하여, 조선 유학사에 활발한 학술 연구의 기초를 구축하였다. 그러나 조선조 학술에 대한 연구가 본격화된 20세기 초반 이후로, 조선 유학사에서 송시열 문하의 학술 동향은 거의 주목받지 못한 채 주자학 원리주의로서 인식되어 왔다. 이는 무엇 때문일까?

20세기 초반 망국하에서 조선 유학사 전개상의 문제점이 통렬하게 반성되고 있던 상황에 관해서는 앞에서도 서술한 바다. 송시열과 그 문하에 대한 인식은 20세기 초반의 이러한 상황과 밀접하게 관련되어 있다. 조선 유학은 오래도록 주자학에 편향되고 독창성이 결여된 허虛와 가假의 학술사였음을 반성하는 한편, 그 속에서 주자학 비판성·독창성을 지닌 역사적 인물을 발굴하는 작업이 진행되었다. 즉 독창적 견해와 대립하는 존재로서 주자학파가 설정된 것이다. 이러한 대립 도식에서는 주자학 연구 영역에서 '독창성' 등이 발견될 가능성은 애초부터 봉쇄되어 있다. 이런 이유로 식민지시대 이후의 연구에서 송시열과 그 문하의 학술 동향은 '주자학 추종'으로 일축될 수밖에 없었다.

송시열이 중간파를 인정하지 않는 극단적인 사고로 유학자 사회를 분열시키는 행동을 한 것은 사실이다. 그는 윤휴를 사문난적이라며 배척하고 윤휴를 옹호하는 자들을 가차 없이 비난하였다. 윤선거尹宣擧 (1610~1669)가 "의리는 천하 사람 모두가 함께하는 것이다. 윤휴가 자기 소견으로 주자의 주석을 평론하는 게 무슨 안 될 것이 있다고 이처럼 공격한단 말인가[義理天下之公 渠以所見評議朱子注說 有何不可 而攻之若是]"라고 이의를 제기하자, 송시열은 "주자 저작의 어느 부분에 대해 사색하여 '이 부분은 의심스럽다'라고 하는 것은 그래도 괜찮다. 그러나 윤휴는 어찌 주자의《중용》을 비판하고 자기의 설로써 이를 대신하려 하는 것인가[或就朱子書指摘商量日 此處可疑云爾 則猶或可也. 渠何敢譸減朱子中庸 而以己說代之乎]"라고 반론하였다.[43] 그리고 "대저 춘추春秋의 법은 난신적자에 대해 그의 당여黨與를 먼저 징계한다. 왕도를 행할 이가 나타난다면 그대는 사문난적인 윤휴보다 먼저 처벌받을 것이다[大抵春秋之法 亂臣賊子先治其黨與. 有王者作 則公當先鏤伏法矣]"라는 말로 못을 박았다.

송시열 사후 그의 문하에서는 학술적으로 그의 뜻을 계승하는 한편, 정치적 측면에서는 스승과 대립하였던 박세당을 집요하게 공격하여 유배 보내도록 만들었고, 게다가 최석정의《예기유편》의 판각을 부수어 없애라는 명이 내려질 때까지 공격을 멈추지 않았다. 이러한 정치적 태도는 스승과 비슷하면서도 다르다. 송시열은 윤휴에 대해 "주자를 업신여기고 폄하하여 자신의 설이 옳다고 여긴다"며 공격하였으나, "조익은 마음속에 의심을 품고 지자智者에게 질정을 구한 것일 뿐"이라고 옹호했기 때문이다. 주희의《의례경전통해》에 의거하였음을 일관되게 주장한 최석정의《예기유편》은 송시열의 배척 대상은 아니었을 것이다.

실제로 17세기 조선 유학계에서 어떤 이는 주희의 발언을 실마리로 삼아 연역하고 어떤 이는 주희의 문언을 그대로 인용하여 자기 생각을 드러내었다. 그들은 주희가 읽은 서적들을 구해서 공부하고 주희의 저작을 분석·정리하면서 주희의 문제의식을 공유하였으며, 이를 바탕으로 과제를 설정·수행하였다. 주희의 견해에 동의하는 이들뿐만 아니라 주희와 다른 견해를 갖는 이라 할지라도, 주희의 학설에 의거하고 주희의 말을 사용하여 자신의 설을 전개하였다. 이처럼 17세기 조선 유학사는 '주자학에 대한 정밀한 연구와 이에 동반하는 주자학 교조화'와 '주자학에 대한 회의 및 비판의식의 시작'이라는 두 개의 대립적인 축을 넘어선 지평에서 전개되고 있었다.

2절
조선 유학의 창견 제시 패턴

주희의 여러 문언 가운데 주희가 최종적으로 승인한 학설은 무엇일까? 이를 고찰하는 이른바 '정론 확정定論確定'은 조선 유학계에서 가장 활발하게 연구가 이루어진 주제였다. 이로부터 조선 유학사에서 새로운 견해를 제시하는 패턴이 탄생하게 되었다. 이는 자신의 견해가 옳음을 주장하는 것이 아니라, '이것이야말로 주자의 정론이다'라고 주장하는 형태를 취하여 자기 견해를 제시하는 양상으로 전개되었다.

독창성의 부인

조선 사회에서 유학자들 대부분은 주희의 모순된 언설 가운데 자기 학설을 뒷받침해 줄 수 있는 하나의 설을 선택하여 이것이 바로 주희의 정론이라고 주장하였다. 즉 주희의 저술을 망라해 보았을 때 그 학설이

하나가 아니라는 사실이, 조선 유학자들이 새로운 견해를 제시하는 방법론을 탄생시킨 것이다.

어떤 유학자가 주희의 경서 해석에서 타당하지 않은 부분을 발견하고서 '주자의 해석은 틀렸다. 나의 해석이 옳다'라고 주장할 것이라면, 주희의 여러 저작을 대조해 보는 복잡한 작업은 필요치 않다. 그러나 조선 유학자들은 먼저 주희가 말하려는 정확한 의미가 무엇인지 고찰하는 것 외에도, 여러 저작에서 다른 해석을 하고 있지는 않은지 조사하여 어느 것이 정설인지 확인하고자 하였다. 이러한 작업을 바탕으로 한 다음 자신의 설을 전개하였다. 주자학적 해석은 과거시험의 기준답안이었기에 유학자들은 이것을 익숙하도록 학습하였다. 주자학적 해석이 틀렸다고 선언하는 것은 정치적으로 공격받기 이전에 학계에서 의미가 없는 일이었다. 보편적 지식인 주자학을 무시하고 '주자는 틀렸다'라고만 하면서 주희 해석에 어떠한 문제가 있는지 자세히 설명하지 않는다면, 적어도 개인적으로는 지식이 부족하다는 비난을 받고 학술 수준을 의심받게 된다. 학술계에 유의미한 이의제기가 될 수 없는 것이다. 어떤 유학자가 만일 새로운 견해를 제시하고자 한다면 먼저 신중을 기하여 치밀한 연구를 거쳐야만 했다.

앞서 서술하였듯이, 조익은 주희의 《대학장구》 성의장에 대한 해석을 수정하고 자신의 설을 제시하였다. 그러나 그는 '주희의 해석이 틀렸으므로 내가 새로운 의견을 제시한다'라고는 하지 않았다. 조익은 《장구》의 해석은 정론이 아니고 서간문과 《심경부주心經附註》의 내용이 주희의 정론이며, 자기의 설은 이 정론과 같다고 하였다. 즉 조익은 자기 학설이 주희의 《장구》와는 다르나 주희의 정론과는 동일하다고 일관되게 주장한 것이다. 하지만 주희가 죽기 직전까지 개정했다고 하는 《장구》의 주석과 서간문 중에 주희 자신이 정론이라고 생각한 것은 어느 쪽이었을까? 《장구》라고 생각하는 편이 더 타당하지 않을까? 요컨대 조선 유학자가 늘 말하는 '주자의 정론'은, 주희가 명확하게 정론이라고 언급한 것이라기보다 조선 유학자들이 주자학 연구를 통해 도출해 낸 가장 설득력 있는 의론인 것이다.

윤휴가 '리理의 동動'에 대해 설명하고 있는 다음 문장에서도, 주희의 말을 사용하여 자신의 새로운 견해를 제시하는 방법이 확인된다.

리理가 움직인다는 설은 내가 만들어 낸 것이 아닙니다. 주부자朱夫子는 일찍이 자주 이렇게 말하였습니다. 지금 몇 조목을 써서 올리니 다시 생각해 보는 것이 어떻겠습니까. ……제자가 묻기를 "태극은 리입니다. 리가 어찌 동정動靜하겠습니까. 형태가 있으면 동정할 수 있지만, 태극은 형태가 없는 것이니 동정을 가지고 말해서는 안 될 듯합니다" 하니, 주자가 답하기를 "리에 동정이 있으므로 기에 동정이 있는 것이다. 만일 리에 동정이 없다면 기에 어찌 스스로 동정이 있겠는가"[44] 하였다. 제자가 또 물었다. "동정은 태극의 동정입니까, 아니면 음양의 동정입니까?" 주자가 답하였다. "리의 동정이다." "그렇다면 태극에 형태가 있는 것입니까?" "없다."[45] ……이 몇 가지 설들은 모두 리에 동정이 있다는 말입니다. 그러나 주자는 또 "태극은 동정을 포함하고 있으나, 동정이 곧 태극은 아니다"라고 말하였습니다. 요컨대 태극에는 원래 동정이 없지만 또한 동정을 가지고 설명할 수 있다는 말로, 이전에 논하였던 "리는 신神이 아니지만 또한 신을 가지고 설명할 수 있다"라는 것과 같습니다. 더구나 황간黃榦이 "이동理動의 설은 스승께 듣고 저술하였다"라고 말한 적이 있으니, 이는 망언이 아닐 것입니다.[46]

윤휴는 주희의 여러 언설을 예로 들며 자기 설의 '비非독창성'을 주장하였다. 자신의 설은 주희 생각에 근거한 것이므로 새로운 의견이 아니라는 것이다. 그러나 윤휴의 주장은 주희가 '리는 동정하는 것'이라고 하였으므로 이에 따라야만 한다는 말은 아니다. 주희의 여러 언설을 통합적으로 고찰해 보면, 리에 동정이 있다는 주희의 말은 동정을 가지고 리를 설명할 수 있다는 의미라고 주장하고 있는 것이다.

이처럼 자기 설의 독창성을 부인하고 주희의 견해에 따르고 있음을 강조하는 방법은 17세기 들어와 생겨난 방법이 아니며 극히 일부의 유학자들만이 사용하던 방법도 아니다. 퇴계는 사단칠정四端七情을 논하면서 다음과 같이 말하였다.

최근 《주자어류》를 읽다가 《맹자》의 사단四端을 논한 곳 후반부 한 조목에서 실로 이 문제에 대해 논한 부분을 발견하였습니다. 그 설에 "사단은 리가 발한 것이고 칠정은 기가 발한 것이다"라고 하였습니다. 옛사람의 말에 "감히 자신을 믿지 않고 스승을 믿는다"라고 하지 않았습니까. 주자는 나의 스승이자 천하고금의 종사宗師입니다. 주자의 설을 발견하고 나서 비로소 나의 견해가 크게 잘못되지 않았음을 믿게 되었습니다.[47]

윗글로부터 조선 유학자들이 자기 학설을 제시하는 패턴을 엿볼 수 있다. 요컨대 퇴계는 '사단四端은 리理가 발한 것이다'라는 견해를 가지고 있었는데, 주희의 문언에는 기氣의 발함을 설명하는 부분은 많지만 리의 발함을 설명한 부분은 거의 없다. 즉 퇴계는 주희의 문언을 통해 '사단은 리의 발함'이라고 생각한 것이 아니다. 어느 날 우연히 《주자어류》에서 사단은 리가 발한 것이라는 말을 발견하고서 그로부터 자신의 견해가 주희 생각과 같다고 호소하는, 곧 주희의 말로써 자기 설을 뒷받침하는 방법을 사용하고 있는 것이다.

이러한 방법은 퇴계와 기대승奇大升 간의 학술 논의에서도 발견된다. 《대학장구》의 "물격物格이란 물리物理의 지극한 곳마다 도달하지 않음이 없는 것이다[物格者 物理之極處無不到也]"라는 문장에 대해, 퇴계는 '무불도無不到'의 주어를 '나'로 보아 내가 이치에 도달하는 것이라고 해석하였다. 반면 기대승은 주어를 '이치'로 보아 이치가 나에게 이르는 것이라고 해석하였다. 기대승은 주희의 다른 저작에서 몇 가지 말들을 인용하여 다음과 같이 퇴계를 설득하였다.

주자의 〈무신봉사戊申封事〉에서 "리理가 이른다는 말"[48]이라고 하였으며, [《근사록집주近思錄集註》의] "움직임이 은미하여 보이지 않는다[發微不可見]" 조목 아래 《통서通書》에 달린 주석에는 깃드는 바에 리가 이르지 않음이 없다"라고 하였으며, 《대학혹문大學或問》의 주석에서는 "조금도 이르지 않는 곳이 없다[無一毫不到處]"라고 하였습니다. 이 문구들을 반복하여 음미해 보면 《대학장구》의 '이해理諧[欲 – 인용자 주]기극其極' 및 '극처무불도極處無不到'를 저의 의견대로 해석하더라도 문제는 없을 것입니다.[49]

주희가 많은 저작에서 기대승의 해석처럼 '물리物理의 극처極處가' 이르는 것을 설명했다는 논증을 읽은 퇴계는, 비로소 자기 설의 오류를 인정하였다. 그러나 퇴계는 자신이 '물리의 극처에' 이른다고 해석한 이유는, 주희가 '리에는 생각하거나 헤아리는 일 등이 없다'라고 한 말을 굳게 믿었기 때문이라면서 다음과 같이 말하였다.

'물격物格'과 '물리지극처무불도物理之極處無不到'에 대한 설명을 통해 삼가 가르침을 얻었습니다. 이전에 내가 잘못된 주장을 고집했던 것은, 주자의 "리에는 정의情意가 없고 계도計度가 없으며 조작造作이 없다"라는 설을 고수할 줄만 알고서 '내가 물리의 극처에 도달할 수는 있지만, 이치가 어찌 스스로 지극한 곳에 이를 수 있겠는가'라고 생각했기 때문입니다. 그러므로 '물격'의 '격'과 '무불도'의 '도到'를 모두 자기가 이르고 도달하는 것으로 보았습니다. 옛날 한성에 있는 동안 리가 이른다는 설에 대해 가르침을 받았는데 거듭 생각해 보아도 오히려 의심이 풀리지 않았습니다. 최근 김이정金而精(1526~?, 퇴계의 제자인 김취려金就礪의 자)은 주 선생이 '이치가 이른다'라고 언급한 서너 조목의 말을 보여 주었는데, 그 후에야 비로소 나의 견해가 틀렸을지도 모른다는 것을 알게 되었습니다.[50]

조선조 학술계에서는 단순히 독창성만으로 자기 설의 타당성을 주장하는 방법은 사용되지 않았다. '나의 새로운 생각은 도리에 맞다'라는 주장으로는 상대를 설득할 수 없다. '이것이 바로 주희의 정론'임을 논증할 수 있어야 비로소 설득력을 갖게 된다. 유학자를 칭찬할 때에도 오로지 주자에 근거하고 있다는 말을 해야만 비로소 진정한 칭찬이라 할 수 있다. 예를 들어 이현일李玄逸(1627~1704)의 연보에서는 "선생[이현일]께서 일찍이 '나는 이때[38세] 《주자대전》을 즐겨 읽으며 무한한 의미가 있음을 깨달았다'라고 말씀하셨다. 중년 이후의 저작이나 논의는 이 책에 근거를 두고 있다"[51]라고 '칭송'하고 있다.

주희 주석이라는 출발점

앞에서 서술하였듯이 박세당이나 윤휴는 자기 학설을 지나치게 내세운 그 '겸허하지 않음'에 대해 정적뿐만 아니라 친우들에게도 엄한 충고를 받았다. 한편 조익은 이들과 마찬가지로 주희 주석을 수정하였음에도 불구하고 '겸허함'으로 모범이라 간주되었다. 현대에는 박세당의 주석이 "당시 상황으로 보면 유례가 없을 정도로 새로운 것이었다. 그는 경전을 해석함에 있어 어떠한 기존 개념에도 구애받지 않았다"[52]는 평가를 받고 있다.

조익의 '겸허함'과 박세당의 '겸허하지 않음', '유례 없는 새로움'이라는 차이점은 어떤 자료에서 나온 것일까? 박세당과 조익의 주석 가운데, 같은 부분에 대한 주석을 예로 들어 그 구체적인 내용을 살펴보고자 한다. 먼저 《맹자》 공손추 상公孫丑上 호연장浩然章의 "그 기氣는 의義와 도道에 짝한다. 이것이 없을 때는 굶주리게 된다[其爲氣也 配義與道. 無是 餒也]"의 주석이다.

주희는 "사람이 그 기를 잘 양성할 때에는 기가 도의에 합하여 도움이 되어서, 그 행함에 있어 용기 있게 결단을 내리고 의심하거나 꺼리는 바가 없게 되는 것이다. 만일 이 기가 없을 때는 한때의 행동이 반드시 도의로부터 나오지 않는 것은 아니더라도, 그 몸에 충만하지 않은 바가 있어서 또한 의심하고 두려워함을 면치 못하여 훌륭하게 해낼 수 없다는 것이다"[53]라고 해석하였다. 주희는 '무시無是 뢰야餒也'에서 '시是'는 '기氣'를 가리킨다고 하였다. 이 해석에서는 맹자가 말한 의와 도를 필요로 하는 주체가 '기'이면서 '무시無是'의 '시'도 '기'가 되어 전후의 연결이 부자연스럽다. "기는 의와 도에 짝한다"라고 하였다면 '그러므로 의와 도가 없으면 기는(혹은 전체全體의 체體는) 굶주리게 된다'라고 연결하는 편이 자연스러울 것이다. 이처럼 부자연스러운 해석에 대해 주희의 친우인 여조검呂祖儉(?~1196)은 주희에게 이의를 제기하였다. 아래의 주희의 편지에서 여조검의 주장을 확인할 수 있다.

[여조검은] "도의는 본래 혈기血氣 속에 있으므로 도의가 없으면 이 기는 굶주려 시들어 사사로운 혈기가 되어 버린다. 그러므로 반드시 의·도와 함께 한 후에야 호연浩然하여 시들지 않는다"라고 하였다. (어세語勢가 순하지 못하고 보탠 글자가 지나치게 많다. 무슨 근거로 이렇게 보는지 알 수 없다.)[원문에 작은 글자로 표기된 부분-인용자 주] ……만일 그대의 견해처럼 '시是'가 '도의道義'를 가리키는 것이어서 '이 도의가 없다면, 기는 굶주려 시들게 된다'라는 의미라면, 맹자는 여기에 따로 몇 마디를 덧붙여 그 뜻의 곡절을 자세히 설명했을 것이다.[54]

즉 여조검은 '무시 뢰야'를 '도의가 없으면 기는 굶주리게 된다'라고 해석해야 한다고 주장하였다. 그러나 주희는 다시 다음과 같이 반론하였다.

> 맹자의 뜻은 '이 기는 도의道義를 동반하니, 만일 이 기가 없다면 체體가 채워지지 않아 굶주려 시들게 된다'라는 의미에 불과하다. 여기에서 그 주어와 목적어의 호응 및 맥락의 유무는 조금도 의심할 부분이 없다. ……자기를 반성하고 점검할 때에 기는 몸에 있어 주인이 되며 도의는 마음에 있어 주인이 된다. 기는 형이하形而下이고 도의는 형이상形而上이다.[55]

주희는 기를 몸의 주인이 되는 형이하적인 것으로 보고, 도의를 마음의 주인이 되는 형이상적인 것으로 보았다. 또 기를 양성하는 것이 가장 중요하다고 하지 않고, 도의를 행하는 보조수단으로 해석하고 있다. 이는 정이程頤의 생각을 계승한 것이다. 정이는 도를 구하는 요체는 마음을 기르는 데 있으므로, 기를 양성할 때도 반드시 마음을 주재자로 삼아야 한다고 주장하였다. 기를 양성하는 데에만 전념해서는 안 된다는 것이다.

> 태식胎息[도교의 수행법 중 하나인 호흡법—인용자 주]의 설을 병의 치료법으로 보는 것은 괜찮으나, 도로써 본다면 이는 성인의 학문과는 관계가 없고 성인이 말한 적도 없는 것이다. "신神이 머무르면 기도 머문다"라는 것은 불교의 선정禪定(마음을 고요히 하여 하나의 대상에 집중하는 명상)에 들어가는 방법이다. 기를 양성하는 것은 두 번째 일이라고는 할 수 있으

나, 이 또한 반드시 마음을 주인 삼아 마음이 자애 깊고 편안해지도록 해야 한다. "고요하기 때문에 도에 도움이 된다"라는 것은 옳지 않다. 맹자가 말한 호연지기浩然之氣도 이러한 것은 아니다. 지금 존심양기存心養氣 (본심을 잃지 않고 기를 양성함)의 수양이 오로지 이 기만을 위한 것이라고 말한다면, 또한 하는 바가 작다. 큰 것을 버리고 작은 것에 힘쓰며 근본을 버리고 말단을 따른다면 무슨 일을 할 수 있겠는가. 지금 [양기養氣가] 도에 도움이 된다고 말한 것은, 다만 마음을 놓아 버리지 않도록 가다듬기 위함이다. 그러므로 고요하고 맑음을 얻으려는 것일 뿐이요, 불교에서 마음을 다스리는 방법과는 역시 비슷하지 않다.[56]

박세당은 "기가 도의를 보조하여 시들지 않도록 한다"라는 주희의 해석을 다음과 같이 비판하며 '도의가 기를 보조한다'라고 수정하였다. 박세당은 《맹자》 경문의 "기는 체體를 채우는 것이다[氣 體之充也]"라는 내용으로 보면 주희의 해석은 타당하지 않다고 말하였다.

'시是'는 '의·도'를 가리켜 말한 것이다. ……주자는 '무시無是'의 '시'가 기라고 하였다. ……나는 이에 대해 크게 의심하였다. ……주자의 주석에 "마음에 부족함이 있으면 체體에 채워지지 않는 바가 있다"라고 한것은, 기를 버리고 체만 말한 것에 가까우니, 《맹자》의 "기는 체를 채우는 것이다[氣 體之充也]"라는 내용과는 크게 다르다. 이렇게 해석해도 되는 것인가? 내 생각에는 "천지 사이에 가득 넘친다[塞乎天地]"에서 가득 넘친다는 것은 기이고, "이것이 없으면 굶주려 시들게 된다[無是而餒]"에서 시드는 것은 기이며, "의를 모아 생긴다[集義所生]"는 것은 곧 기가 생겨나는 것이고, '마음에 흡족하지 않은 바가 있으면 굶주려 시들게 된다[不慊而餒]"는 것은 기가 시드는 것이다. [맹자가 이처럼] 반복하여 설명한 이유는 잘 기르는지 아닌지에 따라 기의 호연함이 결정된다는 것을 밝히기 위함이니, 쓸데없는 말을 늘어놓은 것이 아니다. 《맹자》를 읽을 때 이러한 뜻을 음미한다면 이해하기 쉬워서 잘못 볼 일이 없을 것이다.[57]

한편 이 부분에 대해 조익 또한 박세당과 마찬가지로 도의가 기를 보조한다는 의미로 해석하였다. 그러나 조익은 박세당처럼 주희 주석에 대해 크게 의심하였음을 명확하게 표명하지는 않았다. 그가 주희 주석과의 차이를 전혀 드러내지 않음은 아래에서 확인할 수 있다.

[《맹자》에서는] 기가 도의와 합하여 존재한다고 말하였다. 기는 혼자서는 존재할 수 없고 반드시 도의가 있어야 존재할 수 있으므로 도의와 함께 존재한다. 도의는 그 성질이 곧은데 [기는] 도의가 있어야 존재할 수 있으므로 반드시 곧게 길러야 한다. 도의와 함께 존재하므로 도의가 없으면 기도 없다. 이는 바로 "이것이 없으면 굶주려 시든다[無是 餒也]"라는 말이다. 이 '뢰餒'라는 글자가 매우 좋다. 예를 들면 사람은 음식이 있어야 살아갈 수 있으니 먹을 것이 없으면 굶주리게 된다. 도의가 있어야만 기가 비로소 존재할 수 있는 것도 이와 같다. ……지금 [내가] 여기에서 설명한 '배의여도 무시 뢰야'의 의미는 《집주》와는 다르다. 그러나 위아래의 문의文義와 함께 고찰해 보면 이렇게 보아도 뜻은 통할 것이다.[58]

박세당은 기와 도의의 관계를 상세하게 설명한 뒤에, 이런 정도만 이해할 수 있다면 알기 쉬운 내용이라고 하면서 마치 '주희는 이러한 것을 몰랐다'라고 말하는 듯이 자기의 설을 끝맺었다. 한편 박세당과 견해가 같은 조익은 주희와의 차이점을 강조하기보다 《집주》의 내용과는 다르지만 나처럼 보아도 의미는 통할지도 모른다"라고 하였다. 주희의 주석이 옳지만, 자신처럼 해석해도 지장은 없을 것이라는 말이다.

주희 주석은 경문의 '시룯'를 '기氣'로 보고, 조익과 박세당은 '도의道義'로 보았다. 전자가 옳다면 후자는 틀린 것이 된다. 따라서 박세당은 주희의 해석이 《맹자》 경문의 내용과는 크게 다르다고 하면서 자기 설을 내세웠다. 반면 조익은 "나의 견해처럼 보아도 의미가 통할 수 있다"라고 하였다.

전자는 주희설을 비판하는 듯 보이고 후자는 "약간 다르지만 큰 차이는 없다. 둘 다 가능한 해석이다"라고 말하는 듯 보인다. 이 둘은 내용상으로는 같은 것을 말하고 있음에도 불구하고, 박세당의 주석에서는 주희 해석에 대한 비판성을 표면적으로 금방 알아챌 수 있다. 그러므로 그동안 '유례없던 새로운 것'이라고 인식되어 온 것이 아닐까? 이는 '경서 주석으로서의 참신함'이라기보다는, '주희설의 권위에 구애받지 않는 표현 방식'이라 할 수 있겠다.

또 하나의 예를 들어보겠다.

《맹자》 만장 상萬章上의 순왕우전장舜往于田章[59]의 "부모가 나를 사랑하지 않음이 나에게 있어 어떠한가[父母之不我愛 於我何哉]"에서 '어아하재於我何哉'에 대한 해석이다. 주희의 《집주》에서는 다음과 같이 설명하고 있다.

'어아하재'는 자신에게 무슨 죄가 있는지 모르는 것을 스스로 책망한 것일 뿐, 부모를 원망한 것이 아니다.[60]

주희는 '어아하재'를 무슨 잘못이 있는지 알지 못하는 자기 자신을 책망한 의미로 보아, 순舜이 아버지에게 미움받는 이유를 모르겠다며 울부짖는 것이라 해석하였다. 자신을 책망한다는 해석은 주희의 새로운 견해라기보다 고주古注를 계승한 내용이기도 하다. 박세당은 이 부분에 대해 주희 해석처럼 순의 생각을 나타낸 문장이 아니라, 경문의 '괄연恝然(근심하지 않는 모양)'이란 말의 의미를 설명한 부분이라면서 다음과 같이 주석을 달았다.

일찍이 조상국趙相國(조익)이 이에 대해 논하여 "나는 힘을 다해 밭을 갈아我竭力耕田부터 나에게 무슨 잘못이 있는 것인가於我何哉까지는 [순舜의 생각을 설명한 문장이 아니라] '괄恝(근심이 없는 모양)'의 의미를 설명한 것이다"라 한 것을 들은 적이 있다. 조상국의 말이 역시 맞다. 생각건대 '불약시괄不若是恝'이라고 하였으니 '괄恝'이라는 말이 무슨 뜻인지 밝혀야 할 것이다. [이 때문에 경문에도 '괄'이 무엇인지에 대한 설명이 있는 것이다]. 주자의 주석대로라면 "나는 힘을 다해 밭을 갈아서 공손히 자식의 직분을 다할 뿐이다. 그 책임을 다한다면 이것으로써 충분하다. 다만 부모에게 사랑받지 못한 것은 나에게 무슨 죄가 있어 이렇게 되었는지 모르겠다"라는 말이 된다. 이와 같다면 부모를 원망하지 않는다고는 할 수 없으니, 아마도 그 잘못은 근심이 없는 데 그치지 않을 것이다. 무릇 선善은 자기에게 허여하고 죄에 대해서는 모른다고 하는 것은, 순과 같은 대효大孝가 아닐지라도 어찌 이 같은 불효에 이를 수 있겠는가. 맹자는 공명고公明高의 뜻을 '효자의 마음은 부모에 대한 걱정이 없을 수 없다'라고 해석하였다. 스스로 "나는 힘을 다해 밭을 갈아 공손히 자식의 직분을 다함으로써 내 책임을 완수할 뿐이다. 부모가 나를 사랑하지 않는 것은 나로서는 어찌할 수 없는 일이다"라고 생각한다면, 이것은 마음에 근심하는 바가 없는 크나큰 불효이다. 그러므로 순이 하늘과 부모를 향해 울부짖으며 마지않았던 것은, 실로 이 [근심을 가졌기] 때문이다.[61]

박세당은 주희가 해석한 것처럼 "나에게 무슨 잘못이 있는지 알지 못한다"라고 생각하는 것은 큰 불효이므로, 순은 이렇게 생각했을 리가 없다고 하였다. 박세당이 참조한 조익의 견해는 다음과 같다.

공명고公明高는 "효자의 마음이라면 필시 근심 없는 모양으로 '나는 다만 나의 직분을 다할 뿐이니 부모가 나를 사랑하지 않는 것이 내게 무슨 지장이 되겠는가'라고 말하지는 않을 것이다"라고 생각하였다. 이것은 그야말로 근심하지 않는 말이므로 이렇다면 원망할 일도 없을 것이다. 근심 없는 상태가 되지 못하기 때문에 울부짖으며 원망한 것이다. 부모에게 미움을 받더라도 노력하여 원망하지 않도록 하는 것이 부모를 섬길 때의 상도常道이다. 순의 경우 부모가 그를 죽이려고까지 하였으니, 실로 지극히 예사롭지 않은 일이다. 효자의 마음이 어찌 이에 개의치 않고 부모의 잘못을 근심하지 않을 수 있겠는가. 부모의 과실이 큰데도 원망하지 않는 것은 부모를 더욱 소원히 하는 것이다. 그러므로 순의 원망은 천리와 인정상 그만둘 수 없는 것이다. 그러나 여기에서 말하는 '원망'

은 근심스러워하는 절박한 심정이니, 보통사람들이 성내고 억울해하는 그런 것을 말하는 것은 아니다. 《집주》에서 "자신이 부모의 사랑을 얻지 못한 것을 원망한다[怨己之不得其親]"라고 한 것이 이것이다. 《집주》에서 "'어아하재'는 자신에게 무슨 잘못이 있는지 알지 못함을 스스로 책망하는 것"이라고 하였는데, 문세文勢와 어맥語脈으로 살펴보건대 '아갈력경전' 이하는 어쩌면 '괄연'을 설명하는 말인 듯하다. 아마 이렇게 해석해도 괜찮을 것이다.[62]

조익의 견해는 박세당과 같으나, 다만 '절竊', '혹或', '공恐' 등의 단어를 자주 사용하고 있다. 주희설의 오류를 지적하지 않고 오히려 주희가 "자신이 부모의 사랑을 얻지 못한 것을 원망한다"라고 한 주석을 인용해 자기 설과 나란히 배열해 놓았기 때문에, 마치 이에 근거한 것처럼 보인다. 한편 원元의 김이상金履祥(1232~1303)도 《맹자집주고증孟子集注攷証》에서 이처럼 해석하고 있다.[63]

이상에서 예로 든 박세당과 조익의 주석에 대해 그 겉모습을 보면, 전자에서는 주자학에 대한 비판의식이 읽힌다고 일컬어지는 까닭을 엿볼 수 있다. 후자에서는 주자학 추종이라 불리는 조선조 주석의 대부분을 더욱 상세히 고찰해야 하지 않을까 하는 의문이 제기된다. 조선조 경서 해석의 의의는, 그 표현에 지나치게 주목할 것이 아니라 주희 주석이라는 출발점에서 어떻게 나아갔는지를 포함하여 그 내용을 상세히 분석해야만 하는 것이다.

새로운 해석-그 의미 부여

윤휴의 '정의감통'

윤휴는《대학》의 격물格物의 해석에서 "지금 고찰해 보건대 '격格'은 정의감통精意感通을 말한다"라고 하였다.[64] 여기에서 '감통感通'이라는 해석용어는 주자학적 해석을 정면에서 비판한 해석으로서 주목받았다.

즉 선행 연구에서는, '감통'이란 제사를 지내 신명神明에 통하듯이 신명에 이르는 것을 의미하는 단어로 윤휴의 이러한 해석은 주희가 '격格'을 '지至'로 해석한 것에 대해 명백히 반대한 것이라고 보았다.[65] 또한 윤휴의 격물 해석은 외부 사물에 대한 이지적 사변에 그치지 않고 마음의 충실한 작용을 포함한 존심양성存心養性의 수양으로, 그는《대학》해석을 통해 실천 주체의 자각을 강조하였다고도 일컬어진다.[66] 윤휴의 이러한 해석에서 주희의 격물치지 해석이 주지主知로 기울어 지지知와 행行이 괴리된다고 한 양명학 측의 비판에 동조하고 있음을 엿볼 수 있으며, 궁리窮理·명선明善을 격물의 방법으로 보고 궁리·함양涵養과 존덕성尊德性·도문학道問學을 포괄하는 해석으로서 주자학의 주지적主知的 격물설과는 확연히 다르다고 하였다.[67] 게다가 격물을 내적 감통으로 해석하고 있는 점은 주희의 해석과 전혀 다르다고 일컬어진다.[68] 더욱이 윤휴의 이러한 감통에 관한 사고방식은 주희의 합리적·이지적인 해석이 아닌 마음으로 느끼는 정감적 해석이라는 점에서 기존의 격물 해석과는 다르며, 양명학파의 해석에서 유래했거나 양명학적 사유가 포함되어 있다고도 하였다.[69]

분명 윤휴는 격물의 해석에서 '정의감통'이라는 단어를 사용하여 사물의 이치를 탐구하는 의미 외에도, 마음을 다하고 정밀히 노력한다는 의미를 더하였다. 대부분의 선행 연구에서는 윤휴 해석의 특징을 파악하는 데 성공하였다. 그러나 이 주석에 대해서는 '주희의 격물 해석에 명확하게 반대'했다거나 '주희의 해석과는 전혀 다르다'라는 의미를 부여한다. 이것이 과연 타당할까?

윤휴는 격물을 해석할 때 주희의 이론이나 개념을 인정한 상태에서, 성의를 다하여 격물을 추구하는 태도로써 한층 분석적인 해석을 하였다. 이 주석의 어느 부분에서 '반대' 혹은 '전혀 다르다'라는 의미를 추출해 낸 것일까? 이 '의미'는 윤휴 주석의 분석을 통해 얻은 것이라기보다, 사문난적으로 지목되어 사사된 윤휴의 개인사를 염두에 둔 결과는 아닐까? 게다가 거기에는 '근대정신'을 찾아내려 노력하는 식민지 시대 이후의 과제의식이 작용하였던 것은 아닐까?

윤휴는 경문의 단어가 '지물至物'이 아닌 '격물格物'이라는 점을 자기설의 주된 근거로 제시한다. 보통 사물의 이치가 자기에게 이른다고 해석한다면 '격格' 자의 의미(즉 경문의 의미)를 파악할 수 없으며, '격' 자를 사용한 이유에 대해 더욱 주의를 기울여야 한다는 것이다. 물리物理의 인식은 저절로 터득하게 되는 것이 아니라 노력을 다해야 한다. 마치 제사를 올릴 때 신명을 감격시키기 위해 노력하는 것처럼 해야 얻을 수 있는데, '격'이라는 글자야말로 이러한 의미를 나타내고 있는 해석이다. 따라서 '감통'을 내적이며 자연스러운 정감에 관한 것으로 간주한다면, 윤휴 주석의 본래 의미와 반대가 되어 버린다. 윤휴는 '격' 자에 관해 다음과 같이 서술하였다.

주자는 "격은 이른다는 것이다. 궁구하여 사물의 이치에 이른다"라고 하였다. 지금 고찰해 보건대 격은 정의감통의 일을 말한다. 위 문장에서 '학學' 자의 의미를 부연한 것이다. 학문을 시작하는 첫 번째 단계에서는 성誠·경敬에 노력하고 사변思辨에 힘씀으로써 사물의 이치를 [나의] 마음 속에 감통시킨다. 이는 마치 재계齋戒하고 제사를 올리면 신명이 이르는 일과 같다. 그러므로 '격'이라고 한 것이다. 《시경》의 "[신령이] 환히 강림한다[소격昭格],"[70] 또 "연주하여 제사를 지내[조령祖靈에게] 이른다[주격奏格],"[71] 《서경》의 "문조文祖의 묘에 이른다[格于文祖]"[72]나 "상제의 강림을 받는다[格于上帝],"[73] 《주역》의 "왕이 집안사람을 감격에 이르게 한다[王格有家]"[74]나 "왕이 사당에 이른다[王格有廟]"[75] 등은 모두 성경誠敬으로 감통하게 한다는 의미이다. '물物'이란, 명덕신민明德新民의 일이다. 윗글의 '물유본말物有本末'을 이어받아 말한 것이다. '재在'라 하고 '선先'이라 하지 않은 것은, 사물이 저쪽에서 이름과 동시에 지知가 여기에 도달하기 때문이다. 《맹자》에서 "마음을 다하는 이는 성性을 안다"라고 하였다. [주자가 말한 것처럼] 지성知性은 물격物格을 말한 것이고 진심盡心은 지지知至를 말한 것이니, 두 가지 일이 아니다.[76]

이상은 격물치지의 방법이자 성인에 이르는 일이다. ……격格은 성실함이 지극하여 통하는 일이다. 물物은 명덕신민明德新民의 일이다.[77]

'정의감통精意感通'은 최대한의 노력을 다한 끝에 드디어 사물의 이치에 통하는 과정이다. 이는 제사에서 성심성의를 다한 끝에 마침내 신령을 감격시켜 그와 통하게 되는 것과 비슷하다고 했다. 여기에서의 '감'은 자연스레 느끼는 것이 아니다. 힘을 다해서야 겨우 감응시키는 그러한 것이다.

이 '감통感通'은 《주역》 계사전繫辭傳의 '적연부동寂然不動 감이수통感而遂通'에서 유래한 말로, 여기에서 '정감적'이라는 의미가 나온다고 한다.[78] 그러나 《주역》의 역대 주석을 보면 계사전의 내용은 '정감적'이라는 의미가 아니다.

계사전에서는 "역易은 생각함이 없고 작위가 없다. 적막하게 움직이지 않다가 감응하게 되면 마침내 천하 모든 일에 통한다. 천하의 지극한 신神이 아니면 누가 이에 능히 참여할 수 있겠는가"[79]라고 하였다. 《주역》의 역대 주석은 계사전의 이 부분을 작위作爲하지 않아도 모든 것에 응하는 역도易道의 신묘함을 나타낸 말로 해석하였고[80] '정감적'이라는 의미를 부여한 주석은 발견할 수 없다. 따라서 '감통'의 출전이 계사전이라고 하더라도, 윤휴의 '감통'을 '자연히 감응하여 통하는 정감적인 해석'이라 할 수 있는 근거가 되지 않는다.

계사전의 '적연부동 감이수통'에서 '감'은 작위하지 않음을 의미한다. 반면, 윤휴의 '감통'은 정밀한 노력 끝에 이치에 통하게 되는 것을 의미한다. 계사전의 '적연부동 감이수통'과 윤휴의 '정의감통'은 '마침내 통한다'라는 결과는 동일하지만, 어떻게 통하였는가 하는 구체적 과정은 같지 않다. 실제 의미로 고찰해 보면 윤휴의 주석과 계사전의 내용은 그 단어만 보면 비슷하나 그다지 밀접한 관련은 없다. 이런 까닭에 윤휴는 《시》·《서》·《역》에 나오는 '격格'의 용례를 열거하면서도 계사전에 대해서는 언급하지 않았다.

또한 윤휴의 주석은 경문의 문맥으로부터 '격格'과 '물物'의 의미를 제시하고 있다. '격'에 노력을 다한다는 어감을 더한 것은 '대학지도大學之道'의 '학'에 관련된, 학문을 시작할 때의 노력 때문이다. 대학의 도는 '명덕신민'이라고 한 경문 내용이 있어서 '격물'의 '물'은 '명덕신민'을 가리키는 것이라고 하였다.

그리고 경문에서 '옛날에 명덕을 천하에 밝히려는 자는 먼저 그 나라를 다스렸다[古之欲明明德於天下者 先治其國]'부터 '뜻을 성실하게 하려는 자는 먼저 자신의 앎을 극진히 하였다[欲誠其意者 先致其知]'까지는 모두 '선先' 자를 사용하였는데 '치지는 격물에 있다[致知在格物]'에서만 '재在' 자가 쓰인 이유는, 격물이 가능해지면 곧바로 자기의 앎이 극진해지기 때문이다. 윤휴는 《맹자집주》에서 '지성知性'과 '진심盡心'의 관계가 《대학》의 '물격物格'과 '지지知至'의 관계와 같다고 한 문장을 인용했다. 이는 경문의 이 부분에서만 '재' 자가 사용된 이유를 설명하기 위한 것이다.

윤휴의 이 주석은 종종 양명학의 '지행합일'을 강조한 설이라고 일컬어진다. 혹은 '격물'과 '치지致知'를 동일시한 실천 중시 사상이나 실학

사상이라고도 한다. 이로부터 '윤휴의 주석은 주희 해석을 뒤집고자 하였다'라는 결론이 나오기도 한다. 그러나 실제로 이는 《집주》[81]에서 인용한 것이며 그에 대한 부연 설명이다. 《집주》에서 인용한 것임에도 불구하고 주자학을 비판한 조선 후기 실학사상의 맹아로서 간주되었던 것이다.

경문의 '치지재격물'에서 '재' 자를 사용하였기 때문에, 주희는 이를 다른 조목의 '선' 자와는 구별하여 설명하였다. 왕수인王守仁은 격물·치지·성의·정심正心·수신에 대해, 물物·지知·의意·심心·신身을 하나의 사물로 보고 격格·치致·성誠·정正·수修를 하나의 일로 보아 '선' 자와 '재' 자의 의미 차이를 확실히 구분하지 않았다. 이는 주희의 해석과는 크게 다른 점이다. 송시열의 재전제자인 한원진은 왕수인의 이 해석을 다음과 같이 비판하였다.

[양명은] 또 "신·심·의·지·물은 다만 하나의 사물이다. 격·치·성·정·수는 다만 하나의 일이다"라고 하였다. 그러므로 "몸을 닦고자 하는 이는 반드시 마음을 바로 해야 한다. 마음을 바로 하고자 하는 이는 반드시 그 의념이 발하는 바를 바르게 해야 한다. 뜻을 성실히 하고자 한다면 반드시 앎을 지극히 해야 한다. 치지는 반드시 격물에 있다"[82]라고 하였다. 격물과 치지는 확실히 한 가지 일이다. 격물 외에 따로 치지의 일은 없다. 따라서 《대학》에서 "치지는 격물에 있다"라고 하였다. 그러나 다른 조목들은 각각 하나의 일로서 각기 노력해야 하는 별도의 조목이긴 하지만, 각각의 다른 항목들은 서로 도움을 준다. 그러므로 "이렇게 하고자 한다면 먼저 이렇게 해야 한다"라고 하거나 "먼저 이렇게 한 다음에 이

렇게 한다"라고 한 것이다. 선·후 두 글자로부터 각각의 항목은 따로 힘써야 할 것이면서도 서로 도움을 주는 것임을 알 수 있다. 양명의 말대로라면 '수신재정심 정심재성의 성의재치지'와 같이 되어, 치지는 격물에 '있다[在]'라고 한 것과 마찬가지로 [두 조목이 선후 관계가 아니라, '재'자로 이어지는] 문장이 되었을 것이다. 그러나 실제 《대학》의 문장은 그렇지 않으므로 양명의 설은 옳지 않음을 알 수 있다.[83]

윤휴의 '치지재격물'에 대한 해석은 한원진의 위 해석과 궤를 같이한다.

윤휴와 한원진은 '치지재격물'에 비슷한 주석을 달고 있는데, 이는 주희 주석을 부연한 것이다. 그리고 한원진의 논증으로 보면 왕수인의 설을 비판적으로 여겼음이 틀림없다. 그럼에도 불구하고 윤휴의 해석만이 반주자학적·양명학적 주석으로 간주되었다. 요컨대 주희 주석에서 인용한 문장까지 반주자학적 관점에서 분석되었으며, 왕수인의 설을 비판한 것과 마찬가지인 내용이 양명학적 주석으로 일컬어진 것이다.

주석자가 '치지'와 '격물'을 두 가지 일이 아닌 하나의 일이라고 해석한 것은, 경문의 '치지재격물'의 '재' 자를 설명하기 위한 것이다. 그러나 '반주자학 사상'을 염두에 두면 주석자가 단지 경문의 '재' 자를 해석하고 있다는 사실을 놓치게 된다. 이로부터 '치지'와 '격물'을 하나의 일로 해석한 것이 곧 저자의 사상이라고 속단하거나, 양명학의 영향을 받았다는 판단을 내리기도 하였다. 게다가 주희의 설을 많이 사용하고 있다는 사실에는 거의 주의를 기울이지 않았다.

윤휴는 경문의 문맥 및 다른 경서의 '격格'의 용례를 통해 '지至'와

'격'의 차이를 설명하고, 정확한 '격' 자의 의미로 경문을 해석해야 한다고 주장하였다. 이 글자의 의미를 밝히고 이로부터 격물에 있어 세밀히 노력을 다하는 자세를 더하였다. 《집주》의 격물 해석을 수용·계승하고 더 정밀하게 해석했다고 할 수 있다. '격'이라는 글자를 따른 이 참신한 해석은 경문에 직접 나아간 해석으로서 조선 경학의 정밀함을 나타내고 있으며, 《대학》 주석사에서도 의미 있는 해석이라고 생각된다. 또한 조선조의 격물 해석사에서, 주희가 격물을 해석할 때 말하였던 '극처무불도야極處無不到也'[84]를 둘러싸고 이전부터 행해진 의론[85](본장의 제2절, 퇴계와 기대승의 대화 참조)의 해결책이기도 했을 것이다.

박세당의 '초학입덕지문'

박세당은 《대학》이 '초학입덕지문初學入德之門'임을 전제로 하여 "주희의 격물설은 '초학입덕지문'이라는 《대학》의 취지와 어긋난다"라면서 자기의 설을 전개하였다. 조선조 유학자로서는 드문 이러한 발언은 주자학의 권위에 과감히 도전한 '근대적' 자세로 크게 주목받았다.

그리고 박세당의 격물치지 주석은 '주희의 심원한 격물 해석을 부정'하고 '경험을 중시'하며 '현실적인 실천에 비중을 두는' 해석이라는 평을 받아 왔다.[86] 나아가 주희의 격물설과 왕수인의 치양지설致良知說을 통합시킨 지행합일의 해석이라고 일컬어지기도 하였다.[87]

아래 인용문은 박세당의 격물치지 주석의 일부분이다.

지엽에 나아가 그 근본을 탐구하고 끝을 말미암아 그 시작을 찾는다면, 먼저 해야 할 일이 무엇인지 알 수 있다. 구하여 도달하는 것을 '치致'라 한다. 격格은 '칙則'이자 '정正'이다. [그 이유는,] 사물에는 반드시 그 법칙이 있다. 물을 격하는 것, 즉 격물이란, 사물의 법칙을 구하여 올바름을 얻는 것이다. 즉 "자신의 지知가 일의 올바름이 무엇인지를 알아서 모든 일을 적절하게 처리할 수 있도록 하고자 한다면, 사물의 법칙을 구하여 그 올바른 바를 얻는 것이 중요하다"라는 의미다. 치지를 위해서 먼저 격물을 해야 한다고 하지 않고 "치지는 격물에 있다"라고 한 까닭은, 격물을 행하는 일은 곧 올바른 지식을 지극히 하는 일 그 자체로서 이 둘은 하나의 일이기 때문이다. 주자의 주석에서 '격'을 '지至'로 '물'을 '사事'로 풀이하였는데, 모두 타당하지 않은 듯하다. 격이라는 글자에 '지'의 의미도 있기는 하지만 '격물'에서 '격'을 '지'로 해석한다면 '지물至物'이란 것은 말이 되지 않는다. '지사至事'로 바꾸어도 역시 의미가 통하지 않으므로 타당하지 않다.[88]

박세당은 주희가 격格을 '이르다'라고 한 것은 옳지 않다고 주장한다. 그는 '이르다' 대신에 '법칙', '올바름'이라는 풀이를 제시하고 있다. 박세당이 격물을 '사물의 법칙을 고찰하는 것'이라고 해석한 것은 주희의 격물 해석을 계승한 것이라고 할 수 있다. 주희와의 차이점은 격물을 끝까지 진전시킨 지점을 어떻게 상정하였는가에 있다. 주희는 '격'을 '이르다'로 훈독하여, 사물 하나하나의 이치에 대한 탐구를 거듭하여 마침내 활연히 관통하는 경지에까지 '이르다', 즉 최고 단계를 목표로 하는 것이라고 해석했다. 다만 주희의 말은 격물이 모두 이러한 것이라는 의미라기보다 이 단계에 도달하기 위한 하나하나의 노력이 격물이라고 말한 것이다. 박세당은 '격'에는 원래 '이르다'라는 의미가 있지만 '격물'의 '격' 같은 경우에는 여기에 해당하지 않는다고 하였다. 그래서 박세당은 '법칙'이나 '올바름' 같은 의미를 살려 해석하였다. 최고 단계에까지 '이르는' 것이 아니라, 사물 하나하나의 법칙을 고찰하는 일에 한정한 것이다.

"자신의 지知가 일의 올바름이 무엇인지를 알아서 모든 일을 적절하게 처리할 수 있도록 하고자 한다면, 사물의 법칙을 구하여 그 올바른 바를 얻는 것이 중요하다"라는 박세당의 주석에서 '모든 일을 적절하게 처리할 수 있도록 하고자 한다면'이라는 부분은 '실천 중시'의 실학 사상을 포함하고 있다고 일컬어진다. 그러나 이러한 추론은 아래와 같은 이유로 그 타당성이 의심된다.

박세당의 주석에서 '……할 수 있도록 하고자 한다면'이란 말은, 격물의 목적을 말한 것이지 격물 자체를 의미하는 것은 아니다. 나아가 경학사에 존재하는 수많은 주석들, 심지어는 주희마저도 격물의 목적은 올바로 행하기 위함이라고 하였으며 단지 지식 탐구를 목적으로 한다고는 말하지 않았다. 이 주석을 실천적인 측면에서 보아서는 그 의미를 온전히 파악할 수 없다. 박세당은 격물의 단계를 제한하여, 극치에 이르거나 활연하게 관통하는 경지까지 포함하는 것은 불가능하다고 주장하였다. 즉 주희의 격물 해석에서 '활연관통豁然貫通'을 제외시켜 처음 배우는 이들이 사물을 고찰하는 범위로 한정하고 있는 것이다.

그리고 박세당은 《대학》에서는 '격물'부터 '평천하'까지의 순서나 서열이 특별히 강조되고 있는 점을 밝히고, 이 순서를 무시한다면 그 본지를 정확하게 파악할 수 없다고 논하였다. 그리고 "물격이후지지物格而後知至 지지이의후성知至而後意誠 의성이후심정意誠而後心正 심정이후신수心正而後身修 신수이후가제身修而後家齊 가제이후국치家齊而後國治 국치이후천하평國治而後天下平"의 경문에 다음과 같은 주석을 달아 근본과 말단을 순서대로 행해야 하는 중요성에 대해 서술하였다.

근본이 확립되면 말단이 생겨나고, 시작을 제대로 하면 끝이 완성된다. 이로부터 나중에 할 일이 무엇인지 알 수 있다. 지극한 바를 얻는 것을 '지至'라고 한다. 사물의 법칙을 구하여 그 올바른 바를 얻어야만, 비로소 자신의 지知가 일의 마땅한 바에까지 이를 수 있고 의심이 없게 된다. 일의 마땅한 바를 알고 의심하는 바가 없어야만 비로소 의意가 성실해진다. 생각건대 '사事'란 물사物事를 처리하는 것이다. 지知로써 일의 마땅한 바를 판단하고 의意로써 실제 일을 행한다. [그러므로] 사물에 대해 올바른 법칙을 알지 못하는데 지知가 마땅한 바를 판단한다든지, 지知가 마땅한 바를 판단해 내지 못하는데 의意가 성실하게 일을 행한다는 것은 있을 수 없는 일이다. 이 두 구절에서 거듭 본말과 종시의 순서를 상세히 설명한 이유는, 배우는 자로 하여금 먼저 행해야 할 일과 나중에 행해야 할 일의 구분이 있음을 알게 하여 명덕신민의 공부에 순서대로 점차 나아가 각 단계를 뛰어넘어 수순을 무시하는 실수를 범하지 않도록 하기 위해서이다.[89]

박세당은 "물격이후지지 ……국치이후천하평"의 경문은 격물·치지·성의 등의 각 조목을 순서대로 행하는 것을 강조한 부분이라고 주장한다. 이러한 해석은 박세당에게만 특징적으로 나타나는 해석은 아니다. 이전부터 당시까지의 많은 주석자들 모두 물격에서 천하평까지 정해진 순서가 있으므로 이 순서를 잘 지켜야 한다고 기술하였다. 이러한 주석들은 경문에서 '이후而後'라고 한 것을 염두에 둔 것이다. 주희 주석도 예외 없이 이 순서에 주의하고 있다. 앞에서 언급했듯이 한원진도 주자학의 입장에서 이 순서를 소홀히 한 양명학을 비판하였다. 따라서 위에 인용한 박세당의 주석은 주희의 주석을 비판하고 있는 것이 아니다.

그렇다면 박세당이 "사물의 법칙을 구하여 그 올바름을 얻어[求物之則而得其正]"라고 한 주석이 '행行'을 강조한 것이라 하고 주자학의 주지적인 해석과 다른 '실학사상'이 드러났다고 보는 것은 타당하지 않다. 박세당의 의도는 사물의 법칙을 확실히 분별하는 것의 중요성을 강조하는 데 있다. 그는 행동하고자 한다면 우선 올바른 인식부터 지녀야 한다고 말하는 것이다. 위 인용문 가운데 "사물에 대해 올바른 법칙을 알지 못하는데 지知가 마땅한 바를 판단한다든지, 지知가 마땅한 바를 판단해 내지 못하는데 의意가 성실하게 일을 행한다는 것은 있을 수 없는 일이다"라는 부분을 보면, 이러한 주장을 더 확실하게 확인할 수 있다.

박세당은, 격물치지는 초학자들의 첫 단계, 예를 들어 만리 길을 떠나는 여정의 첫걸음이 되는 공부이기에 알기 쉽게 제시하여 한 걸음씩 한 단계씩 나아갈 수 있도록 해야 한다면서 다음과 같이 말하였다.

주자의 주석에 "'물격物格'이란 물리物理의 극치가 이르지 않음이 없는 것이다. '지지知至'란 자기 마음의 아는 바를 다하지 않음이 없는 것이다"라고 하였다. ……실로 이 《대학》은 '초학입덕지문'이므로 그 내용은 더욱 친근하고 절실해야 할 것이다. 그런데 지금 [주자는] 그렇게 하지 않고 입을 열어 설명함에, 만리 길 여정에서 그 첫걸음을 밟는 것과 같은 격물을 성인의 최고 공적과 같은 것이라고 하였다. [본래라면] 자기 몸에 절실하고 알기 쉬운 도리를 통해 열어 보여 주어서, 조심스레 발을 디뎌 신중하게 한 계단씩 밟고 또 한 계단을 오르게 하여 '너무 멀어 따라가기 어렵다'라는 한탄이 없도록 하고 또한 각 단계를 뛰어넘어 차례를 무시하는 실수를 범하지 않도록 해야 하는데, 이렇게 하지 않았다. 어째서 이처럼 한 것인가?[90]

그런데 박세당의 《대학》의 전제가 되는 '초학입덕지문'은 주희의 《대학장구》 첫머리의 "자정자왈子程子曰 대학大學 공씨유서孔氏之遺書 이초학입덕지문而初學入德之門也"에서 유래한다. 주희가 말하는 '초학입덕지문'이란 처음 배우는 이들이 먼저 원대한 학문의 대강령을 아는 단계를 의미한다. 박세당은 주희 격물설의 일부분이 이 전제에 어긋난다고 하였다. 《대학》을 '초학입덕지문'으로 본 것은 원래 정이인데, 주희는 《대학장구》 첫부분에 이 말을 인용함으로써 그의 대학관을 계승하고 있음을 나타냈다. 그렇다면 '초학입덕지문'이란 구체적으로 어떠한 의미일까? 먼저 《이정유서二程遺書》에는 다음과 같은 문장이 있다.

처음 선생을 뵙고 물었다. "처음 배우는 것은 어떻게 해야 합니까?" 선생께서 말씀하셨다. "덕에 들어가는 문으로는 《대학》보다 좋은 것이 없다. 오늘날 배우는 자들은 이 책이 남아 있음에 힘입어야 하고, 그 밖에는 《논어》·《맹자》보다 좋은 것이 없다."[91]

주희가 '초학입덕지문'을 《대학장구》의 첫머리에 인용한 이유는 《주자어류》의 내용을 통해 엿볼 수 있다.

《대학》과 《논어》·《맹자》는 성현이 사람들을 위해 설명한 가장 중요한 것이다. 그러나 《논어》·《맹자》는 일에 따라 문답한 것이어서 요점을 파악하기 어렵다. 하지만 《대학》은 증자曾子가 공자께서 말씀해 주신 옛사람의 학문하는 큰 방법을 기술하고, 또 문인들이 전술傳述하여 그 본지를 밝힌 것이므로 체계가 모두 갖추어져 있다. 이 책을 깊이 음미한다면 옛사람의 학문적 지향을 알 수 있다. [그 후에] 《논어》·《맹자》를 읽으면 쉽게 이해될 것이다. 그 뒤로 공부할 것이 많겠지만 근본은 이미 확립된 것이다.[92]

주희도 《대학》을 숙독한 후에 《논어》와 《맹자》를 읽어야 한다고 말하였다. 《논어》·《맹자》는 각 장이 각기의 에피소드로 이루어져 있어서, 앞 장을 이해했다고 해서 다음 장도 반드시 이해할 수 있는 것은 아니다. 반면 《대학》은 하나의 체계 아래에서 고인古人이 학문한 방법이 정리되어 있으므로, 숙독한다면 이해하기 어렵지 않다. 그러나 주희가 말하는 '초학입덕지문'이란 단지 쉬운 내용을 가리키는 것이 아니다. 다음의 문장에서 더 상세한 내용을 확인할 수 있다.

《대학》은 위학爲學의 강목綱目이므로, 먼저 《대학》을 통해 강령을 세워 놓으면 다른 경서의 모든 설은 그 속에 있다. 《대학》을 완전히 이해하고 나서 다른 경서를 읽으면, 비로소 '이것이 바로 격물치지에 해당하는 일'이고 '이것이 바로 정심성의에 해당하는 일'이며, '이것이 바로 수신에 해당하는 일'이고 '이것이 바로 제가치국평천하의 일'이라는 것을 알게 된다.[93]

《대학》은 학문의 강목이므로 먼저 《대학》으로 큰 강령을 파악한 뒤에 다른 경서를 읽어 대강령의 속을 채운다. 요컨대 앞으로 나아갈 원대한 도의 전체적인 틀을 정하는 것이지 초학자들이 한 번쯤 거칠 법한 입문서는 아니다. 전체의 규모를 정하기 위한 책이라는 것이다.[94] 주희는 분명 《대학》은 《논어》·《맹자》보다 이해하기 쉽다고는 하였지만, 이는 주제가 쉽기 때문이 아니라 그 서술 방법 때문이다. 본문이 하나의 주제를 향하고 있으므로 처음부터 끝까지 일독하면 핵심을 파악할 수 있다. 그 구조를 파악한다면 《논어》·《맹자》에 나오는 일상생활의 일이나 제후와의 대화 등 각기 다른 에피소드가 어떠한 항목에 관련되는지 알 수 있다는 것이다.

사서四書의 난이도에 대해 말하자면, 주희는 《중용》은 후학들이 쉽게 이해할 수 없는 심오한 내용이지만 《대학》·《논어》·《맹자》의 경우 내용의 심오함에 따라 배우는 순서가 결정되는 것은 아니라고 생각하였다. 《대학》은 조리가 확실할 뿐 아니라 내용도 배우는 이들에게 매우 필요한 것이긴 하나 규모가 크다. 《논어》와 《맹자》는 질문자나 기록자가 많고 그때그때의 다양한 에피소드를 배경으로 하고 있으며, 내용 중에는 학자들의 일상생활에 꼭 필요하지 않은 것도 있다.

이 책[《대학》]은 세상에 가르침을 넓히기 위한 대전大典으로, 모두 천하후세를 위해 설명해 준 것이다. 《논어》·《맹자》는 때에 따라 사물을 접할 때에 넌지시 한 말이니, 어떤 시점·어떤 일을 계기로 발언한 것이다. 그러므로 《대학》은 규모는 크지만, 처음과 끝이 갖추어져 있어 강령을 찾을 수 있고 절목節目이 분명하여 공부의 순서가 정해져 있으니 배우는 이들의 일상에 매우 필요한 것이다. 《논어》·《맹자》도 사람에게 절실하기는 하지만, 질문하고 기록한 이가 한 사람이 아니며 내용의 앞뒤와 깊고 얕은 것이 순서대로 되어 있지 않거나 억양·진퇴가 고르지 않은 것도 있고, 그중에는 처음 배우는 이들에게 일상적으로 필요하지 않은 내용도 포함되어 있다. 이것이 정자程子가 이 책을 먼저 보게 하고 《논어》·《맹자》를 나중에 보게 한 이유이다. 그 순서는 난이도나 완급에 의한 것이지, 성인의 말에 우열이 있기 때문은 아니다. [그러나]《중용》은 성문聖門이 전수한 극치의 말이므로 후학들이 쉽게 이해할 수 있는 내용이 아니다.[95]

또한 주희는 "독서에 있어서 《논어》·《맹자》와 같은 경우, 일상생활에서 발생한 일에 대해 말한 것이므로 문맥에 의심되는 부분이 없다"[96]라고 하였다. 일반적으로는 '초급 단계에서 일상생활의 일을 배우고 상급 단계에서 원대한 일을 고찰한다'라고 생각하기 쉽다. 그러나 주희가 《대학》을 '초학입덕지문'이라 규정하고 초학자들이 먼저 배워야 한다고 말한 이유는, 원대한 도의 대강大綱을 아는 것을 목표로 삼도록 하기 위해서다. 단지 '쉬움' 혹은 '친근함' 때문이 아니다. 그러므로 격물치지가 궁극의 경지를 목표로 한다고 말하더라도 이 '초학입덕지문'의 의미에 어긋나는 것은 아니다.[97] 그리고 《논어》·《맹자》를 《대학》의 뒤에 둔 것은, 일상적인 필요성에서 벗어난 원대한 것을 설명했기 때문은 아니다.

박세당이 격물치지를 '만리 길 여정의 첫걸음이 되는 공부'라고 서술한 것은 '원대한 도에 나아가는 기본을 갖춘다'라는 주희의 생각에 반대하지 않았음을 드러낸다. 그러나 박세당은 주희가 내린 '초학입덕지문'이라는 규정을 수용하면서도, 격물 공부를 해석할 때 궁극의 경지를 제시한 것은 '초학입덕지문'이라는《대학》의 의미와 어울리지 않는다고 주장하였다. 이런 점에서 박세당의 비판에 대해 기존에 행했던 "주자학적 경서 해석의 난해함을 비판하기 위해, 일상생활의 실천을 중시하는 입장에서 격물을 재해석하였다"라는 의미 부여는 불가능하다.

박세당의 주장은 최종적으로 "주희의《대학》주석은 주희가 제시한 '초학입덕지문'이라는 규정에 맞지 않다"라는 비판이다. 이에 대해 주자학에 정통한 윤증은 박세당과의 토론에서 박세당이 주희 주석의 진정한 의미를 이해하지 못하였다고 반론한 것이다. 즉 박세당이 위험한 반주자학설을 주장했기 때문에 비판받은 것이라는 맥락은 발견되지 않는다. 적어도 박세당의 격물설은, 주희의 저작을 상세히 살핀 사람들의 입장에서는 주희의 언설을 오해하고 있다고 느껴지기 때문에 동의하기 어려운 의견이었을 것이다.

주자학이 정밀하게 연구되던 17세기 조선의 학술계 상황으로 보면, 박세당의 주석은 '학술사'적으로 꼭 진보적인 것은 아니다. 그러나 식민지시대처럼 '내용을 불문하고' '구래舊來의 권위에 굴하지 않는 진보적 정신'을 이끌어 내고자 한다면, 이러한 의미 부여가 반드시 타당하지 않은 것은 아니다. 박세당의 경서 해석을 실제로 분석해 보면 주희 주석을 뒤집으려는 의도도, 뒤집었다는 결과도 찾을 수 없다. 그러나 '주자의 주석은 옳은 경문 해석이 아니'라고 주장하는 태도는 겸손하지 못하다고 평가받은 사실에서 알 수 있듯이 17세기 당시에는 몹시 드물었다.

사실 《대학》을 '초학입덕지문'으로 규정한 것이나 격물 해석이론 그 자체로만 보면 박세당의 설은 주희설과 그다지 큰 차이가 없다. 박세당은 "격물은 일상생활 속에서 실천 가능한 범위에 그치면 될 뿐, 그 이상의 높고 원대한 일을 고찰하는 것은 성인의 가르침이 아니"라고 생각한 것이 아니다. 박세당은 고원高遠한 도를 늘 염두에 두는 것을 전제로 하고 격물을 그 1단계로 간주하였다. 격물은 만리 길의 여정에서 첫걸음과 같은 의미를 지닌다고 생각하였다. 그에게는 '경전의 도리를 실현하는' 중요한 출발점이 바로 격물인 것이다. 박세당의 '격물치지' 해석은 실천하기 위해서는 반드시 명확하게 알아야 함을 강조하고 있다. 그러나 실천이나 경험 그 자체를 무엇보다 중시한 것은 아니다.

조익의 요로설 수용

조익의 경학은 양명학의 영향을 받았다고도 일컬어진다.[98] 한편 주자학에 대한 비판의식에서 주석을 저술하였다는 평가도 있으며[99] 이에 대한 반론도 행해졌다.[100] 그리고 이러한 의론이 진행되어 가던 중 조익의 《중용》 해석에 관심이 쏠리게 되었다. 2007년, 조익이 지은 《중용사람中庸私覽》이 새로 발견되어 그 안에 요로饒魯의 학설이 다수 인용된 점이 주목받은 것이다. 남송시대의 인물인 요로는 호가 쌍봉雙峯이라 쌍봉 요씨로 알려져 있다. 그의 정확한 생몰년은 미상이나 이종理宗(재위 1224~1264)·도종度宗(재위 1264~1274) 연간에 활동한 황간黃幹의 제자, 즉 주희의 재전제자이다. 조익의 《중용사람》에 다수 인용된 요로의 설 이란, 주희의 《중용장구》에 소주小注를 추가하여 편찬된 《중용장구대 전》의 소주들 가운데 하나를 말한다. 이 점을 근거로 《중용사람》에 반 주자학적 성격이 있다고 해석되었다.

조익의 요로설 수용이 특별히 주목받게 된 것은 다음의 이유에서다.

첫째, 요로라는 인물의 사상적 경향 때문이다. 요로는 주희의 재전제 자이면서도 경서 해석에서는 이설異說을 제기하였다고 일컬어지는 인 물로, 조익은 요로의 '주자와 견해를 달리하는 점'을 알고 있는 상태에 서 그의 설을 인용하였기 때문이다. 조익은 "요로의 설에는 주희 《장 구》와 다른 부분이 있다"라고 하면서, 그 점을 인식했음에도 요로설을 수용하였음을 인정하고 있다.

둘째, 조익이 활동하였던 17세기는 한국사에서 특별한 의미가 부여 된 시기이기 때문이다. 이 시기는 주자학 맹신이 존재하면서도 주자학 사상에 대한 회의가 싹트기 시작한 시대라고 한다. 이 때문에 주희 주 석을 그대로 따르지 않은 주석자는 주자학에 대한 비판의식이 있었을 거라고 쉽게 추정되었다. 즉 '조익이 주자학 비판을 목표로 요로설을 수용한 것이 아닐까'라고 추측하였던 것이다.

조선조 경학사를 보면, 조익에 앞서 김장생金長生 등이 요로설을 비판 한 적이 있다. 이것은 주자학자가 요로의 비주자학성을 비판한 것으로 서 파악되었다. 그리고 조익은 주자학에 회의를 품고 있었기에 요로설을 많이 수용하였다고 간주되었다. 이로부터 주자학자와 주자학 회의론자의 양자를 대립시키는 도식이 성립되었다. 그렇다면 실제로 요로설의 어떠한 면이 비판 혹은 수용되었던 것일까?

앞에서도 서술하였듯이 요로는 황간을 사사한 주희의 재전제자다. 호병문胡炳文(1250~1333)[101]의 《사서통四書通》 범례에 "요로의 설은 주자학에 공헌한 바가 크지만, 그의 학설 중에는 주희설과 비슷하지 않은 부분도 있다. 그중 한두 가지를 변론해 보고 훗날 군자의 판단을 기다리고자 한다"[102]라고 하였다. 따라서 《사서통》의 주석에는 요로의 설을 인용한 부분이 많은데, 그중에는 단순 인용에 그친 것도 있는가 하면 비판적 견해를 나타낸 부분도 있다.

그런데 《원사元史》의 호병문 전傳에는 "[호병문은] 주희가 저술한 《사서》 주석에 가장 힘을 쏟았다. 여간餘干 요로의 학문은 본디 주희에 연원이 있으나 그의 학설은 주희와는 많이 어긋났으므로 호병문이 그 잘못을 깊이 바로잡아 《사서통》을 지었다. 표현은 달라도 이치가 같은 경우에는 합쳐서 하나로 만들고 표현은 같으나 의미가 다를 경우에는 분석하여 구별하였으며, 아직 밝혀지지 않은 심오한 의미를 밝혀 낸 곳도 많다"[103]라고 하였다.

《사서통》의 범례에서 보면 호병문 자신은 주자 학설에 대한 요로의 공헌을 인정하고 있다. 그러나 무슨 이유에서인지 《원사》는 어긋난 점만을 강조하고 있어, 호병문이 요로설을 오로지 주희에 위배되는 것으로 보고 논박한 듯한 인상을 준다. 《원사》는 무엇에 근거하여 이렇게 서술한 것일까? 《원사》 내용의 근원이 되는 서적은 확정할 수 없으나, 호병문을 언급한 많은 글에서 이와 일치하는 문장이 발견된다. 아마 근원이 되는 어떤 글이 있고 이것이 거듭 인용된 것이 아닐까 추측된다. 인용 원문(혹은 인용 원문에 가까운 글)으로는 왕유봉汪幼鳳[104]의 〈호운봉 전胡雲峯傳〉[105]을 후보로 들 수 있을 것 같다. 이 글이 바탕이 되어 재차 인용된 것이 아닐까 한다.[106] 한편 《강남통지江南通志》 등에는 "요로는 주자의 정통 후계자이다", "[어떤 이는] 요로의 문하에 들어갔기 때문에 주자의 학문을 터득하였다"라는 평가도 있어, 요로를 주희의 뛰어난 제자인 황간을 사사한 주자학자로 보았음을 엿볼 수 있다.[107] 즉 '주희 의 학설과 많이 어긋났다'라는 비평이 당시의 일반적 인식이었다고 단 정할 수는 없다. 요로의 재전제자인 정구부程矩夫(1249~1318)[108]는 요로 문집의 서문에 다음과 같이 서술하였다.

이학理學은 이락伊洛(이정二程)에 이르러 크게 밝아지고 고정考亭(주희)에 이르러 더욱 정밀해졌다. 학자들은 정주程朱의 책을 집에 갖추어 두고 이를 바탕으로 하여 학문을 구하는 이들이 많았다. 그러나 책의 장구章 句에만 얽매이는 이가 있는가 하면 권위를 훔치는 거짓된 이도 있었으며 문호에만 관심을 두고 자기를 고상하다 하고 말을 희롱하는 것을 대단 한 것으로 여겼으니, 존망·우지愚知가 각각 결점이 있었다. 쌍봉 요선생 은 [주자학의] 가장 마지막 제자가 되었는데, 주자의 고제高弟(황간)를 따 라 배울 수 있었다. 더 나아가 홀로 철저히 규명하고 상세히 분석하여 파 派를 함께하면서도 유流를 달리하고 나온 바를 달리하면서도 그 귀결은 같아서, 이렇게 탁월하게 빛난다. 못난 나는 젊은 시절 휘암徽庵 정 선생 [정약용程若庸]을 사사하여 쌍봉의 학문을 상세히 알 수 있게 되었다. 두 선생의 뜻은 같고 그 조예 또한 똑같이 깊다.[109]

위 인용문에 의하면 주자학이 권위를 가진 시대에는 단지 그 권위를 이용하거나 그 말을 굳게 지키는 풍조가 만연하였다. 요로는 우선 주희의 고제인 황간을 사사한 데다가, 그저 묵수하지 않고 주자학적 주석의 근원을 궁구하고 자세히 분석하는 일에 매진하였다. 주희의 설을 단순히 추종한 것이 아니라 그것과 다른 견해도 제시하였다. 그러나 그 귀결점은 어디까지나 주자학이었다는 것이다.

정구부는 요로를 사사한 정약용程若庸[110]의 제자이다. 정약용의 문하에서 배출된 오징吳澄의 이학理學사상에는 양명학의 맹아가 발견되는데, 결과적으로 정주 이학에서 양명학에 이르는 중간 단계의 인물이라고 일컬어진다.[111] 그러나 이것을 근거로 요로가 주자학에서 탈피한 인물이며 정구부도 요로의 이러한 경향을 칭찬하였다고 결론짓는 것은 성급하다. 정구부는 중앙 관료로 있을 때 경학은 정주의 주석을 위주로 해야 한다고 인종仁宗에게 건의하여 관철시킨 인물이다.[112] 정구부는 주자학을 전수하는 일을 자임하였다. 이러한 그가 요로의 문집 서문에서 주자학으로부터 벗어나려 한 것을 찬미했을 리 없다.

요로의 저작은 아직 발견되지 않았기에 여러 주석을 집성한 서적들을 통해 그 사상 경향을 엿볼 뿐이다. 이러한 상황에서 요로의 사상을 위치짓는 일은 쉽지 않으며, 요로의 사상을 어떻게 분류해야 할지 현재에도 견해가 일치되지 않는다. 전조망全祖望은 "쌍봉은 전면적으로 주자와 같은 이는 아니다"[113]라고 하였고, 후외려侯外廬도 이에 동조하였다.[114] 이 두 사람의 사고방식은 정구부에 가깝고, 황종희黃宗羲(1610~1695)의 평가[115]는 왕유봉이나 《원사》에 가깝다고 할 수 있다.

조익은 《사서대전》의 여러 설 가운데 요로의 설을 많이 채용하였다.

이 자체를 곧바로 반주자학적 경향으로 보는 것이 타당하지 않음은 분명하다. 일단 요로는 전적으로 주희에게 반기를 든 인물이 아니기 때문이다. 게다가 《대전》의 소주에는 기본적으로 주희 주석과 어긋나는 내용이 아니라 주희 주석을 이해하는 데 도움이 될 만한 것이 수록되어 있기 때문이다. 조익은 요로설 가운데 어떠한 것을 취하였으며, 당시 유학자들이 요로설을 비판하거나 수용한 실정은 어떠했을까?

우선 김장생의 《경서변의經書辨疑》에서 행해진 요로설에 대한 비판을 확인해 보겠다. 《경서변의》에서 요로의 《중용》 주석에 관한 언급은 〈표 1〉(218~220쪽)과 같이 정리할 수 있다.

퇴계와 율곡은 편지를 통해 요로설에 대해 토론한 일이 있는데, 김장생의 《경서변의》에서는 그 내용을 〈표 1〉처럼 인용하고 있다. 요로설 중에서 경문을 상세히 분석하거나 순서를 붙인 부분은 지나치게 세세하다는 비판을 받고 있다. 율곡은 비판하는 경우가 많지만 퇴계는 반드시 그렇지만은 않다. 주희설에 비추어 보아 그 타당성을 인정하기도 하였다. 그러나 어느 쪽이든 '주자학(의 중요 개념)에 어긋난다' 등의 말로 요로설을 비판하고 있지는 않다. 요컨대 《경서변의》를 통해 엿볼 수 있는 사실은, 요로의 사상적 경향을 조선조 주자학자들이 비판했던 것은 아니라는 점이다. 요로가 경문을 과도하게 분석하거나 견강부회한 것에 관한 비판이 대부분이었다.

다음으로 조익의 《중용사람》이 요로설을 어떻게 수용했는지 고찰해 보겠다. 조익의 《중용》 해설은 십수 년간 몇 단계를 거쳐 이루어졌다. 먼저 24세에 《중용설中庸說》(1602)[138]을 지었고 29세에 《중용사람》(1607)을, 37세에 《중용곤득中庸困得》(1615)[139]을 완성하였다. 이 세 저술의 특

<표 1> 김장생《경서변의》

	장(章)	주요 내용
1	독법讀法[116]	요로는 "《대학》을 철저히 이해하면 배움에 잘못이 없고, 《중용》을 철저하게 이해하면 도에 있어 잘못이 없다[理會得大學透徹 則學不差 理會得中庸透徹 則道不差]"라고 하였다. 이에 대해 율곡은 "과도하게 분석한 잘못이 있다"라고 하였다. 퇴계는 주희 서간문의 내용에 근거하여 "학문과 도는 하나로 섞을 수 없으므로, 요씨의 설이 옳다"라고 하였다.
2	1장[117]	요로는 "자사子思는 '도라는 것은'이라고 하면서 '도' 자를 언급하고 있는데, 아래의 '은미한 것보다 더 잘 나타나는 것이 없고 세미한 것보다 더 잘 드러나는 것이 없다[莫見乎隱 莫顯乎微]'에서의 '견見[나타나는 것]'과 '현顯[분명한 것]'이 가리키는 것은 모두 '도'임을 알 수 있다[子思云道也者 提起道字 見得下面莫見乎隱 莫顯乎微 見與顯 皆是此道]"라고 하였다. 이에 대해 율곡은 "어두운 데와 정미한 일에는 사邪도 있고 정正도 있다. 어찌 모두 도라고 할 수 있겠는가"라고 하였다. 퇴계는 "주자 및 제가의 설들을 보건대, 선악의 기미機微로 파악하였다. 요로설은 타당하지 않다"라고 하였다. 그러나 어떤 이는 "주자도 '막견호은莫見乎隱 막현호미莫顯乎微'는 도가 지극히 정밀함을 말한다'[118]라고 하였으므로 요로설을 잘 생각해 보아야 할 것이다"라고 하였다.
3	1장[119]	요로는 "《대학》에서는 신독愼獨만 말하고 계구戒懼는 말하지 않았다. 처음 배우는 선비들로 하여금 동처動處에서 공부하게 한 것이다[大學只言愼獨 不言戒懼 初學之士且令於動處做工夫]"라고 하였다. 율곡은 "정심장正心章은 계구를 말하고 있다"라고 하였다. 퇴계는 "율곡의 견해는 타당하지 않다. 《대학》에서는 계구를 설명하지 않았는데, 어찌 굳이 말했다고 하는가"라고 하였다.
4	1장[120]	요로는 "첫 장은 성인의 전도傳道·입교立敎의 근원이자 군자의 성정을 함양하는 요체이니, 《중용》한 편의 강령이 된다[首章論聖人傳道立敎之原 君子涵養性情之要 以爲一遍之綱領]"라고 하였다. 율곡은 "'함양의 요체'라는 요씨의 말은 성찰이 부족하다"라고 하였다. 퇴계는 "제유들의 설에 비추어 보면 요씨의 설에는 틀렸다고 할 부분이 없다"라고 하였다.
5	2장[121]	요로는 "첫 장의 중화中和는 성정性情의 덕이자 중용의 근본이다. 중화는 성정을 가지고 말한 것으로 인심 본연의 순수한 덕이다. 중용은 사리를 가지고 말한 것으로 천하의 당연한 법칙이니, 지나쳐서도 미치지 못해서도 안 된다. 이 두 가지는 비록 중中의 이치는 같지만 가리키는 바가 각각 다르다. 따라서 중화를 지극히 하는 이는 계구·신독으로 성정을 함양하고, 중용을 실천하는 이는 선善을 택해 이를 굳게 지켜 사리에 맞기를 구한다. 두 가지는 내외가 서로 기르는 도이다[首章中和 是性情之德 而中庸之根本. 中和以性情言 人心本然純粹之德也, 中庸以事理言 天下當然之則 不可過 亦不可不及者也. 二者 雖同此中理 而所指各異. 故致中和者 則欲其戒懼愼獨以涵養乎性情 踐中庸者 則欲其戒懼愼獨以涵養乎性情 二者 內外交相養之道也]"라고 하였다. 율곡은 "중화와 중용은 내외로 구분할 수 없다"라고 하였으나, 퇴계는

		"중화와 중용은 이치로 말하자면 두 가지 일이 아니지만 나아가는 바를 가지고 말하자면 각각 다르다. 《장구》에서 유씨游氏[122]의 설에도 '성정으로 말하면 중화이고 덕행으로 말하면 중용이다'라고 하였다. 요씨는 유씨의 설에 기반하여 부연한 것이다. 이렇게 하지 않으면 《중용》의 뜻이 밝혀지지 않을 것이다"라고 하였다. ○ 나(김장생)는 생각건대, 《장구》에서 "중용의 중中은 사실 중화中和의 의미를 겸하고 있다"라고 하였다. 그러니 어찌 안과 밖으로 구분할 수 있겠는가.
6	4장[123]	요로는 "'도지불행道之不行'의 '행'은 사람이 도를 행한다는 것이 아니라, 도가 절로 천하에 유행하는 것을 말한다. '도지불명道之不明'의 '명'은 사람이 스스로 도를 안다는 것이 아니라 도가 절로 천하에 밝아짐을 말한다[行不是說人去行道 是說道自流行於天下. 明不是說人自知此道 是說道自著明於天下]"라고 하였다. 율곡은 "요로설에는 결점이 있다. 도의 행불행不行·명불명不明은 모두 사람에게 말미암는다"라고 하였으나, 퇴계는 "율곡의 말은 확실히 그러하다. 그러나 여기서 말하는 '불행不行'은 도가 행해지지 않음을 가리키는 것이지 사람이 행하지 않음을 말하는 것이 아니다. 여기에서 말하는 '불명不明'은 도가 밝아지지 않음을 가리키는 것이지 사람이 밝히지 못함을 말하는 것이 아니다. 요로설은 정밀하고 타당하므로 그르다고 해서는 안 된다"라고 하였다. ○ 내(김장생) 생각으로는 요로의 설은 역시 의심스럽다.
7	10장[124]	'함께하되 휩쓸리지 않는다[和而不流]'[125]의 소주에, 요로는 "네 가지에는 또한 순서가 있다. 뒤로 하나하나 갈수록 점점 더 어려워진다. '가운데에 서서 치우치지 않는다'라는 것은 '함께하되 휩쓸리지 않는다'라는 것보다 어렵고, '나라에 도가 있어 벼슬할 적에 현달하지 못했을 때 지키던 바를 변하지 않는다'라는 것은 또한 위의 두 가지보다 어려운 것이며, '나라에 도가 없을 적에는 죽음에 이르더라도 절개를 바꾸지 않는다'라는 것은 10장의 이른바 '은둔하여 남이 알아주지 않아도 후회하지 않음이니, 오직 성인만이 능할 수 있다'라고 한 단계로, 이는 가장 어려운 부분이다[四者亦有次第 一件難似一件. 中立不倚 難於和而不流, 國有道不變塞 又難於上二者, 國無道至死不變 即所謂遯世不見知而不悔 惟聖者能之. 此是最難處]"라고 하였다. 율곡과 퇴계는, 요씨가 네 가지에 순서를 붙인 것은 견강부회의 결점이 있다고 하였다.
8	11장[126]	'중용에 의지한다[依乎中庸]'[127]의 소주에, 요로는 "경문에 '군자는 중용에 의지한다'라 하고, 또다시 '오직 성인만이 능할 수 있다'라고 말한 것은 어째서인가. 군자가 '중용에 의지하는 것'은 어렵지 않으나 '은둔하여 남이 알아주지 않아도 후회하지 않는 것'은 어렵기 때문이다. 그러므로 '오직 성인만이 능할 수 있다'라고 말한 것이다[既曰君子依乎中庸 又曰 惟聖者能之 何也. 蓋言君子之依乎中庸 未見其爲難 遯世不見知而不悔 方是難處 故曰惟聖者能之]"라고 하였다. 그러나 《장구》에서는 두 가지 모두 성인의 일이라고 하였다. 요씨가 군자와 성인을 나눈 것은 잘못인 것 같다.

9	12장[128]	요로는 "이 장은 먼저 작은 것을 말하고 뒤에 큰 것을 말하였다. 대재성인지도장 大哉聖人之道章에서는 먼저 큰 것을 말하고 뒤에 작은 것을 말하였다[此章先語小而 後語大也. 大哉聖人之道章 先語大而後語小]"라고 하였는데, 이 설은 의심스럽다.
10	12장[129]	요로는 "'도란 잠시도 떠날 수 없다'라는 것은 그렇지 않은 때가 없다는 것이며, '군자의 도는 비費하되 은隱하다'는 것은 그렇지 않은 사물이 없다는 것이다"라 하였다. 또 "경敬하여 안을 곧게 하고, 의義하여 바깥을 바르게 한다. ……"라고 하였다[道不可須臾離 是無時不然. 君子之道費而隱 是無物不有. 又曰 敬以直內義以方外 云云]."[130] 율곡과 퇴계는 "주자는 '도불가수유리道不可須臾離'의 해석에 이미 '무물불유無物不有'를 겸하여 설명하고 있다.[131] 씨의 이러한 분배分配는 지나 치게 세세하다. 직내直內와 방외方外의 구분을 이렇게 설명할 수 없는 것은 아니 지만, 자사子思의 본래 말에 꼭 이러한 의도가 있는 것은 아니다. 굳이 이렇게 분석할 필요는 없다"라고 하였다.
11	13장[132]	요로는 "도란 천리이며 충서忠恕란 인사人事이다. 천리는 인사와 멀지 않기 때문 에 '도는 사람에게 멀리 있지 않다'라 한 것이고, 인사를 다하면 천리에 이를 수 있으므로 '충서는 도와의 거리가 멀지 않다'라 한 것이니, 그 이치가 매우 분명 하다[道是天理 忠恕是人事. 天理不遠於人事 故曰道不遠人. 人事盡則可以至天理 故曰忠 恕違道不遠. 其理甚明]"라고 하였다. 율곡과 퇴계는 "주자는 인仁이란 도이고 충서 란 학자가 공부하는 바라고 하였다"[133]고 하였다. 요씨는 틀렸다.
12	26장[134]	'지극한 성은 쉼이 없다[至誠無息.]'의 소주에서, 요로는 "사람의 성誠에는 지극함 과 지극하지 못함이 있다. 성인은 성의 극치이므로 지성至誠이라 말할 수 있으나, 천지는 성 그 자체일 뿐이기에 지극하거나 지극하지 못함이 없다[人之誠有至有不 至 聖人誠之至 故可說至誠 天地只是誠 無至不至]"라고 하였다. 율곡은 "지극함과 지극 하지 못함이 없다고 말한다면 불가의 '성인도 없고 범인도 없다[無聖無凡]'는 말에 가까울 것이다"라고 하였는데, 퇴계가 말하기를, "석씨釋氏의 설은 공空과 무無에 귀결되지만, 요씨의 설은 이와 달리 도리에 합당하다. 그러나 《논어집주》를 보면 주자는 '천지의 지성은 쉼이 없다[天地 至誠無息.]'라고 하여, 천지에 대해 지성至誠 이라는 글자를 사용하였다" 하였다.
13	26장[135]	'넓고 두터움은 만물을 실어 준다[博厚載物]'[136]의 소주에서, 요로는 "'유구悠久' 는 외면을 가리킨 것이다[是指外面底]"라고 하였다. 그러나 퇴계는 "주자가 '내외 를 겸한 것이다'[137]라고 한 말은 결점이 없다" 하였다.

징은 모두《중용》각 장의 구성을 분석적으로 해설하였다는 점이다. 그 중에서도《중용설》은 전적으로 이러한 분석을 행하여 동일 주제의 장들을 연계시켜 해설하고 있다.《중용사람》도 구성의 분석에 중점을 두고 있는데, 조익은 이 저작에서《중용장구》나《중용장구대전》에 실려 있지 않은 요로의 설을 다수 인용하고 있다.《중용곤득》의 말미에는 이를 입수한 경위에 대해 다음과 같이 서술하였다.

> 예전에 나는 중국에서 출판된《중용》의 옛 책을 얻었다. 그 소주는 신안
> 예씨新安倪氏가 집성한 것이다. 그 내용 속에 보이는 요씨와 이씨의 설은
> 간혹《장구》와 다른 부분도 있지만 그래도 의미가 통하는 듯하였는데,
> 《중용곤득》에 인용한 것이 바로 이것이다. 지금 통행하는 향판鄕板에는
> 《장구》와 다른 제설들은 실리지 않고 삭제되어 있다. 우리나라에 통행
> 하고 있는 것은 이 본본本으로, 예씨 본은 이제 찾을 수가 없다.[140]

'신안 예씨가 집성'하였다는 것은 예사의倪士毅의《사서집석四書輯釋》을 가리키는 것으로 생각된다. '지금 통행하는 향판'이란,《사서장구대전》일 것이다. 조익은《사서집석》에서《사서장구대전》에 실려 있지 않은 요로의 설을 읽었을 것이다.

주희가 사서에 주석을 단 후 이것이 널리 읽히게 되면서 중국에서는 주희 주석에 대한 이해를 심화시키기 위해 주석 아래에《주자어류》의 내용을 소주 형태로 덧붙인 서적이 등장하였다. 그 이후로 제가의 설들을 소주 형태로 집성한 서적이 왕성하게 편찬되었다. 이러한 집성서集成書의 출판이 증가함에 따라 부가되는 소주 또한 많아졌다. 그 결과 주

석서가 과도하게 복잡해져 이를 비판하는 목소리도 높아졌다.

이에 따라 복잡함을 개선하여 편찬된 것이 진력陳櫟[141]의《사서발명四書發明》과 호병문의《사서통四書通》이다. 진력의 제자인 예사의가 다시이 두 편을 합쳐 산정刪正하여 편집한 것이《사서집석》이다. 명대 영락연간(1403~1424)에《사서대전》이 나온 후로 기왕의 집성서는 자취를감추었는데, 그 상세함으로 보면《사서집석》이《사서대전》보다 뛰어나다는 평을 받았다.[142]《사서발명》에는 요로설이 다수 인용되었기 때문에 이 본을 바탕으로 편찬된《사서집석》에도 요로설이 많이 인용되어있다.

위의 집성서들에는 왜 소주가 부가되었던 것일까? 그것은 주희 주석이 간결하여 이것만 읽으면 이해하기 어려운 부분이 있기 때문이다. 주희 주석을 명확히 이해하는 것이 주목적이었던 까닭에, 애초부터 주자학을 부정하는 듯한 내용은 소주로 실리지 않았다. 그 가운데 주희 주석과 내용이 다른 주석은 있어도, 주자학의 개념이나 이론을 부정한다고까지 할 만한 주석은 기본적으로 있을 수 없다.

《중용사람》에 인용된 요로의 설을 정리하면〈표 2〉(224쪽)와 같다.

〈표 2〉의 내용은 그 대부분이《중용》각 장의 요점에 대한 분석 및 분절分節에 관한 것이다. 앞서 언급한《경서변의》에서는 요로가 경문을너무 세세히 분석하고 견강부회했다고 비판한 퇴계와 율곡의 견해를확인하였다. 즉 요로설의 특징은 상세한 분석이다. 이러한 요로의 방법은《중용》의 구성을 분석하려는 독자에게는 매우 참고가 될 것이다. 조익이 요로의 설에서 취한 것은 다름 아닌 이러한 점으로, 주자학적 개념에 관한 것은 한 건도 없다. 조익의《중용사람》은 경문의 전체 구성

을 분석하는 일에 중점을 두었기 때문에 이에 도움되는 견해를 인용했을 뿐이며, 요로의 사상이 주자학과 거리를 두려 하였는가의 문제와는 관계가 없다.

조익의 경학을 고찰할 때에는 그가 젊은 시절 문장 학습에 주력했던 일이라든지 "경서 연구는 그 의미 파악에 중점을 두어야 한다"라고 한 그의 경학관에 유의해야 할 것이다. 앞에서 서술하였듯이 조익은 《중용설》, 《중용사람》, 《중용곤득》을 차례로 저술하였다. 《중용설》에서는 《중용》 한 편의 내용을 주제별로 정리하여 분석하였다. 《중용사람》은 이러한 정리 분석을 바탕으로 완성한 주석이다. 《중용곤득》은 경문을 더욱 정밀하게 분석하고 주희 저서를 치밀하게 고찰한 책이다.

아래에서는 〈표 2〉의 내용에 관해 보충 설명을 더하고자 한다.

〈표 2〉의 5에서 조익은 "[《장구》의 경문 분석에 대해] 요씨나 명나라의 초횡焦竑도 이를 잘못이라고 하였다[饒雙峯及皇朝焦澹園皆非之]"[144]라고만 언급할 뿐, 요로설에 관해 자세히 설명하지 않았다. 조익이 보았을 예사의의 《사서집석》을 참조해 보면, 요로의 원문은 "생지안행生知安行은 묵직한 용勇이다. 학지리행學知利行은 용이 아니면 도달할 수 없다. 곤지면행困知勉行은 오로지 용의 작용으로부터 나온다"[145]라는 내용이다. 이는 '생지안행~곤지면행'에 관해 용을 통하여 분석한 것이다. 반면 주희는 지知와 행行을 각기 지知와 인仁으로 분석하였다. 또 지와 인을 가능하게 하고 이 상태를 지속시키는 것은 용勇에 속한다고 하였다. 조익은 이러한 분석이 타당하지 않다고 서술하였다. 조익의 실제 의도를 알기 위해서는 이 주석에는 빠져 있으나 이 주석을 성립시킨 문헌을 조사하여 이를 깊이 살펴보아야만 한다.

<표 2> 조익 《중용사람中庸私覽》

	장章	내용 요약
1	1장	《장구》에서는 이 장을 하나의 절節로 삼아, 이하 10장의 내용에 연결된다고 하였다. 요씨는 제1대절로 삼았다. 나(조익)는 요씨에 따른다.
2	11장	요씨는 2장에서 11장까지를 제2대절로 삼았다.
3	19장	요씨는 12장부터 19장까지를 제3대절로 삼았다. 나는 이 절이 "도는 있지 않은 곳이 없다[道無所不在]"를 설명한 것이라고 생각한다.
4	20장	요씨는 이 장부터 '오달도五達道' 앞까지는 공자의 말이고, 그 뒤는 자사가 공자의 말을 부연한 것이라고 하였다.
5	20장	'생이지지生而知之'~'면강이행지勉强而行之'의 경문에서, 지와 인만 말하고 용을 언급하지 않은 것은 어째서인가. 이에 대해《장구》는 경문을 다음과 같이 분석하여 용에 해당하는 것을 제시하고 있다. (1) 알게 하는 것은 지이고 행하게 하는 것은 인이다. 이것을 알고 공을 이루어 하나가 되게 하는 것은 용이다[所以知者知也, 所以行者仁也, 所以至於知之成功而一者勇也]. (2) 생지안행生知安行은 지이고 학지리행學知利行은 인이고 곤지면행困知勉行은 용이다[生知安行者知也, 學知利行者仁也, 困知勉行者勇也]. (3) 삼근三近[143]은 용에 해당한다. 그러나 이와 같은 해석은 자사子思의 본지가 아닐 것이다. 요씨나 명의 초굉도 이를 잘못이라고 하였다.
6	20장	요씨는 '자왈자日 호학근호지好學近乎知'에 대해 '자왈자日'은 연문衍文이 아니라고 하였다.
7	20장	《장구》는, 이 장은 17~19장에서 순舜·문무文武·주공周公이 보여 준 실마리를 계승하여 그 문의文義를 자세히 설명한 것이라고 하였다. 요씨는 이 장을, 아래 장에 이어지는 성誠을 설명한 장이라고 하였다. 나는 두 사람의 의견과는 달리, 이 장은 제4대절로서 위의 두 대절大節의 내용도 포함하면서 아래의 성誠과 관련된 말을 여는 실마리가 된다고 생각한다.
8	26장	요씨는 20~26장을 4대절로 삼았다. 나는 20장을 4대절로 삼고 21~26장을 5대절로 삼는다.
9	27장	'군자존덕성이도문학君子尊德性而道問學 치광대이진정미致廣大而盡精微 극고명이도중용極高明而道中庸 온고이지신溫故而知新 돈후이숭례敦厚以崇禮'에 대하여,《장구》는 '도중용道中庸'까지는 존덕성尊德性의 일이고 '온고溫故' 이하는 도문학道問學의 일이라고 하였다. 요씨는 이를 그르다고 하였다. 나는 두 견해 모두 자사의 본뜻은 아니라고 생각한다.
10	29장	'왕천하유삼중언王天下有三重焉'의 '삼중三重'에 대해,《장구》는 '의례議禮·제도制度·고문考文'이라고 하였고 요씨는 '징徵·존尊·선善'이라고 하였다. 《장구》가 옳다.
11	30장	'벽여천지지무부지재辟如天地之無不持載 무불복주無不覆幬 벽여사시지착행辟如四時之錯行 여일월지대명如日月之代明'에 대해 요씨는 땅처럼 실어 주는 것은 '박후博厚'의 지극함이고, 하늘처럼 덮어 주는 것은 '고명高明'의 지극함이며, 사시四時의 운행이나 일월이 교대로 밝혀 주는 듯하다는 것은 '유구悠久'의 지극함이라고 분석하였다.
12	32장	요씨는 27~32장을 제5대절로 삼았으나 이 장은 제6대절로 보아야 한다. 요씨의 "지성무식장至誠無息章(26장)까지는 천도天道·인도人道를 말하였다"라는 견해는 옳으나, "대재장大哉章(27장) 이하는 오로지 소덕小德·대덕大德을 말하고 있다"라는 견해는 틀렸다.

먼저, 조익이 언급하지 않은 주희의 주석이 더 있다. 이는 바로 '생지안행'을 지에, '학지리행'을 인에, '곤지면행'을 용에 분속시킨 주석이다.[146] 요로의 설은 이 주석에 관한 것인데 조익의 간결한 언급에서는 요로가 주희설의 어느 부분을 문제 삼고 있는지 명확히 드러나지 않는다.

요로의 원문에서 이를 확인해 보겠다. 원元의 사백선史伯璿[147]이 주자학의 관점에서 제가의 소주에 대해 논한 《사서관규四書管窺》에 다음과 같은 글이 있다.

> 요씨가 말하였다. "'생지生知'는 지知이고, '학지學知'·'곤지困知'는 지에 가깝다. '안행安行'은 인이고, '이행利行'·'면행勉行'은 인에 가깝다. '생지안행生知安行'은 용勇이고, '곤지면행困知勉行'은 '학지리행學知利行'에 미치지 못함을 부끄러워한다. '학지리행'은 '생지안행'에 미치지 못하는 것을 부끄러워한다. 알고서 공을 이루는 일을 한결같이 행하는 것은 용에 가깝다."[148]

요컨대 주희는 '생지안행'을 지知로 분석하고 '학지리행'을 인으로 분석하였다. 이에 대해 요로는 '생지'와 '안행'으로 더 쪼개어 각각 지와 인으로 분류하고, '이행'과 '면행'은 인에 가까운 것으로 분석하였다. 조익은 주희의 설이 요로에 비해 정밀하지 않다고 생각했을 것이다.

〈표 2〉의 6에서, 《장구》가 '자왈子曰'을 잘못 섞여 들어간 글로 본 것에 대해 요로는 연문衍文이 아니라고 하였다. 이것은 〈표 2〉의 4에 관한 것이다. 《장구》는 공자의 말이 이어진다고 보기 때문에 이 부분의 '자왈'은 불필요하다고 한 것이다. 요로는 이 문장의 앞까지는 자사子思의

말이고, 여기부터는 또 공자의 말을 인용하면서 부연한 구조로 보고 있으므로 '자왈'은 필요하다고 하였다.

〈표 2〉의 7에서, 요로는 20장을 포함하여 26장까지 모두 성誠을 설명하는 것이라 하였으나, 조익은 20장을 따로 분리하여 성을 설명하기 위한 실마리가 되는 장으로 보고 그 뒤 여섯 장이 성을 설명한 장이라고 하였다. 그러므로 〈표 2〉의 8에서 요로는 20~26장까지를 독립된 대절大節로 삼고, 조익은 20장을 분리하여 하나의 대절로 삼고 21~26장을 별도의 대절로 삼은 것이다. 따라서 〈표 2〉의 12에서 대절의 구분 또한 달라진다.

〈표 2〉의 9에서 조익이 분석한 《장구》의 내용은 주희의 후학들 사이에서도 문제가 된 것이다. 먼저 주희의 주석은 다음과 같다.

'존덕성尊德性'이란 본심을 지켜 도의 큰 본체를 지극히 하는 것이고, '도문학道問學'이란 자신의 지식을 궁구하여 도의 정밀한 본체를 다하는 것이다. 두 가지는 수덕修德·응도凝道의 큰 단서이다. 작은 사심私心으로 스스로 가리지 않고 작은 사욕으로 스스로 누를 끼치지 않으며, 이미 알고 있는 바를 더 깊게 이해하고 이미 잘하는 바를 더 독실하게 하는 것이 모두 존심存心에 속한다. 이치를 밝힐 때는 아주 작은 차이도 없도록 하고 일을 처리할 때는 과불급의 잘못이 없도록 하며, 이의理義에 있어서는 알지 못했던 것을 날마다 알아 가고, 절문節文(품절문장品節文章, 적절하게 문식하는 것)에 있어서는 삼가지 못했던 것을 날마다 삼가는 것, 이런 것들은 모두 치지致知에 속한다. '존심存心'이 아니면 '치지致知'할 수 없고 '존심'은 또한 '치지'로써 하지 않으면 안 된다.[149]

주희의 주석을 학습하는 후학들은 《중용》의 '치광대致廣大 ……숭례 崇禮'의 각 항목을 '존심存心'과 '치지致知'로 분석한 주희의 해석에 대 해 의문을 품었다. 조익도 마찬가지였다. 〈표 2〉의 9에서 정리한 조익 의 주석 원문은 다음과 같다.

여기에서는 군자가 지극한 덕을 닦아 지극한 도를 견고하게 하는 것을 말하였다. 《장구》는 '치광대致廣大' 이하의 네 구절에 대해, 위의 네 가지 는 모두 존덕성에 속하고 아래 네 가지는 모두 도문학에 속한다고 보았 으나 요씨饒氏와 진씨陳氏는 모두 이를 잘못이라고 하였다. 또한 다른 새 로운 견해는 사람에 따라 다르다. 내 생각으로는 모두 본지를 얻지 못하 였다. 내가 일찍이 고찰해 보건대, 이 장은 사실 위 장의 내용을 이어서 말한 것이다. 위 장에서는 먼저 덕을 말하고, 그 후에 덕이 도를 응축시 키는 것을 말하였다. 이 장에서는 먼저 도를 말하고, 그 후에 도가 응축 되는 것은 덕에 달려 있음을 말하였다. 그러므로 '존덕성'은 성誠의 상태 를 계속 유지하는 소이所以이니, 곧 위 장에서 말한 '지성至誠'의 일이다. '광대廣大'는 바로 위 장의 '박후博厚'를 말한 것이다. 고명은 곧 위 장의 '고명高明'을 가리킨다. '온고이지신溫故而知新'과 '돈후이숭례敦厚以崇 禮'는 곧 위 장의 '유구悠久'를 가리킨다.[150]

조익은 '치광대 ……숭례'의 네 구절에서 주희처럼 전반부를 '존덕 성'에, 후반부를 '도문학'에 분속시킨 것에 대해 요씨와 진씨가 이의를 제기했다고 서술하였다. 그러나 그들 또한 《중용》의 본지를 얻지 못하 였다고 하였다. 조익의 새로운 분석은 주희와의 차이점을 명확하게 드러내고 있지는 않다. 먼저 이 점에 대해서 조금 보충하고자 한다. 26장에 대해 주희 주석에서는 '박후博厚·고명高明·유구悠久'는 밖으로 드러나는 것이며 성인의 용用이라고 하였다. 그러나 조익은 성인의 덕德으로 분석하고 용으로 보지 않았다. 그러므로 이 인용문에서 '온고이지신'과 '돈후이숭례'를 '유구悠久'라고 한 것은, '도문학'이 아닌 '존덕성'에 관련된 일로 해석하고 있는 것이다.

그런데 요씨와 진씨가 문제를 제기한 부분은 어디이며, 어떻게 새로운 해석을 한 것일까? 사백선은 《사서관규》에 다음과 같이 서술하였다.

삼가 고찰하건대 《장구》에서 존심存心과 치지로 분류한 것은 매우 타당하다. 내가 생각해 보았는데 '치광대 ……숭례' 네 구절의 전반부[151]가 모두 '존심'에 속한다는 것에는 의심이 없다. [그러나] 후반부가 모두 '치지'에 속한다는 것은, 성현의 학문을 지知에만 치우치고 행에는 미치지 않는 것처럼 만드는 듯하다. 이것이 제가諸家의 분분한 의론을 면치 못하게 된 까닭이다. 생각건대 후반의 '진정미盡精微'와 '지신知新'이 지에 속하고 '도중용道中庸'과 '숭례崇禮'가 행에 속한다고 본다면, 위 구절의 '존덕성'은 《장구》처럼 존심이 되고 '도문학'은 지·행을 겸하여 아래 네 구절의 대요大要가 된다. '존덕성'은 존심이면서도 전반부 네 구절을 통합하고 '도문학'은 지와 행을 겸하여 후반부 네 구절을 통합하게 되므로, 《장구》의 견해에도 크게 어긋나지 않는다.[152]

사백선도 조익처럼 '치광대 ……숭례'의 후반부 네 구절을 문제 삼고 있다. 전반의 '치광대致廣大·진정미盡精微·극고명極高明·도중용道中

庸'이 존심存心에 속하는 것은 타당하지만 후반부를 모두 치지致知에 분속한다면, 경문을 지知에 치우쳐 해석하게 된다고 하였다. 따라서 사백선은 '도중용'과 '숭례'가 행行에 속하고 '존덕성'이 존심에 속하는 것으로 본다면, 《장구》와 같게 되어 '도문학'은 지행을 겸한 해석이 되기 때문에 지에 치우치는 잘못이 없을 것이라고 생각하였다. 문제 제기 자체는 조익과 거의 동일하지만 해결 방법은 다르다. 후반부만을 '존덕성'으로 본 것이다. 그런데 사백선은 나아가 요씨와 진씨의 설까지도 언급하였다. 조익이 생략한 요로설의 상세한 내용을 이로부터 확인할 수 있다.

요씨가 말하였다. "위에서는 지극한 도는 지극한 덕이 아니면 견고해지지 않는다고 하였고, 여기에서는 덕은 성性에 근본하고 있으므로 덕을 닦고자 한다면 반드시 먼저 '존덕성尊德性'을 근본으로 삼아야 한다고 하였다. 그런데 성은 누구나 똑같이 지니고 있지만 배우지 않으면 채워지지 않는다. 그러므로 이 성을 존중하고 또 학문의 공功을 통하여 크고 작은 덕을 채워 가야 한다. 그런 뒤에 근본을 남김없이 다하여 덕을 닦는 방법이 비로소 갖추어진다. '문問'이란 남에게 묻는 것이고 '학'이란 자기에게 배우는 것이다. '치광대'에서 '숭례'까지의 8개 조목은 '도문학'의 항목이다. '치광대·극고명·온고·돈후' 네 가지는 모두 학문을 통하여 지극히 큰 곳에서 대덕을 채워 지도至道의 큰 것을 견고하게 하는 것이다. '진정미·도중용·지신知新·숭례崇禮' 네 가지는 모두 학문을 통하여 지극히 작은 곳에서 소덕小德을 채워 지도至道의 작은 것을 견고하게 하는 것이다. 여덟 가지는 각기 다르지만 '치광대'는 행으로써 말하였고 '진정미'는 지로써 말하였고 '극고명'은 지로써 말하였고 '도중용'은 행으로 써 말하였고 '온고·지신'은 모두 지로써 말하였고 '돈후·숭례'는 모두 행으로써 말하여, 실제로는 지·행의 양단兩端을 벗어나지 않는다."[153]

요로는 '존덕성'이 근본이 된다는 것을 인식하고 있는 상태에서, 이 존덕성은 도문학을 통해서만 완전해질 수 있다고 하였다. 그래서 '치 광대 ……숭례' 8항목 모두 '도문학'의 일이나 다만 지·행 어느 것을 가지고 말하는가에 따른 구별이 있을 뿐이라고 하였다.

앞서 인용한 사백선이나 조익의 견해는 주희의 주석과 꼭 거리가 있 다고는 할 수 없다. 사백선 자신의 주장처럼 그의 견해는《장구》의 해 석과 크게 괴리되지 않는다. 그러나 요로의 설은《장구》의 내용 속에 포용할 수 없다. 이에 사백선은 다음과 같이 비평하였다.

지·행을 대비하여 말한다면 '진정미'와 '도중용', '지신'과 '숭례'는 모 두 지를 먼저 하고 행을 뒤에 하는 것이다. 요쌍봉(요로)과 진정우陳定宇 (진력)는 이러한 것을 알아 내지 못했기 때문에, 지·행이 선후가 된다고 하였다.[154]

이상의 내용처럼 '치광대 ……숭례' 8항목을 '존심(즉 존덕성)'과 '치 지(즉 도문학)'에 분속시킨 주희의 주석은 제가의 분분한 논의를 불러일 으켰다. 요로 및 그의 설을 답습한 신력은 이 8가지 항목 모두 '도문학' 에 속하며 이로부터 '존덕성'에 미치는 것이라고 해설하였다. 사백선 은 이 설에 대해 지·행의 명백한 선후 관계를 소홀히 한 잘못이 있음을 지적하였다. 그리고 주희가 '도문학'에 분속시킨 일부분을 '존덕성'으로 넣었다. 조익은 이러한 제가의 견해에도 문제가 있다고 보았다. 그는 8개 항목을 모두 덕을 닦는 것으로 해석하고, 그로부터 도를 견고하게 만든다고 서술하였다.

여기에는 주의할 점이 있다. 일단 이 부분의 주석에만 한정해 본다면, 그들 모두 주희가 내린 '존덕성' 및 '도문학'의 정의에 관해서는 문제 삼지 않고 이를 인정한 상태에서 자기 설을 전개하고 있다는 점이다. 그리고 '존덕성'을 근본으로 하면서 '도문학'을 통해 이를 채워 가는, 즉 '도문학'의 중요성 또한 소홀히 해서는 안 된다는 주자학적 사고는 지키고 있다.

앞서 서술한 김장생의 《경서변의》는 주자학의 입장에서 요로설이 주자학에 위배된 점을 지적한 것이 아니라, 요로가 경문의 구조를 지나치게 세밀히 분석한 점을 지적한 것이다. 그리고 조익의 《중용사람》은 경서 연구에서 각 단계의 주제와 구조의 분석을 그 주요 방법론으로 삼고 있다. 이 때문에 구조 분석에 강한 요로의 설을 대폭 수용하고 있다. 요컨대 《경서변의》의 요로설 비판과 《중용사람》의 요로설 수용은, 주자학 비판을 부정하는지 긍정하는지 그 입장의 차이에 따른 것이 아니다. 퇴계·율곡·김장생 등의 요로설 비판이나 조익의 요로설 수용에서는, 주희설과 다른 견해에 대한 부정도 긍정도 발견해 낼 수 없다. 그들은 단지 경문을 세세하게 분석하는 태도를 단점으로 여겨 지적하거나, 이를 장점으로 보고 수용하고 있다. 이러한 사실을 간과한 채 요로에게 주희설과 다른 견해가 있다는 점을 근거로 '요로를 비판한 이는 주자학자', '요로를 수용한 이는 반주자학자' 등으로 도식화할 수는 없다.

게다가 조익의 다른 저작을 보면, 전반적으로 주희 저작에 대한 상세한 연구 과정이 발견된다. 조익은 주희의 서간문을 철저히 조사한 후 학자들에게 일독을 권하기 위해 《주서요류朱書要類》를 편찬하였고, 또 《주자대전》에서 문체별로 각각 수십 편의 글을 선별하여 《주문요초朱文要抄》[155]를 편찬하였다. 먼저 주희 저술을 정밀하게 고찰한 후 주희의 견해를 명확하게 파악하였으리라 생각된다. 그 후 주희의 경학설 가운데 납득할 수 없는 부분을 주희의 저작 전반에서 통합적으로 고찰했을 것이다. 이러한 과정을 통해 조익의 《중용》 주석은 정밀해졌으며 그저 이전의 설을 추종하기만 한 것이 아니라, '독창성'을 갖기에 이른 것이다.

한편 현재 남아 있는 조익의 저작에서는 양명학이론에 흥미를 가진 듯한 흔적이나 양명학을 연구한 흔적은 발견되지 않는다. 그럼에도 불구하고 조익의 주석은 양명학의 영향을 받았다고 일컬어진다.[156] 이에 관해 한정길은 조익의 심성론이나 공부론을 양명학 및 주자학의 그것과 비교하여 고찰하였다.[157] 한정길은 조익의 저작을 양명학과 연관시킨 선행 연구의 결론은 거의 조익이 사용한 용어를 오해하거나 확대해석하여 나온 것임을 밝혔다. 경학 저술을 중심으로 조익의 저술 전반을 고찰한 조남권[158]도, 조익의 문집에 해제를 작성한 이상현[159]도 모두 조익의 사상을 양명학과 연관시킬 수는 없다고 서술하였다.

《중용사람》은 조선 초기 이래로 축적되어 온 주희 저술에 대한 풍부한 지식을 기반으로 삼아 그 경서 해석에서의 문제점을 끄집어 내어 경서를 연구한 저술로, 경문의 구조를 정밀하게 분석하고 있다. 그리고 조익의 경서 연구에는 확실히 '주희 주석은 경문의 맥락으로 볼 때 반드시 타당하지는 않다'라는 인식이 포함되어 있기는 하다. 그러나 이 점만을 강조하여 확대해석하지 않아도 그 경학사적 의의는 충분하다.

5

동아시아 속에서의
조선 유학사

관점의 전환

경학적 접근

경서의 주석은 어디까지나 경문에 대한 해석이다. 따라서 그 속에 주석자의 생각이 담겨 있기는 하지만, 경서 주석의 내용 전부를 주석자의 사상이 표출된 것으로 볼 수는 없다.

이 점에 대해 좀 더 면밀히 고찰해 보고자 한다. 우선 첫째로, 주석 가운데에는 경문에 대한 단순 설명에 불과한 부분도 있다는 점을 고려해야 한다. 예를 들어 《논어》의 "백성을 행하게 할 수는 있지만 왜 행해야 하는지를 알게 하기는 어렵다[民可使由之 不可使知之]"라는 문장에 대해, 경문에 따라 충실하게 주석을 달았다고 하여 주석자가 우민관愚民觀을 지닌 것은 아니다. 마찬가지로 《맹자》의 "백성이 귀중하고 사직이 그 다음이며 임금은 가벼운 것이다[民爲貴 社稷次之 君爲輕]"라는 경문에 따라 주석을 단 경우에도, 주석자가 반드시 민본주의자라고 단정할 수는 없다.

둘째, 후대의 주석자들은 본문만 실린 백문白文 상태의 경서를 마주하고 처음부터 하나하나 그 의미를 찾아낸 것이 아니라, 선행 주석이 달린 서적을 통해 그 의미를 파악하였다는 점 또한 고려해야 한다. 이전 학자들의 주석을 관용적으로 답습한 부분은 주석자의 사상이라기보다는 경학 해석사에 존재하는 일반적인 생각이라고 보아야 한다. 또 여러 주석을 참조해 가며 경서를 읽고 기존 해석에 비판적인 견해를 취하기도 한다. 이전 학자들 사이에서 해석이 엇갈리는 부분에서는 그들의 견해를 절충하거나 전부 부정하는 새로운 해석을 제출하기도 한다.

이상은 하나의 경서 주석이 성립할 때 영향을 미치는 경학 내부의 요소이다. 아무리 새로운 주석이라 할지라도 이러한 요소를 고려하지 않은 채 주석자의 독자적 사상이 표명된 논문으로 다루어서는 안 된다. 어느 경서 주석을 자료로 삼아 저자의 의도나 사상을 조사할 때에는 경문의 내용에 주의를 기울이고 기존 주석과 대조해 보아야 한다. 주석의 내용이 바로 저자의 사상이라고 간주해서는 안 된다.

주석자의 머릿속에 확립된 생각이 있다는 것을 전제로 하여, 이 생각이 어떻게 주석에 드러나 있는지 혹은 행간에 감추어져 있는지를 분석하는 경우가 있다. 그러나 '저자가 주석을 저술하기에 앞서 어떤 확고한 생각을 지니고 있었다'라는 점은 확인할 수 있는 것일까? 경서 주석을 저술하는 과정에서 자기 견해를 형성하게 되었다고 하는 편이 보다 있을 법한 순서가 아닐까?

경서의 주석서를 경학적 관점에서 고찰한다는 것은 바꾸어 말하면 저자가 경문을 어떻게 파악하였는지를 먼저 고찰한다는 말이다. 그러므로 경학적 관점에서 주희의 주석을 살펴볼 때는, 주희 머릿속에 이미 사상체계가 확립되어 있으며 그 사상에 끼워 맞춰 무리하게 경서를 해석하였다고는 생각지 않는다. 그보다는 주희가 경문 해석을 포함한 다양한 연구 과정을 통해 사상체계를 확립해 나갔음을 전제로 한다. 그렇기에 주희가 경문을 어떻게 파악하였는지 고찰할 때, 그 해석이 이미 확립된 그의 사상체계와 완전히 일치한다고 확정하지 않는 것이다.

마찬가지로 17세기 동아시아의 유학자들이 《논어》와 《맹자》의 경문에 보이는 '인仁'을 어떻게 해석하였는지 고찰해봄으로써, 그들이 각자의 인설仁說을 확립해 가는 과정을 파악할 수 있을 것이다. 그들 대부분은 이미 주희의 주석이 달린 경문을 읽고 그의 설명을 긍정하거나 부정하면서 자기 학설을 형성하였을 것으로 생각된다. 머릿속에 이미 '인'에 관련된 견해가 확정되어 있어, 이러한 견해를 그대로 《논어》·《맹자》의 '인'에 그려 낸 것이 아니다.

'인'과 '성性'에 대한 《논어》의 언급은 간단하다. 반면 《맹자》에는 이보다 자세히 설명되어 있다. 이 차이를 설명하기 위해 주희는 '성'을 '기질지성氣質之性'과 '본연지성本然之性'으로 구별하는 등 방법을 고안하여 이론적으로 전개시켰다. 그렇다면 《논어》와 《맹자》, 그리고 주희의 주석을 마주한 17세기 주석자들은 그 차이를 어떻게 받아들였을까?

《논어》에는 '인'이란 무엇인지 직접적으로 설명하는 문장은 거의 없다. 그 대신에 사람은 반드시 인을 목표로 해야 한다거나[1] "사람이 인을 구하고자 생각한다면 곧 인이 이른다"[2] 등 인을 행하는 것에 대해 설명한 부분이 많다. 그러나 공자는 어떠한 인물을 인자仁者로 인정할 수 있는지에 대해 엄격한 기준을 가지고 있었기에, "이 사람이야말로 어진 사람이다"라고 인정한 경우가 드물다.³ 요컨대 《논어》에 보이는 '인'이란, 구하고자 하면 곧바로 구할 수는 있지만 이를 실제로 얻은 사람은 쉽게 찾을 수 없다. 《논어》 속 '인'의 이러한 양면성에 대해 주희는 "인은 사람의 외부가 아닌 내부에 성性으로서 존재한다. 그러므로 자신이 구하고자 하면 바로 얻을 수 있다. 그러나 사람에게는 사욕이 있기에 종종 자신의 성을 잃어버린다. 우리는 사욕을 제거하고 성을 잃지 않도록 노력해야 한다"라고 설명하였다.⁴

또 《맹자》에 의하면 "우리는 모두 남의 불행을 차마 지나치지 못하는 마음[불인인지심不忍人之心]을 지니고 있다. 이 마음은 우물에 빠지려 하는 어린아이를 보면 곧바로 '위험해!'라고 반응하는 마음[측은지심惻隱之心]으로서 바깥에 드러난다. 이것으로 미루어 헤아려 보면 측은지심은 사람이 사람다울 수 있는 데 불가결한 요소여서, 측은지심이 없으면 사람이라 할 수 없고 금수와 마찬가지임을 알 수 있다"⁵라고 하였다. 그렇다면 '인'과 '측은지심'의 관계를 맹자는 어떻게 설명하고 있을까?

맹자는 "측은지심은 인의 단서로서 모든 사람에게 갖추어져 있다. 이는 사람에게 사지가 있는 것과 같다"⁶라고 하였다. '인의 단서'에 대한 또 다른 설명으로는 "인의예지는 밖에서 얻을 수 있는 것이 아니다. 우리는 원래 이를 지니고 있다"⁷라고 한 것이 있다. 주희의 인론仁論은 이 경문들을 어떻게 조합하여 성립된 것일까? 또 동아시아 유학자들은 주희의 해석을 어떻게 수정하였을까?

앞서 서술하였듯이 맹자는 "사람은 측은지심을 가졌다" 혹은 "사람은 인을 소유하고 있다"라 하였고, "측은지심은 유사시에 자연스레 밖으로 표출된다"라고도 하였다. 이러한 문언을 앞에 두고 《맹자》를 해석하는 이들은 우선 '인'과 '측은지심'이 어떠한 관계인지 밝혀야 했을 것이다.

게다가 맹자는 '성'을 논하는 장면에서 갑자기 '정'을 언급하였다. 따라서 주석자는 독자에게 '성'과 '정'의 관계 또한 설명할 필요가 있었다. 맹자의 제자인 공도자公都子는 성선性善을 말하는 맹자에게 "성에 대하여 고자告子는 선하지도 불선不善하지도 않다고 하였고 어떤 이는 환경에 따라 선해지기도 하고 불선해지기도 한다고 하였습니다. 또 어떤 이는 환경과는 관계없이 태어날 때부터 선한 이도 있고 태어날 때부터 불선한 이도 있다고 하였습니다. 선생님의 성선설에 의하면 이들의 주장은 모두 틀린 것입니까?"[8]라고 물었다.

이 질문에 대해 맹자는 "내약기정乃若其情 즉가이위선의則可以爲善矣. 내소위선야乃所謂善也. 약부위불선若夫爲不善 비재지죄야非才之罪也"라는 25글자로 '정'이라는 개념을 사용하여 성선을 설명하고 있다.

아래에서는 경학적 전환이라는 관점에서 이 25글자를 둘러싼 해석사를 고찰해 보고자 한다. 우선 후한後漢의 조기趙岐는 다음과 같이 해석하였다.

약若은 따르는 것이다. 성性과 정情은 서로 표리가 되며 성의 선함은 정을 이기고 정은 성에 따른다. 《효경孝經》에서 "[효자가 부모상을 당한 경우, 곡할 때는 지나치게 울지 않고, 예를 행할 때는 태도를 일부러 꾸미지 않고 말을 꾸미지 않는다. 좋은 옷을 입어도 마음이 불편하고 음악을 들어도 기쁘지 않으며 맛있는 음식을 먹어도 맛있다고 느끼지 못하는 것,] 이는 어버이의 죽음을 슬퍼하는 정이다"[9]라고 하였듯이, 정은 성에 따르는 것이다. 이 정을 따르도록 하여 선하게 만드는 것이 진정한 선이다. 남을 따라서 무리하게 선을 행하는 것은 선한 이의 선이 아니다. 불선을 행하는 것은 타고난 자질 때문이 아니라 사물에 동요되었기 때문이다.[10]

조기는 '약기정'을 "정을 따르게 한다", '내소위선야'를 "진정한 선이다"라고 해석하였다. 따라서 '내약기정 즉가이위선의 내소위선야 약부위불선 비재지죄야' 25글자는 "정은 성에 따르는 것으로, 이를 잘할 수 있다면 진정한 선이다. 불선을 행하는 것은 본래의 자질에 문제가 있기 때문이 아니라 사욕 때문이다"라는 의미가 된다. 조기는 "정은 성을 따르기 때문에 선할 수 있다. 성은 본래 선한 것이기 때문이다"라고 맹자의 성선설을 파악하였다.

한편, 주희는 '내약'을 발어사發語辭로 보고 '정'은 '성이 발동한 것'으로 보아 "사람의 정은 원래 선할 뿐이니 악할 수 없다. 이로부터 우리는 성이 본래 선하다는 것을 알 수 있다"라고 해석하였다.[11] 주희는 '가이위선可以爲善'을 '선할 수밖에 없다'라고 해석하였는데, 이는 어째서일까? 위 경문에서 "성은 환경에 따라 선할 수도 있고 불선할 수도 있다[性可以爲善 可以爲不善]"라는 주장에 대해, 맹자가 공도자의 질문 중 '가이위선'만을 들어 설명하고 있는 점에서 주희는 '불선할 수 없다'라는 의미를 읽어 낸 것이다. 주희는 기본적으로 조기의 해석을 고친 것은 아니지만 '약若'을 실자實字로 해석한 조기와는 달리 허자虛字로 보았고, 또 '정'에 '성의 작용'이라는 의미를 붙였다.

박세당은 이 부분의 '정'을 '실정實情'으로 해석하여 주희의 '정'에 대한 해석을 다음과 같이 수정하였다.

정情의 의미는 '실實(즉 실정實情)'이다. '사물의 정'이라고 할 때와 같은 용법이다. 《장자莊子》에서도 '득기정得其情(그 실정을 알다)'[12]이라 하였는데, [《장자》의 용법과 마찬가지로]《맹자》의 이 부분은 '성의 실정을 말하자면 선한 것이다'라는 말이다. 주자의 주석에서는 "정은 성의 작용이다. 사람의 정은 원래 선할 수밖에 없고 악하지 않다"라 하고 사단四端을 들어 설명하였다. 그러나 《맹자》의 이 부분의 소위 '정'은 결국 이러한 의미가 아닐 것이다.[13]

여기에서 박세당이 '정'을 '실정'이라고 훈독한 것은 《맹자》의 '내약기정乃若其情 즉가이위선의則可以爲善矣'를 좀 더 자연스럽게 읽을 수 있도록 고안했기 때문일 것이다. 또 주희의 '정은 성이 움직인 것이다'라는 해석이 옳지 않다고 한 것은, 언뜻 보기에 주희의 성정론을 부정하는 것처럼 보이지만 사실 그렇지 않다. 박세당은 '내약기정'의 '정'은 '성정性情'의 '정'이 아니라 '실정實情'의 '정'이므로, 이 부분을 '성정'의 측면에서 해설해서는 안 된다고 말한 것일 뿐이다. 즉 주자학 이론에서의 성과 정에 관한 이해를 부정하는 것이 아니다. 박세당이 주자학의 성정론을 부정하지 않았음은 그의 저작에도 분명히 드러나 있다.[14]

박세당은 이처럼 《맹자》에 근거하여 '성이 선하다'고 한 전통적인 해석과 입장을 같이한다. 맹자가 말한 성선의 내실에 관해 종래와 다른 이해를 제시한 것은 이토 진사이伊藤仁齋다.

이토 진사이는 '내약기정 즉가이위선의 내소위선야 약부위불선 비재지죄야' 25글자를 "사람의 정은 선을 좋아하고 악을 미워하기 때문에 반드시 선을 행하고 불선을 행하지 않는다. 이것이 내가 이해한 성선의 의미이니, 천하 사람들의 성이 모두 요순堯舜과 동일하여 차이가 없다는 것은 아니다. 인정이 이와 같다면 자질 또한 이와 같을 것이다. 지금 불선을 행하는 것은 사욕에 빠졌기 때문이요 자질의 죄가 아니다"[15]라고 해석하였다. '성선'을 부정하고 '정선情善'으로 변경한 것이다.

이어서 진사이는 《맹자》 해석에 대한 송나라 유학자들의 오류를 다음과 같이 지적하였다.

공도자가 세 가지 설을 들어 질문하였는데 이는 몹시 자세하나, 맹자의 대답은 매우 엉성하여 공도자에게 힐문당하는 듯이 여겨지는 것은 어째서인가. 이처럼 느끼는 것은 [우리가] 송유宋儒의 설을 통해 이 글을 이해하여 맹자의 본지를 알지 못했기 때문이다. 이른바 '내약기정乃若其情 즉가이위선의則可以爲善矣'란, 앞 장의 "사람의 성性이 선함은 물이 아래로 흐르는 것과 마찬가지이다"라는 의미다. 즉 인정人情이 좋아하는 바에 대해 설명한 것이지, 인간이 전부 다 이러하다고 주장하여 변호하고자 한 것은 아니다. 사람은 칭찬받으면 기뻐하고 비난당하면 화를 낸다. 이것이 인정이다. 선을 좋아하고 악을 싫어할 줄만 안다면 선을 행할 수 있고, 닭이나 개가 우둔하여 사물을 분간하지 못하고 선을 알려 주어도 받아들이지 않는 것과는 다르다. 이것이 맹자가 말하는 성선性善이다. 공도자가 그 의미를 이해했다면 세 가지 설이 틀렸다는 것은 변론하지 않아도 저절로 판명될 것이다. 그러나 훗날 맹자를 설명하는 이들은 기질·본연의 학설을 세우거나 성性·정情·체體·용用의 구별을 지어 맹자의 대답을 불충분한 말로 만들어 버렸을 뿐만 아니라, 어찌 공자까지도 불명확하다고[16] 비난받게 만들었는가.[17]

진사이는 "맹자는 단지 '좋은 것을 좋다고 인식하고 나쁜 것이 나쁘다는 것을 알 수만 있다면, 선을 행할 수 있다'라고 말했을 뿐, '모든 인간의 성이 전부 선하다'라고 말한 것은 아니다"라고 논하였다. 그리고 '내약기정 즉가이위선의'라는 경문에 대해서는 "사람은 칭찬받으면 기뻐하고 비난당하면 화를 내는 인정을 지녔으므로, 선을 행할 수 있다"라고 해설하였다. 그리고서 정주의 복잡한 이론 전개를 비판하였다. 맹자의 말은 간단한 것인데 정주가 이를 자의적으로 해석하여 경문에 있지도 않은 '기질지성·본연지성', '성·정', '체·용'의 설을 만들어 내서 맹자의 학설이 완비되지 못한 것처럼 인식되게 했다고 비판하였다. 그리고 정주의 말대로라면 공자의 말도 불명확한 것이 되어 버린다고 했다. 요컨대 진사이는 공자와 맹자의 말은 정주의 해석과는 큰 차이가 나는데, 독자들이 정주의 해석에 익숙해지면 공맹의 말은 불명확하며 미흡하다고 오해하게 된다고 주장한 것이다.

진사이는 《논어》의 '성상근야性相近也 습상원야習相遠也'[18]를 "사람들의 성은 본래 서로 가까우니, 처음에는 그 선악이 매우 먼 것은 아니다"라고 해석하여 "성인의 가르침은 사람들에게 타고난 성의 선함을 요구하지 않고, 태어난 후의 습관을 잘 들이도록 요구한 것이다"[19]라고 하였다. 공자의 말을 기준 삼아 맹자의 말을 정리하고 주희의 주석은 무시한 것이다.

한편 오규 소라이荻生徂徠는 공자가 언급한 '성'과 맹자가 성선을 말할 때의 '성'은 동일한 것으로 이해할 필요가 없다고 하였다. 《맹자》의 성선은 공자의 본지를 계승한 것이 아니며, 《논어》와 하나로 해서는 안 된다면서 다음과 같이 말하였다.

공자가 말하고자 하는 뜻은, 오로지 배운 후에 군자가 될 수 있으니 그 뒤로는 지성이나 재능이 주위 사람들과 크게 달라진다고 말한 것일 뿐이다. [성性의] 선악 등은 말한 적이 없다. ……맹자가 성선을 말한 이래로 유학자들은 오래도록 성에 대해 논쟁하여, "공자에게도 성을 논한 말이 있다"라고 하는 데 이르렀다. 그러나 공자의 말은 학문에 힘쓰도록 하기 위한 말임을 알지 못하는 것이다. 공자 사후, 노장老莊이 일어나 오직 자연스러움을 제창하고 선왕의 도를 작위로 보았다. 그러므로 맹자가 성선을 가지고 이에 대항하였다. 맹자의 학문은 때로 공자의 본래 모습을 잃은 것도 있었다. 따라서 순자荀子가 또 성악性惡으로써 대항하였으니 모두 종문宗門을 다툰 이들이다. 송나라 유학자들은 이것을 알지 못하고서 본연지성·기질지성이라고 단정하였다. 그들은 옛날에 말한 성은 모두 성질을 가리킨다는 사실을 전혀 알지 못하였다. 어찌 본연지성 같은 것이 있었겠는가. 진사이 선생이 이 점을 논변한 것은 옳다. 그러나 그 또한 공자와 맹자의 본지가 다르지 않다고 여겼다.[20]

《맹자》가 《논어》와 모순되는 경우, 소라이처럼 '양쪽은 원래 다른 것이다'라고 간주해 버리면 문제는 해결된다. 그러나 《논어》·《맹자》가 《대학》·《중용》과 함께 하나의 사상체계를 구성한다고 믿는 주석자의 경우, 공자와 맹자의 발언이 일치한다는 전제하에서 두루 궁리해 볼 것이다. 따라서 주희는 널리 알려진대로 "사람은 사지를 갖추고 있는 것처럼 인의 단서를 가지고 있다"라는 맹자의 말은 본래의 순수한 성(즉 본연지성)이고, "사람들의 성은 서로 가깝다"라는 공자의 말은 기질의 영향을 받은 성(즉 기질지성)이라고 해석한 것이다.

《논어》·《맹자》 속의 '성'에 관한 주희의 해석이 비판받는 또 다른 사례를 살펴보겠다. 주희는 성과 정의 관계에 대해 '인'이라는 '성'이 '차마 하지 못하는 마음'이라는 '정'으로서 밖에 드러난 것이라고 하였다. 즉 "우리에게는 본체로서의 성이 내재하고 있다"라는 것이다. 이러한 이론은 구체적으로 《맹자》 공손추 장의 해석에서 성립된 것이다. 주희는 "측은지심惻隱之心 인지단야仁之端也"라는 경문을 "'측은惻隱'은 정이고 '인'은 성이다. '단端'이란 정이 밖으로 드러난 것을 통해 성이 본래 그러함을 알 수 있는 실마리를 말한다. 비유컨대 사물이 안에 있으면 바깥으로 그 실마리가 드러나는 것과 같다"[21]라고 해석하였다.

이 '단端'을 조기趙岐는 "머리首"[22]로 해석하였다. 이 때문에 사단四端과 인의 위치가 주희와는 정반대가 된다. 요컨대 조기의 견해는 사단이 시작이고 주희의 견해는 인이 시작인 것이다. 이 문제에 관해 주희는 서로 모순되지 않음을 다음과 같이 주장하였다. "체용體用의 측면에서 말하자면 체가 있고 나서 용이 있다. 따라서 단端은 끝 부분이라고 할 수 있다. 시종始終의 측면에서 말하자면 사단은 시발점이다. 따라서 단서端緒라고 할 수 있다. 두 주장은 각기 가리키는 바가 있으니 서로 방해가 되지 않는다"[23]라고 설명하였다.

그러나 이러한 사단과 인의 위치 변경은 진사이의 《논어고의論語古

義》에서 비판을 받았다.

인은 천하의 대덕이다. 자애로운 마음이 사람의 내면에서부터 바깥에 미치고 가까운 곳에서부터 먼 데까지 이르러, 충실하고 막힘없이 통하여 도달하지 않는 바가 없게 된다면 곧 이것이 인이다. 그러므로 맹자는 "사람들은 모두 다른 사람의 불행을 보고 차마 지나치지 못하는 바가 있다. [남의 불행을 차마 지나치지 못하는 이 마음을] 지나치는 바에까지 도달하는 것이 인이다"[24]라고 하였다. 이는 바로 유자有子가 "효제孝弟는 인의 근본이다[《논어》 학이學而]"라고 말한 의미다. 생각건대 효제는 성이고 인의는 덕이다. 성은 자기에게 있는 것으로 말하고 덕은 천하에 통하는 것으로 말한다. 맹자는 효제를 양지良知·양능良能이라 하였다.[25] 이것으로 보자면 효제는 어찌 사람의 성이 아니겠는가. 《주역》에서 "사람의 도를 세워 인과 의라고 하였다"[26]라고 하였다. 《중용》에 "지·인·용, 이 세 가지는 천하의 달덕達德이다"라고 하였다. 인의는 어찌 천하의 도덕이 아니겠는가. 그런데 맹자가 또 인의를 사람이 원래부터 소유하고 있는 것이라 말한 것은 어째서인가. 이는 인의를 가지고 성을 표현한 것이며, 성 중에 '인'이라는 이름을 가진 물건이 있다는 말이 아니다[즉 성은 어질고 의로움을 띤다는 의미이며, 인과 의가 성이라는 의미가 아니라는 것─인용자 주]. 나의 이른바 "인의를 가지고 성을 표현한다"라는 말은 "사람의 성은 선하다"라고 말하는 격이다. 따라서 인의를 성으로 간주한다면, 매우 작은 차이에 의해 어찌할 방도가 없는 큰 잘못이 생긴다는 말처럼 실제로 몹시 큰 오류를 범하게 될 것이다. 구별하지 않아서는 안 된다.[27]

여기에서 진사이는 《주역》이나 《중용》의 문언을 근거로 하여 '인은 도덕이다'라고 주장한다. 진사이의 견해에 의하면 공맹은 "인은 성이다"라고 한 적이 없고 《주역》이나 《중용》에서 '도'·'덕'이라고 한 이상, 인을 성으로 볼 수는 없다.

한편 주희의 이론은 《맹자》를 중심으로 전개되고 있다. 《맹자》 고자상告子上에서 "인의예지는 외부에서 우리에게 부여된 것이 아니다. 우리는 원래부터 이를 지니고 있다[仁義禮智 非由外鑠我也 我固有之也]"라고 하였다. 또 "인은 이를 구하고자 노력만 한다면 곧바로 얻을 수 있지만, 그렇게 하지 않으면 잃어버리게 된다[求則得之 舍則失之]"라고 하였다. 이를 해석하면서 주희의 "인은 측은지심의 본체로서 사람들이 모두 소유하고 있다. 우리는 이 본래의 자질을 다하고자 노력해야 한다"라는 생각이 성립된 것이다.

그러나 진사이는 '아고유지야我固有之也'를 단지 '사람에게는 사단지심이 있으므로 인이라는 덕을 소유하고 있는 것처럼 생각한다'라는 의미로 해석하였다. 진사이는 '성性'의 성질이 '인'이라는 의미로, 인은 덕의 종류이지 성과 같은 것은 아니라고 하였다. 이러한 주장은 다음과 같은 해석을 통해 성립되었다.

'고유固有'란, 사람은 반드시 사단지심四端之心을 지니고 있으니 인의예지의 덕德을 자기 소유로 여김을 말한다. 다만 사람들 스스로 이를 생각하지 못할 뿐이다. 취하면 얻고 버리면 잃는 것은 나의 내면에 있는 것이므로 이를 구하면 얻을 수 있다고 한 것이다. 사람마다 선악의 차이가 커서 2배·5배로 같지 않은 것은 모두 자신의 자질을 이용하여 그것을 확충

하지 못하기 때문일 뿐이다.[28]

　그러면 조선조 조익趙翼의 해석을 진사이의 해석과 비교해 보도록 하겠다. 조익은《맹자》의 성선설을 다음과 같이 종합하였다.

사단사성四端四性은 곧 선의 실제이다. [맹자의 말대로] '사단은 사람이 모두 갖고 있으며', '사성은 우리가 원래부터 지니고 있다.' 사람의 성이 모두 선한 것은 이 때문이다. 사람이 이를 온전히 한다면, 요순 같은 성인이라 할지라도 사단사성을 온전히 한 것에 불과하다. 선하지 못한 것은 본디 지니고 있던 것을 잃어버렸기 때문이다. 따라서 [맹자의 말대로] '자질의 죄가 아니라' '사람들이 다만 생각하지 않는 것일 뿐'이며, '버려 두어 잃어버린 것'이고 '그 자질을 다하지 않은 것'이다. 이전의 여러 장에서는 모두 성의 선함을 논하고 있다. 이 장에서는 성정 전체에 대해 논하고, 또 불선不善하게 되는 원인을 논하였다. 그 말은 지극히 명백하고도 곡진하다. 배우는 자들이 이를 깊이 살핀다면 성이 선하다는 사실은 모두 절로 분명해질 것이다. 고찰해 보건대 '성'을 속어로 해석하자면 '근본'이라 할 수 있다. 모든 사물은 전부 근본을 가지고 있다. 고자告子의 무리는 사람들의 선함과 불선함을 보고서, 사람의 근본이 불선하기 때문에 불선이 생겨난다고 의심하였다. 이에 급기야 성에 선악의 구별이 없다고 하거나 사람마다 선악이 같지 않다고 말한 것이다. 이러한 사고방식이 도리에 맞지 않는 것은 아니다. 그러나 고자가 말하는 성은 바로 '기氣'이니, 그는 '리理'가 본래 선하다는 것을 알지 못한다. 생각건대, 사람 저마다의 기질은 본디 선악이 각각 다르다. 제자諸子들의 의론에서는 모두 '기'를 성으로 보았기 때문에 그들의 말이 이와 같았던 것이다. [고자의] "생生 그 자체가 성이다", "식食·색色에의 욕구가 성이다" 등의 주장을 보면, 그가 '기'를 성으로 간주하고 있음을 알 수 있다. 맹자는 천리의 본래 모습을 성이라 하였다. 하늘의 이치에 어찌 선하지 못함이 있겠는가. 이 장에서 말한 것처럼 사단사성은 곧 사람의 도리이자 하늘에 근본하고 있는 꾸밈없이 순선純善한 것이다. 바로 이것을 성이라고 하며, 따라서 '성은 선하다'라고 하는 것이다.[29]

조익의 해설에 의하면, 《맹자》의 성선설은 ① '성은 원래 선하다'는 것을 성·정의 구조에서 설명, ② '성은 원래 선함'에도 불구하고 사람들이 때로 악을 행하는 원인을 설명함, 이라는 순서로 전개되고 있다. 조익은 '성은 선하다'와 '정은 선하다'의 관계를 '근본' 개념을 사용하여 설명한다. 그의 견해에 따르면 리理·성性이 근본이고 기·정은 근본이 아니다. 고자의 주장도 나름대로 일리가 있지만, 고자는 리와 기를 혼동하여 '사람이 때로 악을 행하는 경우가 있는 것'을 근본적 차원의 문제로 인식해 버렸다. 요컨대 고자는 기·정의 차원에서 설명하였을 뿐 리·성의 차원(즉 근본의 차원)을 파악해 내지 못했다.

이처럼 조익은 사서에 존재하는 서로 다른 기술을 근본과 근본이 아닌 것으로 구별하여 모순 없이 설명하였다. 조익의 주장에는 '《대학》·《중용》에는 《논어》·《맹자》와 어긋나는 내용이 포함되어 있는 것이 아닐까'라는 의심은 보이지 않는다. 이와 마찬가지로 '《맹자》의 문장을 《논어》의 본지에 비추어 고쳐 읽을 필요가 있지 않을까'라고 의심하지도 않았다. '사서는 일관된 체계를 이루고 있다'는 전제를 수용하고 있는 조익에게 이러한 의심은 들지 않았을 것이다.

　반면 이토 진사이는 공자의 말에 근거하여, 《맹자》의 '성은 선하다'와 '정은 선하다'의 관계에 대해 '성은 선하다'란 말은 '정은 선하다'라는 것을 의미한다고 설명하였다. 그리고 오규 소라이는 공자의 말을 바탕으로 맹자의 말을 비판하였다. 이 두 사람의 경우에는 '근본'이라는 개념을 사용하여 공자와 맹자의 발언 차이를 모순 없이 설명할 필요가 없었던 것이다.

경학사상과 현실 사상과의 불일치

조선시대에는 국가의 상례喪禮를 경전에 근거하여 결정하는 등 경학을 실제로 나라 일에 응용하였다. 그렇다면 조선 유학자들은 경서 해석을 정치·사회적 견해에 연동시켰다고 간주해도 되는 것일까? 즉 유학자들은 경서를 새로이 해석하는 일을 현실 문제의 해결을 위한 새로운 사상을 모색하는 행위로 인식하였으며, 어느 유학자가 현실관이나 정치적 입장 때문에 경서를 새롭게 해석하게 되었다고 볼 수 있을까?

　예를 들어 고찰해 보자. 박세당은 주희 《중용장구》 첫 장의 "천리의 본연本然을 보존하여 잠시라도 떨어지지 않게 한다[存天理之本然 而不使離於須臾之頃]"[30]라는 해석에 대해 "천리는 원래부터 마음속에 한시도 존재하지 않은 적이 없기에 그대로 따르면 되는 것이다. 그러므로 주희처럼 '천리를 보존한다[존천리存天理]'라고 해서는 안 되고 '천리에 따른다[순천리循天理]'라고 표현해야 한다"라고 하였다.[31]

주희는 《중용》 첫 장의 '천명지위성天命之謂性'의 해석에서 '천명'과 '성' 사이에 《중용》 경문에 없는 '리理'를 넣어 인성人性의 근원이라고 하였다. 이것은 바로 한당漢唐의 주소註疏에서는 거의 찾아볼 수 없는 주자학적 해석으로, 이 점을 문제 삼는다면 곧 주자학을 문제시하는 것이 된다. 그러나 박세당은 '천리'가 본래 마음속에 갖추어져 있는 것이라고 하여, 주희가 말하는 '리'의 존재를 명확히 인식하였다. '존천리'라는 표현 대신에 따른다는 의미의 '순循' 자를 사용해야 한다는 박세당의 주장은, 천리가 원래부터 우리 마음속에 갖추어져 있다는 주자학 이론에 기초하여 경서를 해석한 것이다.

그리고 주희는 이 '천명지위성'의 해석에서 "명命은 령令과 같다. 성性은 곧 리理이다. 하늘은 음양오행으로 만물을 화생化生하여 기氣로 형태를 만들고 리 또한 부여하니, 마치 명령과 같다. 이에 사람과 사물이 태어남에 있어 각기 부여받은 리에 따라 건순오상健順五常의 덕으로 삼는다. 이것이 이른바 성性이다"[32]라고 하였다. 이에 대해 박세당은 또 다음과 같이 비판하였다.

'명命'이란 수여한다는 말이다. 성性이란 심명心明이 받은 천리로 타고난 것이다. 하늘에는 밝은 이치가 있어서 사물이 이 이치에 적합하게 하는 것을 법칙으로 삼는다. 이러한 이치와 법칙을 사람에게 수여하면 인심의 밝음이 된다. 사람이 천리를 부여받아 그 마음을 밝게 하면 사물의 타당함을 고찰할 수 있다. ……주자의 주석에서는 명을 '령令'이라고 하였는데, 지금 [내가] '수여'로 해석한 것은 어째서인가? 이는 '령'의 의미가 분명하지 않기 때문이다. 예를 들면 작위爵位를 수여하는 것을 작위를

'명한다'라고 말하는 것과도 같다.[33]

주희가 '명命'을 '령令'으로 해석한 것에 대해, 박세당은 경문의 의미를 명확히 밝힐 수 없으므로 '수여'로 고쳐 해석한다고 하였다. 그렇다면 박세당은 '천명지위성'의 개념을 내포하는 주자학 체계 자체를 바꾸는 해석을 제시한 것일까? 그렇지 않다. 박세당은 주희의 "사람은 하늘로부터 리를 얻어 자신의 덕으로 삼는다. 이것이 성이다"라는 기본 틀을 전혀 부정하지 않았다. 박세당의 '수여'는 주희가 《중용》 첫 장의 주석에서도 말했던 '부賦'의 의미에 해당할 것이다. 주희는 '명'은 '령'이라고 해석한 다음 이를 또다시 '부'로 바꾸어 말하였는데, 박세당은 '령' 자를 사용하는 것은 타당치 않다고 보아 미세하게 수정한 것에 불과하다. 박세당은 주자학의 이론을 전제로 삼고 있는 데다가 '주자학의 개념을 사용하여' 이 부분의 주희 주석을 '수정한' 것이다.

또한 박세당은 주희의 '성즉리性卽理'가 틀렸다고 했지만 "하늘의 이치가 사람에게 있는 것이 성이다"라는 주자학이론을 비판한 것은 아니다. 그가 말하고자 하는 바는 '하늘에는 리', '사람에게는 성'이라는 명칭을 사용해야 하는데, '즉卽' 자를 쓰면 두 가지가 동일한 것처럼 표현되므로 (주자학에서 정의하는) '하늘에 있어서는 리, 사람에 있어서는 성'이라는 대응관계가 혼란해진다는 것이다. 이런 의미에서 박세당은 주희 주석이 '명칭을 어지럽히고' '본말의 순서를 잃은' 것이라고 비판했다. 박세당이 송시열과의 대립 끝에 사문난적으로 몰렸을 때, 그의 경서 주석은 주자학에 위배되는 증거로 제시되었다. 그러나 박세당의 경서 주석을 자세히 고찰해 보면, '주자학으로는 현재의 위기를 극복할 수 없다'라는 생각에 연결되지 않는다.

박세당은 여기에서 리理·성性·도道·교教는 그 귀결은 같으나, 명칭을 어지럽혀서는 안 된다고 말하였다. 명칭이 어지러워지면 말하고자 하는 바를 분명히 할 수 없다는 이유에서다. 박세당의 이 주석이 '명'과 '실' 어느 쪽을 중시하고 있는지 본다면, '명'일 것이다.

'명칭을 어지럽혀서는 안 된다'라는 박세당의 '경학사상'은 그의 '현실 정치사상'과 연동되고 있었을까? 적어도 이것이 그의 정치적 판단에 있어 기준이 되었을까? 다음 문장을 참조해 보면, 그 대답은 '아니다'이다. 박세당은 효종 사후 인조仁祖(효종의 부父)의 계비인 자의대비의 복상을 정하는 과정에서 벌어진 상복제도를 둘러싼 논쟁[34]을 다음과 같이 비판하였다.

> 삼년복을 주장하는 측에서는 효종을 차장자次長者라 하지 않을 수 없다 하고, 기년복을 주장하는 측에서도 효종을 차장자라 하지 않을 수 없다고 말한다. 갑도 차장자를 말하고 을도 차장자를 말한다. 그러나 갑의 설은 차장자이기 때문에 삼년복을 입어야 한다고 주장하고, 을의 설은 차장자이기 때문에 기년복을 입어야 한다고 주장한다. 기년·삼년이라는 명칭은 다르지만, 차장자라는 실상은 결국 변하지 않는다. 똑같은 이야기임에도 복제에 대해서는 두 가지 주장으로 나뉘어 어지러이 논쟁하며 서로 배격한다. 아아! 괴이한 일이로다.[35]

박세당은 차남인 효종이 장자 대신 왕위를 계승하였다는 사실이 변하지 않는 것이라면, 삼년복·기년복으로 다툴 필요가 없다고 하였다.

당시 논쟁에 가담하였던 남인은 효종이 왕위를 계승한 이상 차남이라는 사실보다 장자가 되었다는 명분을 우선해야 하므로 계모인 자의대비는 삼년복을 입어야 한다고 주장하였다. 반면 서인은 차남인 효종이 왕위를 계승한 것은 변치 않는 사실이므로 자의대비는 기년복을 입어야 한다고 주장하였다. 본래 상복제도를 둘러싼 논쟁이 분분했던 까닭은 '왕통을 이은 효종을 위해 명분을 바로잡는' 일이 요구되었기 때문이다. 만일 박세당이 위에서 언급한 '천명지위성天命之謂性'의 주석에서 "명칭을 어지럽혀서는 안 된다"라고 말한 관점을 견지한다면, 삼년복인지 기년복인지 결정하기 위한 논쟁을 중요하게 생각하였을 것이다. 그러나 박세당은 이 논쟁에 대해 어느 쪽이든 "차장자인 실상은 결국 변함이 없다"라고 일축하며 변별할 필요성을 인정하지 않았다.

상복 논쟁에 대한 박세당의 태도는, 주희가 천명의 '명命'을 '령令'으로 해석한 것을 비판하며 '하늘에 있어서는 리, 사람에 있어서는 성'이라는 '명칭[名]'을 어지럽혀서는 안 된다고 논한 것과는 다르다. 이러한 태도가 '명名'과 '실實' 중 어느 쪽을 강조하고 있는지 말하자면 '실'일 것이다.[36] 여기에서는 박세당의 실제 정치에서의 관점이 나타나 있는 반면, '명名' 확립의 중요성을 역설한 위의 주석에서는 경학적 관점이 드러나 있다. 경서 주석에서 파악되는 경학적 관점과 현실 속 다양한 문제에 대해 발언한 내용에서 발견되는 관점이 반드시 일치하지는 않는 것이다.

물론 경학 저술로부터 저자의 사상을 찾아내어 이를 시대사조로 보는 것이 항상 타당하지 않다는 것은 아니다. 량치차오는 "청대淸代 사조는 송명 이학에 대한 하나의 큰 반동으로서, 복고를 지향하였다"[37]라면서,

염약거閻若璩(1636~1704)가 위경僞經을 변증하고 호위胡渭(1633~1714)가 하도낙서河圖洛書를 비판함으로써 기존의 권위를 무너뜨렸고 청대 학문의 기틀이 성립되었다고 하였다. 요컨대 그들의 경학은 고증을 통해 경전의 권위에 대한 복종에서 벗어나려 한 시대사조를 드러내고 있다는 것이다. 이러한 사례가 있기는 하지만, 경서 주석과 저자의 정치적 입장을 안이하게 직결시켜 이해할 수는 없다.

17세기 조선에서 경학은 사회 시스템의 일부로서, 다시 말하면 '무'보다 '문'을 우선하는 우문정치右文政治를 제도적으로 지탱하는 과거의 과목으로서 견고하게 자리하고 있었기 때문에 새로운 변화를 즉각적으로 수용할 수 있는 존재가 아니었다. 게다가 주자학에 준거한 경서 해석은 학술계에서 공인된 주석으로 통용되었다. 지명도가 높은 인물(예를 들어 조익·윤휴·박세당)의 경학 저작이라면 당연히 주목을 받았다. 그러나 이 고명한 저자들이 혁신적인 사상을 지닌 이들이라 할지라도, 이를 바로 경서 해석에 응용하기는 어렵다. 주석자의 입장에서 기존 해석에 근거하는 것은 해석상 주요 과제 중 하나이며 경학 전통을 소홀히 해서는 안 되었다. 경서 주석에 개인의 참신한 사고를 담아 낼 여지가 좁은 것이다. 적어도 조선조 사회에서 어떤 저자가 새로운 사회사상을 지녔다 할지라도, 이를 곧바로 경서 해석에 반영하지는 않는다. 따라서 경학 저작을 통해 볼 수 있는 저자의 태도는 그의 사회사상과 반드시 일치하지는 않는다. 경서의 주석이 사회 정세와 나란히 변화하는 것은 거의 있을 수 없는 일이며, 사회 정세의 변화를 뒤쫓는 형태로 주석에도 변화가 나타난다고 하는 편이 실상에 가깝다.

중국처럼 넓은 국토에서 만주족의 통치를 거부하고 외부와 단절된

은거지에서 저술한 경서 해석서, 예를 들면 왕부지王夫之(1619~1692)의 《독사서대전설讀四書大全說》과 같은 경우, 조선의 저명인과는 다른 상황이었을지도 모른다. 왕부지는 그의 생전이나 사후에도 이름이 전혀 알려지지 않았다가 죽고 난 뒤 170년이 지나 비로소 동향(지금의 후난성) 출신인 증국번曾國藩(1811~1872)·증국전曾國荃(1824~1890) 형제에 의해 《선산유서船山遺書》가 간행되어 그 이름이 세상에 알려지게 되었다. 그 저작에서는 왕부지와 동시대를 살았던 지식인 사회의 동향보다 그의 개인적인 사상이 더 뚜렷하게 발견된다.

그리고 도쿠가와 시대 일본의 경우, 유학자는 사회의 소수파였으며 경학은 사회에서 보편적으로 통용되는 학문이 아니었다. 따라서 경서가 어떠한 사상을 바탕으로 해석되었는지에 대해 정치권력을 쥐고 있던 무사계층뿐만 아니라 일반인도 거의 주의를 기울이지 않았다. 그러므로 주석자는 개인의 독특한 생각을 반영하여 경서를 해석하는 것에 제약을 받지 않았다.

경학사 연구에서 주석자의 사상을 발견해 내고 발견된 요소들을 연결하여 하나의 흐름으로 설명하는 작업이 필요한 경우가 있다. 요컨대 이는 역사상 여기저기 흩어져 존재하는 '점' 가운데 유의미한 것들을 하나의 '선'으로 연결하는 작업으로, 사상사 연구에서 종종 사용되는 형태다. 그러나 미리 하나의 '선'을 상정한 다음, 이 선을 그려 낼 수 있을 만한 '점'들을 수집하는 순서로 분석이 이루어지는 경우도 적지 않다.

일례로 이른바 조선 후기 실학의 기반이 된 사상을 찾아내는 작업을 들어보겠다. 본래대로라면 17세기 경학에서 실천을 중시하는 경향이 빈번하게 나타나 이 경향이 조선 후기에 유행할 정도로 선명해진 '사실'을 확인한다. 이러한 사상사에서의 '사실'에 '선'을 그으면 "17세기 이후의 실천 중시 경향이 실학사상의 탄생으로 이어졌다"라는 사상사 상思想史像을 그려 낼 수 있을 것이다. 그러나 20세기 초반에 착수된 조선 실학 연구는 이와는 다른 상을 그리고 있다. 이것은 실학 연구가 '심心·성性·이理·기氣의 강론에만 힘쓴'[38] 조선 유학에 대한 반성을 출발점으로 삼아 '허위를 버리고 실학에 힘쓰기'[39]를 지향했던 것과 관련이 있을 것이다. 조선 실학 연구의 지향점은 조선 유학사에서 정주학과 구별되는 '실심實心'에 따랐던 사상적 전통을 발굴한다는[40] 작업에 경도되어 있었다. 그렇기에 필연적으로 "실학의 기반이 된 사상이 정주학 이외에 존재한다"라는 전제가 미리 상정되어 있었다. 그리고 17세기 박세당의 '실천적 경서 해석'이 조선조에서 '사상적 진보'를 나타내는 가치 있는 '점'으로 평가받아, 18·19세기의 '실학'으로 그 '선'이 이어진 것이다.

17세기 조선 유학자들에게 요구할 수 있는 것

만일 조선이 식민지가 되는 지경에 이르지 않았다면, 이 경우에도 17세기 유학자들의 심·성·이·기를 둘러싼 토론은 여전히 '허위'로서 자리매김되었을까? 20세기 초반이라는 긴박한 시대에 중요했던 '독창'과 '실천'이라는 가치가 17세기 조선 유학자들이 경서를 해석할 때도 중요했을까? 즉 '독창'이나 '실천'을 17세기 유학자들에게 요구하는 것은 과연 타당한 것일까?

이전의 저작을 뒤에 설정된 이론체계에 맞추어 '재해석'하는 작업에 대해 퀜틴 스키너Quentin Skinner는 다음과 같이 논하였다.

가장 고치기 힘든 신화가 생겨나는 것은 역사가가 (예를 들어 윤리 또는 철학사상사에서) 모든 고전의 저자들이 각자의 담론 분야를 구성한다고 여기는 여러 주제들에 대해 어떤 주장을 전개하고 있을 것이라는 기대로 꽉 차 있을 때다. 이러한 생각을 하고 있으면 (아무리 무의식적이라 하더라도) 역사가에 의해 강제로 설정된 모든 관련 주제들에 대해 고전의 저자들이 이런저런 이론체계를 전개하고 있음을 '발견'하는 것은 그야말로 순식간의 일이다. 이의 당연한 (매우 자주 일어나는) 결과로서 우리가 이론의 신화라고 부를 수 있는 논의의 한 형태가 생겨나게 된다.[41]

스키너가 말하는 '이론의 신화'란, 역사가가 어떤 주제를 설정하고서 이에 부합되도록 고전 저자의 발언을 재해석하는 것을 가리킨다. 이는 역사가가 설정한 주제와 기대에 맞추어 저자가 '산발적으로 혹은 우연히 행한 일'을 저자가 주장하는 이론의 본질로 잘못 파악하여 타당치 못한 해석을 하는 것이다. 17세기 저작에 보이는 우발적인 표현으로부터 '근대적 의식의 맹아'를 도출해 내는 것이나 17세기 경서 주석 가운데 주희 주석과 다른 표현으로부터 '실천 중시의 사고방식'을 발견하는 것 등은 역사적 사실과 대응되지 않는 이상 '이론의 신화'와 비슷한 것이 아닐까?

스키너는 나아가 '신화의 두 번째 유형'에 대해 다음과 같이 논하였다.

이제 신화의 두 번째 형태를 살펴보려 하는데, 이는 위의 이러한 잘못을 뒤집어 놓은 것이라 할 수 있다. 여기서는 역사가에 의해 강제로 설정된 주제들에 관해 고전적 사상가가 분명히 눈에 띄는 이론을 제시하지 못하고 이 때문에 역사가로부터 비판을 받는 것으로 되어 있다. ……그러나 이러한 이론적 신화의 주된 형태는 고전적 이론가들의 있지도 않은 이론들을 말하면서, 이 주제를 논하려면 당연히 이러이러한 이론들을 말해야 할 텐데 왜 그들이 그러지 않았는지 이해할 수 없다고 말하는 것이다. 이것은 때로 이러한 위인들이 언급한 내용으로부터 실제로 언급하지 않은 주제에 대한 상상적 고찰을 이끌어 내는 형태를 띤다. 아퀴나스가 '어리석은 "시민불복종"'의 주제에 대해 언급하지 않았을지는 모르지만, 틀림없이 그는 이를 '옳다고 하지는 않았을 것'이다. 마찬가지로 마르실리우스는 민주주의를 인정할 것이 틀림없는데, 그 이유는 '그가 말하는 주권은 인민에 관한 것'이기 때문이다.[42]

위 인용문에서 스키너는 연구자에 의해 지정된 주제에 대해 명백한 견해를 나타내지 않은 역사상의 인물이 어떻게 '재해석'되는지 논하고 있다. 어떤 역사상의 인물은 역사가가 중요하다고 여기는 주제에 대해 뚜렷한 견해를 제시하지 않았다는 이유로 비판받는다. 또 어떤 인물은 명백한 견해를 제시하고 있지 않으나 틀림없이 이를 인정했을 것이라고 확대해석되기도 한다.

20세기 초반에 와서 뒤늦게 설정된 사상적 주제에 대해 17세기의 어느 유학자가 무관심했다고 해서 그를 '기존의 전통에 무조건 따르기만 한 유학자'로 분류해 버리는 것은 '신화의 두 번째 유형'에 해당할 것이다. 혹은 20세기나 21세기에 '허虛'와 '가假'로 평가되는 사상적 주제에 관련하여 어느 유학자가 부정적 태도를 명시하고 있지 않은 경우, 그 저작의 행간으로부터 '사실 그는 은연중에 이 주제를 부정적으로 보았다'라고 결론내 버리는 것 역시 '신화의 두 번째 유형'이 되는 일례이다.

조선조 유학사를 가지고 구체적으로 말해 보면, 윤휴가 《대학》·《중용》에 주석을 가한 것에 대해 "이 두 책에 독창적인 해석을 한 것은 그가 주자학에 대해 전면적으로 이의를 제기하였음을 의미한다. 주자학을 경학적 측면에서 지탱하고 있는 것이 《대학장구》·《중용장구》이기 때문이다. [한편으로] 허목許穆이 《육경》에 주석을 단 이유는 ……주자학의 사서학 체계가 지닌 한계를 극복하고 《육경》 중심의 체계를 세우려 했기 때문이다"[43]라고 해석하는 것은 모두 '신화'의 창출에 해당한다. 이러한 의미 부여가 옳은 것이라면 17세기에 저술된 특징 있는 경서 해석들은 전부 주자학을 비판하고 그 체계를 극복하고자 노력한 것이 된다. 《사서》에 주석을 단 이는 정면에서 주자학을 비판한다는 목적을 지니며, 《육경》에 주석을 단 이는 주자학의 사서체계를 부정하고 암암리에 주자학을 비판한다는 목적을 지닌다. 그리고 주자학 비판에 힘쓰지 않은 유학자 대다수는 '주자학을 묵수'했거나 '주자학에 대한 강박관념'을 가진 이들이 된다. 또한 윤증과 박세당의 '격물'을 둘러싼 토론은 경문의 내용이나 주희의 저술과 깊은 관련이 있음에도 불구하고, 이에 대해 정밀히 고찰할 필요성을 인지하기 어렵게 된다. 단순히 주자학적 해석을 묵수하는 윤증과 실천 중시 사상에 기반하는 박세당의 충돌로 간주되어, 17세기의 경학적 논의는 '주자학으로는 현재의 난관을 극복할 수 없다'라고 인식하는 측과 이것을 인식하지 못한 측의 대립이 되어 버린다. 주희와 다른 주석은 '주자학을 비판하려는 의도로 집필되었으며 최종적으로는 조선 후기 실학사상을 일으킨' 것이라고 그 위상이 결정된다.

구로즈미 마코토黑住眞에 의하면, 도쿠가와 시대 일본에서 "도쿠가와 사상체제=주자학이라는 도식은 막부 말기 하야시 가문 자신의 프레임업에서 시작되어, 근대 일본의 도쿠가와 사상 해석에 일관적으로 보인다. 예를 들면, 하야시 라잔이 '도쿠가와 300년간의 교육 방침을 주자학 하나로 정하'였다고 평가한 이노우에 데츠지로井上哲次郎가 대표적일 것이다. 전후의 연구사에서 새로운 전후적戰後的 선입견을 담아 이 도식을 재정착시킨 것은 마루야마 마사오다. ……마루야마 마사오의 도쿠가와 사상체제론은, 그가 현전現傳하는 것으로 드러낸 천황제 국가와 동양적 전근대에 관한 인식을 도쿠가와 사상에 그대로 투영한 것이었다. ……이 전시하의 '회피' 구조는 기이하게 전쟁이 끝난 뒤에도 연구자들에 의해 계속 재생산되었다."[44] 요컨대 도쿠가와 사상체제=주자학이라는 도식은, 막부 말기 하야시 가문의 기술에서 이노우에 데츠지로를 거쳐 그 체제의 해체를 묘사한 마루야마 마사오의 연구에까지 일관되게 나타나 있다는 것이다. 그러나 오늘날의 연구에서는 이러한 도식은 부정되고, 도쿠가와 시대 일본은 주자학의 세상이기는커녕 유학의 세상도 아니었다는 것이 논증되었다. 널리 알려진 대로 마루야마 마사오는 이러한 도식으로부터 형성된 《일본정치사상사연구》의 전제에 대해 다음과 같이 수정하였다.

이 책의 제1장·제2장의 공통된 전제는, 에도시대 초기 저자가 말한 '주자학적 사유양식'이 사회적으로 일단 보편화되었고 그 보편성이 17세기 후반부터 18세기 초반에 걸쳐 점차 붕괴하다가 고학파의 대두로 인해 도화선에 불이 붙듯 도전받는 상황에 처했다는 것이다. 그러나 이 전제는 역사적 진화라는 생각에 사로잡혀 있을 뿐만 아니라 구체적 사실에도 정확히 대응한다고는 할 수 없다. ……요컨대 사회적 이데올로기로서의 주자학 보급과 '고학파'가 주자학에 도전한 것은, 거의 동시적으로 진행되었다고 봐야 한다.[45]

그리고 마루야마는 '역사적 진화라는 생각에 사로잡혀 있을 뿐만 아니라, 구체적 사실에도 정확하게 대응한다고 할 수 없는' 것을 전제로 사용하게 된 배경으로, 20세기 초반이라는 '시대적 사정'에 대해 다음과 같이 설명하였다.

여기에 수록된 논문이 쓰일 당시에는, 그야말로 지적 서클에서 '근대의 초극超克'이라는 것이 빈번하게 논의되던 시대였다. '초극'해야 할 '근대'란 넓은 의미로는 르네상스 이후의, 좁은 의미로는 산업혁명과 프랑스혁명 이후의 서구 학문·예술 등의 문화에서부터 기술·산업 및 정치조직까지를 포함하는 복합적인 개념이다. 현대의 세계사는 영국·미국·프랑스 등의 '선진국'이 담당해 온 '근대'와 그 세계적 규모의 우월성이 무너지고 완전히 새로운 문화에 의해 대체되는 전환점에 서 있다는 것이 그러한 초극론자들의 공통된 시각이었다.[46]

'근대의 초극'이 '세계 신질서' 건설의 제창에 합류하게 된 시대적 배경 아래에서 '도쿠가와 사상체제=주자학'이라는 도식은 이같이 '연구자들에 의해 계속해서 재생산되었던' 것이다. 17세기의 사료를 앞에 두고도 연구자들의 몸은 현재에 놓여 있으며 현실의 문제의식이나 시대적 과제를 안고 있다. 현재의 문제의식이나 시대적 과제에서 벗어날 수는 없다. 우리는 17세기 유학자들이 지닌 문제의식이나 시대적 과제가 우리의 그것과는 달랐다는 점을 늘 의식하면서 유학사에 대해 고찰해야 할 것이다.

17세기 조선에서 주희의 경서 해석을 고쳤다고 비판받은 저작은 당시에는 분명 '주자의 주석과 다르다'라고 지목당했다. 하지만 그렇다고 저자에게 주자학 체계를 부정할 의도가 있었다고 하면, 이는 당사자의 의식에 대응되지 않는다. 이 책에서 행한 분석을 바탕으로 말하면, 박세당은 주자학이론을 전제로 주희의 주석이 그것을 정확하게 나타내지 못하였음을 문제 삼았다. 박세당과 윤증의 학술 토론은 주자학 비판자와 주자학자 간의 토론이 아니다. 또한 조익의 새로운 주석은 '주자의 주석과 다르지만' 스스로 '주자의 설에 따를 뿐'임을 주장하였고, 그 주석을 왕에게 바친 사실로 볼 때 주자학에 대항하려는 의도는 확인할 수 없다. 최석정의 새로운 주석은 주희의 주석을 수정하기는 하였으나 왕양명의 《대학》 해석에 대해 "주자와 어긋날 뿐 아니라 공자·증자와도 어긋난다"라고 한 점으로 보아, 그가 주자학자로서의 정체성을 지니고 있었음은 명확하다.

그들은 '주자학으로는 오늘날의 난관을 타개할 수 없다'라고는 말하지 않았다. '새로운 활로를 발견하기 위해 주자학적 경서 해석을 고친

다'라는 인식 또한 발견할 수 없다. 그것은 20세기 초반 식민지시대의
말과 인식이다.

2절

동아시아에서 바라보다

고古

유학자가 옛 성인을 이상으로 삼는 것은 당연한 일이다. 그러나 동아시아 유학사에서 그 이상을 추구하는 방법은 각기 달랐다. 널리 알려진 대로 도쿠가와 일본의 이토 진사이는 《대학》이나 《중용》의 텍스트 중에서 후대에 섞여 들어간 내용을 제거하고 본래의 형태로 되돌리는 작업에 힘썼다. 고학파는 주자학의 경서 해석을 비판하는 주된 논거를 '옛 성인의 말과 다르다'라는 점에 두었다. 반면 조선의 유학자들은 《대학》이나 《중용》이 유래가 깊은 경서가 아님을 인식하고 있으면서도 도로 이끌어 주는 서적으로서 존중하였고, 주자학의 이론 가운데 옛 문언과 다른 부분은 배우는 이들에게 실마리가 될 수 있도록 알기 쉽고 상세하게 풀어 놓은 설명으로 받아들였다. 도쿠가와 일본의 고학파와 조선조 유학자는 사실 인식을 어느 정도 공유하면서도 그 수용 방식이 이처럼 달랐던 것이다.

경서의 내용 중 예부터 있던 문언이 아니라 후세에 섞여 들어간 것을 선별해 내는 경서의 변증辨證은—그 이전 시대에 존재하지 않았던 것은 아니지만—중국 경학사 전개의 후반기에 이르러 본격적으로 착수되어 유의미한 성과를 이루었다고 일컬어진다. 《대학》의 문헌 고증 역사를 살펴보면 명대明代의 양명학은 '성인의 마음을 보기 위해' 《대학》의 '구본舊本을 회복'하고자 하였다.[47] 유종주劉宗周(1578~1645)는 만년에 모든 《대학》의 판본을 모아서 교정한 《대학고문참의大學古文參疑》를 저술하였다. 유종주의 제자인 진확陳確(1604~1677)[48]은 《대학변大學辨》을 저술하여 《대학》이 공맹과 관련 없는 서적임을 논증했다. 또 염약거가 《고문상서古文尚書》가 위서임을 논증하기까지의 과정은 중요한 역사적 '사건'으로 간주된다. 이에 대해 량치차오는 다음과 같이 서술하였다.

《상서고문소증尚書古文疏證》은 동진東晉 말기에 나온 《고문상서》 16편 및 동시에 출현한 공안국孔安國의 《상서전尚書傳》이 모두 위서임을 전문적으로 변증한 것이다. 이 책의 위서 여부에 대해서는 송의 주희·원의 오징吳澄 이후로도 의심한 이가 있었다. 다만 의심은 깊었으나 꺼리는 바가 있어 감히 단언하지 못하였다. 염약거의 《상서고문소증》이 나오고 나서야 비로소 판결이 정해졌다. 십수 편의 위서를 변증한 일이 어째서 중요한 데에 관계되는지 의문을 품는 이들도 있다. 그러나 이것은 이 위서를 1,000여 년 동안 온나라의 학자들이 배워 7·8세가 되면 모두 술술 읽고 마음속에서 늘 신성불가침의 영역으로 여기며, 역대 제왕들이 경연에서 이 책을 날마다 강론하고 정사에 임해 정책을 결정할 때에도 전부 의거하고 존숭해 왔음을 모르기 때문이다. ······한나라 무제가 육경六經을 현양하고 제자백가를 배척한 이후로 나라 사람들은 《육경》을 인용·해석할 수는 있어도 이에 대한 비평이나 연구는 허락되지 않았다.[49]

어릴 때부터 보편적 진리라고 믿어 왔던 경전을 위서라고 의심하고 이를 논증하여 최종적으로 확정하는 일은 간단한 과정이 아니다. 사람들의 의문이 많이 축적되고 기존의 고정관념과 끊임없이 싸워야 마침내 달성할 수 있는 일이다. 염약거의 《상서고문소증》은 이러한 의미에서 경학사뿐만 아니라 학술사적인 측면에서도 유의미한 업적으로 인정받은 것이다.

이러한 의미 부여로 보자면, 이토 진사이의 경서에 대한 변증辨證이 17세기 동아시아의 학술사·경학사에서 유의미한 존재임은 말할 필요도 없을 것이다. 경서 내용 중 후대에 뒤섞여 들어간 요소를 변별한 그의 작업은 경서와 주자학의 권위에 압도되지 않고 이 둘을 모두 비판 연구의 장으로 끌어들인 것이었다.

이토 진사이는 후대의 해석을 배제하고 성인의 옛말과 직접 마주하게 된 과정에 대해 다음과 같이 서술하였다.

16~17세 즈음 주희의 주석본으로 《사서四書》를 읽기 시작하였다. ······ 27세에 〈태극론太極論〉을, 28~29세경에는 〈성선론〉을 저술하고 그 후에 또 〈심학원론心學原論〉을 지어 위미정일危微精一의 의미에 대해 상세히 서술함으로써, 그 온축된 뜻을 깊이 터득하여 송나라 유학자들이 밝히지 못한 것을 밝혔다고 나 자신은 생각하였다. 그럼에도 불구하고 마음

은 편치 못하였다. 그래서 또 양명이나 근계近溪[50] 등의 저서에서 그 불충분한 부분을 해결할 방법을 찾았다. 마음에 맞는 것도 있었지만 더욱 편치 못하여, 합쳤다가 분리하기도 하고 따랐다가 어기기도 하면서 이를 몇 번이고 반복하였다. 최종적으로는 모든 주각註脚을 제거하고 직접 《논어》와 《맹자》 두 책을 체득하는 일을 열심히 추구하기로 하였다. 짧은 시간에도 사색을 계속하고 차분히 체험하여 완전히 정착할 곳을 얻었다. 그제야 비로소 내가 이전에 지은 의론들은 모두 공맹에 상반되고 오히려 불교나 노장老莊사상에 가깝다는 것을 알았다.[51]

진사이는 10년 정도의 학습을 거쳐 주자학이론을 이해하고 그 이론에 관련된 저작을 집필하기 시작했다. 그러나 마지막에는 그 이론이나 주석을 통해서가 아니라 직접 《논어》·《맹자》 그대로 체득하고자 노력하여 자득自得에 이르렀다. 그 결과 주자학은 공맹의 가르침에 어긋나는 불교나 노장사상에 가까운 것임을 깨닫게 되었다고 한다.

이렇게 깨닫고 난 이후 진사이는 공자의 간결한 말과 정주의 복잡한 이론 간의 차이를 논하고, 그로부터 《논어》·《맹자》의 문장을 기준으로 삼음으로써 주희 주석이 고래의 경서 내용과 어긋난다는 것을 밝히고자 하였다. 진사이가 보기에 송유宋儒의 주석은 공맹의 사상을 올바로 이해하는 데 방해가 되는 것이었다.

오규 소라이는 "나는 중년 즈음 이반룡李攀龍·왕세정王世貞의 문집을 보았는데, 고어古語가 많아서 쉽게 읽을 수가 없었다. 그러나 노력하여 읽을 수 있게 되었다. 그 후로 고어의 관점에서 경서를 읽었더니 후세 유학자들[정주程朱]의 경서 해석에 오류가 많음을 알게 되었다. 이반룡·

왕세정의 의취意趣는 단지 문학 방면에 있었지만, 나는 고어의 관점을 사용하여 경서를 해석하고자 한다"[52]라고 말하였다.

한편 이반룡(1514~1570)·왕세정(1526~1590)의 저작은 17세기 조선의 유학자들에게도 널리 읽히고 있었다. 선진양한先秦兩漢 시대의 문장을 모범으로 하는 이른바 '의고문擬古文'의 저작, 그중에서도 명대 홍치弘治·가정嘉靖 연간에 유행한 이몽양李夢陽·하경명何景明 등 전칠자前七子와 이반룡·왕세정 등 후칠자後七子의 저작은 1620년 이전에 거의 모두 조선에 수입되었다. 특히 조선 문단에 큰 영향력을 발휘한 것은 다름 아닌 이반룡·왕세정 두 사람이었다.[53] 그러나 조선 후기 이른바 진한고문파秦漢古文派[54]의 고문 추구는 오규 소라이의 고문사학古文辭學처럼 전개되지는 않았다.

조선의 허목은 "주소가 일어난 뒤로 고문古文은 폐해졌다"[55]라고 말한 것에서 알 수 있는 것처럼 주소에 사용된 문체가 고문과는 달랐으며 또 그 문체에 의해 고문이 쓰이지 않게 된 것을 비판적으로 파악하였다. 그러나 아래의 문장을 보면 허목의 고문에 대한 관점은 주석 문체의 존재 가치에 대한 인정과 병존하고 있다.

송나라 때 정씨·주씨의 학문은 《육경》의 심오한 의미를 섬세하게 전부 밝혔는데, [그 문체는] 상세하고 명백하며 정성스레 거듭 풀이하여 장황하게 늘어지는 것을 괘념치 않았다. 이러한 주석가의 문체는 본디 고문과 다르게 널리 설명하고 이끌어 주어 배우는 이들이 분명하게 의문점이 없도록 하는 것이었다. 그렇게 하지 않으면 성인이 사람을 가르치는 도는 결국 사라져 전해지지 않게 된다. 내가 아무리 부지런히 배우더라도 어디에서부터 착수하여 고문의 본지를 터득하겠는가. 후세에 문학을 논하는 이들은 "정주씨를 배우지 않고서 문장을 지으면 이치가 뛰어난 유학자의 글이 되지 못한다. 《육경》의 고문으로 말하자면 한갓 요원하고 진부한 말이다"라고 말한다. 생각건대 유가에서 모범으로 삼아야 할 바로는 요·순·공자보다 훌륭한 이가 없고, 이치가 뛰어난 문장을 짓는 일에서는 《역》·《춘추》·《시》·《서》보다 훌륭한 것은 없다. 그럼에도 불구하고 [그들이] 이렇게 말하는 것은, 고문은 알기 어렵고 주석가의 해석은 쉽게 이해할 수 있기 때문이 아니겠는가. 나는 주석문을 버리고 고문을 취하거나 고문을 위주로 하고 주석문을 깎아 내리지 않는다.[56]

허목에 의하면, 정주학의 문체는 유학자들에게 환영받고 있으나 그들이 가장 존중해야 할 이치가 뛰어난 문장은 바로 《육경》의 고문이다. 한편 정주가 경서 해석에 사용한 문체는 독자에게 경서의 의미를 명백하게 이해시키는 데에는 더없이 유용하다. 이처럼 상세히 경서를 해석해 놓았기 때문에 배우는 이들이 《육경》의 글을 이해할 수 있다. 《육경》의 심오한 부분을 밝혀 주는 주석이 없다면, 성인이 가르친 도는 결국 없어져 전해지지 않게 된다. 허목은 이같이 주자학의 경서 해석에 쓰인 주소체와 경서 문체의 차이를 당연시하였다.

허목의 고문 중시는 문학이나 문체 방면에 그칠 뿐, 경학관에 곧바로 연결되지는 않았다. 또 그 문체에 대한 관심을 경서의 원전 고증 문제로 연동시키지도 않았다. 그러므로 허목은 윤휴의 새로운 주석인 《독서기》의 창견創見은 인정하였으나(이 책 제3장에 상술), 《상서》·《중용》의 본문을 새롭게 확정하는 작업에 대해서는 다음과 같이 도리에 맞지 않는 것이라며 비판하였다.

경문을 뜯어고친다는 것은 예로부터 들은 적이 없다. 성인의 말은 경외
해야 할 것이므로 어지럽혀서는 안 된다. 천하 사람들을 속일 수 있을지
는 몰라도 성인의 문언을 어지럽힐 수는 없다. ……《육경》의 고문을 가
벼이 여겨 훼손하거나 고치는 것은 증자曾子·자사子思를 무시하는 것이
다. 그러나 절대로 이러한 도리는 없다.[57]

허목은 "경문은 성인의 말이니 존중해야 한다. 그 진위를 따질 대상
이 아니다"라고 인식하고 있었다. 조선 유학자들의 경우 관심의 초점
은, 조익의 다음과 같은 문장에서도 나타나듯 '현행現行' 경서에 정통
하는 것이었다.

《상서》의 주석에서 금문과 고문에 그 부분이 있는지 없는지 표시한 것
은[58] 문장의 의미와는 조금도 관계가 없다. 확실히 기억한다고 해서 무
슨 도움이 되겠으며 잘못 기억한다 해도 무슨 지장이 있겠는가. 그럼에
도 불구하고 현재 이를 가지고 과거의 합격 여부를 결정하고 있다. ……
이러한 것들은 경서에서 아주 긴요한 문제가 아니며, 경서를 읽는 이들
이 이를 정밀하게 익히더라도 경서의 통달에는 조금도 도움이 되지 않
을 것이다.[59]

과거시험에서 《서경》의 주석을 전부 외우게 하는 방법을 비판하는
문장이다. 이와 동시에 경서 학습에 대한 조익의 문제의식을 엿볼 수

있다. 오늘날의 상식에서 말하자면, 《서경》을 배우는 이들은 어느 부분이 위고문偽古文이고 어느 부분이 금문今文인지를 확인해 두어야 할 것이다. 조익의 경우 '고문'이 '위고문'이라고 생각하지 않기 때문에 당연한 일이기는 하나, 《상서》 가운데 어느 부분이 《고문상서》에는 있지만 《금문상서》에는 수록되지 않았는지를 기억하는 일은 경서의 내용을 통달하는 데 아무런 도움이 되지 않는다고 하면서 바로 거부하고 있다.

그런데 조익은 사서체계가 정주程朱에 의해 시작되었고 옛날부터 있던 것은 아니라는 사실을 다음과 같이 이해하고 있다.

한대漢代에는 《논맹》이라 병칭한 것이 보이지 않고, 또 공孔·맹孟을 병칭한 사례도 보이지 않는다. 당의 한유韓愈에 이르러 비로소 맹자를 추존하여 "공자가 맹가孟軻에게 전하였다"라 하였고, 한유와 유종원柳宗元의 책에는 모두 《논맹》을 함께 칭하고 있다. ……《중용》과 《대학》은 《예기》 속에 있었는데, 한당漢唐의 유학자들은 모두 이것이 성학聖學의 정전正傳임을 알지 못하였다. ……정자가 비로소 《논맹》 및 《용학》(《중용》과 《대학》) 두 편을 합쳐 《사서》로 삼아 학자들이 도를 구하고 성인을 본받기 위한 지름길로 삼았다. ……이것이 정부자程夫子의 학문이 홀로 한당 이래 1,000여 년 사이에 나와 유일하게 성인이 전한 가르침을 얻게 된 까닭이다. ……《사서》가 현양되기 전에는 학자들이 올바른 도를 따르는 방법을 알기가 본디 어려웠다. 《사서》를 현양한 뒤로는 학자들이 도를 구하는 것이 미로에서 안내자를 만난 것처럼 수월해져서 어려운 일이 없게 되었다. 그러나 지금 세상의 선비들은 이 《사서》에 깊은 의미가 있음을 알지 못한다. 이는 밝은 해와 달을 눈먼 자가 보지 못하고, 우레의 진

동을 귀먹은 자가 듣지 못하는 것과 같다.[60]

《맹자》나 《대학》·《중용》이 경서로서 인정받게 된 것이 당송 이후의
일이라는 것은 조익도 인식한 바다. 그러나 조익은 《맹자》·《대학》·《중
용》이 원래는 경서의 위상을 갖지 못했던 것을 문제 삼지 않고, "송나
라 유학자가 《논어》와 함께 《맹자》·《대학》·《중용》을 현양한 것에 의해
성인의 도가 훼손되지 않고 계승되었다"라고 인식했다.

좀 더 말하자면, 조선의 유학자들은 《대학》 등이 나중에 나온 경서임
을 문제시하지 않았을 뿐 아니라, 원래 유학의 문헌에 보이지 않던 용
어를 경서 해석에 사용한 것에 대해서도 문제라고 여기지 않았다. 오히
려 옛말만으로는 배우는 이들이 공부에 착수하기 어려우며 정주의 자
세한 설명은 도를 구하는 데 도움이 된다고 생각한 것이다. 아래에서는
이 점에 대한 예를 들어 도쿠가와 시대 일본 유학자들의 인식과 비교해
보고자 한다.

주희는 《대학》의 '명명덕明明德'을 해석할 때 불교적 색채가 강한 '허
령불매虛靈不昧'라는 용어를 사용하였다. 곧 '허령불매'에 대해 "명덕은
사람이 하늘에서 얻은 것으로, 허령하고 어둡지 않아서 온갖 이치를 갖
추고 만사에 응하는 것이다. 선가禪家에서는 허령불매한 것이 성性이라
고만 말하였고, '온갖 이치를 갖추어 만사에 응하는' 것에 대해서는 전
혀 언급하지 않았다"[61]라고 설명한다. '허령불매'라는 단어를 똑같이
쓰고는 있지만 '이치가 갖추어져 작용하는' 것을 고려하고 있다는 점
에서 자신의 설이 불교와 다르다고 주장한 것이다.

이토 진사이는 이 용어를 경서 해석에 사용한 것에 대해 다음과 같이

비판하였다.

'허령불매' 네 글자는 본래 선어禪語에서 나온 것으로, 즉 '명경지수'의 의미인데 이 '명경지수' 또한 장자莊子에서 나온 말이다. 이 두 용어는 우리 성인의 책에 애당초 이러한 이치가 없고 이러한 말도 없다. 이는 사실 불교·노장老莊의 요체다. 요컨대 성인과는 얼음과 숯처럼 상반될 뿐만 아니라, 명덕 두 글자의 의미와도 매우 멀다.[62]

진사이는 '허령불매'가 애초에 불교용어일 뿐만 아니라 《장자》의 '명경지수'와 같은 의미로 유학의 가르침과는 상반된다고 지적하였다. 옛 유가에 존재하지 않았던 개념을 사용하여 경서를 해석한 점을 비판한 것이다.

'허령불매'는 분명 불교용어로 '어떠한 것에도 구애받지 않는 공空의 상태인 마음의 본체'를 나타낸 말이다. 불교에서는 마음 본체가 '공' 상태를 유지하는 것을 목표로 수양한다.[63]

그런데 조익은 다음과 같이 "'허령'은 주희가 새롭게 만들어 낸 용어"라고 서술하였다.

'허령' 두 글자는 주자 이전에는 발견되지 않는다. 즉 주자가 창조하여 마음의 형상을 나타낸 말이다. '령'은 지각知覺에 대해 말한 것이다. 신령하기 때문에 지각할 수 있다. 요컨대 마음의 신묘한 작용을 나타낸다. '허'는 형상이 없는 것에 대해 말한 것이다. 어떻게 ['허령' 두 글자로] 주자가 나타내고자 한 의미가 반드시 이러함을 알 수 있는가? 주자가 스스로 말한 것을 보면 알 수 있다. 소주에 "텅 비어 영묘한 것은 마음의 본래 상태이다. 눈과 귀로 보고 듣지만, 보고 들을 수 있는 소이는 마음이다. [마음에] 어찌 형상이 있겠는가. 그러나 눈과 귀로 보고 들으면 마치 형상이 있는 듯하다. 마음은 텅 비고 영묘한 것이니 어찌 사물[의 형상]이 있겠는가"[64]라고 하였고, 《맹자》 진심장盡心章의 소주에서 "지각하는 것은 기의 허령한 성질 때문이다"[65]라고 하였다. 이로부터 이 '허' 자는, '지각하는 것은 스스로 형상이 없기 때문이다'라는 의미임을 알 수 있다. 정자의 이른바 "마음은 본디 텅 비어 있기 때문에 사물에 응함에 자취가 없다"[66]라는 말도 같은 내용을 말한 것이다. 다만 형상이 없으므로 사물에 응하는 자취가 없다는 것이다. 주자가 스스로 말한 것이 이와 같다면, 허령의 의미도 이러한 의미에 불과하다. 그럼에도 불구하고 제유諸儒들의 주석에서 혹은 "이기理氣가 합쳐졌기 때문에 허령하다"[67]라고 하거나 "'허'는 마음이 고요한 것이고 '영'은 마음이 느끼는 것이다"[68]라고 말한다. 이 설들은 모두 주자의 말과는 다르다.[69]

조익은 '허령불매'에 대해 마음의 본래 상태가 텅 비고 영묘하기 때문에 온갖 일에 응하여 그 모습 그대로 지각할 수 있다는 것을 나타내는 해석 용어라고 주장하였다. 이 단어가 주희 이전에는 경서 해석에 쓰이지 않았다는 점은 문제시하지 않는다. 게다가 조익은 《사서대전》의 소주 가운데 진순陳淳이나 노효손盧孝孫의 주석은 주희가 '허령'을 사용한 의도를 알지 못한 채 견강부회한 것이라고 비판하였다.

널리 알려진 대로 주희는 '허령불매'뿐만 아니라 불교용어를 많이 사용하여 경서를 해석하였다. 주자학의 이론체계를 구성하고 있는 용어나 개념의 출처를 문제 삼아 불교에서 유래한 용어·개념을 배제한다면 주희가 말하려는 바를 충분히 표현해 낼 수 없을 것이다. 불교의 용어·개념이 주자학 내에서 그만큼 큰 비중을 차지하고 있음을 알 수 있다. 그래서 현대의 연구자들도 주자학을 연구할 때, '주자학은 불교다'라는 예부터 존재하던 비난에 대해 의식하는 일이 있다. 주희 철학을 연구하는 경우 "한 철학의 성질과 의의는, 주로 어떠한 전통 관념의 자료를 사용하였는지가 아니라 사용한 자료를 어떻게 재창조하여 새롭게 해석하였는지에 달려 있다"[70]라고 미리 언급해 둘 필요성을 인식하고 있는 것이다. 이러한 이유에서 주자학 연구에 매진하던 조선 유학자들도 해석 용어의 유래를 따지기보다는 새롭게 고쳐 쓴 의미를 그대로 계속 사용한 것이라 생각된다.

이처럼 조선 유학자들은 주자학에서 사용된 술어가 분명 옛 경서에 보이지 않는 것이라 할지라도 이를 계속 사용하였다. 정약용은 다음과 같이 말하였다.

지금 고찰해 보건대 '체용설'은 고경古經에는 발견되지 않는다. 그러나 사물에는 본래 '체'와 '용'이 있다. 천도가 널리 흩어져 있는 곳에도 '체'가 있고 '용'이 있으며, 아주 작은 곳에도 '체'가 있고 '용'이 있다.[71]

'체용설'은 경서에서는 발견되지 않으므로 유학 본래의 개념은 아니다. 정약용은 이를 인정한 상태에서 "체와 용을 가지고 사물을 고찰하는 방법은 유용하다"라고 인식하고 있다. 조선 유학계에서는 경전에 보이지 않는 용어나 개념을 경서 해석에 사용한 주자학의 방법을, 경서의 내용을 자세히 설명하기 위한 일로 여긴 것이다.

경서의 원의原義와 주희의 해석 사이에서 발견되는 간극을 날카롭게 지적한 이토 진사이의 견해가 17세기 조선 유학계에 전해졌다면, 조선의 유학자들은 당연히 부정적인 반응을 보였을 것이다. 그러나 경서의 원의를 추구하는 진사이의 자세는 설령 부정당할지라도, 어느 정도의 반향을 불러일으켰을 가능성이 전혀 없지는 않다. 청淸 모기령毛奇齡 (1623~1716)의 저작이 조선에 전해졌을 때 다음과 같은 수용 현상이 일어났기 때문이다.

모기령은 저작이 조선에 유입된 이래로(18세기 중반으로 추정) 가장 비판받은 인물이다. 그가 조선 학자들에게 부정적인 인상을 준 것은 명明의 유민이었음에도 청조에서 벼슬한 데다가 주자학을 정면에서 비판한 인물이기 때문이다. 경서 원의의 회복을 표방하며 주자학을 공격하였다는 점에서, 모기령은 이토 진사이와 비슷한 존재라고 할 수 있다. 그런데 조선 후기 유학자들은 모기령의 학설을 엄격하게 비판하였지만 실제로는 모기령이 제시한 방대한 자료와 치밀한 논리 전개에 관심을 가져 그의 학설을 많이 참조하였다. 조선 후기 유학자들은 모기령의 경학에 자극을 받음으로써 주희의 경학을 비판적으로 검토하는 기회를 얻게 되었다고 일컬어진다.[72]

이토 진사이의 《동자문童子問》은 1719년 조선으로 건너왔다.[73] 《동자문》은 주자학의 학설을 신랄하게 비판한 책이지만 조선 유학계에서 심각한 토론을 요하는 '문제작'으로 인식되었다고는 할 수 없다. 그러나 널리 알려져 있듯 조선 유학자가 도쿠가와 일본의 유학에 관심을 나타낸 사례도 있고, 이 기록들에 주목한 선행 연구도 존재한다.[74] 예를 들면, 조선 후기 실학자로 일컬어지는 김정희金正喜(1786~1856)는 조선통신사 일행에 서기書記로 참가한 김선신金善臣(1775~1811 이후?)과 교유하였기 때문에 '일본문화의 진상을 응시'하였다고 한다.[75] 또 "1748년의 통신사 몇 명은 이 《동자문》을 이미 읽고서 일본을 방문하였다"[76]라고 한 것처럼, 조선통신사로 선발된 사람들은 일본으로 건너가기 전에 도쿠가와 일본의 유학을 '예습'하고 일본 유학자들과의 토론(그 대부분은 필담이었다)을 준비하였다.

그럼에도 불구하고 실제로 양국의 유학자들이 만났을 때 통신사들의 '예습'은 시대에 뒤처진 것에 불과하여 일본 유학의 정세에 무지하다는 사실이 그 자리에서 드러날 정도였다.

후마 스스무夫馬進는 1748년 조선통신사 서기로 일본을 방문한 이봉환李鳳煥과 고즈키 센안上月專庵(1704~1752)의 필담에 대해 "[센안은] 상대[이봉환을 가리킴 – 인용자 주]가 일본 유학의 정세에 무지한 허점을 타서 그대로 오해하도록 내버려두고 그의 말에 맞추어 가며 필담을 이어가고 있다. ……그는 최근 학술계 동향에 대해서는 구태여 정확한 정보를 알려 주지 않았다"[77]라고 서술하였다.

나아가 조선 유학자들 가운데 어떤 인물이 어떤 저작에서 일본 유학자나 그 저작에 대해 어떻게 언급하고 있는지 살펴보겠다. 먼저 안정복安鼎福(1712~1791)은 〈상헌수필橡軒隨筆〉의 〈일본학자〉라는 항목에서 493자로 이토 진사이나 하야시 라잔의 학파를 소개하였다. 《동자문》에 대해서는 '대체로 맹자를 추존하고 때때로 이천伊川을 비난한'[78] 책으로 소개하고 있다. 《동자문》을 읽지 않았거나 한번 훑어 보기는 했어도 이를 본격적으로 논박해야 한다고 생각하지 않은 것으로 보인다. 이 〈일본

학자〉의 앞뒤로는 〈해중대도海中大島〉나 〈불법입중국佛法入中國〉 등의 항목이 있다. 여기에서는 기이한 소문들을 다양하게 소개하고 있다. 〈일본학자〉도 이 항목들과 유사한 성격의 문장이라고 볼 수 있다.

다음으로 이덕무李德懋(1741~1793)가 저술한 〈일본문헌〉을 살펴보면, 첫머리에 '무진년(1748) 조선통신사행[79] 때'라고 한 부분에서 통신사의 기록 혹은 그들의 이야기에서 얻은 내용임을 알 수 있다. 안도 요슈安藤陽洲(1718~1783), 루스 기사이留守希齋(1705~1765) 등의 말을 재인용하는 형식으로 후지와라 세이카藤原惺窩, 나카에 도주中江藤樹, 기노시타 준안木下順庵, 야마자키 안사이山崎闇齋부터 이토 진사이, 오규 소라이까지 39명의 유학자들(소수이지만, 유학에 흥미를 가진 다이묘도 포함되어 있다)의 이름을 열거하고 간단히 소개하고 있다. 또 〈청령국지蜻蛉國志〉의 '인물' 항목에서는 도요토미 히데요시 등 정치적 인물과 함께 이토 진사이, 오규 소라이 등의 유학자들을 언급하였다.[80] 이 〈청령국지〉는 청령국, 즉 일본국에 관한 기록이다. 천황의 세계世系에서부터 관직, 풍속 등을 간략하게 소개하고 있다. 일본에 가 본 적도 없는 이덕무가 조선통신사들의 기록을 바탕으로 "일본 사람들은 대개 온유하면서도 강하지만, 강하긴 해도 오래 유지하지는 못한다"[81]라고도 기술하였다.

요컨대 18세기 조선 유학자들의 주류 그룹과는 어느 정도 거리가 있는 사람들 가운데 다양한 견문에 흥미를 지닌 인물들이 백과전서류의 책을 저술하면서 '일본의 학자들'을 소개한 것이다. 그러나 여기에서 일본 유학에 대한 흥미는 "일본에는 진사이나 소라이라고 하는 정주학을 공격한 유학자가 있다"는 정도였다. 이는 모기령의 저작이 초래한 영향과는 대조적이다. 임진왜란을 계기로 구체화한 일본에 대한 인식은 대체로 이적夷狄·야만으로 보는 경향이 강하였으므로[82] 조선 유학자들은 진사이를 포함하여 도쿠가와 일본의 유학 또한 검토 가치가 있는 대상으로 간주하지 않았던 것이다.

1813년 정약용은 《논어》의 고주古注와 금주今注를 모은 뒤에 자신의 견해를 서술한 《논어고금주論語古今註》를 완성하였다. 이 저작에서 고주와 비교해야 할 금주로는 주희·고염무顧炎武(1613~1682)·모기령 이외에 이토 진사이의 설 2개, 오규 소라이의 설 43개, 다자이 슌다이太宰春臺의 설 112개를 인용하고 있다.[83] 다만 정약용은 이들의 경학설을 진사이와 소라이의 저서에서 직접 인용한 것이 아니라, 슌다이의 《논어고훈외전論語古訓外傳》에서 간접 인용하였다.[84] 도쿠가와 일본 유학에 관한 자료는 거의 존재하지 않았을 것이다. 조선통신사는 1811년 대마도 방문을 마지막으로 중단되어 그 후로 일본에 대한 관심은 더욱 저하되었다.

이어서 식민지시대가 되자 앞에서 서술했듯이 일본 학계에서 이토 진사이·오규 소라이가 '경전과 주자학의 권위에 과감히 도전하였다'고 높은 평가를 받은 한편, 조선조 유학자들은 도쿠가와 일본의 유학자들의 이러한 혁신 성과에 대비되어 '주자학의 추종자'라는 낙인이 찍히게 되었다. 17세기 조선 유학자들에게 도쿠가와 일본의 유학은 안중에도 없는 존재였지만, 20세기에 이르게 되면 도쿠가와 유학이 '주자학에 대한 비판을 통한 근대적 사유의 성립'의 모범 사례로 나타나 조선 유학사를 평가함에 있어서 참신한—그러나 극히 외재적인—평가의 축이 된 것이다.

그리고 머지않아 조선조 17세기의 일부 유학자가 주자학의 경서 해석에 대해 부분적으로 이의를 제기한 것에 주목하여, '근대의식의 맹아'라는 위상을 부여하는 견해가 나오게 되었다. 이는 도쿠가와 일본에서 고학파의 출현에 대해 '근대의식의 성장'으로서 적극적으로 평가한 관점을 조선 유학사에도 무리하게 적용한 시도였다. 이러한 연구를 전형으로 삼아 17세기 조선의 경학사는 '주자학 그 자체의 내재적 전개'로서가 아닌, '주자학에 대한 비판의식의 형성'이라는 도쿠가와 유학 연구에서 유래된 관점으로 다시 읽히게 되었다.

주자학 이해 방식

정이程頤가 제창하고 주자학에서 정착된 '주경主敬'의 수양 방법은, 이전의 유학에는 없던 것이다.[85] 이 때문에 주희가 살아있을 때부터 "옛날의 '경'과 주자학에서 말하는 '경'은 같지 않다"라는 지적이 있었다. 《주자어류》에는 이에 대한 대답이 다음과 같이 실려 있다.

> 정자가 이처럼 곡진하게 [경에 관하여] 설명하였으나, 근래 정형程逈은 이 설을 비판하여 성현은 '경' 자를 단독으로 사용한 적이 없고 부모를 공경하고 임금을 공경하고 웃어른을 공경한다고 할 때만 '경' 자를 사용했다고 주장하였다. 이것은 전혀 말이 되지 않는다. 성인은 "경으로써 자신을 수양한다,"[86] "공경히 하여 잘못이 없다,"[87] "성聖과 경敬은 날로 진전한다"[88] 라고 하였다. 어찌 단독으로 말한 적이 없겠는가. 만일 임금·부모·웃어른이 있을 때 공경한다고 말한다면, 임금·부모·웃어른이 없을 때는 공경하지 않을 것인가. 전혀 생각하지 않고 제멋대로 말한 것이다.[89]

정형에 의하면, 본래의 '경'이란 '부모를 공경한다', '임금을 공경한다', '연장자를 공경한다'라는 형태로 반드시 '자기'와 구별되는 '공경하는' 대상을 동반하는 것이므로 정주학에서 말하는 자기완결적인 '주경'은 '경'의 원래 의미에서 벗어난 것이라고 한다. 정형의 이러한 지적에 대해 주희는 《논어》의 "경으로써 자기를 수양한다"를 비롯하여 '경'이 대상 없이 쓰인 경문을 예로 들어 반론하였다. 주희가 생각한 바로는 '공경하는' 대상이 다른 인물이든 자신이든 '몸과 마음을 다잡아 순일하게 정돈하여 방종하지 않음'[90]을 가리키는 점에서는, 동일한 정신적 태도로서 '경'에 포함되는 것이다.

이토 진사이는 송대의 반론자와 마찬가지로 옛사람이 말한 '경'과 주희가 말한 '경'이 다르다는 것을 다음과 같이 논하였다.

옛사람이 경에 대해 말한 것은 많다. 천도에 대해 말하기도 하고 제사에 대해 말하기도 하고 웃어른에 대해서도 말하였고 정사政事에 대해서도 말하였다. 모두 공경하는 대상이 존재하기에 그렇게 하는 것이다. "경으로써 자기를 수양한다,"[91] "경에 처해 있으면서 간략함을 행한다"[92]라는 것은 모두 백성의 일을 공경함을 가리킨다. 아무것도 없는데 단지 '경'이라고 한 것이 아니다. 후세 사람들이 말하는 경은 이와는 다르다.[93]

진사이에 의하면, 옛사람이 말한 '경'은 삼가야 할 대상이 존재하고 나서 행하는 것이지 아무 일도 일어나지 않은 상태에서 행하는 수양이 아니다. '경'을 아무것도 일어나지 않았을 때 행하는 것으로서 파악한 후대 학자들(즉 송나라 유학자들)의 경설敬說은 옛 '경'과는 다르다.

진사이는 주자학의 지경설持敬說을 논하여 "오로지 '지경'에 힘쓰는 자는 외면은 훌륭해 보여도 그 내면은 간혹 성의가 부족하다. '자신을 단속[守리]'하는 것도 '남에게 요구[責시]'하는 것도 몹시 엄격하니 그 폐해는 이루 다 헤아릴 수 없다"[94]라고 비판하였다. 그리고 "송나라 유학자들은 충신忠信을 위주로 하지 않고 헛되이 '경' 한 글자만을 가지고 학문의 전부로 삼았다"라고 평하고, '주경'에 대해 "'충신'을 등한시하고 '경'이면 족하다고 여기는 것"이라고 보았다.[95]

그러나 주희는 "일이 없을 때는 경이 마음속에 있고, 일이 있을 때는 경이 일에 있다. 일이 있을 때와 일이 없을 때를 통틀어, 자신의 경은 잠시도 끊어짐이 없다"[96]라고 하여 "경은 '외畏' 자와 비슷하니, 홀로 정좌하고서 아무것도 하지 않은 채 사물을 돌아보지 않는 것이 아니다"[97]라고 하였다. "경을 통해 몸과 마음을 다잡아 사물에 나아가 도리를 파악하는 것"[98]이지만, 경은 "반드시 일에 응하고 사물에 접할 때 잘못이 없도록 해야 비로소 올바른 경이 된다"[99]라고 하였다. 바꾸어 말하면 주자학에서 말하는 '경'이란 아무 일도 없을 때부터 정신을 깨우고 일이 생기면 이에 집중하여 잘못이 없도록 하는 것으로, '충신을 버리고 헛되이 경이라는 한 글자를 지키는 것'에 대해 오히려 경계하였다. 충신을 등한시하고 경에 힘쓰는 일은 당연히 주희에게도 비판받을 것이다.

한편, 주희의 발언 가운데 "사람의 마음과 본성은 '경'하면 늘 보존되며 '경'하지 않으면 보존되지 않는다"[100]라고 한 것이 있으며, 또 "'경'하면 천리가 늘 밝아지고 절로 인욕人欲이 억제된다"[101]라고 한 것도 있다. 그리고 "'경'을 지키는 것이 가능한 사람은 그 마음이 고요해지고 천리가 밝아지기 때문에 힘들일 필요가 없으며, 또 동시에 힘을 쏟지 않는 바가 없다"[102]라고도 하였다. 즉 위에서 예로 든 진사이의 비판은 주희의 경설 중 '아무 일이 없을 때의 수양'에 속하는 발언에 대한 것이라 할 수 있다. 진사이는 '경'에 관한 주자학 견해 중에서도 내면적인 부분만을 들어 이를 문제시한 것이다.

한편 조선의 조익은 '경'의 수양 방법을 매우 중시하여 이에 관한 다수의 저작을 남겼다.[103] 그 저작 가운데 주희의 경설에서 중요한 말을 선별하여 정리한 〈주자논경요어朱子論敬要語〉에서는, 주희의 경설을 '어떤 사물에 대해 시종일관 집중하는 것', '아무 일도 없을 때는 정신을 단단히 잡은 상태를 지켜서 일이 있을 때를 대비하는 것'으로 파악하였다. 조익에 의하면, 아무것도 일어나지 않을 때 경을 수양하는 이유는 일이 있을 때를 대비하기 위함이다. 조익이 파악한 바로 보면, 주희의 경론은 사물에 대응하기 위한 수양 방법이다. 결코 '홀로 온화하게 고요히 앉아 아무 일도 하지 않고 일체의 사물을 돌아보지 않는 것'이 아니다. 그래서 조익은 주희의 문언 중에서도 이러한 의미에 합치하는 '경'의 설명을 〈주자논경요어〉에 특별히 모아 두었다.[104]

조익은 주희가 말한 '경'이 경서에 보이는 '경'과 완전히 같은 의미인지 아닌지 확인하고자 하지 않는다. 주희가 말하는 '경'이 설령 공자와 맹자가 말하지 않은 것이라 할지라도, 이는 공맹의 설을 부연한 것으로서 공맹에 이르는 실마리를 얻을 수 있다고 여긴다. 이러한 사고방식에서는, 주자학에서 주장하는 이론은 경서의 본래 내용과 어긋난다기보다 경서의 진정한 의미로 이끌어 주는 것으로 받아들여질 것이다.

한편, 주자학이론이나 경서 해석이 경서 내용과 어긋난다는 이의는 송대 이래로 종종 제기되어 왔다. 예를 들어보자. 주희는 《대학장구》에서 "의意는 심心이 발하는 바다[意者 心之所發也]"라고 주석을 달아 '의'와 '심'의 관계를 설명하였다. 독자들은 이 주석을 통해 '의'는 본체인 '심'에서 파생되는 것으로 이해한다. 그러나 《대학》에는 "심을 바르게 하고자 한다면 먼저 의를 성실히 한다[欲正其心者 先誠其意]"라고 되어 있어, 주희 주석과 부합되지 않는다고 지적되었다. "주희의 말처럼 의는 '심이 발하는 바'라면 본체인 심을 먼저 닦아야만 하는데, 경문에는 '우선 의를 성실히 한다'라고 되어 있지 않은가"라는 지적이다. 본체인 심을 먼저 닦는 것이 순서상 옳다고 헤아렸기 때문이다.

이토 진사이도 같은 관점에 근거해 주희의 '성의誠意' 해석을 다음과 같이 비판하였다.

> 살펴보건대 《장구》에서 "의意는 심心이 발한 것이다"라고 하였는데, 이는 옳지 않다. 만약 의가 심이 발한 바라면, 심이 근본이고 의는 말단이며 심이 근원이고 의는 하류이다. 근본이 서고 난 뒤에 그 지엽이 절로 무성해지고 근원이 샘솟은 뒤에 흐르는 물이 절로 맑아지는 것이 자연의 이치이다. [만일 《장구》의 말대로 의가 심이 발한 것이라면] 《대학》의 경문은 "그 의意를 성실히 하고자 하는 이는, 먼저 심心을 바로 한다"라고 되어 있어야 하며, 또 "심이 올바르게 된 후에 의가 성실해진다"라고 되어 있어야 할 것이다. 그러나 《대학》에서는 "그 심을 바르게 하고자 하는 이는 먼저 그 의를 성실히 한다"라고 하고, 또 "의가 성실해진 후에 심이 올바르게 된다"라고 하였다. [주희의 주석은] 본말이 심하게 전도된 것이 아니겠는가.[105]

주희가 살아있던 시대에도 이 같은 비판을 하는 사람들이 있었다. 그들에게 주희는 다음과 같이 대답하였다.

[질문:] 심은 근본이고 의는 단지 심이 발한 것이다. 지금 《대학》에 "심을 바로 하고자 한다면 먼저 의를 성실하게 한다"라고 한 것은, 전도된 듯하다.

[주희의 대답:] 심은 그림자도 형태도 없으니 사람이 이를 어떻게 유지하도록 해야 하는가. 반드시 마음이 발하는 곳에서부터 착수하여 일단 악의 뿌리들을 제거해야 한다. 집에 도둑이 든 경우 우선 도둑을 없애야 비로소 집안이 진정된다. 논밭을 일구는 경우 먼저 잡초를 제거하지 않으면 어떻게 파종할 수 있겠는가. 반드시 스스로 속이는 뜻을 제거해야 하니, 의가 성실해진다면 심은 올바르게 된다. 성의는 이 한 단락 가운데 제일 긴요한 수양이니, 아래로 한 구절씩 내려갈수록 그 중요성은 줄어든다.[106]

주희는 "심에는 그림자도 형태도 없으므로 직접 심 자체를 유지하려 하기보다, 심이 발하는 곳에서부터 착수하여 끊임없이 생겨나는 악의 뿌리를 제거해야 한다"라고 답하였다. '성의'란 심이 실제로 작용을 시작한 그 시점에서, 사태에 적절하게 대응할 수 있도록 수양을 쌓는 것이다. '성의'를 통해 '자신을 속이는 뜻을 제거하는' 것은 이를테면 집안에 도둑이 있을 때는 도둑을 제거하는 일, 밭을 일굴 때는 잡초를 제거하는 일이 각기 우선시되는 것과 같다.

한편, 주희 주석을 주자학의 관점에서 배운 후대의 학자들은 '정심正心'의 '심'을 본체로서의 '심'과 구별하여, 이를 통해 '성의와 정심의 순서가 뒤바뀌었다'라는 지적에 대응하였다. 먼저 조선조 조익의 설명은 다음과 같다.

심은 사물에 응하는 것이다. '정심'은 자신의 마음이 사물에 응할 때 모두 올바름을 얻을 수 있도록 하는 것이다.[107]

'정심'이란 심이 사물에 응할 때 올바르지 않은 부분을 올바르게 하고, 과불급이 없도록 하는 것을 말한다. 심이 올바르면 일상 속에서도 본심이 밝아져 외물에 접할 때마다 늘 각각의 법칙에 알맞게 된다.[108]

조익은 심이 사물에 응하는 기능을 발휘할 때 모두 올바름을 얻을 수 있도록 하는 것이 '정심'이라고 설명하였다. '본심이 밝아진다'는 표현을 보면, 그가 말하는 '정심'에서의 '심'은 '본심'의 '심'과 같지 않다는 것을 알 수 있다. '정심'은 '심의 본체를 바르게 하는 것'이 아니라, '사물에 응할 때 마음의 움직임을 단속하는' 공부를 말하는 것이다.

명대의 채청蔡淸(1453~1508)은 '정심'의 '심'의 의미를 다음과 같이 좁혀 더욱 분석적으로 설명하고 있다.

의意는 심의 싹이다. 심은 동動·정靜을 겸하고 의는 동動의 단서일 뿐이다. 심일 때는 많으나 의일 때는 적다. '의는 심이 발한 것이다'라는 주석에 대하여.

[질문] '미발未發'일 때, 심은 본디 존재하는가?

[대답] 그렇다.

[질문] 이미 발하였어도 심은 여전히 존재하는가?

[대답] 그렇다. 그렇다면 심은 동·정을 겸하여 어느 때에는 정의 상태로 있으면서 사물에 응하지 않고 어느 때에는 동의 상태로 있으면서 사물에 응하니, 모든 때에 '경'을 통하여 보존해야 한다.

'심'은 '의'와 짝하여 말하자면 본체를 가리키지만 "'정심'의 '심'이 본체로서의 '심'을 가리키며 '의'를 '용用'으로 삼는다"라는 말은 아니다. 이러한 설['정심'에서의 '심'은 '체'라는 주장]은 심과 의를 각각 동과 정에 대응시킨 수양으로 보는 것이다. [그러나] '정심'이란 [고요할 때의 수양이 아니라] 고요함을 위주로 하는 방법'으로, '정'할 때도 '동'할 때도 '정'에 힘쓴다는 것이다. 그러므로 "'경'으로써 안을 곧게 한다"라고 한 것이다. '성의'는 '동'의 단서에서 신중함을 지극히 하는 것이다. 대개 한 생각이 일어나는 것은 선악이 나뉘는 시작으로, 이 것은 또 다른 중요한 순간이다. 따라서 [성의라는 수양은] 별도로 한 조목이 되는 것이다.[109]

채청은 주희의 '의는 심이 발하는 바다'에 대해, '의는 심의 싹'이라 해석하여 '의'는 '심이 발한 전체'가 아니라 그 싹이라고 파악하였다. '성의'의 '의'는 심이 움직이기 시작한 순간이고, '정심'의 '심'은 아직 움직이지 않았을 때라고 하였다. '심'이 움직이는 그 순간 선악이 나뉘기 때문에 배우는 이들은 '성의'에 힘써야 한다. 즉 심이 움직이기 시작하는 순간의 수양이 '성의'이다. "정심은 정靜(즉 미발未發)과 동動(즉 이발

已發) 모든 단계를 대상으로, '정靜을 지침으로 삼는' 수양이다"라는 것이다. 이렇게 설명한다면 수신에서의 성의→정심의 순서와 '심이 발하는 바'라는 주석은 서로 모순되지 않는다. '심'이라는 글자가 의미하는 범위에 신축성을 부여함으로써, '성의'를 '정심'보다 먼저 닦아야 하는 이유 및 정심과 성의가 각기 독립된 조목이 되어야 하는 이유를 설명할 수 있게 된 것이다.

주희의 해석에 대한 또 하나의 수용 방식을 확인해 보자. 이토 진사이는《대학》의 '명덕明德'이라는 단어를 다른 경서의 내용과 대조하여 주희 해석의 오류를 논증하였다. 그의 비판은 주희의 다음과 같은 해석에 대한 것이다.

'명'이란 밝히는 것이다. 명덕은 사람이 하늘에게서 얻은 것으로, 허령하고 어둡지 않아 온갖 이치를 갖추어 만사에 응하는 것이다. 다만 [사람이 제각각] 타고난 기질이나 인욕人欲에 방해를 받으면 어두워질 때가 있다. [이러한 때라 할지라도] 그 본래의 '체'가 지닌 밝음은 그치는 일이 없다. 따라서 배우는 이들은 그 발하는 곳에서부터 착수해 밝혀서 처음의 밝음을 회복해야 한다.[110]

널리 알려진 대로 주희는《대학》첫머리의 "대학지도大學之道 재명명덕在明明德 재친(신)민在親(新)民 재지어지선在止於至善"에 근거하여 '명명덕', '신민', '지어지선' 세 가지를 대학의 강령으로 삼았다. 그중에서 '명명덕'을 '사람이 자신이 타고난 밝은 덕을 밝히는 것'이라고 해석하였다. 또 "명덕은 타고난 것임에도 불구하고 인간의 사욕 때문에 본래의 밝음이 가려지는 경우가 있다. 우리는 사욕을 제거하여 본래의 밝음을 되찾는 일에 힘써야 한다. 본체는 원래 밝으므로 누구라도 본래 상태를 되찾을 가능성을 지닌다. 배우는 이들은 먼저 자신의 명덕을 밝혀서[명명덕] 이것을 사람에게 미칠 수 있도록 하고[신민] 지극한 선의 경지에 이르러 이에 계속 머물러야 한다[지어지선]"라고 해설하였다.

진사이는 주희가 '명명덕'의 의미를 배우는 이들의 수양으로 해석한 것에 대해 다른 경서에 보이는 용례를 들어 반론하였다. 진사이에 의하면, '명덕'은 성인의 덕을 찬미한 말이고 '명명덕'은 '성인의 덕을 밝히는 것'이다.

'명덕'이란 성인의 빛나는 덕이 발산하여 어둡고 깊숙한 곳이나 먼 데까지 비추지 않음이 없는 것이다. 예를 들어 《서경》〈우서虞書〉 요전堯典에서 요 임금의 덕을 찬미하여 "빛이 사방으로 넘쳐흘러 상하에 이른다[光被四表 格于上下]"라 하였고 〈주서周書〉 진서秦誓에서 문왕의 덕을 찬미하여 "해와 달이 밝게 비추는 것처럼 사방에 빛난다[若日月之照臨 光于四方]"라고 한 것이, 이것이다.[111]

《장구》의 해석대로라면 '극명준덕克明俊德' 네 글자는 배우는 이들의 공부이지 요 임금의 덕을 칭송하는 것이 아니다.[112]

이처럼 진사이는 "보통사람이 타고난 덕이 명덕이고, 그 명덕을 닦는 것이 명명덕이다"라는 주희의 설명이 잘못되었다고 주장하였다. 진사이는 《서경》에서 '명明' 자나 '광光' 자로 성인의 '밝은' 덕을 표현하고 있는 용례에 착안하여, '명덕'은 보통사람들에 대해 말한 것이 아니라 '성인의 덕이 지극한 곳까지 밝게 비추는' 것을 표현한 말이라고 생각하였다. '명' 자 이외에 '광' 자를 예로 든 것은 두 문자의 기본적 의미가 비슷하기 때문일 것이다. 진사이는 '광'과 '명'의 기본적 자의가 비슷하다는 점에서 두 글자의 용례를 참조하여, 이를 근거로 '명덕'의 의미를 확정하고 있다.

그런데 실제로는 《서경》의 해석사에서 '광피사표光被四表'의 '광'은 꼭 '밝다', '빛나다'와 같은 기본적 자의로 해석되었던 것은 아니다. 공안국의 전傳은 '광피사표'의 '광'을 '충充(채우다)'의 의미로 해석하였고, 채침의 《서경집전書經集傳》에서는 '현顯(드러나다)'의 의미로 해석하였다. 어느 쪽에서도 '광피사표'의 '광'은 '밝다'는 의미로 이해되지 않았다. '광'과 '명'의 기본적 자의는 비슷해도 반드시 같은 의미의 글자로 해석되어 왔다고는 할 수 없다. 통설적인 해석에 준거하는 한, '광피사표'에 근거하여 '명덕'이 성인의 덕을 나타낸다고 확정할 수는 없다.

진사이의 논증은 다음과 같이 이어진다. 《서경》의 '광피사표光被四表 격우상하格于上下' 바로 다음에는 "능히 준덕俊德을 밝혀 친족을 친하게 한다. 이미 친족을 친하게 대하고서 백성을 고루 다스리면 백성이 덕을 밝혀 모든 나라가 화목해진다. 백성들이 아, 변하여 온화하게 되었다[克明俊德 以親九族 九族旣睦 平章百姓 百姓昭明 協和萬邦. 黎民 於變時雍]"라는 문장이 있는데, 여기에서 '극명준덕'은 《대학》에 인용되어 있다. "능히 준덕을 밝힌다"라는 말은 《서경》에서는 명확하게 요 임금을 가리키고 있으며, 평범한 학자들의 수양으로 풀이하지 않는다. 이 때문에 '명준덕明俊德'과 비슷한 '명명덕明明德' 또한 '배우는 이들의 수양'은 아닐 것이다. '준덕을 밝히는' 것도 '명덕을 밝히는' 것도 모두 성인에 관련된 것이다. 진사이에 의하면 이러한 점에서도 주희 주석의 오류가 확인된다.

한편, 채청은 '명덕을 밝힌다'와 '준덕을 밝힌다' 사이에 존재하는 주체의 차이에 대해 다음과 같이 설명하였다. 어쩌면 명대에도 '준덕을 밝히는' 것은 명백히 성인의 덕에 속하는 일이므로, 이와 비슷한 '명덕을 밝히는' 것을 배우는 이들이 노력한다는 의미로 해석할 수 없다는 문제가 제기되었을 것이다.

'준덕俊德'은 또한 요 임금만의 일이 아니다. [맹자가 말했듯이] "만물이 모두 나에게 갖추어져 있으니"[113] "요순도 보통사람과 동류일 뿐"이다.[114] [그러므로 우리는 모두 요 임금과 같은 덕을 지니고 있다] 혹자는 [《대학》의] '준덕'이 '광피사표光被四表 격우상하格于上下'[와 같이 성인의 덕의 교화가 천하에 미치는 것]이라고 하였는데, 옳지 않다. '준덕을 밝힌다'란 요임금 일신一身에 대한 것일 뿐이니, 즉 "지극한 성실함은 쉼이 없다[至誠無息]"라고 한 경지이다. '광사표光四表 격상하格上下'는 [《중용》의 '지성무식至誠無息 불식즉구不息則久 구즉징久則徵 징즉유원徵則悠遠 유원즉박후悠遠則博厚 박후즉고명博厚則高明'으로 말하자면] "징험이 드러나면 유원해진다[徵則悠遠]"[115]는 것보다 이후의 단계에 해당하니, 이른바 '성인의 덕이 사방에 드러나는' 경지이다. 그러므로 제전帝典의 '명준덕明峻德' 뒷부분에 "친족을 친하게 대하고서 백성을 고루 다스리니 백성이 덕을 밝혀 모든 나라가 화목해진다[九族旣睦 平章百姓 百姓昭明 協和萬邦]"라는 문장이 있는 것이다. 지금 [《대학》의] '명명덕'이란, 다만 그 덕의 밝음이 천리의 지극함을 다하여 조금도 인욕人欲의 사사로움이 없는 경지에 이른 것이라고 풀이해야 한다. 이것이 곧 본뜻이다. 만일 '자기의 덕을 수양하는' 단계를 넘어선다면, 신민新民의 영역으로 들어가게 된다. 위에서 거듭 인용한《서경》의 세 문장은 모두 그다지 수사修辭를 하지 않았다. 심천深淺·시종始終의 은미한 뜻은 언외의 의미를 살펴 이해해야 할 것이다.[116]

채청의 견해로는, '준덕'은 요 임금에 속하는 말이지만《맹자》의 "만물이 모두 나에게 갖추어져 있다[萬物皆備於我]"와 "요순도 보통사람과 똑같다[堯舜與人同耳]"에 근거한다면 반드시 요 임금에 한정하여 해석할 필요는 없다. '준덕'이 요 임금 한 사람에게만 속하는 것은, 그 의미가 "지극한 성실함은 쉼이 없다"라고 하는 가장 높은 경지를 가리킬 때다. 《대학》에 인용된 '명준덕'은 인욕의 사사로움이 조금도 없는 경지에 이르는 것을 가리킨다. 채청의 견해에 의하면 경서의 문장을 해석할 때 똑같은 말이라고 해서 같은 의미로 일괄하지 않고 '깊은 의미인지 아니면 얕은 의미인지, 초반 단계인지 아니면 최고 단계에 해당하는지' 하는 상황에 맞추어 문맥에 따라 의미를 확정해야 한다는 것이다.

채청은《대학》에 보이는 '지知'의 개념에 대해서도 '문맥에 따라 각각의 의미를 확정'하는 해석을 실천하고 있다. 그는 '지지知止'의 '지'와 '지소선후知所先後'의 '지'는 자의의 '깊고 얕음'이 다르다고 하면서 다음과 같이 복잡한 설명을 하였다.

"멈출 바를 안다[知止]"의 '지知' 자는 깊은 의미이고 "먼저 할 일과 나중에 할 일을 안다[知所先後]"의 '지' 자는 얕은 의미이다. '지소선후知所先

後’의 ‘지’ 자는 또 ‘지지知止’보다 앞의 일이다. “도에 가깝다[近道]”란 지知에 대한 설명이기는 하나, 왜 도에 가까워진다고 말하였는가 하면, 바로 공부에서 먼저 할 일과 나중에 할 일을 알고 있기 때문이다. 그러므로 《대학혹문大學或問》에서 이미 “나아감에는 순서가 있다”[117]라 하였고 그 소주에는 “선후를 알지 못하면 거스르게 된다”[118]라고 하였다. 이로부터 ‘선후’가 중요하며 ‘수양에 들어가기 전에 어렴풋이 순서를 알고만 있다면 도에 가깝다’라는 의미가 아님을 알 수 있다. 여기에서의 ‘근도近道’는 “충서忠恕는 도와의 거리가 멀지 않다[忠恕違道不遠]”와 같은 의미이다. 그러므로 꼭 ‘대학의 도’에 가깝다는 의미는 아니다. 생각건대 ‘대학의 도’가 아니라면, ‘도’ 자는 천하의 도를 포괄하기에 부족하다. 이 부분은 어기語氣에 넉넉함이 부족하여 옛사람들의 언어 분위기와는 비슷하지 않다. 소위 [도를] 일반적인 의미로 보아도 무슨 문제가 있겠는가. 《중용》의 “충서는 도와의 거리가 멀지 않다[忠恕違道不遠]”도 ‘중용의 도에 가깝다’라는 의미로 볼 필요는 없다. 도는 천하고금 공공의 것이다.[119]

요컨대 ‘지지知止’의 ‘지’는 깊이 이해하는 것이고 ‘지소선후知所先後’의 ‘지’는 선후를 알아 둔다는 정도의 얕은 의미로, 나타내려는 뜻이 같지 않다. 또한 ‘근도近道’의 ‘도’ 자는 ‘충서는 도와의 거리가 멀지 않다[忠恕違道不遠]’의 ‘도’ 자와 같은 의미로, 각각 ‘대학의 도’나 ‘중용의 도’와 동일시할 필요는 없다. 이 ‘도’ 자들은 일반적인 의미로 보아도 문제가 없다는 것이다.

또 같은 방법으로 《대학》의 “열 개의 눈이 지켜 보고 열 개의 손이 가리키고 있으니 얼마나 삼엄한가[十目所視 十手所指 其嚴乎]”에 대한 주희의 주석을 다음과 같이 보충하였다.

성誠이 마음속에 있고, 이것이 바깥으로 드러난 리理는 원래 선악을 겸하고 있다. 그러나 여기에서 인용한 의미는 악을 위주로 말하였다. 아래 조목의 《장구》에는 "선악을 감출 수 없다"[120]라고 하여 선악을 아울러 말하고 있으나, 그 의미 또한 '악을 감춘다'는 것에 주된 의미가 있다.[121]

"마음속의 성誠은 바깥으로 드러난다. 따라서 군자는 신독愼獨에 힘쓴다"라는 경문을 보고 채청은 뒤의 구절을 "군자는 신독에 힘써 마음속의 악을 없앤다. 따라서 바깥으로 악이 드러나지 않는다"라고 해석하였다. 그러므로 '선악을 감출 수 없다'라는 주희의 주석이 실제로는 '악을 감출 수 없다'라는 의미라고 말한다. 언뜻 보면 주희가 '악'에 특정하여 주석을 단 것이 경문과 어긋난 것처럼 여겨질 수 있는데, 채청은 이를 보충하여 그 주석의 '진정한' 의미를 설명한 것이다.

주희의 저작을 훑어 보면 단어의 사용에서 일관성이 떨어지거나 서로 어긋나는 명제들이 병존하는 경우도 있다. 예를 들면 "리理는 기氣에 앞선다"라고 하고서 다른 한편으로는 "기는 리보다 앞선다"라고 하거나, "리에는 움직임이 없다"라고 하고서 다른 한편으로는 "리에도 움직임이 있다고 보아야 한다"라고 하였다. 이 말들을 표면적으로만 파악하면 주자학은 모순으로 가득하게 되고 그 진리성에 의심이 생길 수 있다.

주자학을 연구할 때에는 주희의 문장에서 보이는 용어나 명제를 문맥에 따라 내재적으로 이해할 필요가 있다. 그런 까닭에 현대의 주자학

연구자들은, 예컨대 주희의 이기설을 연구하는 경우 리와 기를 합쳐 설명한 문장과 분리하여 설명한 문장을 구별해서 고찰한다.[122]

이러한 주자학 연구 방법은 조선 유학자들 사이에 자연스레 정착되어 있던 것이다. 문장의 맥락에서 글자의 의미를 고찰하는 '활간活看'·'통간通看'의 방법이 바로 그것이다. 아래에서는 '활간'·'통간'이라는 방법에 대해 상세히 논하고자 한다.

방법론 — 콘텍스트 중시와 텍스트 중시

명말청초의 학자 진확은 《대학》에는 성인의 말이 아닌 부분이 포함되어 있다'는 문제를 제기하였다. 진확의 주장에 따르면, 《대학》의 말은 성인의 그것과 비슷하나 실은 선가禪家의 학설이 스며들어 있으며 진秦 이전의 유학자들이 지은 것이다.[123] 이렇게 생각한 진확은 경서가 탄생한 시대로 거슬러 올라가 경서를 재검토하였다. 그의 재검토 방법은 주로 다른 경서의 텍스트와 대조해 보는 것이었다.

예를 들면, 진확은 "대개 성誠을 말한 것은 대부분 내외를 겸하여 말한다. 《중용》에는 '성신誠身'이라 하고 '성의誠意'라고는 말하지 않았다"[124]라고 하였다. 그는 《대학》의 성의론이 '성'의 의미를 충분히 이해한 상태에서 성립된 것이 아니라고 하면서 《중용》에서는 '성의'와 같은 개념이 발견되지 않는다고 주장하였다. 《중용》의 '성신'에 비추어 보면 《대학》의 '성의'라는 말은 의심스럽다는 것이다.

또한 진확은 《대학》에 인용된 공자의 말은 두 부분뿐이며 증자의 말도 한 부분에 불과한 것을 근거로, 《대학》을 공자·증자와 연관지을 수 없다고 논하였다.

《대학》은 두 부분에서 공자의 말을 인용하고 있는데, [그 두 부분의 인용문인] '어지於止'와 '청송聽訟' 두 구절 이외에는 모두 부자夫子의 말이 아님을 알 수 있다. 또 증자의 말을 한 부분에 인용하고 있는데, '십목十目' 한 구절 이외에는 모두 증자의 말이 아님을 알 수 있다. 이 점으로 보면 《대학》의 저자는 결코 한 마디도 공자·증자와 연관지으려 하지 않았고, 한대漢代에 《대기戴記》가 완성된 이래로 송대에 이르기까지 1,000여 년 동안 《대학》이 공자·증자의 책이라고 말한 이는 한 명도 없었다. 이 1,000여 년간 학자가 단 한 명도 없었다고는 믿지 않는다.[125]

진확에 의하면, 원래 공자·증자와 관계가 없는 《대학》이 송대에 이르러 비로소 '공자의 말을 증자가 전한 서적'이라고 일컬어지게 된 것이다.

이토 진사이 또한 다른 경서의 텍스트와 대조해 보는 방법을 사용하여 《대학》의 말이 공자·맹자의 가르침에 어긋남을 논증하였다. 이러한 작업을 통해 진사이는 주자학의 사서체계의 네 기둥 중 하나인 《대학》의 위치에 이의를 제기한 것이다. 진사이는 먼저 《대학》에 나오는 단어에 관해 다음과 같이 논하였다.

《대학》에서는 "대학의 도는 명덕을 밝히는 것에 있다"라고 하였다. 고찰해 보건대 '명덕'이라는 말은 삼대三代의 서적에 종종 보인다. 삼대의 책은 본디 성인의 소행을 기록한 것으로, 이 말로써 성인의 덕을 찬미하고 있다. '명덕'이라고도 하고 '준덕峻德', '소덕昭德'이라고도 하지만, 그 의미는 하나다. 이 말은 비록 《서경》의 전典·모謨·서誓·고誥에 많이 보이기는 하지만, 배우는 이들이 해낼 수 있는 일이 아니다. 그러므로 공맹은 늘 인·의·예를 말하면서도 '명덕'에 대해서는 한마디도 언급한 적이 없다. 《대학》을 지은 이는 그 의도를 알지 못한 채 《시詩》·《서書》에 '명덕'이라는 단어가 많이 있는 것을 보고 제멋대로 서술한 것일 뿐이다. 공맹의 뜻을 알지 못하는 것이다.[126]

진사이는 또 《대학》의 '성의'는 《논어》 및 《중용》의 내용과 명백히 어긋나는 것이라고 하였다.

[《대학》에서] 또 이르기를, "그 심을 바르게 하려는 이는 먼저 그 의意를 성실히 한다"라고 하였다. '의'라는 글자는 똑같은데, 《논어》에서는 "[意함이] 없도록 한다"[127]라 하였고 《대학》에서는 "[意를] 성실히 한다"라고 설명하였다. 한쪽이 옳으면 다른 한쪽은 그 반대일 것이니, 반드시 시비가 갈리는 것이다. 그리고 《중용》에서는 '성신誠身'[128]이라고는 하였으나 '성의誠意'라고는 말하지 않았다. 이러한 점에서 '성' 자는 신身을 대상으로 삼아야 하고 의意를 대상으로 삼아서는 안 됨이 분명하다.[129]

그 외에도 진사이는 '의'라는 동일한 글자에 대해 《대학》에는 '의를 성실히 해야 한다'고 하고 《논어》에서는 '의를 끊어 내야 한다'라고 하여, 두 문언이 상응하지 않음을 지적하였다. 동일한 '의' 자에 대해 상반되게 말하고 있으므로 둘 중 하나가 옳다면 다른 하나는 옳지 않다.

분명 옳고 그름이 있을 것이다. 이는 고전 속의 언어를 비교·대조하는 방법이다.

한편, 나흠순羅欽順(1465~1547)은 다른 방법을 사용하여 다음과 같이 설명한다.

> 심이 있으면 반드시 의가 있으며, 마음이 관장하는 것은 생각하는 일이다. 이는 모두 천명의 자연으로부터 나온 것이므로, 사람이 좌우할 수 있는 바가 아니다. 성인이 말한 '무의無意'란 사의私意가 없음을 말하는 것이다.[130]

나흠순에 의하면, 마음에서 나오는 생각으로서의 '의'는 마음의 기능으로서 자연스레 나타나는 것이다. 이런 의미로 말한 '의'라면, 사람의 의도에 따라 생기거나 없어진다고 표현할 수는 없다. 따라서 공자가 '무의'라고 표현했을 때의 '의'는 '심'의 기능으로서의 '의'가 아니라 다른 의미이다. 공자가 '무의'라고 한 것은 사사로운 뜻이 없다는 말로, 《논어》 자한子罕에서 말한 '무의'의 '의'는 《대학》 '성의'의 '의'와는 다른 '사사로운 뜻'이다.

나흠순에 앞서 진순陳淳의 《북계자의北溪字義》에서도 《논어》 '무의毋意'의 '의'는 사의私意이고 《대학》 '성의誠意'의 '의'는 좋은 의미라고 구별하였다.[131]

이처럼 나흠순과 진순은 '의'라는 글자의 의미를 각기 그 문맥에서 고찰하였다. 이미 살펴보았듯 진확과 진사이는 경서에서의 어떠한 개념의 내실이 기본적으로 일관된다고 상정하고, 경서 내용이 서로 어긋나는 경우 한쪽은 잘못(그러므로 진정한 경서가 아님)이라고 단정하였다. 반면, 진순과 나흠순은 여러 경서 속의 개념에 일관성을 요구하기보다 각 문맥에 따라 실제 내용을 파악하고자 하였다. 여기에는 경서 해석에 임하는 기본적 자세의 차이가 현저히 나타난다.

　조선의 조익은 《중용》의 '성신誠身'과 《대학》의 '성의誠意'가 같은 콘텍스트에 있다고 다음과 같이 서술하였다.

　고찰해 보건대, 《중용》과 《맹자》는 모두 《대학》에 나타난 뜻을 서술하고 있다. 학문하는 도를 논할 때 자기를 수양하는 방법으로는 모두 성신을 말할 뿐이다. 예를 들어 [《중용》의] '부모를 섬기는 것', '벗에게 믿음을 얻는 것'부터 그 뒤의 내용은 성誠의 효과이다. 이것은 자기를 수양하는 데는 성신이 최고임을 말하고 있다. 성신은 성의와 같은 것이다. ……자사·맹자가 말하는 자기 수양의 방법은 실제로 이 성의장誠意章에서 나온 것이다. 그렇다면 《대학》의 성의장은 실로 증자·자사·맹자가 계승한 위학爲學의 요지이다.[132]

　조익은 《중용》과 《맹자》에 보이는 '성신'[133]이라는 수양 방법은 자기를 성실히 하는 자기 수양의 방법, 즉 《대학》의 '성의'와 마찬가지라고 파악하였다. '신身'과 '의意'라는 다른 글자가 어떻게 같은 의미가 되는지 상세히 설명하지 않은 채 '자사·맹자가 증자를 계승한 것'이라 하고 있다. 조익이 이에 대해 더 이상 설명할 필요가 없다고 판단한 것은, 주자학의 사서체계라는 전제를 당연하게 받아들이고 있기 때문일 것이다.

　그러나 사서체계를 기본 전제로 삼지 않는 이토 진사이는 《중용》의

"희로애락이 아직 밖으로 드러나지 않은 것을 '중'이라 한다. 밖으로
드러나 모두 절도에 맞는 것을 '화'라고 한다. 중은 천하의 큰 근본이
다. 화는 천하 어디에서나 통하는 도다. 중화를 지극히 하면 천지가 제
자리를 찾고 만물이 잘 자라난다[喜怒哀樂之未發 謂之中. 發而皆中節 謂之和.
中也者 天下之大本也. 和也者 天下之達道也. 致中和 天地位焉 萬物育焉]" 47글자에
대해 다음과 같이 논하였다.[134]

이상의 47글자는 원래 《중용》의 본문이 아니다. 옛 《악경樂經》[135]의 죽간
竹簡에서 빠진 부분으로, 예악의 덕을 찬미하여 이같이 서술한 것인 듯
하다. 만일 이를 《중용》의 본문으로 삼는다면 "희로애락이 아직 밖으로
드러나지 않은 중中"만이 학문의 근본이라 하는 것이 되어, 《육경》·《논
어》·《맹자》는 모두 '용'만을 말하고 '체'를 내버린 책이 되니 도에 해를
끼침이 매우 심하다. 그러므로 지금 이것을 옛 《악경》에서 탈락된 죽간
으로 단정짓는다.[136]

진사이는 '이발已發', '미발未發'을 서술한 이 문언을 《중용》에서 제외
시켜야 하는 이유로 다음의 10조목을 들고 있다.

① 《육경》 이래로 성인들의 책에는 이발·미발을 말한 내용이 실려 있
   지 않다.
② 맹자는 자사子思의 문인에게 배워 그의 말을 조술祖述하였을 것인
   데, 맹자 또한 이발·미발에 대해 언급하지 않았다.
③ '중中' 자는 우순虞舜 및 삼대三代의 서적에 모두 '이발'의 일로 되

어 있는데, 이 부분에서만 '미발'의 일로 설명하였다.

④ 《서경》 대우모大禹謨에서 말한 것은 '중' 자인데, 이 부분에서는 오히려 '화和'라고 이름 붙였다.

⑤ '미발지중未發之中'이라고 한다면, 《육경》·《논어》·《맹자》는 모두 '용'만 있고 '체'가 없는 책이 된다.

이하 다섯 조목은 《중용》 한 편 내에서 서로 모순되는 것들이다.

⑥ '중용'이라고 편명을 지었으므로 오로지 중용의 뜻을 논해야 하는데, 첫머리에서 중화의 이치를 논하고 있다.

⑦ 《중용》에서 '중' 자가 자주 나오는데, 모두 '이발'의 일을 말하고 있으며 한 군데도 '미발'을 말하지 않았다.

⑧ ('화' 자가 《중용》 본래의 내용에 있던 것이라면) 자사는 '화'에 대해 자주 설명해야 하는데, 《중용》의 다른 부분에서 두 번 다시 나오지 않았다.

⑨ 여기에서는 희로애락이 밖으로 드러나 모두 절도에 맞는 것을 '천하의 달도'라고 하였으나 뒤에서는 군신·부자·부부·곤제昆弟·붕우朋友의 사귐을 '천하의 달도'라 하였으므로 모순된다.

⑩ 여기에서는 '대본'과 '달도'를 함께 칭하였으나 뒤에서는 '천하의 대본'을 단독으로 말하였으므로, 치우치고 완비되지 못하였다.[137]

진사이는 "이 10가지 증거는 《중용》 본문과 《육경》·《논어》·《맹자》를 근거로 한 것이지, 나의 억측이 아니다"[138]라고 하였다. 이처럼 진사이는 여러 경서의 텍스트를 대조해 보는 방법을 통해《중용》의 텍스트를 고증했다. 중화에 관한 내용이《중용》의 다른 부분 및《육경》·《논어》·《맹자》에는 나오지 않는다는 것이다. 다음의 문장에서 경학에서의 이토 진사이의 방법론을 엿볼 수 있다.

나는 일찍이 배우는 이들에게 '《논어》·《맹자》 두 책을 숙독하고 자세히 고찰하여 의미와 맥락이 마음속에 명료해질 수 있도록' 가르쳤다. 이렇게 하면 공맹의 의미와 혈맥을 알 수 있을 뿐만 아니라, 글자의 뜻[字義]을 이해하여 큰 잘못에는 이르지 않게 된다. 글자의 뜻은 학문에서 사소한 것이지만 그 의미가 조금이라도 틀리면 해로움이 적지 않다. 자의를 하나하나《논어》·《맹자》에 비추어 보아《논어》·《맹자》의 의미와 맥락에 합치되도록 해야만 비로소 인정받을 수 있다. 제멋대로 구실을 붙여 자신의 사사로운 견해를 섞어서는 안 될 것이다.[139]

진사이는 공맹의 의미와 맥락을 아는 것뿐만 아니라 글자의 뜻을 이해할 것을 강조하였다. 요컨대 어느 글자가 어떠한 의미로 쓰였는지 확인하는 일을 문장 맥락의 이해와는 별도의 학습으로 취급한 것이다. 다만 글자의 뜻을 확정할 때는《논어》와《맹자》의 맥락을 기준으로 삼는다. 그렇다면 진사이의 주장은 ① 의미와 문맥을 알 뿐만 아니라 자의도 파악해야 하며, ② 자의는 의미와 맥락에 근거해 파악해야 한다는 것이다. 마지막 문장을 보면, 예전의 (송유宋儒들이) 경서 해석에서 멋대로 이유를 붙여 경서의 용법과는 다른 자기 해석을 내세운 것에 대한 진사이의 비판의식을 느낄 수 있다. 이러한 비판의식에서 이 같은 방법론이 생겨났으리라 추측된다.

진사이가 표방하고 있는 '《논어》·《맹자》 두 책에 근거'하는 방법은, 물론 "두 책의 내용에서 같은 단어의 용례를 모아 귀납적으로 자의를 결정하는 것이 아니라, 앞에서 서술한 의미·혈맥에 근거를 두고 의사意思·어맥語脈(즉 사고 방법과 문장의 양식)에 비추어 보아 단어 하나하나의 자의를 결정한다"[140]는 방식일 것이다.

한편 조선 유학계에서는 '활간活看'과 '통간通看'이라는 독해 방법이 발견된다. 여기에서는 '한 단어 한 단어의 자의를 고찰한다기보다 맥락 속에서 자연스레 떠오르는 자의를 파악한다'라는 방법론이 성립될 수 있다.

조익은 경서를 해석할 때 문자를 글자 그대로 보기보다는 문맥 속에 살아있는 것으로 파악하였다. 그는 의미를 살려 읽는 방법[활간]과 상하 전후의 말들과 통하도록 읽는 방법[통간]을 사용해야 한다고 하였다.

무릇 글자를 볼 때는 의미를 살려서 볼[활간] 필요가 있으니, 문자에만 구애되어서는 안 된다. 또 위아래·앞뒤의 말들과 통하도록 살펴보면[통간] 어떠한 의미인지 오인하지 않고 잘 알 수 있다.[141]

이러한 독해 방법은 주자학의 치경治經 방법 중에도 있는 것이다.

문자는 의미를 살려서 볼[활간] 필요가 있다. 이 문장은 이 문장으로써 고찰하고 저 문장은 저 문장으로써 고찰해야 하니, 고정된 의미로 보아서는 안 된다. 이쪽의 의미를 억지로 저쪽에 맞춘다면 이쪽저쪽에서 문

제가 발생하게 된다.[142]

[질문] '연비어약鳶飛魚躍'은 모두 리理가 유행·발현하는 바입니까?

[대답] 본디 이 의미이다. 그러나 이 단락에서는 앞뒤의 문장과 통하도록
보아야 한다.[143]

주희의 말은, 본래의 자의가 무엇이든 기본 글자의 고정된 뜻에 맞추
지 않고 콘텍스트상의 의미를 파악해야 한다는 것이다. 동일한 글자라
할지라도 경우에 따라서는 전혀 다른 의미로 볼 수도 있다. 주희의 발
언이나 문장은 이러한 사고방식을 바탕으로 이루어져 있다.

주희의 저작을 숙독하였던 조선 유학자들은 이를 독해 방법론으로
정립하자는 협의 없이도, 문헌 독해법으로서 늘 당연하게 사용하였던
것이다.

결론

조선 유학사란 어떤 것이었던가? 이 책은 17세기 조선 유학사에 대한 통설을 재검토하여 이 문제에 답하고자 하였다. 통설에 의하면, 17세기 조선은 네 차례에 달하는 일본과 중국의 침입을 받고 건국 이래 최대의 위기 상황 속에서 사상사적 전환이 이루어졌다고 한다. 이 통설에서는 주자학적 해석과 다른 새로운 경서 해석의 등장에 대해, 기존 주자학 사상에 대한 비판의식이 싹튼 것이라는 의미를 부여하였다. 그리고 새로운 해석의 저자들이 정치적 박해를 받았던 상황이 기록된 사료에 대해서는 주자학파와 반주자학파의 대립을 나타내는 것이라고 하였다.

그러나 이 책에서는 이러한 의미 부여에 대해 아래와 같은 고찰을 통해 새로운 견해를 제시하였다.

첫째, 한국에서 유학사 연구가 본격적으로 시작된 20세기 초, 식민지 시대라는 배경에 의해 유학사 연구가 왜곡되었을 가능성이 있음을 밝혔다.

식민지시대의 조선사 연구에서는 나라의 독립에 도움이 되는 사실史實은 실제 이상으로 강조되었고, 독립에 방해가 되는 사실은 비판을 받거나 혹은 부정되는 경우도 있었다. 널리 알려져 있듯이 조선은 중국 송대宋代에 발상한 주자학을 관학으로 삼았고 과거시험의 표준답안과 국가의례를 행하는 근거도 모두 주자학이었다. 일반인 이상의 신분을 지닌 조선의 남자는 어린 시절부터 주희가 달아 놓은 주석에 근거하여 경서를 배워야 했다. 그들은 관료가 되더라도 주자학자임은 변함이 없었고 정치적인 논의도 주자학 서적을 논거로 삼았다. 그런데 식민지 한국에서는 조선 유학계의 주자학 편향이 비판의 초점이 되었다. 조선 유학사 최대의 특징 자체가 비판받은 것이다. 조선 유학사에 대한 이 같은 전면적인 부정 속에서, 권력의 중심부에 자리한 주자학적 사상과 대립하면서 반주자학적 사상이 등장했다는 도식이 세워졌다. 17세기 반주자학적 경향의 등장은 이른바 '조선 후기의 실학파' 탄생의 맹아로 주목받게 되었다.

둘째, 조선의 유학자라는 존재에 대해 그들 자신의 인식 속에 있던 정체성을 고찰하였다.

17세기 조선의 유학자들은 20세기 한국의 지식인과는 문제의식이 크게 달랐다. 그들 대부분은 과거 수험생이었지만 꼭 급제하여 정식 관료가 되는 것은 아니었다. 조선 사대부 자신뿐만 아니라 다른 계층까지도 모두 사회 통치계층의 사명은 올바른 도를 실현하는 일이라고 인식하였다. 조선 유학사는 올바른 도의 실현을 자신의 책무로 여기고 언제든 이를 위해 행동하려는 사람들에 의해 형성된 것이다. 게다가 그들은 만주족인 청을 대신하여 중화 도통의 계승을 자임하였고, 계승해야 할 도의 중심으로 생각하였던 것은 다름 아닌 주자학이었다. 경서와 세상을 이해하는 기초로서 주자학을 정밀하게 연구하였고 이로부터 새로운 견해도 생겨났다. 그러므로 새로운 견해를 제시한 저자들이 주자학에 대한 회의나 비판의식을 지니고 있었다는 증거는 당연히 발견되지 않는다.

셋째, 17세기의 사상사적 전환을 나타내는 근거로 자리매김한 저작, 즉 주희 저작의 일부 내용을 비판하거나 의문을 드러낸 저작을 근세 일본·중국의 저작 가운데 주자학을 옹호 혹은 비판한 것과 비교 검토함으로써, 17세기 조선의 저작에 주자학 비판 의도가 있다고 보기는 어렵다는 점을 확인하였다.

비교 대상으로 삼은 도쿠가와 일본의 유학사를 살펴보면, 유학자들은 스스로 유학이라는 '업業'을 선택한 이들이었다. 초닌町人이나 의사 등의 선택지를 버리고 주변의 반대를 무릅쓰며 유학에 뜻을 둔 이가 있는가 하면, 주위 무사들에게 배척당할 것을 우려하면서 경서 학습에 매진한 무사 유학자도 있었다. 도쿠가와 일본의 유학자가 선택의 여지 없이 유학자가 되는 조선의 유학자와는 전혀 다른 유학사를 형성한 가장 큰 원인은 여기에 있다.

그러나 이처럼 발전 배경이 전혀 다른 조선 유학과 도쿠가와 일본 유학의 '주자학 연구'와 '주자학 비판'은, 20세기 초반 식민과 반식민 항쟁이라는 권력구조에 의해 무리하게 연결되어 단순한 비교 대상이 되었다. 적절하지 못한 문화 비교는 조선 유학사 연구에서 타당한 관점이 마련되기 어려운 요인으로 작용하였다. 이 책에서는 식민지시대에 이루어진 비교 내용을 밝히기 위해 한정적인 범위에서이긴 하지만 도쿠가와 일본의 유학자 및 유학을 조선의 그것과 비교하여 설명하였다.

넷째, 17세기 조선에서 일부 유학자들이 제시한 새로운 경서 주석의 의의를 새롭게 자리매김하였다.

17세기 조선 유학계의 문제의식은 앞에서 서술하였듯이 중화문화의 담당자로서 주자학을 중심으로 하는 도통을 계승하는 것이었다. 이러한 신념 속에서 주자학 연구가 심화하였고 때로는 주희의 학설과 다른 견해도 등장하였다.

17세기 당시, 주희의 학설과 다른 견해는 정치적 대립자에 의해 '주자와 다름을 추구한다'는 이유로 공격받았다. 권위 있는 주자학에 대해 이처럼 '다름'을 추구한 저작은 20세기 초반 이래 학계의 주목을 받아 왔다. 기존 권위에 도전하고 새로운 사상체계를 구축하는 '근대적 의식'이 여기에서 '발견'되었기 때문이다.

주자학을 핵심으로 하는 도통을 계승하려는 의지가 충만한 상태에서 진정으로 주자학 자체에 대한 회의가 싹텄던 것인지, 이러한 문제의식이 어떠한 성과를 거두었는지 확인할 수 있는 사료는 충분하지 않다. 이 때문에 17세기의 저작을 독해할 때, 주자학을 비판한 직접적인 표현이 없더라도 그 행간에서 주자학에 대한 비판의식을 '발견'하는 것이 주요한 연구 방법이 된 것이다. 그러나 이 사료들을 상세히 읽어 보면, 주자학 연구가 매우 정밀하게 이루어지는 가운데 주희의 저작 속의 변화나 모순을 발견해 내고 그 과정에서 새로운 견해를 제시한 것임을 이해할 수 있다. 이것이 바로 17세기 조선 유학사의 양상이다.

이 책의 논증은 17세기 동아시아라는 시대적 배경에서 보면 자연스러운 과정이다. 그러나 식민지 한국의 학계에서는 인정받기 어려운 논리였다. 식민지시대에 조선 유학은 오래도록 주자학에 편향되고 독창성을 결여한 '허虛'·'가假'의 학술사로서 반성이 요구되는 한편, 그런 가운데 주자학을 비판하고 독창적 견해를 피력한 역사적 인물을 발굴하는 작업이 진행되었기 때문이다. 요컨대 독창적 견해에 대립하는 존재로서 주자학파가 설정되어 있던 것이다. 이러한 대립 도식에서는 주자학 연구 자체에서 새로운 학설을 발견할 가능성이 처음부터 봉쇄되었다. 이 때문에 식민지시대 이래 조선 유학사 연구에서 조선의 주자학적 저작으로부터 유의미성을 발견하는 연구를 기대할 수는 없었다.

이 책은 20세기 초반 이래 중요시되어 온 통설, 즉 17세기에 주자학에 대한 비판의식이 싹터 조선 후기에 등장하는 '실학' 사상의 시초가 되었다는 통설에 이의를 제기하고 있다. 그러나 식민지배하에서 학계가 이루어 낸 노력과 공헌을 등한시하지는 않았다. 식민지시대에 조선 유학사 연구자들이 무겁게 짊어졌던 시대적 사명감을 이제는 내려놓고 그 역사적 전개를 실증하고자 한 것이다. 이 책에서의 이러한 시도가 오늘날 연구자가 나아가야 하는 길에 조금이나마 보탬이 되기를 바란다.

한국어판
후기

이 책의 일부 혹은 이 책의 일부가 된 논문에 대해 독자들이 제기한 몇 가지 질의에 답하는 형식으로, 이 책의 취지를 간략히 안내하고자 합니다. 사실, 이 책의 내용 자체가 아래의 질의에 대한 대답이기도 하므로 중언부언하는 결과가 될 듯합니다. 그러나 제 자신도 모든 책을 전부 상세히 읽지는 않고 필요한 부분만 선택해 읽기도 하기 때문에, 그러한 사실을 감안하여 자리를 따로 마련하였습니다.

먼저, 주자학적 경서 해석에 이의를 제기한 17세기의 몇몇 학설들에 반주자학 사상의 출현이라는 의미를 부여할 수 없다는 필자의 논지에 대해, "그럼 조선 유학은 주자학 일색이란 말인가? 조선 유학엔 독창성이 없다는 말인가? 그렇다면 조선은 그냥 철저한 주자 중심주의 사회였다는 조선 멸시론자의 설과 동일한 것 아닌가?"라는 질의가 있었습니다.

조선시대 유학자들의 주자학 연구를 고찰하고 그 의의를 제시하여 그들이 주자학 비판을 의도하지 않았다고 논증하는 작업이, 조선 유학사는

'주자학 일색'이며 '비독창적'이라는 결론에 도달하여 결과적으로 '조선 멸시'를 드러내는 과정이라고는 전혀 생각하지 않습니다. 주자학 일색이라서 독창성이 없고 그래서 조선 민족이 열등하다는 논리는 이 책에서도 일부 소개한 식민지시대 일본인 학자에 의해 만들어진 것입니다.

주자학은 17세기 이후의 동아시아, 이 책의 범위로 말하자면 한·중·일 사상사의 중심에서 오랫동안 연구와 비판의 대상으로 존재했습니다. 우리 연구사에는 주자학 사상에 대한 철학적 연구가 풍부하지만, 사상사적 의의를 제시하는 데는 충분히 연구가 이루어졌다고 보기 어렵습니다. 게다가 19세기 말, 조선이 식민지화되던 바로 그 시대에, 동아시아 정세를 배경으로 유학사가 분석되면서 문제가 생겼습니다. 조선의 주자학 연구가 갖는 의의를 충분히 인식하기 전에, 주자학에 대한 비판적 동향의 출현이 더욱 강조되어 온 데에는 이러한 시대적 배경이 있습니다. 이는 동아시아의 유학 발전사에서 조선 유학사가 차지하는 위치를 제대로 설정하지 못하게 방해하였습니다. 그 대부분이 메이지시대 전후 일본 학술계의 관점에서 유래한다고 추정됩니다.

도쿄대학에서 유학하던 시기, 도쿠가와 일본 유학자들의 저작을 읽으면서 조선 유학이 비독창적이라고 치부되었던 원인을 이해하기 시작했습니다. 그리고 20세기 초 메이지 일본에서 이루어진 유학에 대한 논쟁 및 중국과 조선의 유학 전통에 대한 비판을 접하면서, 현재 우리가 알고 있는 조선 유학사 서술의 맥락이 1940년대에 마루야마 마사오가 제시한 일본사상사 서술의 맥락과 매우 유사하다는 점에 놀랐습니다. 한국 학계가 일본 학술을 모방하였다는 등을 이야기하려는 것이 아닙니다. 동아시아 지역의 학술사를 관찰할 때, 20세기 초 식민 종주국 일본의 학술이 끼친 영향에 주목할 필요가 있다는 것입니다. 무사들이 통치했던 도쿠가와 일본, 즉 에도시대 일본 유학의 발전상은 중국이나 조선과 완전히 달랐습니다. 그럼에도 성격이 판이한 일본과 한국의 유학사가 동일한 틀로 해석되었습니다. 경서의 권위도 관학의 권위도 강하지 않은 일본적 특성에서 보면 '독창'적 경서 해석이 빈번하고 '독창'이 평가 기준이 되는 것이 가능합니다. 그러나 이를 조선 유학자의 저술에 적용하는 것은 매우 곤란합니다.

조선시대 유학자들은 술이부작述而不作, 즉 '이미 있는 것을 서술할 뿐 새로운 설을 창작해 내지 않는다'라고 한 공자의 말에 부합하는 방식으로 저술을 했습니다. 그들의 학문은 중국의 유학 경서에 대한 해석을 중심으로 이루어진 것으로서, 이 학문에서는 역대의 해석들을 관찰하면서 정확하게 해석하는 것이 중요합니다. 물론 해석자가 새로운 해석을 제시할 수 있습니다. 하지만 거기에는 2천년 중국 경학사상의 해석들을 기초로 하여 당시의 유학자들을 설득할 수 있는 근거가 담겨 있어야 합니다. 누군가의 새로운 해석이 기존에 전혀 존재하지 않았던 독창성을 지닌다고 해서 높은 학술적 가치를 지닌다는 생각은, 20세기 진입 전후에 들어온 서양적 학술 관점을 과도하게 적용한 것이거나, 조선시대 유학사를 주자학 맹종으로 인식하고 그러한 유학사를 부정하는 맥락에서 이루어진 것입니다.

식민지시대에 한국 역사가 일본 식민 당국에 의해 폄훼되는 상황은 일본적 배경을 가진 유학사 서술의 맥락이 조선 유학사 비판에 사용된 것이었습니다. 이러한 상황에서 주자학 추종 일색이라는 비판에 대한 반론으로서 조선시대의 양명학파를 발굴하는 연구가 이루어지기도 했습니다. 그 뒤로도 반주자학자나 주자학 비판자를 발굴하는 연구가 알게 모르게 이러한 논리를 반박하는 취지로 진행되었습니다. 이 책은 지금 이 시대에 서서, 조선 유학은 주자학 일색이 아니라는 반론을 제기하기보다 주자학이 비독창성이나 열등함을 나타낸다고 하는 관점 자체의 문제, 경서 해석에서 독창성의 여부를 따지는 관점에 내재된 문제를 제기하였습니다.

다음으로, 조선 유학사에서 반주자학 사상의 출현이라는 의미를 재고찰한 이 책의 논지에 대해, "'반주자학'의 태동이라는 주제는 과거의 것이고, 여기서 말하는 주자학과 반주자학의 대립이라는 단순한 구도를 주장하는 연구가 더 이상 출현하지 않는데 굳이 그 문제를 정색해서 다룰 이유가 있는가?"라는 질의도 있었습니다.

은연중에 주자학과 다른 해석을 독창성으로 이해하고 주자학 묵수주의자에 대한 비판이라 논하는 연구는 상당수 이루어져 왔으며 현재도 진행 중입니다. 그 안에는 여전히 주자학과 주자학 비판에 대한 오래된 틀이 존재합니다. '다 아는 사실'이라는 생각이 사실은 명확한 인식을 방해하는 것은 아닌가 생각합니다. 윤휴나 박세당, 송시열이나 한원진이 했던 일은 진정 무엇이며 무슨 의미가 있을까, 대립 축은 어떠한 문헌을 근거로 하여 설정되었던 것일까, 이러한 의문들이 제대로 해결된 적 없이 흘러온 것은 아니었는지 되물어 봅니다. 한국 유학사의 진정한 성취가 무엇인지, 20세기 진입 전후에 주자학을 중심으로 한 조선시대 유학사가 비난받았던 핵심은 무엇인지, 그러한 비난을 불러온 것이 무엇인지에 대해 한국 학계에서 철저한 인식이 이루어졌을까요. 그렇지 않다고 생각합니다. 한국 학술사를 돌아보면 반주자학적 동향의 출현을 적극 서술했던 연구는 존재했지만 그것을 회고하고 분석한 연구는 존재하지 않았습니다.

요컨대 이 책은 지난 사상사에 대해 오해가 있었다고 주장합니다. 주자학 위주의 사회 일각에서 반주자학이라는 동향이 근대의 맹아로서 등장하였다는 가설을 부정하고 '주자학과 반주자학의 대립이라는 틀'이 없었다고 선언하는 것이 목적은 아닙니다. 이 책의 서술 목적은 '맞다', '틀리다'라는 선언에 있지 않습니다. 선학들의 연구는 식민지 조선에서 구국구민의 막중한 역할을 수행하였고, 제 자신이 그러한 환경에서 연구를 하게 된다면 그만큼 해낼 수 있을 것이라고는 도무지 장담하기 어렵습니다. 다만 조선 유학사의 특징을 정확히 인식하는 작업을 통해 그 시대정신을 계승하고자 합니다. 17세기 조선 유학자들의 저작이 어떠한 의미인지를 분석하면서 '오해'와 '억측'이 발생했던 이유를 역사적으로 설명하고자 합니다.

조선 유학사에 대한 '오해'는 시대의 산물입니다. 단순히 '잘못'으로 치부하고 망각해 버릴 대상이 아니라 연구하여 연원을 밝혀야 하는 역사적 사실입니다. 이러한 '오해'를 빚어 낸 시대적 필연성을 명확히 인식하고 한 시대 조류의 역사적 단계를 마무리해야 합니다. '식민사관'에 저항하며 분투했던 한 시대를 이제는 역사 속에서 편히 쉬게 하고 새로운 시대를 여는 관점이 필요합니다.

2021년 2월

타이베이에서 강지은

주석

제1장 20세기 초반 '동아시아' 세계의 탄생

1 Rawski, Evelyn S., "Reenvisioning the Qing: The Significance of the Qing Period in Chinese History", *The Journal of Asian Studies* 55:4 (November 1996); *The Last Emperors: A Social History of Qing Imperial Institutions* (Berkeley: University of California Press, 1998).

2 石橋崇雄, 《大淸帝國》(東京: 講談社, 2000).

3 Elliott, Mark C., *The Manchu Way: The Eight Banners and Ethnic Identity in Late Imperial China* (Stanford, Calif.: Stanford University Press, 2001).

4 Ho, Ping—ti, "The Significance of the Ch'ing Period in Chinese History", *The Journal of Asian Studies*, 26: 2 (Feburary, 1967).

5 葛兆光, 〈地雖近而心漸遠: 十七世紀中葉以後的中國·朝鮮和日本〉, 《臺灣東亞文明研究學刊》第3卷 第1號 (臺北: 臺灣大學人文社會高等研究院, 2006); 〈重建'中國'的歷史論述〉, 《21世紀》第90號 (香港: 香港中文大學中國文化研究所, 2005).

6 상세한 내용은 제2장 참조.

7 呉松, 〈點校前言〉, 梁啓超 著, 呉松 外 點校, 《飮冰室文集點校》第1集 (昆明: 雲南教育出版社, 2001), 1면.

8 狭間直樹, 〈序文〉, 狭間直樹 編, 《共同研究梁啓超: 西洋近代思想と明治日本》(東京:

みすず書房, 1999), 2면.

9 천자현·고희탁, 〈근대 한국의 사회진화론 도입·변용에 보이는 정치적 인식구조: 국가적 독립과 문명개화의 사이에서〉, 《대한정치학회보》 (서울: 대한정치학회, 2011), 29면.

10 한국에서 량치차오의 저작에 의한 사회진화론의 유포에 관해서는 이광린, 〈구한말 진화론의 수용과 그 영향〉, 《한국개화사상연구》 (서울: 일조각, 1979), 260~266면; 신일철·천관우·김윤식 학술좌담, 〈단재 신채호론〉, 《한국학보》 제5호 (서울: 일지사, 1979), 174면; 이태진, 〈당쟁을 어떻게 볼 것인가〉, 이태진 編, 《조선시대 정치사의 재조명》 개정판 (서울: 태학사, 2003), 30~31면 참조.

11 梁啓超, 〈與嚴幼陵先生書〉, 吳松 外 點校, 《飲冰室文集點校》 第1集, 178면. (嚴復의 字 '又陵'이 여기에서는 '幼陵'으로 되어 있다. '幼'와 '又'의 중국어 발음이 같아서 생긴 오류인 듯하나, 애초에 편지의 원본에서 잘못 쓴 것인지는 확인하지 못했다.)

12 梁啓超 著, 朱維錚 導讀, 《淸代學術槪論》 (上海: 上海古籍出版社, 2000), 105면.

13 앞의 책, 2~3면.

14 井上哲次郎, 〈國民道德槪論序〉, 《國民道德槪論》 (島薗進 監修, 島薗進·磯前順一 編纂, 《井上哲次郎集》 シリーズ日本の宗教學二, 第2卷, 東京: クレス出版, 2003) (大正元年 (1912) 8월 1일, 三省堂書店發行本의 影印本. 이 책은 1918년에 《增訂國民道德槪論》이, 1928년에 《新修國民道德槪論》이 각각 增訂版과 新修版으로 발행되었다), 1~3면 참조. 서문에는 국민도덕에 관한 강습회의 전개 상황이 구체적으로 기록되어 있다. 도쿄 외국어대학에서 행해진 최초의 강습회 이후, 같은 해(1910) 12월에는 당시 문부대신이었던 小松原英太郎의 명을 받아 사범학교 수신과修身科 담임 교원을 대상으로 한 강습회가 9일간 문부성 수문관修文館에서 시행되었다. 그리고 이듬해에 다시 문부대신의 명으로 중등교원 강습회의 강습을 도쿄제국대학에서 5일간 시행하였다. 이 강습의 속기록을 정정하고 증보하여 《國民道德槪論》이 출판되었다.

15 井上哲次郎, 《國民道德槪論》, 270면.

16 井上哲次郎, 〈日本朱子學派之哲學序〉, 《日本朱子學派之哲學》 第15版 (東京: 富山房, 1933), 5~6면.

17 廣松涉, 《'近代の超克'論: 昭和思想史への一視角》 (東京: 講談社, 1989), 5면.

18 中村哲夫, 〈梁啓超と'近代の超克'論〉, 狹間直樹 編, 《共同研究梁啓超: 西洋近代思想と明治日本》(東京: みすず書房, 1999), 388면.

19 丸山眞男가 1940년부터 1944년 사이에 집필한 3편의 논문은 먼저 《國家學會雜誌》에 게재되었고, 그 뒤에 한 책으로 묶여 출판되었다. 丸山眞男, 《日本政治思想史研究》(東京: 東京大學出版會, 1952). 1974년 영역본을 출판할 때 영어판 저자 서문이 부가되었다. 이 서문은 1982년 이후 日本語新裝版에도 부가되었다. 같은 책, 〈英語版への著者の序文〉, 377면 참조.

20 丸山眞男, 〈英語版への著者の序文〉, 《日本政治思想史研究》, 397면; 마루야마 마사오, 김석근 옮김, 《일본정치사상사연구》(파주: 통나무, 1998), 69면.

21 인용자 주: 미야케 세쓰레이(三宅雪嶺, 1860~1945, 雄二郎), 《王陽明》(東京: 哲學書院, 1895).

22 인용자 주: 구가 가쓰난陸羯南(1857~1907).

23 荻生茂博, 〈幕末·明治の陽明學と明淸思想史〉(源了圓·嚴紹璗 編, 日中文化交流史叢書三《思想》, 東京: 大修館書店, 1995), 431~432면.

24 앞의 책, 436면.

25 논설 〈유교 동포에게 경고함續〉, 《大韓每日申報》(第2卷 第187號), 1908년 1월 16일 자.

26 논설 〈勸告儒林社會〉, 《皇城新聞》(第3197號), 1909년 10월 12일 자.

27 신채호, 〈問題가 없는 論文〉(1928년 1월 1일 자 《朝鮮日報》에 게재), 丹齋申采浩先生記念事業會 編, 《丹齋申采浩全集》下 (서울: 형설출판사, 1979), 156면.

28 신채호, 〈舊書刊行論〉(1908년 12월 18일~20일 《大韓每日申報》에 게재), 《丹齋申采浩全集》下, 100면.

29 신채호, 〈儒敎擴張에 대한 論〉(1909년 6월 16일자 《大韓每日申報》에 게재), 《丹齋申采浩全集》下, 119~120면.

30 '실학'을 '조선 후기 등장한 새로운 학풍'이라는 의미로 쓰기 시작한 것은, 이나바 이와키치稻葉岩吉(1876~1940)라고 한다. 권순철, 〈韓國思想史における'實學'の植民地近代性: 韓國思想史再考 I〉, 《日本アジア研究》第2號 (埼玉: 埼玉大學大學院文化科學研究科博士後期課程紀要 2, 2005).

31 천관우, 〈磻溪柳馨遠研究 (上)·(下): 實學 발생에서 본 이조사회의 일단면〉, 《역사학

보》 제2·3호 (서울: 역사학회, 1952).

32 한우근, 〈李朝 '實學'의 槪念에 대하여〉, 《진단학보》 제50호 (서울: 진단학회, 1958); 〈明齋 尹拯의 실학관: 李朝實學槪念再論〉, 《동국사학》 제6호 (서울: 동국사학회, 1960).

33 예컨대 윤사순은 실학은 단지 학풍의 방법론에 그치지 않고 하나의 학문을 이루었으며, 그 기반이 되는 사상은 박세당의 학문에서 발견된다고 논하였다. 윤사순, 〈朴世堂의 實學思想에 관한 硏究〉, 《亞細亞硏究》 제15권 제2호, 통권 제46호 별책 (서울: 고려대학교 아세아문제연구소, 1972).

34 James B. Palais, *Confucian Statecraft and Korean Institutions: Yu Hyŏngwŏn and the Late Chosŏn Dynasty.* (Seattle: University of Washington Press, 1996), 14.

35 신채호, 〈儒敎擴張에 대한 論〉, 119~120면.

36 신채호, 〈舊書刊行論〉, 《丹齋申采浩全集》 下, 102면.

37 현상윤(1893~?)이 《朝鮮儒學史》 (서울: 민중서관, 1949)를 집필할 때 '실학파' 대신 '경제학파'라는 용어를 쓴 것은, 조선 전기 유학사의 가치를 인정하면서도 후기의 유학사 변화를 서술하기 위함이라고 여겨진다.

38 윤사순, 〈단재丹齋 신채호申采浩의 유교관儒敎觀〉, 《한국유학사상론》 증보판 (서울: 예문서원, 2002), 527면.

39 신일철·천관우·김윤식 학술좌담, 〈丹齋申采浩論〉, 174면.

40 정인보, 〈陽明學演論〉, 《陽明學演論(外)》 (서울: 삼성문화재단, 1972), 11면. 홍이섭의 해제에 따르면 〈陽明學演論〉은 1930년대 신문(정확히는 1933년도 《東亞日報》)에 게재된 논고로, 《薝園國學散藁》(1955년 간행) 第4篇에 수록되고, 1972년에 〈國學人物論〉과 함께 한 책으로 편찬되었다. 또한 〈朝鮮의 陽明學派〉에는 다음의 일본어 번역본이 있다. 심경호·小川晴久 옮김, 〈朝鮮の陽明學派〉, 《陽明學》 第19號 (東京: 二松學舍大學 東アジア學術總合硏究所 陽明學硏究部, 2007).

41 정인보, 〈陽明學演論〉, 10~15면 참조.

42 조선 양명학파를 가리킨다. 이 용어는 1972년 민영규閔泳珪(1915~2005)에 의해 처음으로 사용되었다. 민영규, 〈爲堂 鄭寅普先生의 행장에 나타난 몇 가지 문제: 實學原始〉 《東方學誌》 제13호 (서울: 연세대학교 국학연구원, 1972). 민영규의 논문은 다

음의 일본어 번역본이 있다. 민영규·小川晴久 옮김, 〈爲堂鄭寅普先生の行狀に現れるいくつかの問題: 實學原始〉,《陽明學》第19號 (東京: 二松學舍大學 東アジア學術總合研究所 陽明學研究部, 2007).

43 中純夫,《朝鮮の陽明學: 初期江華學派の研究》(東京: 汲古書院, 2013), 46~47면.

44 오늘날 한국학계에서 다카하시 도오루는 황국사관에 따라 고의로 조선 유학을 평가 절하했다고 비판받는 한편, 조선 유학 연구사에 있어 어느 정도의 역할을 담당했다는 인식은 존재하고 있다. 첫째로 그는 조선 유학사를 학파별로 체계적으로 논하여 퇴계와 율곡의 학술을 주리파主理派와 주기파主氣派로 나누었는데(〈李朝儒學史に於ける主理派と主氣派の發達〉,《朝鮮支那文化研究》, 京城帝國大學 法文學會 第二部論纂 第1輯, 1929), 그 후 이 분류 방법은 조선 유학사를 논할 때 자주 사용되었다. 예를 들어 배종호의《한국유학사》(서울: 연세대학교 출판부, 1974)는 주리파와 주기파의 대립을 논하였다. 조선 유학사를 학파별로 논한 한국사상연구회 編,《조선 유학의 학파들》(서울: 예문서원, 1996)에서도 주리설과 주기설의 확립을 각각 퇴계학파와 율곡학파에 해당시켰다. 阿部吉雄의《日本朱子學と朝鮮》(東京: 東京大學出版會, 1965)에서도 선행 연구자로 다카하시 도오루를 언급하며 주리와 주기로 나누는 방법을 사용하고 있다. 둘째로, 다카하시의 관점에 대해 문제를 제기하면서 새로운 연구를 시도한 점을 들 수 있겠다. 예를 들면 천관우는 유형원의 실학사상을 논할 때 다카하시 도오루의 유형원 연구에 대해 논박하였다(〈磻溪柳馨遠研究 (上): 실학 발생에서 본 이조사회의 일단면〉, 42~43면). 또 윤사순은 한국 유학의 독자성을 부정하는 다카하시의 논점에 반론하며 한국 유학의 독자성을 논하였다(〈韓國儒學의 諸問題〉,《한국학보》제3호, 서울: 일지사, 1977, 192~201면).

45 高橋亨, 〈朝鮮儒學大觀〉,《朝鮮史講座》特別講義 (京城: 朝鮮史學會 編, 1927), 35~36면. 〈朝鮮儒學大觀〉은 현재 川原水城·金光來 編譯,《高橋亨朝鮮儒學論集》(東京: 知泉書館, 2011)에도 수록되어 있다.

46 高橋亨, 〈朝鮮の陽明學派〉,《朝鮮學報》第4號 (奈良: 朝鮮學會, 1953); 中純夫, 〈高橋亨〈朝鮮の陽明學派〉譯註〉,《東洋古典學研究》第36號 (東廣島: 東洋古典學研究會, 2013); 권순철, 〈[增訂] 高橋亨の朝鮮儒學研究における'異學派': 京城帝大講義ノートを讀む〉,《埼玉大學紀要(教養學部)》第50卷 第1號 (埼玉: 埼玉大學, 2014) 등을 참조.

47 안재홍, 〈조선학의 문제〉,《新朝鮮》(1934) (한영우, 〈한국학의 개념과 분야〉,《한국학연구》제1호, 서울: 단국대학교 한국학연구소, 1994, 13면에서 재인용).

48 안재홍,《朝鮮上古史鑑》卷頭文 (한영우, 〈한국학의 개념과 분야〉, 13면에서 재인용).

49 《朝鮮王朝實錄(仁祖實錄)》인조 15년(1637) 1월 30일(庚午). "龍胡等引入, 設席於壇下北面, 請上就席, 使淸人臚唱. 上行三拜九叩頭禮."

50 김준석,《朝鮮後期政治思想史硏究》(서울: 지식산업사, 2003), 25면.

51 윤사순,《韓國儒學思想論》增補版 (서울: 예문서원, 2002), 367~368면.

52 이동환, 〈조선후기 문학사상과 문체의 변이〉, 황패강 외 編,《韓國文學硏究入門》제14쇄 (서울: 지식산업사, 2000), 291면.

53 李寅燁의 상소가 받아들여져 유배형은 집행되지 않았다.

54 이병도, 〈박서계와 반주자학적 사상〉,《대동문화연구》제3호 (서울: 성균관대학교 대동문화연구원, 1966), 1면.

55 이병도,《國譯思辨錄》解題 (서울: 민족문화추진회, 1968), 1면.

56 윤사순, 〈박세당의 실학사상에 관한 연구〉, 65면.

57 윤사순, 〈西溪全書解題〉 (朴世堂,《西溪全書》서울: 태학사, 1979).

58 윤사순, 〈한국유학의 제문제〉,《한국학보》제3호, 192~201면.

59 안병걸, 〈17세기 조선조 유학의 경전 해석에 관한 연구:《中庸》해석을 둘러싼 주자학파와 반주자학 해석간 갈등을 중심으로〉 (서울: 성균관대학교 박사학위 논문, 1991), 4면.

60 예컨대, 안병걸, 〈서계 박세당의 독자적 경전 해석과 현실인식〉·〈백호 윤휴의 실천적 경학과 그의 사회정치관〉, 성균관대학교 대동문화연구원 編,《조선후기 경학의 전개와 그 성격》(서울: 성균관대학교 출판부, 1998); 김용흠, 〈조선후기 老少論 分黨의 사상기반: 박세당의《思辨錄》에 대한 시비 논쟁을 중심으로〉,《학림》제17호 (서울: 연세대학교 사학연구회, 1996); 금장태, 〈백호 윤휴의 성리설과 경학〉,《조선후기 유학사상》(서울: 불함문화사, 1998); 김길락, 〈백호 윤휴의 철학사상의 육왕학적 조명〉,《유교사상연구》제10호 (서울: 한국유교학회, 1998); 송석준, 〈한국 양명학의 초기 전개양상: 윤휴와 박세당의《大學》해석을 중심으로〉·〈주자학 비판론자들의 경전 해석:《대학》해석을 중심으로〉,《동양철학연구》제22호 (서울: 동양철학연구회,

2000); 이영호, 〈《讀書記·大學》을 통해 본 백호 윤휴의 경학사상〉, 《한국한문학연구》 제25호 (서울: 한국한문학회, 2000); 윤사순, 《서계 박세당연구》 (서울: 집문당, 2007) 등.

61 김용재, 〈한국 양명학 연구현황과 새로운 모색: 강화학 연구의 필요성과 접근방법을 중심 논제로〉, 《양명학》 제14호 (서울: 한국양명학회, 2005), 151~152면.

62 Edward W. Wagner, 이훈상·손숙경 옮김, 〈17세기 조선의 사회계층: 1663년의 서울《북부장호적》에 대한 고찰〉, 《조선왕조 사회의 성취와 귀속》 (서울: 일조각, 2007), 33면.

63 윤사순, 〈한국유학의 제문제〉, 200~204면.

64 최석기, 〈한국경학연구의 回顧와 展望〉, 《대동한문학》 제19호 (대구: 대동한문학회, 2003), 171~172면, 182~183면.

제2장 17세기 유학자 세계의 양상

1 《朝鮮王朝實錄(顯宗實錄)》 현종 15년(1674) 3월 2일(丙寅). "謝恩使金壽恒等, 使譯官金時徵先來, 其狀略曰, 吳三桂不欲北還, 拘執使者而擧兵叛."

2 '獵'에 대해서. 《朝鮮王朝實錄(顯宗改修實錄)》 현종 13년(1672) 10월 27일(戊辰) 기사에 의하면, 허적(許積)(1610~1680)이 1666년 사은사로 연경에 체재하던 중 몽고족에 관한 정보를 얻었다고 한다. 당시 몽고족에는 항타안項朶顏·대타안大朶顏·산타안山朶顏 등이 있었는데, 그중 '쌍환달자雙環獵子'라고도 불리는 산타안이 가장 강하여 청나라 조정에서도 감히 공격하지 못하였다고 한다. 윤휴의 상소문에 보이는 '달獵'은 조선에서 보통 '달자獵子'라고 불린 이 '쌍환달자'를 가리키는 것으로 생각된다.

3 尹鑴, 《白湖全書》 卷5 〈甲寅封事疏〉 甲寅七月初一 (대구: 경북대학교 출판부, 1974), 157면. "今日北方之聞, 雖不可詳, 醜類之竊據已久, 華夏之怨怒方興, 吳起於西, 孔連於南, 獺伺於北, 鄭窺於東. 薙髮遺民叩胸呑聲, 不忘思漢之心, 側聽風飆之響, 天下之大勢, 可知也已. 我以隣比之邦, 處要害之地, 居天下之後, 有全盛之形, 而不於此時, 興一旅馳一檄, 爲天下倡, 以披其勢震其心, 與共天下之憂, 以扶天下之義, 則不徒

操刀不割, 撫機不發之爲可惜, 實恐我聖上遹追不承之心, 無以奏假於我祖宗我先王, 而有辭於天下萬世矣." 그러나 윤휴가 상소를 올린 1674년, 오삼계吳三桂(1612~1678)는 살아있었지만 공유덕孔有德(1602頃~1652)과 정성공鄭成功(1624~1662)은 이미 죽은 후였다. 정성공의 뒤를 이은 장남 정경鄭經(1642~1681)은 살아있었다.

4 韓元震, 《南塘集》 卷38 〈外篇〉 下 (서울: 민족문화추진회, 《한국문집총간》 제202책, 1998), 311면. "孝廟北征之計, 天下大義也. 恨當日區畫旣秘, 後人莫之聞也. 愚嘗竊爲當日計之制北虜之策, 莫如造兵車治舟師. 水陸幷發, 首尾掩擊, 庶可以得志矣."

5 《朝鮮王朝實錄(肅宗實錄)》 숙종 32년(1706) 1월 12일(辛未). "惟我孝廟, 不顧輕弱之勢, 慨然明大義於一方. ……雖大勳未集, 可永有辭於天下萬世矣."

6 허태용, 〈17세기 중·후반 중화회복의식의 전개와 역사인식의 변화〉, 《한국사연구》 제134호 (서울: 한국사연구회, 2006), 85~88면, 91면.

7 기존에 조선조 18세기 후반 이후 청나라 문물의 수용을 주장한 '북학론北學論'의 등장이 주목을 받았다. 이 연구들에서는 화이관념에 입각한 중화의식이 이미 극복되고 새로운 민족의식이 형성되었다고 하였다. 그러나 허태용의 〈영·정조대 중화계승의식의 강화와 송·명 역사서 편찬〉, 《조선시대사학보》 제42호 (서울: 조선시대사학회, 2007), 240~242면에서는 '북학'을 주장한 것은 일부 인물에 국한되며, 게다가 북학을 주장한 사람들, 즉 박지원·이덕무李德懋(1741~1793)·홍양호洪良浩(1724~1802)·성대중成大中(1732~1812) 등을 포함한 대다수가 여전히 중화 계승의식을 견지하고 있었음을 밝혔다.

8 韓元震, 《南塘集》 拾遺 卷6 〈拙修齋說辨〉 448면. "至于我朝, 列聖相承, 賢相代出, 其所以修己治人者, 必法堯舜文武之道. 故禮樂刑政, 衣冠文物, 悉襲中國之制. ……海內腥膻之時, 乃以一隅偏邦, 獨能保中華之治, 承前聖之統, 而殆與昔之閩越, 無相遜讓, 則雖由此進於中國, 行王道而有天下, 亦無不可矣."

9 尹鳳九, 《屛溪集》 卷43 〈華陽尊周錄序〉 (서울: 민족문화추진회, 《한국문집총간》 제204책, 1998), 365면. "四海腥羶, 我獨小華."

10 예컨대, 黃宗海, 《朽淺集》 卷6 〈祭先師鄭寒岡文〉 (서울: 민족문화추진회, 《한국문집총간》 제84책, 1988), 526면. "吾道之東, 自我箕子" 등.

11 《朝鮮王朝實錄(太祖實錄)》 태조 1년(1392) 8월 11일(庚申). "朝鮮檀君, 東方始受命之

主, 箕子, 始興教化之君, 令平壤府以時致祭."

12 山內弘一, 《朝鮮からみた華夷思想》(東京: 山川出版社, 2003), 18면.

13 林鵞峯(이름은 又三郞·春勝·恕)는 도쿠가와 전기의 유학자이다. 하야시 라잔林羅山의 삼남으로서 부친 사후, 明曆 3년(1657)에 하야시 가문을 이어 막부 정권에 참여했다.

14 《화이변태華夷變態》는 도쿠가와 정권의 쇄국체제 아래, 최고 간부로서 극비리에 입수한 해외 소식을 편집한 해외풍설을 집성한 서적이다. 편집자는 도쿠가와 정권의 유관이었던 하야시 가호林鵞峯 및 노부아쓰信篤 부자이다. 현존하는 《화이변태》 3권 및 《기항상설崎港商說》 3권에 1644년부터 1724년까지 81년간 2,300통의 당선풍설 唐船風說이 수록되어 있다. 〈序〉 1~2면 및 浦廉一, 〈唐船風說書の研究〉(林春勝·林信篤 編, 浦廉一 解說, 《華夷變態》上册, 東京: 東洋文庫, 1958), 43~44면 참조.

15 林春勝, 〈華夷變態序〉, 앞의 책, 1면. "崇禎登天, 弘光陷虜, 唐魯纔保南隅, 而韃虜橫行中原, 是華變於夷之態也. 雲海渺茫, 不詳其始末. 如勦闖小說, 中興偉略, 明季遺聞等槪記而已. 按朱氏失鹿, 當我正保年中, 爾來三十年所, 福漳商船來往長崎, 所傳說, 有達江府者, 其中聞於公件件, 讚進之, 和解之, 吾家無不與之. 其草案留在反古堆, 恐其亡失, 故敘其次第, 錄爲册子, 號華夷變態. 頃間(聞)吳鄭檄各省, 有恢復之擧. 其勝敗不可知焉. 若夫有爲夷變於華之態, 則縱異方域, 不亦快乎!"(이 서문의 집필 연도는 1674년이다. 鄭成功은 이미 죽고 장남 鄭經이 그 뒤를 잇고 있었다).

16 浦廉一는 〈華夷變態〉라는 서명에 대해 "당시 청조淸朝를 이적시夷狄視하고 명조明朝의 몰락에 깊은 동정을 표한 우리 일본 조야의 풍조가 드러난 것이다. 그러나 오랜 기간에 걸쳐 당선풍설서唐船風說書를 모아 엮은 책의 명칭으로는 반드시 적당하다고 말하기 어렵다. 이에 이어지는 《崎港商說》이 적합한 명칭이다"라고 하였다. 浦廉一, 〈唐船風說書の研究〉, 앞의 책, 47면.

17 宮嶋博史, 〈華夷變態, 世界システムと東アジア〉, 岸本美緒·宮嶋博史 《明淸と李朝の時代》(東京: 中央公論社, 1998), 196~197면.

18 대표적으로 이우성, 〈高麗朝의 '리吏'에 대하여〉, 《역사학보》 제23호 (서울: 역사학회, 1964).

19 John B. Duncan, *The Origins of the Chosŏn Dynasty* (Seattle: University of Washington Press, 2000).

20 余英時,《士與中國文化》(上海: 上海人民出版社, 1987); 張培鋒, 〈論中國古代'士大夫'
　　概念的演變參與界定〉,《天津大學學報(社會科學版)》第8卷 第1期 (天津: 天津大學,
　　2006) 참조.

21 《國語》卷1〈周語〉上. "諸侯春秋受職于王以臨其民, 大夫·士日恪位箸以儆其官, 庶
　　人·工·商各守其業以共其上."(吳韋昭(?~273) 注: 中庭之左右曰位. 門屏之間曰箸) 및
　　張培鋒, 앞의 책, 46면.

22 《周禮》冬官考工記第六. "國有六職, ……坐而論道, 謂之王公. 作而行之, 謂之士大
　　夫. 審曲面勢, 以飭五材, 以辨民器, 謂之百工. 通四方之珍異以資之, 謂之商旅. 飭力
　　以長地財, 謂之農夫. 治絲麻以成之, 謂之婦功"('사대부'에 대한 정현鄭玄의 주석에
　　"親受其職居其官也"라고 하였다) 및 張培鋒, 앞의 책, 46면.

23 《漢書》卷24 上 食貨志. "士農工商, 四民有業. 學以居位曰士, 闢土殖穀曰農, 作巧成
　　器曰工, 通財鬻貨曰商" 및 張培鋒, 앞의 책, 46면.

24 《孟子》萬章下. "下士與庶人在官者同祿."

25 《孟子》滕文公下. "士之失位也, 猶諸侯之失國家也. ……士之仕也, 猶農夫之耕也."

26 《史記》卷10〈孝文本紀〉. "高帝親率士大夫, 始平天下, 建諸侯."

27 范仲淹,《范文正集》卷7〈岳陽樓記〉. "先天下之憂而憂, 後天下之樂而樂乎."(범중엄
　　의 字는 希文, 諡號는 文正)《宋史》卷314〈范仲淹列伝〉(脫脫等 撰,《宋史》, 北京: 中華
　　書局, 2007), 10267면에 "일시에 사대부들이 단련하여 언행을 고상하게 하고 절개를
　　중시하게 된 것은 범중엄이 제창한 것이다[一時士大夫矯厲尚風節, 自仲淹倡之]"라고
　　하였다.

28 《朝鮮王朝實錄》의 원문에서 '士大夫'를 검색하면 2,423건이 나온다. 1건도 나오지
　　않은 때는 마지막 왕인 27대 순종純宗(1874~1926, 재위: 1907~1910)대뿐이다. 가장
　　많은 것은 반정으로 왕에 옹립된 중종中宗(1488~1544, 재위: 1506~1544) 시대(489
　　건)이다.

29 《朝鮮王朝實錄(太祖實錄)》總序 참조.

30 《朝鮮王朝實錄(太宗實錄)》태종 1년(1401) 1월 14일(甲戌). "參贊門下府事權近上書,
　　書曰, ……王者擧義創業之時, 人之附我者賞之, 不附者罪之, 固其宜也. 及大業旣定,
　　守成之時, 則必賞盡節前代之臣, 亡者追贈, 存者徵用, 並加旌賞, 以勵後世人臣之節,

此古今之通義也. …… 夢周死於高麗, 獨不可追贈於今日乎? 前注書吉再, 苦節之士. …… 在革命之後, 尙爲舊君守節, 能辭爵祿者, 唯此一人而已, 豈非高士哉! 宜更禮召, 以加爵命."

31 《朝鮮王朝實錄(太宗實錄)》太宗 1년(1401) 11월 7일(辛卯) 기사 참조.

32 《朝鮮王朝實錄(世宗實錄)》세종 13년(1431) 11월 11일(壬申). "上謂俊循曰, 侍中鄭夢周守死不變, 注書吉再執節不移, 上疏乞退, 於所撰忠臣圖內, 竝圖形作贊."

33 《朝鮮王朝實錄(成宗實錄)》성종 5년(1474) 6월 20일(癸酉). "傳旨吏曹曰, 高麗侍中鄭夢周·注書吉再之後, 訪問錄用."

34 《朝鮮王朝實錄(中宗實錄)》중종 11년(1517) 9월 17일(庚寅) 기사 참조.

35 앞의 책, 중종 13년(1518) 10월 26일(壬辰). "遣禮曹正郎李純, 致祭于高麗守門下侍中文忠公鄭夢周之墓."

36 앞의 책, 중종 13년(1518) 10월 23일(己丑). "權橃曰, 國家元氣, 則當使之恢弘, 不摧挫士氣, 然後根本鞏固. 近見禮曹公事, 請製鄭夢周祭文, 此美事也. …… 夢周見人心盡歸太祖, 諷臺諫, 凡付太宗者, 如趙浚, 鄭道傳, 南誾等, 皆出之. ……勢與夢周, 不可兩立, 故乃去夢周. 以此見之, 夢周於我國如仇讎. 然褒崇此人, 然後綱常大明. …… 上曰, 鄭夢周於太祖朝, 如是被害, 以此言之, 果如仇讎. 然今則褒獎此人, 然後可以立國規模也."

37 앞의 책, 중종 1년(1506) 9월 2일(戊寅) 기사 참조.

38 앞의 책, 중종 5년(1510) 10월 10일(癸巳)과 11월 15일(丁卯) 기사 참조.

39 앞의 책, 중종 6년(1511) 4월 1일(庚辰), 4월 3일(壬午), 4월 11일(庚寅), 4월 18일(丁酉), 중종 10년(1515) 8월 29일(癸未) 기사 참조.

40 앞의 책, 중종 12년(1517) 2월 26일(壬申). "國家旣錄爲功臣, 又隨而改正, 無乃重難耶."

41 앞의 책, 중종 14년(1519) 11월 15일(乙巳), 11월 16일(丙午), 11월 17일(丁未) 기사 참조.

42 앞의 책, 중종 14년(1519) 11월 19일(己酉) 기사 참조.

43 趙光祖,《靜菴集》附錄 卷5〈靜菴先生年譜〉(서울: 민족문화추진회,《한국문집총간》제22책, 1988), 106면 및《朝鮮王朝實錄(中宗實錄)》중종 14년(1519) 12월 16일(丙子) 기사.

44 앞의 책, 附錄 卷5〈靜菴先生年譜〉, 106면.

45 정도전의 문집은 태조 6년(1397), 세조 11년(1465), 성종 17년(1486)에 간행된 후, 다시 간행된 것은 300년 후인 정조 15년(1791)이다(한영우, 〈삼봉집해제〉,《국역삼봉집》(서울: 민족문화추진회, 1977) 참조). 조선 중기 이래 그가 도외시되었음을 엿볼 수 있다. 이러한 평가는 현대 학술연구에도 영향을 끼쳤다. 정도전에 관한 최초 연구는 1935년에 등장(이상백, 〈三峯人物考 (1)·(完)〉,《진단학보》제2·3호 (서울: 진단학회, 1935))했지만, 본격적인 연구는 1970년대에 시작되었다(한영우,《정도전 사상의 연구》(서울: 서울대학교 출판부, 1973)). 윤사순은 조선 유학자들이 정한 '도학道學'의 계보에 따라 조선 유학을 연구해 온 경향을 반성해야 한다고 주장하였다(〈정도전 성리학의 특성과 그 평가문제〉,《진단학보》제50호 (서울: 진단학회, 1980)). 그리고 강재언은 정도전을 제외하는 조선 유학사에서의 이러한 도통 관념을 비판하였다(《朝鮮儒教の二千年》(東京: 講談社, 2012)).

46 《朝鮮王朝實錄(高宗實錄)》고종 2년(1865) 9월 10일(壬申) 기사.

47 《中宗實錄》중종 39년(1544) 5월 29일(丙寅). "成均館生員辛百齡等上疏曰, ……吾道久東, 亦必有傳. 蓋光祖得之於金宏弼, 宏弼得之於金宗直, 宗直得之於前朝臣吉再, 吉再得之於鄭夢周. 其泝流濂洛, 窮源洙泗, 竊以顏閔之所學, 伊尹之所志, 自許其身者, 爲如何哉?",《仁宗實錄》인종 1년(1545) 3월 13일(乙亥) "成均館進士朴謹等上疏曰, ……臣等伏念, 趙光祖以豪傑之材, 從事於聖賢之學, 風雲際會, 得遭我先王求治之誠, 一心循國, 期臻至治. ……光祖之學之正, 其所傳者, 有自來矣. 自少慨然有求道之志, 受業於金宏弼, 宏弼受業於金宗直, 宗直之學, 傳於其父司藝臣淑滋, 淑滋之學, 傳於高麗臣吉再, 吉再之學, 傳於鄭夢周, 夢周之學, 實爲吾東方之祖, 則其學問之淵源類此."

48 《中宗實錄》중종 15년(1520) 1월 15일(甲辰). "弘文館上疏. 略曰, ……立紀綱. 數年來, 上之所用, 皆新進僥利之人, 潛相交結, 晝聚夜集. 韋布而論國政得失, 僕隸而議官長是非, 名爲公論, 禁制縉紳. 臺諫而不得行其職, 宰執而不能任其責."

49 朴趾源,《燕巖集》卷8 別集 放璚閣外傳〈兩班傳〉(서울: 민족문화추진회,《한국문집총간》제252책, 2000). "兩班者, 士族之尊稱也. ……維厥兩班, 名謂多端. 讀書曰士, 從政爲大夫." 122면. 〈両班傳〉은 단편소설에 속하는 저작이다.

50 예컨대, 한국문학사 연구서에는 "사대부는 본래 나아가면 관인이요 물러나면 처사

處士가 되는 까닭으로 여말선초의 사대부 문학에는 관인으로서의 문학과 처사적인 문학의 양면성이 있었다고 할 수 있다(이병혁, 〈여말선초의 관인문학官人文學과 처사 문학處士文學〉, 황패강 외 編, 《한국문학연구입문》, 240면)"라고 하였다. 그리고 "우리 나라 사대부 계급은 '독서를 하면 사士요, 벼슬을 하면 대부大夫라'고 일컬었듯, 문 인 지식층이며 관인 지배층이었다(임형택, 〈조선전기 문인유형과 방외인문학〉, 앞의 책, 244면)"라고 하였다. 이러한 사대부관士大夫觀은 한국사상사 학계에서만 보이는 것은 아니다. 예를 들면, 신문 칼럼에서 경제학 연구자인 대학교수는 다음과 같이 말했다. "지난 정부에 참여했던 교수들이 적잖은 혼란을 초래했기 때문에 새로 짜 이는 정치판에서는 교수 위치가 별로일 줄 알았더니 그게 아니다. 이렇게 되는 데는 역시 역사의 무게가 작용하고 있는 것 같다. 유교국가 한국의 지배계급이었던 사대 부는 물러나면 선비가 되고 나아가면 관료가 되었다"(이제민(연세대 교수·경제학), 〈정치인과 교수 사이〉, 《한국경제신문》 2008년 3월 31일 칼럼 기사). 한편 중국의 《新華 詞典》 第3版 (商務印書館, 2004) (2001년 3판의 61차 인쇄)의 '士'자에 대한 해설은, "① 사람에 대한 미칭美稱, ② 어떤 일에 종사하는 사람을 가리킴, ③ 군함명軍銜名. 사관士官. 위관尉官 아래에 있는 사병士兵을 널리 가리킴, ④ 옛날에 독서인을 가리 키던 말, ⑤ 고대 통치계급 가운데 경대부卿大夫의 한 단계 아래 계층, ⑥ 옛날에 아 직 결혼하지 않은 남자를 가리키던 말"이라고 되어 있다. 그리고 일본의 《廣辭苑》 第5版 (岩波書店, 1998)에는 "① 관위官位·봉록을 소유하고 인민人民의 위에 있는 자, ② 주대周代에 사민四民의 위, 대부大夫의 아래에 있던 신분, ③ 병졸의 지휘를 담당 하는 사람. 또는 군인, 병사, ④ 근세 봉건사회의 신분 중 하나. 무사武士, 사무라이, ⑤ 학덕學德을 닦은 훌륭한 남자. 또는 남자의 경칭, ⑥ 일정한 자격·역할을 지닌 자"라고 되어 있다. 즉 중국과 일본 모두 '士'를 '관직에 나아가지 않은 자'로 특정 하지는 않았다.

51 조선왕조 건국 이래로 재야세력이었던 사림은 선조宣祖(1552~1608, 재위: 1567~1608) 의 즉위 후, 중앙 정치를 주도하게 된다. 1575년(선조8) 이조 전랑 자리를 둘러싼 마찰 이 계기가 되어 점차 학파나 지역적 기반에 따라 분파해 간다. 이조 전랑은 이조의 정 랑正郎 및 좌랑佐郎을 병칭한 것이다. 관위官位로는 각각 정5품과 정6품의 낮은 관직 이지만 삼사三司(사헌부·사간원·홍문관)의 관리 임명권 등 강력한 권한을 지녔으며,

그 뒤의 승진 또한 보증되었다. 또 사직할 때에는 후임자를 추천할 수 있는 직권이 있었고 재야의 인재를 추천할 수 있는 권한도 갖고 있었다. 이른바 청요직淸要職이다. 1573년(선조 6) 오건吳健(1521~1574)이 김효원金孝元(1542~1580)을 이조 전랑 자리에 추천하였는데, 심의겸沈義謙(1535~1587)은 이에 반대 의사를 표명하였다. 그 후 심의 겸의 동생 심충겸沈忠謙이 추거되자 김효원이 반대하였다. 김효원의 집은 서울의 동쪽에 있었고 심의겸의 집은 서쪽에 있었는데, 이로부터 김효원의 지지세력을 동인, 심의겸의 지지세력을 서인이라고 불렀다. 전자에는 퇴계나 조식曹植(1501~1572)에게 배운 영남학파가 많고, 후자에는 율곡에게 배운 이들이 많았다. 그러나 이때에는 학파와 정파가 꼭 일치하지는 않았다. 그 후 동인은 남인과 북인으로, 서인은 노론과 소론으로 분파한다. 1589년(선조 22), 정여립鄭女立(1546~1589)의 모반 사건을 처리한 기축옥사己丑獄事는 동인이 남인과 북인으로 분당하게 되는 주요 원인 중 하나이다. 서인인 정철鄭澈(1536~1593)이 사건의 처리를 주도하였는데 많은 동인이 피해를 입었다. 그 후 동인 내에서는 서인에 적대적인 입장과 그렇지 않은 입장이 대립하게 된다. 전자는 서경덕徐敬德(1489~1546)·조식 학맥의 인물을 주축으로 하는 북인이 된다. 후자는 퇴계의 학맥인 류성룡柳成龍·우성전禹性傳·김성일金誠一 등의 인물을 주축으로 하는 남인이 된다. 북인은 인조반정 이후로 소멸하고 남인이나 서인에 흡수된다. 남인과 서인은 예송으로 대립하면서 정권 교대를 반복한다. 남인은 숙종의 즉위와 함께 정권을 잡았으나 숙종 6년(1680, 庚申)에 윤휴尹鑴·허적許積·이하진李夏鎭·이원정李元禎 등이 사사賜死되거나 유배가게 됨으로써 실각한다. 1689년(숙종 15) 기사환국己巳換局으로 정권을 회복했다가 1694년(숙종 20) 갑술환국甲戌換局으로 다시 실각한다. 남인은 주로 퇴계 학맥이지만 영남 지역의 남인이 퇴계의 학설을 계승한 것에 반해, 근기近畿 지역의 남인은 다양한 학술에 관심을 갖는 경향이 강하였다. 특히 조선 후기 '실학'의 주요 인물은 근기남인近畿南人에서 배출되었다. 남인이 중앙 권력을 차지하였던 기간은 짧으며 주로 학술적인 업적을 남겼다. 한편 서인은 1623년 광해군을 몰아내고 인조를 옹립한 정변(즉 인조반정)을 일으켜 정권을 장악한다. 1680년 남인 당파가 실각한 뒤(즉 경신대출척), 남인의 처분을 둘러싸고 서인 내부에서는 논쟁이 끊이지 않았는데, 김익훈金益勳·김석주金錫胄 등의 노장파는 남인의 발본색원을 요구하였으나, 한태동韓泰東·조지겸趙持謙 등의 소장파의 반대에 부딪혔다. 송시열은 노장파를 지지하였다. 여기에는 송시열과 그 제자인 윤증의 대립 사건도 겹쳐 있다. 윤증의 아버지인 윤선거尹宣擧(1610~1669)는 본래 송시열과 친분이 두터웠으나, 송시열이 윤휴의 경서 해석에 이의를 제기하였을 때 윤휴를 변호하며 둘 사이를 중재하려 했기 때문에 송시열에게 배척당하게 된다. 윤선거 사후, 아들 윤증은 송시열에게 묘지명을 부탁하였는데 송시열은 이전에 품은 불만을 묘지명에 드러내었다. 이 사건으로 인하여 둘은 사제의 연을 끊고 송시열 등의 노장파는 노론, 윤증 등의 소장파는 소론이 되었다. 1694년(숙종 20, 甲戌), 남인은 정권에서 배제되어 그 후로 다시는 돌아오지 못하였고, 정국은 노론·소론에 좌우되었다. 18세기 영조·정조 시대에는 노론과 소론을 균등하게 등용하는 탕평정책으로 정국이 안정되었으나, 정조의 뒤를 이은 순조 시대 이후로는 노론이 독주하였다. 김준석,《조선후기 정치사상사 연구》; 이성무,《조선시대 당쟁사》(서울: 동방미디어, 2000) 참조.

52 《朝鮮王朝實錄(顯宗實錄)》현종 15년(1674) 7월 6일 기사. "禮以爲國, 聖人明訓. 禮或一虧, 國隨以亡, 可不愼哉? 臣雖無狀, 尙有不泯之彝性, 衷情所激, 不量愚賤, 裹足千里, 擬干鈇鉞之. ……凡有血氣, 孰不駭憤? 而內懷鬱悒, 外相戒飭, 尙無一人, 爲殿下發口言者, 猶爲國有人乎? 惟是禮之一字, 爲世所諱, 人皆愛身, 莫敢開喙, 値此莫重莫大不可不言之際, 而率以含默爲尙, 在朝之公議泯滅, 在野之士氣沮喪. 國事至此, 寧不寒心哉? 殿下誠能飜然覺悟, 惕然自省, 明敎禮官, 詳考典禮, 革其差謬, 復其正制, 澳降悔悟之敎, 快釋中外之惑, 則送終之禮, 無憾, 長嫡之義, 克明. 經正道合, 亶在此擧, 一言興邦, 卽今日其會也."

53 앞의 책, 현종 15년(1674) 7월 6일과 7월 13일 기사 참조.

54 이재철,〈조선후기 竹軒 都愼徵의 議禮疏와 國政變通論〉,《조선시대사학보》(서울: 조선시대사학회, 2005), 90면에 따르면 도신징은 윤휴에게 편지를 보내 답장을 받은 적이 있다. 국상國喪을 둘러싼 남인 측의 견해에 대해 어느 정도 이해가 있었다고 추측된다.

55 李新達,《中國科擧制度史》(臺北: 文津出版社, 1996), 106~110면.

56 宮崎市定,《科擧史》(東京: 平凡社, 1987), 247면.

57 앞의 책, 255, 257면.

58 竹內弘行,〈梁啓超の康有爲への入門從學をめぐって〉(狹間直樹 編,《共同硏究梁啓

超》, 東京: みすず書房, 1999), 14~15면.

59 宮崎市定, 《科擧史》, 20면.

60 《朝鮮王朝實錄(成宗實錄)》 성종 14년(1483) 2월 27일(庚寅), 성종 23년(1492) 11월 20
일(丁亥) 기사.

61 앞의 책, 성종 1년(1470) 11월 8일(壬午) 기사.

62 이성무, 《한국의 과거제도》(서울: 집문당, 2000) 참조.

63 앞의 책, 113~136면.

64 宮崎市定, 《科擧史》71, 126면·156면.

65 송준호, 〈조선시대의 과거와 양반 및 양인 (I): 문과와 생원진사시를 중심으로 하여〉,
《역사학보》 제67호 (서울: 역사학회, 1976), 107면.

66 《經國大典》禮典. "犯罪永不敍用者, 贓吏之子, 再嫁失行婦女之子及孫, 庶孽子孫勿
許赴文科生員進士試."

67 한우근, 〈중앙집권체제의 특성〉, 국사편찬위원회 編, 《한국사》 제10책, 〈조선: 양반
관료국가의 사회구조〉 (서울: 국사편찬위원회, 1974), 212면.

68 송준호, 〈조선시대의 과거와 양반 및 양인 (I): 문과와 생원진사시를 중심으로 하여〉,
109면.

69 송준호, 《이조 생원진사시의 연구》(서울: 대한민국 국회도서관, 1970), 14~22면.

70 앞의 책, 38면.

71 이성무, 《한국의 과거제도》, 138~141면.

72 《經國大典》禮典 諸科生員初試 항목 참조.

73 이성무, 《한국의 과거제도》, 228~230면.

74 《經國大典》兵典 試取 참조.

75 《朝鮮王朝實錄(世宗實錄)》 세종 4년(1422) 12월 24일(丁未). "傳旨曰, 科擧所以取士.
自今武擧, 雖未射二百步者, 若通經則取之."

76 荒野泰典, 《近世日本と東アジア》(東京: 東京大學出版會, 1988), 序의 X면.

77 山鹿素行, 〈中朝事實〉(廣瀬豊 編, 《山鹿素行全集: 思想篇》 第13卷, 東京: 岩波書店,
1940). 인용은 각각 16, 17, 18, 21면.

78 淺見絅齋, 〈中國辨〉(西順藏 外 校注, 《山崎闇齋學派》, 〈日本思想大系〉 第31卷, 東京: 岩

波書店, 1980).

79 荒野泰典, 《近世日本と東アジア》, 56면.

80 佐藤直方, 〈中國論集〉(西順藏 外 校注, 《山崎闇齋學派》).

81 渡邊浩, 《近世日本社會と宋學》(東京: 東京大學出版會, 1985), 50면.

82 前田勉, 《兵學と朱子學·蘭學·國學: 近世日本思想史の構圖》(東京: 平凡社, 2006), 103면.

83 原念齋 著, 源了圓·前田勉 譯注, 《先哲叢談》(東京: 平凡社, 2006), 118~119면.

84 논설 〈今日宗教家에게 要하는 바〉, 《大韓每日申報》 第7卷 第1252號, 1905년 8월 11일 자.

85 姜在彦, 《朝鮮の儒教と近代》(東京: 明石書店, 1996), 201면.

86 前田勉, 《兵學と朱子學·蘭學·國學》, 103면.

87 李恒老, 《華西集》 附錄 卷5 〈語錄〉(柳重敎 錄)(서울: 민족문화추진회, 《한국문집총간》 제305책, 2003), 420면. "西洋亂道最可憂. 天地間一脈陽氣在吾東, 若并此被壞, 天心豈忍如此. 吾人正當爲天地立心, 以明此道汲汲如救焚. 國之存亡, 猶是第二事."

88 앞의 책, 卷3 〈辭同義禁疏(十月初三日)〉, 90면. "蓋洋夷之潛入我國, 廣傳邪學者, 豈有他哉. 欲以植其黨與, 表裏相應, 偵我虛實, 犟師入寇, 糞穢我衣裳, 每掠我貨色, 以充谿壑之欲也. 情狀已露, 婦孺皆知, 然則內修外攘之擧, 如根本枝葉之相須, 不可闕一也明矣."

89 앞의 책, 附錄 卷4 〈語錄(朴慶壽 錄)〉, 413~414면. "今海寇之覬覦情跡, 已著不可諱也, 而必諉之以土地人民非其所欲何哉."

90 논설 〈今日宗教家에게 要하는 바〉.

91 伊藤仁齋, 《童子問》 卷之中 第61章 (寶永4年 丁亥夏五月 刊本)(東京大學文學部漢籍コーナー所藏, 天理圖書館40178의 複寫本). "蓋學者之進道, 其初學問與日用扞格齟齬, 不能相入. 及乎眞積力久, 自有所得, 則向視之以爲遠者, 今始得近, 向視之以爲難者, 今始得易."

92 尾藤正英 校注, 〈藤樹先生年譜〉(山井湧 外 校注, 《中江藤樹》, 〈日本思想大系〉 第29卷, 東京: 岩波書店, 1974), 286~287면.

93 앞의 책, 295면, "이보다 전에는 오로지 사서를 읽고 격법格法을 굳게 지켰다. 그 의

도는 오직 성인의 전요典要와 격식 등을 하나하나 명심하려던 것이었다. 그렇지만 때로는 맞지 않고 막혀서 행하기 어려운 경우가 있었으므로, '성인의 도가 이와 같은 것이라면, 지금 세상에서 우리들이 미칠 곳은 아니다'라고 의심하였다. 이에 오경五經을 숙독하였는데 촉발되고 느껴 터득한 바가 있어 《지경도설持敬圖說》과 《원인原人》을 지어 동지들에게 보여주었다. 이것을 행한 지 수년이 지났지만, 행할 수 없는 부분이 많아 인정에 어긋나고 물리物理를 거스르는 것이 심하였다. 그러므로 의심하여 그만둔 것이다[此ヨリ前, 專ラ四書ヲ讀テ, 堅ク格法ヲ守ル. 其意, 專ラ聖人ノ典要格式等, 逐一二受持セント欲ス. 然レドモ間時二合ハズシテ, 滯碍, 行ガタキヲ以テ, 疑テ以爲ラク, '聖人ノ道カクノゴトクナラバ, 今ノ世二在テ, 吾輩ノ及ブ處ニアラズ'ト. 是二於テ, 五經ヲ取テ熟讀スルニ, 觸發感得アリ. 故二《持荷如圖說》幷二《原人》ヲ作爲シテ, 同志二示ス. 此ヲ行フコト數年. 然レドモ行ハレザル處多クシテ, 甚ダ人情二戾リ物理二逆フ. 故二疑止コトアタハズ]."

94 渡邊浩, 《近世日本社會と宋學》, 29면.
95 劉剡 校正, 《詳說古文眞寶大全》 前集 卷1 〈眞宗皇帝勸學〉 (서울: 보경문화사, 1989),
    8면. "富家不用買良田, 書中自有千鍾粟. 安居不用架高堂, 書中自有黃金屋."
96 黑住眞, 《近世日本社會と儒敎》 (東京: ぺりかん社, 2003), 21~22면.
97 中村元, 《日本人の思惟方法》, 《中村元選集》 [決定版] (東京: 春秋社, 2003), 8면. 신란親鸞(1173~1262)은 가마쿠라 초기의 승려로 정토진종의 개조開祖이고, 도겐道元
    (1200~1253)은 가마쿠라 초기의 선승으로 일본 조동종의 개조이다. 니노미야 손토쿠二宮尊德(1787~1856)는 도쿠가와 후기의 독농가篤農家로 신神·유儒·불佛 사상을 취한 보덕교報德敎를 창시하였다.
98 中村元, 《日本人の思惟方法》, 9면. 中村元의 견해로부터 추측하자면, 도쿠가와 유학이 '수정주의적'인 수용 형태로 전개되었던 것은 그 사회가 애초부터 유학과 거리가 있었다는 원인 이외에, 일본문화 형성사의 특징이라는 원인도 있다. 요컨대 일본문화는 다른 문화를 받아들일 때 발상지의 체계에 맞추기보다는 자기 생각에 맞추어 이를 변경하는 경향이 있다는 점이다.
99 林羅山, 〈敍法印位詩(幷序)〉, 《林羅山詩集》 下卷 38 (東京: ぺりかん社, 1979), 418면.
100 山井湧 外 校注, 〈文集〉 (山井湧 外 校注, 《中江藤樹》), 13면.

101 和島芳男,《日本宋學史の研究》增補版 (東京: 吉川弘文館, 1988), 466면.

102 《大猷院殿御實紀》는 도쿠가와 이에야스德川家康부터 10대인 이에하루家治에 이르는 화문和文의 편년체 실록인, 통칭《덕천실기德川實紀》가운데 3대 쇼군 이에미츠家光의 실록이다. 대유원大猷院(다이유엔)은 이에미츠의 시호이다.

103 和島芳男,《日本宋學史の研究》, 466~467면.

104 尾藤正英 校注,〈藤樹先生年譜〉, 295면.

105 渡邊浩,《近世日本社會と宋學》, 12면.

106 渡邊浩,《日本政治思想史 17~19世紀》(東京: 東京大學出版會, 2010), 93~94면.

107 앞의 책, 97~98면.

108 朱熹,《論語集注》雍也 (《四書章句集注》, 北京: 中華書局, 1983), 86면. "仁者, 心之德. 心不違仁者, 無私欲而有其德也."

109 趙翼,《浦渚先生遺書》卷6〈論語淺說〉, 풍양조씨화수회 編,《豊壤趙氏文集叢書》4 (서울: 보경문화사, 1988), 103면. "仁者, 本心之德也. 心本有此德, 惟私欲蔽之, 故此德亡矣. 故私欲去則此德無不存矣. ……學者爲學可不以爲仁爲事而用力可不以不違爲期乎."

110 伊藤仁齋,《論語古義》(林本) 雍也 (東京大學文學部漢籍コーナー所藏, 天理圖書館 406094 複寫本). "言爲仁天下之至難也." "仁主於吾心, 猶五臟六腑之具於吾身, 人人皆有. 豈得獨以顔子爲不違邪. 曰, 此宋儒以仁爲性之誤也."

111 앞의 책, 憲問. "若後世主無欲主靜之說者, 實虛無寂滅之學, 而非孔門爲仁之旨矣."

112 黎靖德 編,《朱子語類》卷6〈性理三〉(《朱子全書》第14冊, 上海: 上海古籍出版社, 合肥(安徽): 安徽教育出版社, 2001), 259면.

113 《中宗實錄》중종 1년(1506) 10월 25일(己卯). "臺諫合司上八條疏, ……六曰杜私恩."

114 渡邊浩,〈'おほやけ' 'わたくし'の語義: '公' '私', 'Public' 'Private'との比較におい て〉(佐々木毅·金泰昌 編,《公と私の思想史》, 東京大學出版會, 2003), 153면.

115 앞의 책, 150~151면.

116 이 사건에 대해, 라잔의 셋째 아들인 하야시 가호林鵞峯가 저술한〈연보〉나 넷째 아들 하야시 돗코사이林讀耕齋가 저술한〈행장〉에 그 내용이 실려 있다. 예를 들면,《羅山林先生集》附錄 卷3에 (慶長) "八年癸卯, 先生開筵聚諸生, 講論語集註, 戶外屨

滿. 外史淸原秀賢娟(媚?)疾之, 奏曰, 自古講書者皆有勅許, 今則不然. 請督責之, 乃啓
稟于東照大神君. 大君哂曰, 庸詎傷乎. 各宜從其所好. 何爲告訴之淺卑乎. 是以事輟"
라고 하여, 기요하라 히데카타淸原秀賢가 상주한 것에 대해, 도쿠가와 이에야스가
경서의 주석은 각기 좋아하는 바를 따르면 된다고 하며 물리친 것처럼 기록되어 있
다. 이러한 기술에 대하여 하야시 가문의 날조라고 추정하는 선행 연구도 있다. 그
러나 堀勇雄은 하야시 라잔의 《野槌》, 후지와라 세이카藤原惺窩의 편지, 기요하라 히
데카타의 《慶長日件錄》 등의 기술에 근거하여, 慶長 9년 혹은 10년경 이러한 일이
있었음을 논증하였다. 堀勇雄, 《林羅山》 (東京: 吉川弘文館, 1992), 38~54면 참조.

117 《論語集解》는 중국 위魏나라의 하안何晏이 한대漢代의 주석을 취사取捨하여 저술한
주석서이다. 이 《논어집해》에 중국 육조六朝 양梁나라의 황간皇侃이 소疏를 붙인 《論
語義疏》는 북송 형병邢昺의 《論語正義》가 출현한 이후 차차 읽히지 않게 되어 중국
에서 사라졌다. 그 뒤에 일본으로 건너온 초본抄本이 청대淸代에 역수입되어 부활하
였다. 일본에서는 남북조 시대부터 무로마치室町 시대에 걸쳐 여러 번 복각되어 널
리 유행하였다. 天理圖書館 篇, 《古義堂文庫目錄》 (天理: 天理大學出版部, 1956)에도
《논어집해》가 있다. 목록에 있는 것은 東涯手澤本인데, 《論語古義》의 내용으로부터
진사이는 이 본을 주로 참조하였음을 알 수 있다.

118 林羅山, 〈徒然草野槌〉. "처음에 나는 하안의 《논어집해》와 황간의 《논어주소》를 보
다가 17, 8세부터 비로소 주자의 《집주》를 읽고 《대전》을 살펴보고 《정자유서程子遺
書》, 《성리대전性理大全》 또한 살펴보았다. 벗들을 위해 《집주》의 뜻을 대략 설명해
주었는데 당시 21세였다. 12년을 거치는 동안 심의深衣를 입고 강설하는 일도 있었
다[初余論語何晏集解・皇侃疏を見て十七八歲の頃よりはじめて朱子集注をよみ, 大全を
かんがへ, 程子遺書・性理大全をもうかがひて朋友のために集注の趣あらあらときかせ
たり, 時二十一歲也, 一二年をへて深衣をきて講說する事もありき]" (和島芳男, 《日本宋
學史の硏究》, 426면에서 재인용).

119 伊藤仁齋, 《古學先生詩文集》 卷5 同志會筆記 (天理圖書館古義堂文庫藏) (三宅正彦
編集・解說, 《近世儒家文集集成》 第1卷, 東京: ぺりかん社, 1985), 111면. "余十六七歲
時, 讀朱子四書, 竊自以爲是訓詁之學, 非聖門德行之學. 然家無他書, 語錄或問近思
錄性理大典等書."

120 진사이의《舊藏書籍目錄》에는 주자학 계통 서적은 물론,《論語講義困勉錄》등의 집성서도 보인다.《論語講義困勉錄》은 청초淸初 육롱기陸隴其(1630~1692)의 저작이다.《四庫全書》總目提要의 이 책에 대한 해제 및《四書講義困勉錄》원서原序에 의하면, 저자 사후 족인族人 육공륙陸公穆과 문인이 간행한 것이다. 저자가《四書大全輔》(아마도《三魚堂四書大全》)를 편찬한 뒤, 그 가운데 만력萬曆 이후 제가諸家의 설들을 뽑아 내어 별도의 책을 만든 것이다. 사노 고지佐野公治의《四書學史の硏究》(東京: 創文社, 1981), 7~8면에 의하면, 육롱기의《三魚堂四書大全》을 비롯하여 주희의 사서설四書說이 후류後流에 의해 더욱 보강된 서적은 에도 시대에 다량으로 수입되어 각지의 번교藩校나 사숙私塾에서 읽혔는데 내각문고內閣文庫나 당시의 한적漢籍을 보존하는 도서관 등에 현존하고 있다. 물론《舊藏書籍目錄》상의 서적을 진사이가 전부 본 것은 아니다. 그러나 진사이의 주석 형태로부터, 그는 주희 주석에 제가의 설들을 보강한《論語講義困勉錄》등의 집성서를 읽은 것으로 추측된다(사노 고지가 사용한 '집성서'라는 용어를 이 책에서도 그대로 사용하였다).

121 《論語》學而. "曾子曰, 愼終追遠, 民德歸厚矣."

122 伊藤仁齋,《論語古義》學而. "何氏朱氏, 皆以愼終爲喪之事, 追遠爲祭之事. 然義理不協. 故今依本文解之."

123 何晏,《論語集解》(《十三經注疏》整理本《論語注疏》, 北京: 北京大學出版社, 2000), 10면. "孔曰愼終者, 喪盡其哀. 追遠者, 祭盡其敬."

124 《論語》學而. "子曰, 道千乘之國, 敬事而信, 節用而愛人, 使民以時."

125 伊藤仁齋,《論語古義》學而. "包氏曰, 道, 治也. 千乘之國, 諸侯之國, 其地可出兵車千乘者也. 敬事而信者, 敬愼民事, 而信以接下也. 人, 通臣民而言. 時, 謂農隙之時. 言治國之要, 本在於所存, 而非專任政事而可矣."

126 何晏,《論語集解》. "曰, 道, 治也. 千乘之國者, 百里之國也. 古者井田方里爲井, 十井爲乘, 百里之國, 適千乘也. 融依周禮, 包依王制, 孟子義故兩存焉. 包曰, 爲國者, 擧事必敬愼與民必誠信. 包曰, 節用不奢侈, 國以民爲本, 故愛養之. 包曰, 作事使民必以其時, 不妨奪農務."

127 朱熹,《論語集注》學而. "道, 治也. ……千乘, 諸侯之國, 其地可出兵車千乘者也. 敬者, 主一無適之謂. 敬事而信者, 敬其事而信於民也. 時, 謂農隙之時. 言治國之要, 在此五者, 亦務本之意也."

128 林本의 경우, 나중에 진사이의 원고를 교정하던 이가 어떤 훈고주의 첫머리에 '朱氏曰'을 다시 써넣었다. '朱氏曰'을 써 넣는다면 이 부분뿐만 아니라 다른 여러 곳에도 다시 써 넣을 필요가 있다. 이로부터 《집주》를 상세히 익히지 않은 사람이 교정을 보았음을 알 수 있다.

129 渡邊浩, 《日本政治思想史》, 97~98면.

130 尾藤正英, 《江戸時代とはなにか: 日本史上の近世と近代》 (東京: 岩波書店, 2006), 48~49면.

제3장 유학자들의 신념

1 岸本美緒, 〈明帝國の廣がり〉, 岸本美緒·宮嶋博史, 《明淸と李朝の時代》, 87면 참조.

2 《尙書》 周官 (《十三經注疏》 整理本 《尙書正義》, 北京: 北京大學出版社, 2000), 569면. "立太師太傅太保, 玆惟三公, 論道經邦, 燮理陰陽."

3 《朝鮮王朝實錄(明宗實錄)》 명종 7년(1552) 12월 16일(甲子). "領議政沈連源, 左議政尙震, 右議政尹漑, 以災變辭職. ……史臣曰, 三公處百僚之上, 理燮陰陽順四時, 乃其責也. 則其遇災而辭職宜矣."

4 《中宗實錄》 중종 2년(1507) 12월 10일(己卯). "以武夫, 豈能燮理陰陽, 不可久在相位."

5 《中宗實錄》 중종 9년(1514) 2월 5일(己亥). "當獻可替否, 引君當道, 糾正百官, 則庶職修矣. 松木斫伐之禁是有司之事, 不足以煩天聽而亦言之. 識者譏其不知大體也."

6 한국 학계에서 중인 신분에 대한 견해는 하나로 정리되어 있지 않다. 1970년대 이성무, 〈조선 초기의 기술관技術官과 그 지위: 중인층의 성립문제를 중심으로〉, 《혜암 유홍렬 박사 화갑기념논총》 (탐구당, 1971) 및 〈조선 초기 신분제도〉, 《동아문화》 제13호 (서울: 서울대학교 동아문화연구소, 1976)는 조선조의 양반과 중인을 지배층으로, 상민과 노비를 피지배층으로 하였다. 그러나 한영우, 〈조선 전기의 사회계층과 사회이동에 관한 시론〉, 《동양학》 제8호 (서울: 단국대학교 동양학연구원, 1978)는, "조선 초기에는 양인과 천인의 구별만 있었다. 중인이라는 용어 자체가 조선 초기

에는 성립되지 않았다"라고 문제 제기하였다. 이성무, 〈조선 초기 신분사 연구의 재검토〉, 《역사학보》 제102호 (서울: 역사학회, 1984)는, 조선 초기의 중인은 "도덕적 자질과 재산이 중등中等 정도인 사람을 가리키고 중·후기부터 신분개념으로 쓰이기 시작하였"지만 "중인층의 실태는 조선 초기 신분 개편 시기에 이미 형성되기 시작했다"라고 반론하였다.

7 川原秀城, 《朝鮮數學史: 朱子學的な展開とその終焉》(東京: 東京大學出版會, 2010), 307~308면.

8 송석준, 〈한국 양명학의 초기 전개양상: 윤휴와 박세당의 《대학》 해석을 중심으로〉 등이 있다.

9 朴世堂, 《西溪全書》下 《大學思辨錄》 (서울: 태학사, 1979), 9면. "若程子言欲孝者當知奉養溫淸之節, 及致知之要當知至善之所在. 如父止於慈子止於孝之類. 其不務此而徒欲泛觀萬理, 吾恐其如大軍游騎出太遠而無所歸, 及格物莫若察之於身, 其得之尤切." 여기에서 '欲孝者當知奉養溫淸之節'도, 정자의 말이 포함된 것인지 알 수 없지만, 그 외에는 모두 《大學或問》 및 《朱子語類》에 정자의 말로 인용되어 있다. 그러나 1968년, 민족문화추진회에서 출판한 《국역사변록》(34면)은 마지막 구절을 '及格物莫若察之於身. 其得之尤切'로 단락을 끊어 그 앞까지를 정자의 말로, 그 뒤는 박세당의 평가로 보고 있다. 선행 연구 또한 이와 똑같이 단락을 끊고 있다.

10 앞의 책, 下 《孟子思辨錄》 174면. "聖賢之垂訓立言, 無非爲後世學者, 示之以準則, 使知所法, 而今乃爲不可名不可學之說, 以釋其義, 爲後學空談無益之侈觀. 不知其可乎否也."

11 앞의 책, 下 《中庸思辨錄》 38면. "凡此數說者, 其於開示性體爲循率之尺度準則之意, 略未見其有所發明, 但覺其窈冥幽黙莫可指擬, 使讀者芒然無所措其思慮者, 深爲可疑, 所以不敢求其必合."

12 《中庸》. "喜怒哀樂之未發, 謂之中. 發而皆中節, 謂之和. 中也者, 天下之大本也. 和也者, 天下之達道也. 致中和, 天地位焉, 萬物育焉."

13 朴世堂, 《西溪全書》下 《中庸思辨錄》 37면. "章首, 旣言率性之謂道, 若遂不復明言性之所以爲體者如何, 則將使學者有茫然不得其所謂之憂, 旣無以識此性本然之體, 又將何所率循, 以爲此道, 然則雖欲無離於道, 不可得矣. 故於此提以示之, 使學者莫不

皆知天理之素明於吾心者本自如此, 凡欲爲此道, 不待他求, 旣反之此心而已足. 俛焉
孜孜以從事焉, 則察之旣密, 隨其所發莫不中節. 位育之極功, 可以由此而馴致, 有無
難者矣."

14 앞의 책, 39면. "夫天下之物莫不有體有用, 非用則體爲虛哭(?), 非體則用無所本, 體
用二者, 物所以終始, 其事一而其功同, 則體立而後用有以行, 非有兩事者, 詎不信然
乎哉, 故目視而耳聽手持而足行, 耳目手足, 體也, 視聽行持, 用也, 是體旣立, 是用以
行, 彼視聽持之外, 耳目手足果未有異事而殊功者矣."

15 朱熹, 《中庸章句》. "自戒懼而約之, 以至於至靜之中, 無少偏倚, 而其守不失, 則極其
中而天地位矣. 自謹獨而精之, 以至於應物之處, 無少差謬, 而無適不然, 則極其和而
萬物育矣."

16 앞의 책. "是其一體一用雖有動靜之殊, 然必其體立而後用有以行, 則其實亦非有兩
事也."

17 朴世堂, 《西溪全書》下《中庸思辨錄》39면. "自戒懼而約之, 則極其中而天地位矣. 自
謹獨而精之, 則極其和而萬物育矣. 是則極其中者, 自爲體之事, 而天地位, 爲其功矣,
極其和者, 自爲用之事, 而萬物育, 爲其功矣. 一體一用, 事二而功分. 是豈止爲動靜
之殊而已而乃以爲其實非有兩事. 彼天地萬物, 非實而何. 舍天地萬物, 亦有可以謂之
實者歟. 夫存養省察分爲兩段工夫, 其源旣失. 遂竝與中和位育分而兩之, 一爲存養之
效, 一爲省察之效, 旣已如是矣, 終見其不可分而兩之而遂已也. 故又於此, 合而一之,
然其合與一, 亦未有以明指所以合所以一之著驗顯實."

18 《中庸》. "君子不可以不修身, 思修身, 不可以不事親. 思事親, 不可以不知人, 思知人,
不可以不知天."

19 朴世堂, 《西溪全書》下《中庸思辨錄》. "言爲君爲臣, 必皆先脩其身而後, 方可以有爲.
……而其本則又皆在於事親. 然苟不知人所以爲人之理, 則亦無以事其親. 而理本出於
天, 故曰不可以不知人不知天. 此所謂人, 與仁者人也之人, 正相發. 恐非指賢者也."

20 朱熹, 《中庸章句》. "脩身以道, 脩道以仁, 故思脩身不可以不事親. 欲盡親親之仁, 必
由尊賢之義, 故又當知人. 親親之殺, 尊賢之等, 皆天理也, 故又當知天."

21 이병도의 〈박서계와 반주자학적사상〉 이후로 박세당의 《大學思辨錄》을 논하는 연
구에서는, 거의 박세당의 실천정신을 그 경학적 특징으로 들고 있다.

22 《論語》雍也. "子曰, 質勝文則野, 文勝質則史, 文質彬彬, 然後君子."

23 윤사순, 〈박세당의 실학사상에 관한 연구〉, 67면.

24 Wm. Theodore de Bary 著, 山口久和 옮김, 《朱子學と自由の傳統》(東京: 平凡社, 1987).

25 李珥, 《栗谷全書》拾遺 卷6 〈四子言誠疑〉는 과거시험의 답안으로 제출한 문장이다 (서울: 민족문화추진회, 《한국문집총간》제45책, 1988, 583면).

26 퇴계 이황은 자신의 필요에 의해 1556년에 《주자서절요朱子書節要》를 편찬하였다. 각기 서간문의 배경이나 등장인물 등에 대한 해설을 붙인 이 책은 조선조에서 1561 년부터 활자와 목판을 합쳐 8번이나 간행되었을 정도로 조선 사대부들에게 널리 읽 혀, 주희의 학문에 대한 이해를 심화시켰다. 일본에서도 도쿠가와 중기의 주자학자 인 고이 란슈五井蘭洲(1697~1762)가 《주자서절요》에 대한 논평을 기록한 《주자서절 요기문朱子書節要紀聞》을 저술했다.

27 김문식, 〈조선후기 모기령毛奇齡 경학의 수용양상〉, 《사학지》(서울: 단국사학회, 2006), 131면.

28 '脩'는 본래 고기를 말려서 얇고 길게 자른 것인데, 여기에서는 '修'에 해당하는 '수 양하다'의 의미로 해석된다. 주희의 《晦庵先生朱文公文集》이나 윤휴의 《白湖全書》 에서는 '脩'와 '修를 혼용하고 있으므로 이 책에서도 이를 그대로 인용한다.

29 尹鑴, 《白湖全書》卷15 〈答權思誠〉, 640면. "中庸近方記疑, 竢迄功欲以就正. ……脩 道之脩字, 朱子以品節言之. 此與戒愼之義同異. 禮樂刑政之以外面事言之乎, 抑通存 省克復爲一義乎. 尋常未能明, 不知老兄之意如何. 幸回敎."

30 주희의 《중용장구》에 "脩, 品節之也", "聖人因人物之所當行者而品節之, 以爲法於天 下, 則謂之敎. 若禮樂刑政之屬是也"라고 하여, '脩道之謂敎'를 성인의 가르침으로 서술하였다. 黎靖德 編, 《朱子語類》卷62 〈中庸一〉《朱子全書》第16册), 2023면. "性 不容修, 修是揠苗, 道亦是自然之理, 聖人於中爲之品節以敎人耳"에서도 같은 생각 을 엿볼 수 있다.

31 朱熹, 《晦庵先生朱文公文集》卷78 〈名堂室記〉《朱子全書》(上海: 上海古籍出版社, 合 肥(安徽: 安徽敎育出版社, 2001, 第24册), 3732면. "及讀中庸見其所論修道之敎而必以 戒愼恐懼爲始然後, 得夫所以持敬之本. 又讀大學見其所論明德之序而必以格物致知

爲先然後, 得夫所以明義之端. 既而觀夫二者之功一動一靜交相爲用."

32 尹鑴, 《白湖全書》卷15〈答權思誠〉, 641면. "所示教字, 鄙意亦然. 曾見朱子名堂室記, 以戒愼恐懼爲修道之教, 與庸注不同. 不知孰是定論也. 老兄之意如何. 幸回教."

33 尹鑴, 《白湖全書》卷36〈中庸朱子章句補錄〉, 1462면. "本天之命而有稟生之理, 循人之性而有可行之路, 因物之道而君子有治己及人之事. 此三者天之所以爲天, 人之所以爲人, 物之所以有則, 而君子所以立心事天之大本也."

34 앞의 책, "程子曰 …… 修道之謂教, 此則專在人事. 以失其本性, 故修而求復之則入于學." 출전은 일단 주희가 편찬한《孟子精義》卷11의 "明道曰 …… 修道之謂教, 此則專在人事. 以失其本性, 故修而求復之則入于學"이다. 여기에서는 명도明道의 설이라고 쓰여 있으나《二程遺書》卷2 上에는 기록되어 있지 않고, 또《中庸輯畧》卷上에는 이천伊川의 설로 되어 있다. 그 밖에 송나라 위식衛湜의《禮記集說》卷123에는 이천의 설로 되어 있다.

35 朱熹, 《中庸章句》. "道者, 日用事物當行之理, 皆性之德而具於心. 無物不有, 無時不然. 所以不可須臾離也. 若其可離, 則豈率性之謂哉. 是以君子之心常存敬畏, 雖不見聞, 亦不敢忽. 所以存天理之本然, 而不使離於須臾之頃也."

36 朴世堂, 《西溪全書》下《中庸思辨錄》, 36면. "天理本備明於吾心, 蓋未嘗有須臾之或不存焉者也. 顧有能率與不能率耳. 率之則爲道, 不率爲離道. 若曰循天理則可也, 曰存天理則不可."

37 앞의 책, 32면. "性者, 心明所受之天理與生俱者也. 天有顯理, 物宜之而爲則. 以此理則, 授與於人, 爲其心之明, 人旣受天理, 明於其心, 是可以考察事物之當否矣. …… 註, 謂性爲理, 今不同, 何也. 理明于心爲性, 在天曰理, 在人曰性, 名不可亂故也. 曰理曰性曰道曰教, 論其致究其歸, 卒未嘗不同, 但不可亂其名."

38 朱熹, 《晦庵先生朱文公文集》卷64〈答徐景光〉. "心之所得乎天之理, 則謂之性" 및 黎靖德 編《朱子語類》卷5〈性理二〉224면. "人之生稟乎天之理, 以爲性."

39 윤증과 서계 박세당의 교류 상황에 관해서는 이종성·최정묵·황의동, 〈명재 유학사상의 본질적 성격에 관한 연구〉, 《동서철학연구》제29호 (서울: 한국동서철학회, 2003); 김세정, 〈명재 윤증과 서계 박세당의 학문과 교우관계,〉《동서철학연구》제42호 (서울: 동서철학연구회, 2006) 등이 상세하다.

40 예를 들면, 김세정, 〈명재 윤증과 서계 박세당의 격물논변〉,《동양철학연구》제56호 (서울: 동양철학연구회, 2008); 이종성, 〈서계 박세당의 실학적 격물인식: 명재 윤증 과의 격물논변을 중심으로〉,《공자학》제19호 (서울: 한국공자학회, 2010) 등.

41 黎靖德 編,《朱子語類》卷18〈大學五〉, 598면. "一物格而萬理通, 雖顏子亦未至此. 但當今日格一件, 明日又格一件, 積習旣多, 然後脫然有箇貫通處." 이 문장은《朱子 語類》卷18의 몇 부분에서 정이程頤가 한 말로 인용되어 있다. 한편 같은 책 같은 권 (628면)에는 "今日格一件, 明日格一件, 爲非程子之言"이라는 윤돈尹焞의 말도 실려 있다. 따라서 이것들이 본래 누구의 말인지는 확정할 수 없다. 하지만 주희가 이러 한 생각에 동의했다고는 할 수 있을 것이다.

42 黎靖德 編,《朱子語類》卷14. "大學是爲學綱目, 先讀大學, 立定綱領, 他書皆雜說在 裏許."

43 朴世堂,《西溪全書》下《大學思辨錄》, 4면. "注言物格者, 物理之極處, 無不到也, 知 至者, 吾心之所知, 無不盡也. ……夫理無不到知無不盡, 而誠能盡性盡物贊化育參天 地, 則此聖人之極功而學之能事畢矣. 又何事乎正心修身, 又何論乎齊家治國. ……何 獨於格物而曰物理極處必須無不盡也, 不然則不足謂之格. 於知至而曰吾心之所知必 須無不盡也, 不然則不足謂之至也."

44 《朱子語類》卷15 (《朱子全書》第14冊), 495면.

45 尹拯,《明齋遺稿》卷10〈與朴季肯(辛未四月六日) 論大學格致. 論語幷有人章別紙〉(서 울: 민족문화추진회,《한국문집총간》제135책, 1994), 238~239면. "朱子曰, 自格物至 平天下, 聖人亦是略分箇先後與人看, 不是做一件淨盡無餘, 方做一件. 如此何時做得 成. 此一段, 可解高明之所疑耶否. 傳文, 是逐條發傳, 章句是逐章解義, 故一事各到底 說耳, 豈謂一事必到底而後方做一事耶, 今以學者日用言之, 日間有面前多小事, 格致 誠正修齊, 只可隨分着力. 安有今日格物, 而明日誠意之理, 只是知得不徹時, 做得亦 不徹, 知得徹時, 做得亦徹云耳, 此看書太局之病."

46 朴世堂,《西溪全書》上卷7〈答尹子仁書〉, 133면. "今顧爲物格知至之說如此, 豈不與 向所謂不成做一件淨盡無餘者, 未免於矛盾耶."

47 정이程頤는《대학》의 한 구절인 "致知在格物, 物格而知至"에서 '격물치지'의 수양 방법을 발견하고, 격물格物을 궁리窮理와 연결지어 해석하였다. 주희는 정이의 이

해석을 계승하여 《대학》에는 격물치지를 해설한 부분이 원래 있었다고 하면서 격물보전格物補傳을 지었다. 구체적으로는, 본래 《예기禮記》의 일부분인 〈대학〉 텍스트의 이 부분에는 '此謂知本. 此謂知之至也'라는 10글자만 있었는데, 주희는 이 10글자를 전傳의 5장으로 편찬하고 그 뒤에 격물치지에 관한 내용을 보충하는 문장을 덧붙였다.

48 尹拯, 《明齋遺稿》 卷10 〈與朴季肯(甲戌四月二十二日)〉, 241면. "補亡章所謂因其已知之理, 卽凡天下之物, 益窮用力等語, 皆格致之工夫也. 老兄所謂格一物而物斯格, 致一知而知斯至, 隨物用功, 卽功見效者, 在其中矣. 所謂表裏精粗無不到, 全體大用無不明者, 卽格致之功效也. 卽老兄所謂盡窮天下事物之理, 而一以貫之者也. 蓋一物格一知至, 隨物用功, 而卽功見效者. 方是着功之事. 而不可謂物格知至之全體."

49 앞의 책. "如答一學者書所謂適處提撕, 隨處收拾, 隨時體究, 隨事討論. 但使一日之間, 整頓得三五次, 理會得三五事, 則自然純熟, 自然光明云者. 其言提撕收拾整頓, 則存心修身之謂也, 體究討論理會, 則格物致知之謂也. 乃使之逐日并下工夫, 則此非老兄所謂適物用功卽功見效者耶. 如此等語, 不一而足, 而已在補亡章用力二字中耳."

50 선행 연구에서는 주희의 글인 〈答一學者書〉를 박세당의 문장으로 오인한 문제점이 보인다. 이처럼 17세기 유학자들의 주자학 자료에 대한 치밀한 조사에 충분히 주의를 기울이지 않은 것이 윤증과 박세당의 논의를 대립 구도를 통해 해석하게 된 원인이 아닐까.

51 尹拯, 《明齋遺稿》 卷10 〈與朴季肯(辛未四月六日)〉에 첨부된 〈西溪答書〉, 240면. "今據大學誠意正心之說, 皆指事切物, 不翅耳提口詔, 愚婦小兒亦若可知可能, 則何嘗有如許宏大言語, 使聽之者, 瞠然有不可企及之憂耶."

52 앞의 책, 〈與朴季肯(甲戌四月二十二日)〉, 241면. "蓋釋格致則當說到格致之極處, 釋誠意則當說到誠意之極處. 如誠意之心廣體胖, 亦豈新學小兒之可及耶. 只是說誠意之極功耳. 豈是欲爲宏大之言耶. 今若以爲心廣體胖然後可下正心工夫, 則不亦誤耶."

53 《思辨錄》의 저작연대는 《大學》(1680년, 52세), 《中庸》(1687년, 59세), 《論語》(1688년, 60세), 《孟子》(1689년, 61세)는 1680년대에, 그 밖에 《尙書》(1691년, 63세), 《毛詩》(1693년, 65세 때 집필을 시작하였으나 미완)도 나중에 추가하였다.

54 《朝鮮王祖實錄(肅宗實錄)》 숙종 29년(1703) 4월 23일. "世堂之有此書, 幾三十年, 播

紳之間, 多有聞而知之者, 而初未聞歷詆之言, 亦未有譴討之擧. 今因相臣碑文, 遽生恨怒, 喧喧鼓扇."

55 삼년상식三年上食을 둘러싼 논점에 대해서는 이희재, 〈박세당의 유교의례관儒教儀禮観: 삼년상식 논쟁을 중심으로〉, 《종교연구》 제46호 (서울: 한국종교학회, 2007)를 참조.

56 김세봉, 〈서계 박세당의 《대학》 인식과 사회적 반향〉, 《동양고전연구》 제34집 (서울: 동양고전학회, 2009)에서는 《사변록》이 문제가 된 본질적인 이유는 박세당이 송시열을 비판하여 그의 문하가 움직였기 때문이라고 논하였다.

57 許穆, 《記言》 卷3 〈答希仲〉 (서울: 민족문화추진회, 《한국문집총간》, 제98책, 1990), 43면. "蒙示讀書記數篇, 多發越動人. 非吾希仲, 安得有此說話. 愛誦三復, 胸次爽然. 恨所欠者, 其見太高, 其言太易. 高爽有餘, 而謙不足, 剛勇有餘, 而謹厚不足."

58 尹拯, 《明齋遺稿》 卷10 〈與朴季肯(辛未四月六日)〉 別紙 〈論大學格致. 論語井有人章〉, 238면. "近觀浦翁文字, 其用功之篤, 可謂至矣. 而至於不免異同之處, 輒曰不敢自是己見, 唯以備一說云云. 其致謹又如是. …… 誠見老兄用力之勤, 而其枉費工夫處爲可惜. 且過於主張, 而謂古人爲錯會者, 無論言之得失, 氣象已不好, 尤爲可惜."

59 《朝鮮王祖實錄(孝宗實錄)》 효종 6년 3월 10일. "潛心性理之學, ……其所著書經淺說庸學困得等書中, 頗改朱子章句, 人以此疵之."

60 宋時烈, 《宋子大全》 卷77 〈答趙光甫〉 癸亥別紙 (서울: 민족문화추진회, 《한국문집총간》 제110책, 1988), 528면. "尹鑴凌侮朱子而自是己說, 某爺有疑於心而求質於知者, 迥然白黑之不同."

61 송병하宋炳夏(1646~1697)는 송준길의 손자로 송시열의 문인이다.

62 宋時烈, 《宋子大全》 卷116 〈答趙汝常〉 別紙, 148면. "比因人聞一種論議. 則以爲尤丈於鑴以改注中庸等事, 斥絶之旣嚴, 至其黨與, 亦甚痛斥. 以是輾轉, 致有今日之事. 浦渚趙相, 亦於大學改注, 至曰沈潛三十年, 不知朱說之是, 愚說之非也. 其爲說若是, 則難免非責, 而拒闢之事終不加焉. 今於墓道文字, 贊揚無餘, 則鑴之黨與見斥者, 其可服罪乎. 或已撰出則還推減去, 似無彼此取笑之資云云. ……此文若出, 必有一場紛紜, 以增斯文之厄, 不是小事也. 再昨招末炳夏商量, 又更審其祖考所撰行狀, 則記先老爺雅言, 以爲孔子之後集群儒而大成者, 朱子也. 其功多於孟子云云. 若於大學, 果

有如言者之說, 則其雅言豈有如此之理耶. 以故使炳夏搜送刊行文集, 則歸報以不得, 極可歎也." 여상汝常은 조지항의 자字이다.

63　서인에서 분파된 소론에 속하는 인물이다.

64　청조의 진대장陳大章(1659~1727).

65　徐瀅修,《明皐全集》卷10〈題毛西河集卷〉(서울: 민족문화추진회,《한국문집총간》제 261책, 2001), 196면. "雖以朱子之步步趨趨於程子, 如易詩語孟, 未嘗盡遵程說. 大學 中庸, 宗程尤篤, 而訂正尤多. ……朱子誠不能無誤矣. ……昔陳大章熟通鑑, 檢得疏 謬處, 作一辨駁文字, 以示其友. 其友曰, 不消如此. 只注其下云, 應作如何, 足矣. 宇 宙間幾部大書, 譬如父祖遺訓. 萬一偶誤, 只好說我當日記得如此. 若侃侃辨證, 便非 立言之體. 通鑑尚然, 況經傳箋注乎." '趨趨'는《예기》제의祭義의 '仲尼嘗, 奉薦而 進, 其親也愨. 其行也趨趨以數'가 출전인데, 상제嘗祭를 지낼 때의 공자를 형용한 말이다. 정현鄭玄의 주注와 공영달孔穎達 소疏에 근거하면, 제사를 지낼 때 위의를 바르게 한다기보다 다급히 종종걸음으로 뛰면서 빨리 걷는 모습이다.

66　黎靖德 編,《朱子語類》卷16〈大學三〉, 542면. "欲爲這事, 是意."

67　《대학》은 원래 오경 중 하나인《예기》의 한 편인데, 주희가《대학》을 경經 1장과 전 傳 10장으로 나누어 '경'은 공자의 사상을 제자인 증자曾子가 기술한 것으로 보고 '전'은 증자의 생각을 그의 문인이 기록한 것으로 보았다.

68　朱熹,《大學章句》《四書章句集注》, 北京: 中華書局, 1983), 3~4면. "意者, 心之所發也. 實其心之所發, 欲其一於善而無自欺也." 주자가 죽기 3일 전 '一於善' 세 글자를 '無自 慊'으로 고쳤다고 하는데, 이 책에서는 통용되는 제본諸本대로 '一於善'이라 하였다.

69　앞의 책. "誠其意者, 自脩之首也. ……自欺云者, 知爲善以去惡, 而心之所發有未實 也. ……言欲自脩者, 知爲善以去其惡, 則當實用其力, 而禁止其自欺, 使其惡惡則如 惡惡臭, 好善則如好好色, 皆務決去, 而求必得之, 以自快足於己, 不可徒苟且以徇外 而爲人也."

70　趙翼,《浦渚先生遺書》卷1《大學困得》. "此章言誠意工夫, 只此數句盡矣. 而其用功 之實, 只是毋自欺三字而已, 自慊其效驗也."

71　앞의 책, 15면. "章句謂當實用其力而禁止其自欺, 以如好如惡爲實用其力之事, 以徇 外爲人爲自欺之事. 是以如惡如好爲在先事, 以毋自欺爲在後事, 以傳文先後易置之.

此竊恐其未必合於傳文本旨也."

72 앞의 책, 卷6〈後說下〉, 37면. "由是觀之, 則朱子平生所說自欺之語, 皆是謂欺其心也, 未見其以爲人爲自欺也. 唯獨於大學章句, 以徇外爲人釋之, 及小註一兩條謂爲爲人耳, 其言不同如此. 且謂爲欺心, 其平生所說皆然, 謂爲爲人獨見此三兩處耳. 然則竊恐此所釋, 乃朱子偶然一時所見, 非其平生定論也. 後之讀者, 徒見章句所釋如此, 而不考朱子他時所言, 便謂朱子之旨只如此, 大學本旨只如此, 則竊恐其不得爲深究朱子之旨者也. 區區妄說, 雖於章句之言有不同, 其於朱子平生所言之意, 則實吻合. 然則謂其異於章句則可, 謂其異於朱子之旨, 則實不然也."

73 한국국립중앙도서관소장본, 《禮記類編》(청구기호: 일산古1234-24) 참조.

74 한국국립중앙도서관소장본, 《禮記類編大全》(청구기호: 한古朝06-11) 참조.

75 崔錫鼎, 《明谷集》卷7〈禮記類編序〉 (서울: 민족문화추진회, 《한국문집총간》 제153책, 1995), 563면. "易書詩春秋禮樂, 謂之六經, 皆道之所寓也. 自秦焚書, 經籍亡佚, 而禮樂尤殘缺, 漢魏以來, 專門訓詁, 率多迂謬, 後學無以識聖人之意. 朱夫子身任斯道, 羽翼聖言, 易有本義, 詩書有傳, 禮有經傳通解, 於是古經之旨, 煥然復明. 然通解一書, 規橅甚大, 雜取諸經子史而成書, 今若取以列於經書, 則體旣不倫, 文多重出, 且其卷袠繁委, 初學未易領要. 戴記四十九篇, 出於漢儒之蒐輯, 雖未若四經之純粹, 要之古聖人言禮之書, 獨此在耳. 又自中朝永樂以來, 立之學官, 以列於五經, 顧惡得以出於漢儒而或輕之哉. 特其未經後賢之勘正, 編簡多錯而大義因之不章, 箋註多疑而微詞以之未闡, 學者病之久矣. 錫鼎弗揆僭妄, 有志刪定, 累易藁而始就." 한국국립중앙도서관소장본 (청구기호: 한古朝06-11)에, 서문의 작성 연월은 '癸酉(1693) 夏四月'이라고 되어 있다.

76 앞의 책. "凡五十篇, 名之曰禮記類編. 昔唐魏徵好撰類禮二十卷, 朱子有所稱述, 而惜其不傳. 名以類編, 亦此意也."

77 《朝鮮王祖實錄(肅宗實錄)》숙종 26년(1700) 10월 4일 기사 참조.

78 崔錫鼎, 《明谷集》卷8〈新印禮記類編序〉, 569면. 본 서문으로부터 숙종의 명으로 교서관에서 주자鑄字하여 간행되었다는 점, 당시 최석정의 관직은 판돈녕부사判敦寧府事(왕실의 친척과 관련된 사무를 담당하는 돈녕부의 종1품 관직)였음을 확인할 수 있다.

79 鄭澔, 《丈巖集》卷10〈與遂庵書〉 (서울: 민족문화추진회, 《한국문집총간》, 제157책,

1995) 226면 및 같은 책 〈答逐菴書〉 227면 참조. 숙종 32년(1706)의 편지이다.

80 尹鳳九, 《屏溪集》 卷6 〈代四學儒生尹德等辨崔錫鼎禮記類編疏(己丑)〉, 128면.

81 《肅宗實錄》 숙종 35년(1709) 3월 12일. "四學儒生尹德等四十餘人, 上疏請亟將新刊類編, 毁去其板子, 仍收法筵參之命."

82 崔錫鼎, 《明谷集》 卷20 〈因學儒尹德疏, 陳情乞職疏〉, 262면.

83 朱熹, 《晦庵先生朱文公文集》 卷73 〈讀余隱之尊孟辨〉 李公常語下, 3534면. "唐子西嘗日, 弘景知本草而未知經. 注本草誤, 其禍疾而小, 注六經誤, 其禍遲而大. 前世儒臣引經誤國, 其禍至於伏屍百萬, 流血千里. 武成日, 血流漂杵, 武王以此自多之辭, 當時倒戈攻後, 殺傷固多, 非止一處, 豈至血流漂杵乎. 孟子深慮戰國之君以此藉口, 故日盡信書則不如無書. 而謂血流漂杵, 未足爲多. 豈示訓之至哉. 經訓之禍, 正此類也."

84 《肅宗實錄》 숙종 35년(1709) 1월 18일. "今伏聞有以禮記類編, 刊進於中宸, 將欲參於法筵. 臣取考其說, 則求異乎朱子者, 固不可毛擧. 而至若庸學, 朱子自謂, 一生精力, 盡在此書. 微辭奧旨, 闡明無憾. 則此豈後人所可容議者, 而大學第四章, 攬而合之於第三章, 而統之日, 右釋止於至善, 而去其釋本末一章. 中庸第二十八九章之正文, 割截句語, 釽裂數行, 移東而入西, 繳下而就上, 至於費隱一章, 義理最深, 章句所解, 至矣盡矣. 而今其附註二條, 顯有所信本旨底意. 且程子之表出庸學, 意非偶然. 而今此類編爲名, 不過分類便覽之書, 則其爲體段, 亦非經書之比, 乃復還編庸學於其中, 使先賢表章之本意, 暗昧而不明. ……旣命刊行, 又將參講, 則四方聞之, 必以輕信異言, 妄疑於殿下, 誠非細故也. 古人有言, 經文一字之誤, 流血千里." 당시 이관명의 관직은 동부승지同副承旨(왕명의 출납을 담당하는 행정기관인 승정원의 정3품 관직)였다.

85 최석정은 대학의 편목編目 첫 부분에 주희 〈大學章句序〉의 "大學之書, 古之大學所以敎人之法"과 《장구》의 "古人爲學次第者, 獨賴此篇之存, 而論孟次之"라는 문장을 인용하였다.

86 《中庸》. "子日, 愚而好自用, 賤而好自專, 生乎今之世, 反古之道. 如此者, 烖及其身者也. 非天子不議禮, 不制度, 不考文. 今天下車同軌, 書同文, 行同倫. 雖有其位, 苟無其德, 不敢作禮樂焉. 雖有其德, 苟無其位, 亦不敢作禮樂焉. 子日, 吾說夏禮, 杞不足徵也. 吾學殷禮, 有宋存焉. 吾學周禮, 今用之. 吾從周."

87 《河南程氏經說(中庸解)》《二程集》 北京: 中華書局, 1981), 해당 부분에 대한 정자의 주

석은 1154~1155면.

88 《中庸輯略》은 남송의 석돈石墩(1128~1182)이 편집하고 주희가 산정刪訂한 책이다.
정자를 비롯한 제가의 《중용》 관련설을 모아 편집하였다. 처음 서명은 《집해集解》였
는데, 산정한 후에 《집략》으로 바꾸었다. 〈校點說明〉, 石墩 編, 朱熹 刪訂, 羅佐之 校
點, 《中庸輯略》(《儒藏》, 精華 編, 第104册, 北京: 北京大學出版社, 2007), 5~6면 참조.
해당 부분에 대한 정자의 주석은 30면.

89 《禮記類編》卷11. "見經說及輯畧, 似與章句所解有異." 한국국립중앙도서관소장본,
《禮記類編大全》癸酉(1693) 夏四月刊本, 55면.

90 黎靖德 編, 《朱子語類》卷82, 2827면. "孝經是後人綴緝", "據此書, 只是前面一段是
當時曾子聞於孔子者, 後面皆是後人綴緝而成."

91 《肅宗實錄》숙종 35년(1709) 1월 18일. "至於新刊禮記類編, 予已繙閱矣. 此豈可與思
辨錄, 比而論之乎. 其所爲言, 用意至深. 噫, 類編序文中有日, 其規模義例, 悉倣朱子
通解, 而一言一句, 不敢妄有所刪削."

92 앞의 책, 숙종 35년(1709) 1월 21일.

93 앞의 책, 숙종 35년(1709) 2월 1일.

94 사학四學: 서울의 중앙·동·남·서에 설치된 4개의 관학官學. 조선왕조 제3대 국왕인
태종 11년(1411)에 설치되어, 26대인 고종 31년(1894)까지 이어졌다. 조선 초기에는
북학北學도 있었으나 폐쇄되었다. 관학으로는 또 서울의 성균관과 지방의 향교가
있다.

95 《肅宗實錄》숙종 35년(1709) 2월 14일.

96 앞의 책, 숙종 36년(1710) 3월 13일.

97 양기정, 〈《禮記類編》의 편간編刊과 훼판毁板·화서火書에 관한 연구〉(서울: 성균관대
학교 석사학위논문, 2011), 82~84면 참조.

98 趙翼, 《浦渚集》卷2〈進大學困得論語淺說疏〉(서울: 민족문화추진회, 《한국문집총간》
제85책, 1988), 45면 참조. 이 상소문은 갑자년(1624, 인조2)에 바친 것이다.

99 앞의 책, 卷5〈進大學困得疏〉(서울: 민족문화추진회, 《한국문집총간》제85책, 1988),
92면 참조. 병술년(1646, 인조 24)에 지은 것이다.

100 앞의 책, 卷6〈進庸學困得疏〉, 107면. "爲善之功, 必以誠實爲要, 此誠意工夫是也."

臣之說此章, 尤是平生極意思索而得之者也." 이 상소에는 작성 연월이 기록되어
있지 않으나, 내용을 볼 때 효종 즉위년 가을 혹은 겨울쯤으로 추측된다. 효종은
1649년 5월에 즉위하였는데, "세자였을 때 봄에는 《논어》와 《맹자》를 바치고 또
즉위 후에는 《중용》과 《대학》을 바치려고 했는데, 수중에 초본草本밖에 없어서 고
향에 두었던 사본寫本을 가지고 와 다시 베껴서 올린 것이기 때문에, 시간이 걸렸
다"라고 기록하고 있다.

101 崔錫鼎, 《明谷集》卷13 〈與鄭士仰書(壬申)〉, 120면. "士仰足下, 頃年因士友間, 得聞
　　 足下主陽明之學, 於心竊惑焉. 昨歲拜玄石丈於坡山, 玄丈憂足下之迷溺於異學而不
　　 知返. ……夫天下之理一也, 苟理之所在, 則固未可以人而輕重. 然古人論學之旨, 莫
　　 要於大學, 而朱子訓義, 至明且備. 陽明子乃斥以支離決裂, 出新義於程朱之表, 而其
　　 言語文字, 具載遺集及傳習錄中, 其論說之偏正, 學術之醇疵, 誠有可得而言者, 則足
　　 下之信而好之如此者, 無乃信其不當信而好其不當好也耶. 僕年十三, 讀大學及或問,
　　 厥後蓋嘗屢讀而精研矣. 中間見張谿谷文字, 贊歎陽明之學, 不一而足. 於是遂求陽
　　 明文集語錄而讀之. 乍看誠有起詣新奇可以驚人處. 旣而反覆而讀之, 博極而求之,
　　 則徒見其辭語妙暢文章辨博, 而學問蹊逕率皆顚倒眩亂. 非但背馳於朱子, 將與孔曾
　　 相傳之旨, 一南一北. 有不容於無辨者, 遂妄者辨學一說, 思欲與同志者講確而未能
　　 也." 임신년은 1692년이다.

102 尹拯, 《明齋遺稿》卷15 〈答羅顯道(九月十二日)〉, 358면. "崔相雖以晦栗兩先生自解,
　　 而旣不免異於朱子, 則砭者之鋒, 安能免也. 只當安受而已, 不必較也."

103 권상하의 문인인 성만징成晩徵(1659~1711)의 《秋潭先生文集》卷5 〈答韓仁夫(己丑)〉
　　 《한국문집총간》 續 제52책, 서울: 한국고전번역원, 2008), 533면. "禮記類編出後, 師
　　 門獨無明斥之擧, 不但衆人疑之, 相知如攀桂, 亦以書責之" 참조.

104 崔昌大, 《昆侖集》卷19 〈先考議政府領議政府君行狀〉 (서울: 민족문화추진회, 《한국
　　 문집총간》 제183책, 1997), 358면. "庚辰, 具疏投進, 上命校書館印布正文, 其後玉堂
　　 權尙游尹趾仁請下兩南, 竝注疏印進, 學士大夫皆印藏而賞."

105 成海應, 《研經齋全集》外集 卷15 〈深衣考〉 (서울: 민족문화추진회, 《한국문집총간》
　　 제276책, 2001), 37면.

106 李萬敷, 《息山集》卷12 〈露陰山房續錄〉, 283면. "其書苟有不是處, 則爲崔相之友者

論辨之可也, 本不關朝廷之是非. 老論以此爲擊去崔相欛柄, 豈非黨論所使乎."

107 《肅宗實錄》4년 4월, 5년 3월 등의 기사 참조.

108 李萬敷,《息山集》卷12〈中原講義〉, 270면.

109 앞의 책, 卷5〈與李仲淵〉, 134면.

제4장 조선 유학자 전개의 요체

1 설석규,〈17세기 퇴계학파의 붕당 인식과 공론형성〉,《퇴계학》제11호 (안동: 안동대
학교 퇴계학연구소, 2000), 31면.

2 김태년,〈남당 한원진 사상의 배경과 형성과정〉,《한민족문화연구》제20호 (서울: 한
민족문화학회, 2007), 355~356면.

3 徐德明,《四書章句集注》校點說明〉,《朱子全書》第6冊 (上海: 上海古籍出版社, 合肥:
安徽敎育出版社, 2002), 1~2면 참조.

4 宋時烈,《宋子大全》卷139〈論孟或問精義通考序〉(서울: 민족문화추진회,《한국문집총
간》제112책, 1988), 587면.

5 黃坤·張祝平,《論孟精義》校點說明〉,《朱子全書》第7冊 (上海: 上海古籍出版社, 合肥
(安徽): 安徽敎育出版社, 2002), 1~2면 참조.

6 井上進,《中國出版文化史: 書物世界と知の風景》(名古屋: 名古屋大學出版會, 2002),
178~181면.

7 宋時烈,《宋子大全》卷113〈答朴景初(庚申正月十二日)〉, 71면. "朱先生於此, 亦不免
前後異同." 경초景初는 박상현朴尙玄의 자字이다. 송시열의 후학으로 '모년지기暮年
知己'라 불렸다고 한다. 그의 아들인 박광일朴光一은 송시열의 문인이다.

8 주희 중화설中和說의 내용은 陳來,《朱熹哲學硏究》(北京: 中國社會科學出版社, 1988)
를 참조.

9 朱熹,《晦庵先生朱文公文集》卷54〈答徐彦章(論經說所疑)〉第4冊, 2583면. "未發只
是未應物時."

10 앞의 책, 卷43〈答林擇之〉, 1979면. "未感物時, 若無主宰, 則亦不能安其靜. 只此便

自昏了天性, 不待交物之引然後差也. ……不能愼獨, 則雖事物未至, 固已紛綸膠擾, 無復未發之時."

11 黎靖德 編,《朱子語類》卷12〈學六〉, 381면. "若無工夫, 則動時固動, 靜時雖欲求靜, 亦不可得而靜, 靜亦動也."

12 宋時烈,《宋子大全》卷113〈答朴景初(庚申正月十二日)〉, 71~72면.

13 朴尙玄,《寓軒先生文集》卷2〈上尤菴先生(己未十一月)〉(서울: 민족문화추진회,《한국문집총간》제134책, 1994), 476면. "氣質之性, 雖有淸濁之不同, 其有動靜一也. 衆人之性, 終無靜時耶."

14 黎靖德 編,《朱子語類》卷62〈中庸一〉, 2038면. "喜怒哀樂未發之中, 未是論聖人, 只是泛論衆人亦有此, 與聖人都一般"

15 宋時烈,《宋子大全》附錄 卷7〈年譜〉, 334면.

16 앞의 책, 卷130〈朱子言論同異攷〉, 414면. "大全與語類異同者固多, 而二書之中, 各自有異同焉. 蓋大全有初晩之分, 而至於語類則記者非一手, 其如此無怪也. 余讀二書, 隨見拈出, 以爲互相參考之地. 而老病侵尋, 有始無終, 可歎也已. 苟有同志之士, 續而卒業, 則於學者窮格之事, 或不無所補云."

17 앞의 책, 418면. "語類論大學正心章, 問意與情如何, 曰欲爲這事是意, 能爲這事是情. 此與先生前後議論, 全然不同. 蓋喜怒哀樂闖然發出者是情, 是最初由性而發者. 意是於喜怒哀樂發出後因以計較商量者. 先生前後論此不翅丁寧, 而於此相反如此, 必是記者之誤也."

18 앞의 책, 415면. "大全答徐彥章書云, 厮役亦有未發. 其答林擇之書云, 固有無喜怒時, 然謂之未發則不可. 言無主一也."

19 韓元震,《朱子言論同異攷》卷3〈中庸〉(《域外漢籍珍本文庫》第2輯, 子部二, 성균관대학교 소장, 영조 17년(1741) 序刊本)), 46면 (重慶市: 西南師範大學出版社, 北京市: 人民出版社, 2011).

20 朱熹,《晦庵先生朱文公文集》卷40〈答何叔京〉, 1803면.

21 韓元震,《朱子言論同異攷》卷3〈中庸〉, 46면.

22 朱熹,《晦庵先生朱文公文集》卷32〈答張敬夫〉, 1392면.

23 韓元震,《朱子言論同異攷》卷3〈中庸〉, 46면.

24 朱熹,《晦庵先生朱文公文集》卷43〈答林擇之〉, 1967면.

25 韓元震,《朱子言論同異攷》卷3〈中庸〉, 46~47면.

26 朱熹,《晦庵先生朱文公文集》卷42〈答胡廣仲〉, 卷56〈答方賓王〉, 卷64〈與湖南諸公論中和第一書〉.

27 앞의 책, 卷67〈已發未發說〉.

28 앞의 책, 卷75〈記論性答藁後〉.

29 韓元震,《朱子言論同異攷》卷3〈中庸〉, 47~48면.

30 朱熹,《晦庵先生朱文公文集》卷32〈答張敬夫〉, 1419면.

31 앞의 책, 卷48〈答呂子約〉.

32 韓元震,《朱子言論同異攷》卷3〈中庸〉, 49~51면.

33 宋時烈,《宋子大全》附錄 卷17〈語錄崔愼錄上〉, 539면. "先生每言曰, 言言而皆是者, 朱子也. 事事而皆當者, 朱子也. 若非幾乎聰明睿知萬理俱明者, 必不能若是, 朱子非聖人乎. 故已經乎朱子言行者, 則夬履行之, 而未嘗疑也." 최신崔愼(1642~1708)은 송시열의 문인으로, 자는 자경子敬, 호는 학암鶴庵이다.

34 韓元震,《南塘集》卷31〈朱書同異攷序〉, 163면. "前聖而作經, 莫盛於孔子, 後賢而傳義, 又莫備於朱子. 故學者必讀孔子之書而後, 可以盡天下之義理, 又必讀朱子之書而後, 可以讀孔子之書也. 然孔子生而知者也, 故其言無初晚之可擇, 朱子學而知者也, 故其言不能無初晚之異同, 而學者各以其意之所向, 爲之取舍, 往往有以初爲晚以晚爲初, 而失其本指者多矣. ……尤翁晚歲, 深以此爲憂, 旣釋大全之書, 又欲攷論其同異而辨正之. 旣始其功, 纔到十餘條而止. 嗚呼, 其可恨也已. 元震自早歲, 卽已受讀朱子書, 反復通攷. 蓋用一生之力, 其於異同之辨, 庶幾得其八九於十. 於是悉疏而出, 或攷其日月之先後, 或參以證左之判合, 或斷以義理之當否, 以別其初晚, 表其定論. 而其言異而指同者, 亦皆疏釋而會通之, 編爲一書."

35 예를 들어 韓元震,《朱子言論同異攷》卷3〈中庸〉, 49면. "先生此時以復之一陽已動當未發, 故下端字. 端字與孟子四端字同, 而意近. 謂之端則似已有端緒端倪之可見者, 端字下得恐未安. 不若下根字機字之爲得" 및 50면. "安卿錯認爲說, 而先生不之辨, 恐偶未察耳."

36 韓元震,《朱子言論同異攷》卷3〈中庸〉, 48면. "程子之指, 大槩如是, 而先生於此, 所

釋未免皆失."

37 朱熹,《晦庵先生朱文公文集》卷77〈克齋記〉.

38 앞의 책, 卷42〈答石子重〉, 1938~1939면.

39 韓元震,《朱子言論同異攷》卷3〈論語〉43면. "石子重問, ……先後意異, 當如何說.
答曰當以後說爲正. 集註復從前說, 克齋記定本亦刪此段."

40 朱熹,《晦庵先生朱文公文集》卷39〈答范伯崇〉, 권41〈答連嵩卿〉, 권59〈答楊子順〉,
권60〈答曾擇之〉.

41 韓元震,《朱子言論同異攷》卷1〈五行〉, 12면. "讀者不以辭害意, 可也."

42 正祖,《弘齋全書》卷131〈故寔三〉朱子大全二甲寅 (서울: 민족문화추진회,《한국문집
총간》제266책, 2001), 98면. "臣浚欽竊惟孔子生而知之者也, 故其言無初晩之可擇.
朱子學而知之者也, 故其言不能無前後之異同. 卽其前後異同之跡, 而可見前後造詣
之淺深."

43 宋時烈,《宋子大全》卷122〈與或人〉, 286면.

44 앞의 책, 卷49〈理氣一〉, 또는《性理大全》卷1〈太極圖〉에서의 인용.

45 黎靖德 編,《朱子語類》卷94〈周子之書〉, 3127면에서의 인용.

46 尹鑴,《白湖全書》卷15〈與權思誠〉, 632~633면. "理動之說, 非某之說, 朱夫子嘗屢
言之矣. 今得數條別錄以上, 乞以此更入思量, 如何. ……問, 太極, 理也, 理如何動靜,
有形則有動靜, 太極無形, 恐不可以動靜言. 朱子曰, 理有動靜, 故氣有動靜. 若理無動
靜, 氣何自有動靜乎. 又問, 動靜是太極是陰陽. 曰理動靜. 曰如此則太極有模樣. 曰
無. ……詳此數說, 皆以理有動靜爲言. 然攷朱子說, 又曰太極涵動靜, 動靜非太極. 蓋
太極固無動靜, 而亦可以動靜言之. 正如昔者所論理非神也, 而亦可以神言之云耳. 況
黃勉齋嘗以理動之說, 稱聞之師而著之. 殆非妄言也." 이즈음에는 아직 송시열 등과
교류하고 있었음을 편지 전반부의 내용에서 알 수 있다.

47 李滉,《退溪集》卷16〈答奇明彦論四端七情第二書〉(서울: 민족문화추진회,《한국문집
총간》제29책, 1988), 415면. "近因看朱子語類論孟子四端處末一條正論此事. 其說云,
四端是理之發, 七情是氣之發. 古人不云乎, 不敢自信而信其師. 朱子吾所師也, 亦天
下古今之所宗師也. 得是說, 然後方信愚見不至於大謬." 명언明彦은 기대승奇大升
(1527~1572)의 자字이다. 퇴계와 서간을 통해 사단칠정에 대하여 논변하였다.

48 朱熹,《晦庵先生朱文公文集》卷11〈戊申封事〉.

49 奇大升,《高峯集》卷3〈答退溪先生問目〉(서울: 민족문화추진회,《한국문집총간》제40
책, 1988), 130면. "物格, 戊申封事, 理到之言. 發微不可見條下, 通書註, 隨其所寓,
而理無不到, 大學或問註, 無一毫不到處. 以此等言句, 反覆永之, 則理諧(欲?)其極及
極處無不到者, 如鄙意釋之, 固無不可也."

50 李滉,《退溪集》卷18〈答奇明彦〉別紙, 466면. "物格與物理之極處無不到之說, 謹聞
命矣. 前此滉所以堅執誤說者, 只知守朱子理無情意, 無計度, 無造作之說, 以爲我可
以窮到物理之極處. 理豈能自至於極處. 故硬把物格之格, 無不到之到, 皆作己格己到
看, 往在都中, 雖蒙提諭理到之說, 亦嘗反復紬思, 猶未解惑. 近金而精傳示左右所考
出朱先生語及理到處三四條, 然後乃始恐怕己見之差誤."

51 李玄逸,《葛庵集》附錄 卷1〈年譜〉(서울: 민족문화추진회,《한국문집총간》제128책,
1994), 510면. "先生嘗言, 吾於是時, 喜讀朱子大全, 覺有無限意味云. 中年以後述作
論議根柢於此."

52 윤사순,〈西溪全書解題〉.

53 朱熹,《孟子集注》公孫丑上《四書章句集注》北京: 中華書局, 1983), 231~232면. "言
人能養成此氣, 則其氣合乎道義而爲之助, 使其行之勇決, 無所疑憚. 若無此氣, 則其
一時所爲雖未必不出於道義, 然其體有所不充, 則亦不免於疑懼, 而不足以有爲矣."

54 朱熹,《晦庵先生朱文公文集》卷48〈答呂子約〉, 2224면. "日道義本存乎血氣, 但無道
義則此氣便餒而止爲血氣之私, 故必配義與道然後, 能浩然而無餒乎. (語勢不順, 添字
太多, 不知有何憑據見得如此) ……如來喻, 以是爲指道義而言, 若無此道義, 卽氣爲之
餒, 則孟子於此亦當別下數語, 以盡此意之曲折." 자약子約은 여조겸의 자이다. 호는
대우大愚이다.

55 앞의 책, 卷48〈答呂子約〉, 2223~2224면. "孟子之意不過日此氣能配道義, 若無此
氣, 則其體有不充而餒然耳. 此其賓主向背條理分合, 略無可疑. ……若反諸身而驗
之, 則氣主乎身者也, 道義主乎心者也, 氣形而下者也, 道義形而上者也, 雖其分之不
同, 然非謂氣在身中而道義在皮外也."

56 程顥·程頤,《二程遺書》卷2 下二〈先生語〉二下〈附東見錄後〉(上海: 上海古籍出版
社, 2000), 101면. "胎息之說, 謂之愈疾則可, 謂之道則與聖人之學不干事, 聖人未嘗

說著. 若言神住則氣住, 則是浮屠入定之法. 雖謂養氣猶是第二節事, 亦須以心爲主, 其心欲慈惠安(一作虛). 靜故於道爲有助, 亦不然. 孟子說浩然之氣, 又不如此. 今若言存心養氣, 只是專爲此氣, 又所爲者小. 舍大務小, 舍本趨末, 又濟甚事. 今言有助於道者, 只爲奈何心不下. 故要得寂湛而已, 又不似釋氏攝心之術."

57 朴世堂,《西溪全書》下《孟子思辨錄》公孫丑 上. "所謂是者, 卽指義與道而言. …… 朱子以無是之是, 爲指氣而言. ……愚於此竊有所大疑者, ……註言不足於心而體有不充, 殆近於舍氣而言體, 殊異乎孟子氣體之充之之云, 不知若此其可乎, 愚則以爲塞乎天地, 所塞者氣也, 無是而餒, 所餒者氣也, 集義所生, 卽氣之生也, 不慊而餒, 卽氣之餒也, 皆所以反覆出入, 以明夫養之之善與不善而氣有能浩然與不能之故耳, 非有餘義支說兼陳於其間如此, 而讀是書味其意則當易知而不眩矣."

58 趙翼,《浦渚先生遺書》卷6,〈孟子淺說〉, 215면. "言此氣與道義相合而存也, 此氣不能獨存, 必道義有乃有, 卽與道義合而存也. 道義直也, 惟道義有乃有, 故其養必以直也. 惟其與道義竝存, 故道義無則亦無, 卽是無是餒也, 此餒字甚好. 如人待食而生, 無食而餒. 此氣之待道義而有, 亦然也. ……今此所說配義與道, 無是餒也之意, 與集註異. 然以上下文義推之, 則竊恐如此看亦通."

59 《孟子》萬章上. "萬章問曰, 舜往于田, 號泣于旻天, 何爲其號泣也. 孟子曰, 怨慕也. 萬章曰, 父母愛之, 喜而不忘, 父母惡之, 勞而不怨. 然則舜怨乎. 曰, 長息問於公明高曰, 舜往于田, 則吾旣得聞命矣. 號泣于旻天于父母, 則吾不知也. 公明高曰, 是非爾所知也. 夫公明高以孝子之心, 爲不若是恝. 我竭力耕田, 共爲子職而已矣. 父母之不我愛, 於我何哉."

60 朱熹,《孟子集注》萬章章句上. "於我何哉, 自責不知己有何罪耳, 非怨父母也."

61 朴世堂,《西溪全書》下,《孟子思辨錄》萬章 上. "嘗聞趙相國, 又論此云自我竭力耕田至於我何哉, 皆恝義. 此言亦是. 蓋旣曰不若是恝, 則須見其所以恝者如何方得. 且如註所云, 是爲其身則能竭力耕田恭爲子職而已. 責已塞而無復加矣. 但不知父母之不見愛, 以我有何罪而然云爾, 則不可謂非怨父母, 恐其失不止於恝而已. 夫善則自與, 罪則不知, 雖非舜之大孝, 豈至是哉. 孟子釋公明高之意, 以爲孝子之心, 未嘗恝然於父母, 自謂我但竭力耕田恭爲子職以盡吾責而已, 若夫父母之不我愛者, 則在我亦無如之何云耳. 其心之恝若是, 則是不孝之大者. 故舜之所以號天號父母而不知自止"

者, 良以此也."

62 趙翼, 《浦渚先生遺書》卷7 《孟子淺說》, 255면. "公明高以爲孝子之心必不恝然而謂
    我但盡吾職而已, 父母之不我愛, 於我何害乎. 此正恝然之語, 如是則不怨矣. 惟其不
    恝然而如是, 故號泣而怨也. 蓋父母惡之, 勞而不怨, 乃事親之常道也. 若父母之於舜
    至於欲殺之, 則實罔極之變也. 孝子之心, 豈宜恝然而無憂親之過, 大而無怨, 是愈疏
    也, 然則舜之怨, 其天理人情之所不容已者乎. 然其所謂怨, 乃言其憂悶切迫之情爾,
    非若常人忿恨之謂也, 集註謂怨己之不得其親是也. 集註云於我何哉, 自責不知己有
    何罪耳. 竊以文勢語脈推之, 我竭力耕田以下, 似或恝然之語, 恐如是解之亦可也."

63 金履祥, 《孟子集注攷證》卷5 萬章上 (中華書局 《叢書集成初編》第498册, 1991), 45면.
    "恝無情之貌. 我竭力耕田共爲子職而已矣. 父母之不我愛, 於我何哉, 此四句卽是恝
    也. 蓋長息之意, 正爲舜往於田, 竭力以共子職足矣, 而號泣於昊天於父母, 此意則吾
    不知, 蓋謂何必如此號泣也. 孟子推公明高答之之意, 則謂孝子之心, 却不如此恝然,
    曰我但竭力耕田, 共爲子職而已矣, 至若父母之不我愛於我何哉, 蓋自謂無罪而不
    復憂也, 此所謂恝也. 若孝子之心則不若是."

64 尹鑴, 《白湖全書》卷37 《讀書記》大學, 大學古本別錄, 1502면. "今按格, 精意感通之
    謂."

65 유영희, 〈백호 윤휴 사상연구〉(서울: 고려대학교 박사학위논문, 1993), 49면.

66 안병길, 〈백호 윤휴의 실천적 경학과 그의 사회정치관〉, 성균관대학교 대동문화연
    구원 編, 《조선후기 경학의 전개와 그 성격》(서울: 성균관대학교 출판부, 1998), 14면.

67 금장태, 〈백호 윤휴의 성리설과 경학〉, 《조선후기의 유학사상》(서울: 불함문화사,
    1998), 107면.

68 김길락, 〈백호 윤휴 철학사상의 육왕학적 조명〉, 《유교사상연구》제10호 (서울: 한국
    유교학회, 1998), 199면.

69 송석준, 〈한국 양명학의 초기 전개양상: 윤휴와 박세당의 《대학》해석을 중심으로〉,
    《동서철학연구》제13호 (서울: 한국동서철학회, 1996), 14면; 〈주자학 비판론자들의
    경서해석: 《대학》의 해석을 중심으로〉, 《동양철학연구》제22호 (서울: 동양철학연구
    회, 2000), 187~188면; 이영호, 〈《讀書記·大學》을 통해 본 백호 윤휴의 경학사상〉,
    246면.

70 《詩經》〈大雅〉雲漢의 "하늘을 우러러보니 빛나는 별이로다. 대부군자大夫君子여, 신령을 밝게 이르게 한 정성이 남김 없도다[瞻卬昊天, 有嘒其星. 大夫君子, 昭假無贏]"에서 '昭假'의 '假'에 대해, 주희의《詩集傳》에서는 "音, 格"이라 하고 "假, 至也"라 하였다. 윤휴는 주희의 주석에 따라 '昭假'를 '昭格'이라고 썼다.

71 《詩經》〈商頌〉烈祖의 "말없이 연주하고 강림을 빌어 다투는 이가 없다[鬷假無言, 時靡有爭]"에서 '鬷假'를 주희의《詩經集傳》은 "中庸作奏. 今從之"라 하고, "假, 音格"이라고 하였다. 윤휴는 주희주에 따라 '鬷假'를 '奏格'이라고 썼다.

72 《書經》〈虞書〉舜典. "정월 초하루, 순 임금이 문조文祖의 사당에 나아갔다[月正元日, 舜格于文祖]".

73 《書經》〈周書〉君奭. "태무 때에는 이척伊陟과 신호臣扈 같은 신하가 있어 상제에 도달했으며 무함巫咸이 왕가를 다스렸다[在太戊, 時則有若伊陟臣扈, 格于上帝, 巫咸乂王家]."

74 《周易》家人卦九五. "王假有家, 勿恤, 吉." 주희의《周易本義》《朱子全書》上海: 上海古籍出版社, 合肥(安徽): 安徽敎育出版社, 2001, 第1册), 64면에서는 "假, 至也. 如假于太廟之假"라고 하였다. 윤휴는 주희 주에 따라 표기하였다. 정이의《易傳》은 "假, 至也. 極乎儒家之道也"라 하여《周易本義》와는 다르다. '王格有廟'도 마찬가지이다.

75 《周易》萃卦. "萃, 亨, 王假有廟."

76 尹鑴,《白湖全書》卷37〈讀書記〉大學, 大學古本別錄, 1502면. "朱子曰格至也. 窮至事物之理也. 今按格, 精意感通之謂, 從上文學字而來. 學問之始, 誠敬之力思辨之功, 使物理感通於心. 如齋祀之格於神明也. 故謂之格. 詩之昭格曰奏格, 書之格于文祖于上帝, 易之王格有家有廟, 皆誠敬感通之義也. 物者, 明德新民之事也. 承上文物有本末而言. 言在不言先者, 物格於彼而知達於此也. 孟子云盡其心者, 知其性也, 知性者, 物格之謂, 盡心者, 知至之謂, 非有二事也."

77 앞의 책, 卷37〈讀書記〉大學, 大學後說, 格物致知之方, 1525면. "右格致之方, 作聖之事. ……格者誠至而通也. 物者, 明德新民之事也."

78 송석준,〈한국양명학의 초기 전개양상: 윤휴 및 박세당의《대학》해석을 중심으로〉, 14면; 김승영,〈17세기 격물치지론에 대한 분석: 김장생·정경세·윤휴를 중심으로〉, 《동서철학연구》제36호 (서울: 한국동서철학회, 2005), 332면 등은, '감통感通'의 전

고가 계사전繫辭傳이라고 하였다. 그러나 모두 '감통'이라는 표면상의 단어에만 주시하였을 뿐, 계사전의 내용을 깊게 분석하지는 않았다.

79 《周易》繫辭 上. "易无思也, 无爲也, 寂然不動, 感而遂通天下之故. 非天下之至神, 其孰能與於此."

80 예를 들면, 위魏 왕필王弼의 《周易注》 卷4 및 진晉 한백韓伯의 《周易注》 卷7에 "至神者, 寂然而无不應斯"라고 하였고, 또한 공영달의 《周易注疏》 卷11에도 韓注를 "以无思无爲, 寂然不動感而遂通, 故不須急疾而事速成, 不須行動而理自至也"라고 하였다.

81 《집주》뿐만 아니라 경학사에서의 많은 주석도, 윤휴도 박세당도 '致知在格物'의 '在'에 대해 언급하며 여기에서만 '재' 자가 쓰인 이유를 설명하였다.

82 이 인용문은 원문을 간결히 요약한 것이다. 吳光 等 編校, 王守仁, 《王陽明全集》 下冊 卷26 〈續編一·大學問〉, 971면 (上海古籍出版社, 1992) 참조.

83 韓元震, 《南塘集》 卷27 〈王陽明集辨〉, 89면. "又曰, 身心意知物, 只是一物. 格致誠正修, 只是一事. 故曰, 欲修其身者, 必在於正心. 欲正其心者, 必就其意念所發而正之. 欲誠其意, 必在於致知. 致知必在於格物. 格物致知, 果是一事. 格物之外, 更無致知之事. 故大學曰, 致知在格物. 其他條目, 各是一事, 各致其功, 而特其工夫, 相資而相因, 故曰欲如此, 先如此. 又曰, 如此而后如此, 先后二字, 可見其工夫之各致, 而亦見其相資而相因也. 如陽明說, 則當曰修身在正心, 正心在誠意, 誠意在致知, 如言致知之在格物. 今不如是, 則亦知其不如是矣."

84 朱熹, 《大學章句》. "窮至事物之理, 欲其極處無不到也."

85 퇴계는 주희의 이 주석을, 처음에는 "(내가) 物理의 극처에 이르지 않음이 없다"라고 해석했으나 만년에 "理가 저절로 이른다理自到"라고 견해를 바꾸어, '사물의 이치가 나에게 이르는 것'이라 고쳤다. 이에 대해 김형찬은 "일반적으로 공간이동의 작용을 나타내는 '도到' 자를 리理의 술어로 사용하여, 리 개념 이해에 관한 논의를 불러일으켰다"라고 하였다(김형찬, 〈조선 유학의 理 개념에 나타난 종교적 성격 연구: 퇴계의 已發에서 다산의 上帝까지〉, 《철학연구》 제39호 (서울: 고려대학교 철학연구소, 2010), 79~82면 참조). 윤휴의 '감통'의 설은 '사물의 이치가 나에게 이르는 것인지, 아니면 사물의 이치에 내가 이르는 것인지'를 특정하지 않고 사물의 이치와 내가 통함을 설명할 수 있으므로, 선배들의 혼란에 대한 하나의 해결책이 될 수 있을 것이다.

86 안병걸, 〈서계 박세당의 독자적 경전 해석과 그의 현실 인식〉, 288면; 김용흠, 〈조선 후기 노·소론 분당의 사상기반: 박세당의 《思辨錄》 시비를 중심으로〉, 《학림》 제17 호 (서울: 연세대학교 사학연구회, 1996).

87 송석준, 〈한국 양명학의 초기 전개양상: 윤휴와 박세당의 《대학》 해석을 중심으로〉, 21~22면.

88 朴世堂, 《西溪全書》 下 《大學思辨錄》. "卽末而探其本, 由終而原其始, 則所先可見矣, 求以至曰致, 格, 則也, 正也, 有物必有則. 物之有格, 所以求其則而期得乎正也. 蓋言 欲使吾之知, 能至乎是事之所當而處之無不盡, 則其要唯在乎尋索是物之則而得其正 也. 不言欲致知先格物, 而曰致知在格物者, 格物, 所以致知, 其事一故也. ○注, 訓格 爲至, 訓物爲事, 皆恐未當, 格雖有以至爲義者, 但若於格物而謂格爲至, 則至物云者, 便不成語, 若易爲至事, 理亦不顯, 終未見其得."

89 앞의 책, 4면. "本立, 末斯生, 始得, 終乃成, 則所後, 可見矣, 得所致曰至. 求物之則 而得其正, 然後吾之知, 能至乎事之所當而可以無所疑矣. 知事之所當而無所疑然後, 意乃得以誠. 蓋事者, 所以理夫物也. 知以辨事之宜, 意以行事之實, 未有物不得其則 而知當乎辨, 知不當其辨而意誠於行者也. 此兩節, 反覆詳言本末終始之次第, 欲使學 者知其先後之辨, 而於明德新民之功, 循循漸進, 無躐等凌節之失矣."

90 앞의 책, 4면. "注言物格者, 物理之極處, 無不到也, 知至者, 吾心之所知, 無不盡也, ……況此大學, 乃爲初學入德之門, 則其所言, 當有以益加親切, 而今則不然, 開口指 說, 以爲萬里初程投足一步之地者, 乃在於聖人之極功, 曾不開示以切己易明之理, 使 曳一踵, 謹躡一級, 躡一級, 又進一級, 旣使無邀焉難及之歎, 又使無躐越凌跨之失者, 抑獨何哉."

91 程顥·程頤, 《二程遺書》 卷22 〈伊川雜錄〉, 332면. "初見先生問, 初學如何. 曰入德之 門, 無如大學. 今之學者賴有此一篇書存, 其他莫如論孟."

92 黎靖德 編, 《朱子語類》 卷13 〈學七〉, 412면. "大學語孟最是聖賢爲人切要處. 然語孟 卻是隨事答問, 難見要領. 唯大學, 是曾子述孔子說古人爲學之大方, 門人又傳述以明 其旨, 體統都具. 玩味此書, 知得古人爲學所鄕, 讀語孟便易入. 後面工夫雖多, 而大體 已立矣."

93 앞의 책, 卷14 〈大學一〉, 422면. "大學是爲學綱目. 先通大學, 立定綱領, 其他經皆雜

說在裏許. 通得大學了, 去看他經, 方見得此是格物致知事, 此是正心誠意事, 此是修身事, 此是齊家治國平天下事."

94 앞의 책, 419면. "某要人先讀大學, 以定其規模."

95 朱熹,《大學或問》《朱子全書》上海: 上海古籍出版社, 合肥(安徽): 安徽教育出版社, 2001) 第6册. "是書垂世立敎之大典, 通爲天下後世而言者也. 論孟應機接物之微言, 或因一時一事而發者也. 是以是書之規模雖大, 然其首尾該備, 而綱領可尋, 節目分明, 而工夫有序, 無非切於學者之日用. 論孟之爲人雖切, 然而問者非一人, 記者非一手, 或先後淺深之無序, 或抑揚進退之不齊, 其間蓋有非初學日用之所及者. 此程子所以先是書後論孟, 蓋以其難易緩急言之, 而非以聖人之言爲有優劣也. 至於中庸, 則又聖門傳授極致之言, 尤非後學之所易得而聞者."

96 朱熹,《晦庵先生朱文公文集》卷48〈答呂子約〉, 2213면. "讀書如論孟是直說日用眼前事, 文理無可疑."

97 市川安司도 주희가 사서의 순서를《대학》·《논어》·《맹자》·《중용》의 형태로 삼은 것에 대하여 "결코 어렵고 쉬움의 문제뿐만 아니라, 내용적인 측면에서도 배려를 더한 것이다"라고 하였다.《朱子哲學論考》(東京: 汲古書院, 1985), 110면 참조.

98 송석준, 〈포저 조익 경학사상의 철학적 기초: 성리설과 양명학적 성격을 중심으로〉, 《동양철학연구》제6호 (서울: 동양철학연구회, 1985); 〈포저 조익 선생의 철학사상: 성리설과 양명학〉, 《동방학》제4호 (서산: 한서대학교 동양고전연구소, 1998); 〈주자학 비판론자들의 경전 해석:《대학》의 해석을 중심으로〉,《동양철학연구》제22호 (서울: 동양철학연구회, 2000) 등.

99 장병한, 〈포저 조익의《中庸私覽》에 대한 연구 (1): '中庸'과 '費隱'의 해석을 중심으로〉,《한문교육연구》제19호 (서울: 한문교육학회, 2002); 〈포저 조익의《중용사람》에 대한 연구 (2): 17세기 초 성리학적 경학사유의 극복성향과 관련하여〉.

100 한정길, 〈포저 조익과 양명학의 연관성 주장에 대한 타당성 검토〉,《한국실학연구》제14호 (서울: 한국실학학회, 2007).

101 호병문은 원元 무원婺源 고천考川 사람이다. 자는 중호仲虎, 호는 운봉雲峯이다. 조부인 사기師夔와 부친인 두원斗元 및 호병문 일가 3대는 역학易學으로 이름난 집안이었다. 그리고 모두 주희의 문하에서 학문하였다.

102　胡炳文,《四書通》凡例《文津閣四庫全書》第196册 (北京: 商務印書館, 2006), 519면.
　　"雙峯饒氏之說, 於朱子大有發明, 其間有不相似者, 輒辨一二以俟後之君子擇焉."

103　宋濂 外 撰,《元史》卷189〈列傳一〉《四十四史》第18册, 北京: 中華書局, 1997), 208
　　면(胡一桂(자는 庭芳)의 傳에 같은 徽州郡으로 붙어 있다). "於朱熹所著四書用力尤深.
　　餘干饒魯之學, 本出於朱熹而其說多與熹牴牾, 炳文深正其非, 作四書通. 凡辭異而
　　理同者, 合而一之. 辭同而指異者, 析而辯之. 往往發其未盡之蘊."

104　왕유봉汪幼鳳은 생몰년 미상. 조방趙汸(1319~1369, 자는 子常, 安徽 休寧 사람)이 저
　　술한 왕동汪同의 전기(趙汸,《東山存稿》卷7〈資善大夫淮南等處行中書省左丞汪公傳〉,
　　(明) 程敏政 編,《明文衡》卷58에는〈汪同傳〉, 또 정민정의《新安文獻志》卷67에는
　　〈汪左丞傳〉으로 되어 있다)에 조방과 왕유봉이 동시에 추천받았다는 기술("趙汸學識高
　　遠可爲師表事宜咨, 而後行汪幼鳳正直可爲輔")이 있는 것으로부터, 왕유봉은 조방과 동
　　시대의 인물임을 추측할 수 있다.

105　程敏政 輯撰, 何慶善·于石 點校,《新安文獻志》卷71《徽學研究資料輯刊》合肥: 黃山
　　書社, 2004), 1741면,〈胡雲峯(炳文)傳〉(汪幼鳳 著). "胡雲峯炳文 …… 於朱子所注四
　　書用力尤深. 餘干饒魯之學, 本出於朱子而其爲說多與朱子抵牾, 炳文深正其非作四
　　書通. 凡辭異而理同者, 合而一之. 辭同而意殊者, 析而辨之. 往往發其未盡之蘊."밑
　　줄 친 부분이《元史》와 다르다.《원사》보다 먼저 쓰여진 것으로 추측된다.

106　예를 들면,《江南通志》卷164〈人物志〉《文津閣四庫全書》第511册, 北京: 商務印書
　　館, 2006), 727면. "嘗爲信州道一書院山長時, 餘干饒魯之學, 本出朱熹而說多牴牾,
　　炳文深正其非<u>作四書通, 以發其未盡之蘊</u>",《續通志》卷552〈儒林傳〉. "餘干饒魯之
　　學, 本出于朱熹而其爲說多與熹牴牾, 炳文深正其非<u>作四書通, 往往發其未盡之蘊.</u>"
　　밑줄 친 부분은 연결이 부자연스러우므로, 인용 원문이 된 최초의 글은 아닌 것으로
　　추측된다.

107　《江西通志》卷88〈人物志〉《文津閣四庫全書》第516册, 北京: 商務印書館, 2006), 240
　　면. "吳中, 字中行, 樂平人. 早慕伊洛之學, 聞雙峯饒魯得考亭朱子正緒從之, 遊體認
　　精詳.",《江南通志》卷164〈人物志〉, 726면. "程若庸字達原, 休寧人. 從饒魯游得朱
　　子之學.",《四庫全書總目》卷21 (元) 陳澔,《雲莊禮記集說》提要 (臺北: 藝文印書館,
　　1989), 446면. "南宋寶慶以後, 朱子之學大行, 而澔父大猷師饒魯, 魯師黃榦, 榦爲朱

子之壻, 遂藉考亭之餘蔭, 得獨列學官." 《雲莊禮記集說》은 통칭 《禮記集說》을 가리키는 것이다.

108 원元의 정구부程矩夫는 처음 이름이 문해文海였는데, 무종武宗의 이름인 해산海山을 피휘避諱하여 자字를 이름으로 삼았다. 건창建昌 사람이다. 경학은 정이와 주희의 전주傳注를 주로 삼고 문장은 당송의 숙폐를 제거해야 한다고 주장하였다. 문장이 전아典雅하여 북송 관각館閣의 여풍이 있다고 일컬어진다. 《元史》 卷172에 그의 전기가 있다.

109 程矩夫, 《雪樓集》 卷14 〈雙峯先生文集序〉 (臺北: 臺灣商務印書館, 景印文淵閣 《四庫全書》本, 1983), 182~183면. "理學至伊洛而大明, 逮考亭而益精. 學者家庋其書, 歸而求之有餘矣. 而拘者束章句, 虛者掠聲稱, 專門戶以爲高, 游衍說以爲達, 若存亡愚智交病. 雙峯饒先生最晚出徒, 得從其高第弟子游. 乃獨泳澤窮源抉根披枝, 共派而分流, 異出而同歸. 廓然煥然於此也. 僕不肖少獲事徽庵程先生知雙峯之學爲詳. 蓋二先生之志同, 其造詣亦同."

110 정약용程若庸은 생몰년 미상. 자는 달원達原이고 휴녕休寧 사람이다. 요로를 사사하여 주자의 학문을 배웠다. 함순咸淳 연간의 진사이다. 오징吳澄, 정구부 등이 모두 이 문하이다. 주희의 문인인 정단몽程端蒙(자는 正思, 德興 사람. 淳熙 7년에 鄉貢補太學生)이 저술한 〈性理字訓〉은 본래 30조목이었는데, 6門 183條로 늘려 〈性理字訓講義〉를 저술하였다. 나중에 주승朱升이 '선善' 자 하나를 보충하여 184조가 되었다. ㈜ 양사기楊士奇의 《東里續集》 卷17 〈小四書二集〉 항목, ㈜ 정민정程敏政의 《新安文獻志》 卷24 〈朱升〉 〈書性理字訓後〉, ㈜ 주이준朱彝尊의 《經義考》 卷280 〈朱氏(升)小四書〉 항목 참조.

111 侯外廬·邱漢生·張豈之 主編, 《宋明理學史》 上 第2版 (北京: 人民出版社, 1984), 748면.

112 《資治通鑑後編》 卷164 元 仁宗 皇慶 2年 10月. "甲辰, 行科擧. 帝使程文海及李孟許師敬議其事. 文海建言, 經學當主程頤朱熹傳注, 文章宜革唐宋宿弊, 於是命文海草詔行之."

113 黃宗羲 原著, 全祖望 補修, 陳金生·梁運華 點校, 《宋元學案》 第4冊, 重印 (中華書局, 2007), 2812면. "雙峯蓋亦不盡同于朱子者."

114 侯外廬·邱漢生·張豈之 主編,《宋明理學史》, 731면.

115 앞의 책, 731면.

116 金長生,《沙溪先生文集》,《經書辨疑》(서울: 경인문화사,《한국역대문집총서》제225
책, 1999), 137면.

117 앞의 책, 144면.

118 黎靖德 編,《朱子語類》卷62〈中庸一〉, 2034면. "莫見乎隱, 莫顯乎微, 言道之至精
至密者."

119 金長生,《經書辨疑》, 144~145면.

120 앞의 책, 149~150면.

121 앞의 책, 150~151면.

122 유씨游氏는 유초游酢를 가리킨다. 사양좌謝良佐·여대림呂大臨·양시楊時와 함께 정
문 사선생程門四先生이라고 불린다.

123 金長生,《經書辨疑》, 150~151면.

124 앞의 책, 154면.

125 《中庸》. "和而不流, 强哉矯. 中立而不倚, 强哉矯. 國有道, 不變塞焉, 强哉矯. 國無
道, 至死不變, 强哉矯."

126 金長生,《經書辨疑》, 154~155면.

127 《中庸》. "君子依乎中庸, 遯世不見知而不悔, 唯聖者能之."

128 金長生,《經書辨疑》, 157면.

129 앞의 책, 160~161면.

130 '云云'이라고 생략되어 있는 부분은《中庸章句大全》의 小注인 "敬以直內之功, 由
動而靜, 由靜而動. 不可有須臾間斷, 戒謹不睹, 恐懼不聞, 而愼獨是也. 業欲其廣故義
以方外之功, 自近而遠, 若小若大不可毫髮放過, 造端夫婦至達乎諸侯大夫及士庶人,
是也"이다.

131 朱熹,《中庸章句》, 17면. "道者, 日用事物當行之理, 皆性之德而具於心, 無物不有,
無時不然. 所以不可須臾離也."

132 金長生,《經書辨疑》, 162면.

133 《中庸章句大全》小注, "仁是道, 忠恕正是學者下工夫處."

134 金長生,《經書辨疑》, 172면.

135 앞의 책, 172~173면.

136 《中庸》. "博厚, 所以載物也. 高明, 所以覆物也. 悠久, 所以成物也."

137 朱熹,《中庸章句》, 34면. "悠久, 卽悠遠, 兼內外而言之也."

138 趙翼,《浦渚集》卷21.

139 趙翼,《浦渚先生遺書》卷2.

140 앞의 책,《中庸困得》, 70면. "翼舊嘗得唐板中庸古册. 其小註乃新安倪氏所集, 而其中見饒氏李氏之說, 或有異於章句, 而亦或似可通, 卽困得所引, 是也. 今通行鄕板, 則諸說異於章句者, 刪去不載, 國中所行皆此本, 而倪氏本不復見矣."

141 진력陳櫟(1252~1334)은 거당居堂의 이름이 정우定宇였기 때문에 정우 선생으로 불린다. 만년에는 동부 노인東阜老人이라고도 불리웠다. 후술할 사백선의《四書管窺》에 보이는 진력의 설은《四書發明》에서 인용한 것이다.

142 顧炎武,《日知錄》卷18〈四書五經大全〉항목(黃汝成 集釋, 欒保羣·呂宗力 校點,《日知錄集釋》, 上海: 上海古籍出版社, 2006), 1041~1042면 참조. "自朱子作大學中庸章句或問論語孟子集注之後, 黃氏有論語通釋, 而采語錄附於朱子章句之下, 則始自眞氏名曰集義, 止大學一書. 祝氏乃倣而足之, 爲四書附錄. 後有蔡氏四書集疏, 趙氏四書纂疏, 吳氏四書集成, 昔之論者, 病其泛溢, 於是陳氏作四書發明, 胡氏作四書通, 而定宇之門人倪氏合二書爲一, 頗有刪正, 名曰四書輯釋, 有汪克寬序, 至正丙戌. 自永樂中, 命儒臣纂修四書大全, 頒之學官, 而諸書皆廢, 倪氏輯釋今見於劉用章所刻四書通義中, 永樂中所纂四書大全, 特小有增刪, 其詳其簡, 或多不如倪氏."

143 '三近'이란《中庸》경문의 "好學近乎知, 力行近乎仁, 知恥近乎勇"을 말한다.

144 趙翼,《中庸私覽》(《포저 조익 선생의 생애와 사상/所藏古文書》, 경기도: 경기문화재단, 2007)에는 '焦澹園'의 '澹' 자가 '漪' 자로 되어 있는데, 초굉焦竑(1541~1620)의 호인 '담원'의 오기誤記라고 생각된다.

145 倪士毅,《四書輯釋》(《續修四庫全書》〈經部〉160, 上海古籍出版社, 1995), 83면. "雙峯饒氏曰, 生知安行隱然之勇, 學知利行非勇不可到, 困知勉行全是勇做出來."《大全》의 소주에도 똑같이 인용되어 있다.

146 朱熹,《中庸章句》, 29면. "以其分而言, 則所以知者知也, 所以行者仁也, 所以至於知

之成功而一者勇也. 以其等而言, 則生知安行者知也, 學知利行者仁也, 困知勉行者勇
也."

147 사백선史伯璿은 생몰년 미상.《四庫全書》의 提要에 의하면《四書管窺》外篇은 1367
년(丁未)에 완성되었다.

148 史伯璿,《中庸管窺》卷3《叢書集成》續編 第33冊, 臺北: 新文豊出版公司, 1989), 5면.
"饒氏謂, 生知知也, 學知困知近乎知也. 安行仁也, 利行勉行近乎仁也. 生知安行勇
也, 困知勉行者以不及學知利行者爲恥, 學知利行者以不及生知安行者爲恥, 以造乎
知之成功之一者近乎勇."

149 朱熹,《中庸章句》, 35~36면. "尊德性, 所以存心而極乎道體之大也. 道問學, 所以致
知而盡乎道體之細也. 二者修德凝道之大端也. 不以一毫私意自蔽, 不以一毫私欲自
累, 涵永乎其所已知. 敦篤乎其所已能, 此皆存心之屬也. 析理則不使有毫釐之差, 處
事則不使有過不及之謬, 理義則日知其所未知, 節文則日謹其所未謹, 此皆致知之屬
也. 蓋非存心無以致知, 而存心者又不可以不致知."

150 趙翼,《中庸私覽》, 87면. "此言君子修至德, 以凝至道之事. 章句以致廣大以下四句,
上四者, 皆屬尊德性, 下四者, 皆屬道問學, 饒氏陳氏, 皆非之, 及新說言人人殊. 而以
愚觀之, 則皆未得本旨. 愚嘗沈究之, 蓋此章實承上章而言. 上章先言德而後言德之所
以凝道, 此章先言道而後言道之所以凝者在德也. 故尊德性所以不息乎誠, 卽上章至
誠之事也. 廣大卽上章博厚也, 高明卽上章高明也, 溫故而知新敦厚以崇禮卽上章悠
久也."

151 즉 '致廣大·盡精微·極高明·道中庸'이다.

152 史伯璿,《中庸管窺》卷4, 74~75면. "謹按章句存心致知之分, 固無以加. 愚竊以爲四
句上半截, 皆屬存心, 已無可疑. 下半截皆屬致知, 則似聖賢之學偏於知而不及行. 此
所以不免諸家紛紛之論也. 意者, 於下截四者, 以盡精微知新屬知, 道中庸崇禮屬行.
如此則上句尊德性依舊只是存心, 道問學却是兼知行爲下四句之綱. 尊德性是存心,
統四句上半截, 道問學兼知行, 統四句下半截, 亦與章句無大背馳."

153 倪士毅,《四書輯釋》, 96~97면. "饒氏曰, 上言至道, 非至德不凝, 此言德根於性, 故
欲修德必先尊德性以爲本. 然性雖同有非學不充, 故旣尊是性, 又必由學問之功, 以充
其小大之德, 然後本來不遺而修德之方始備矣. 問, 問於人. 學, 學於己. 致廣大至崇禮

八者, 道問學之目也, 致廣大極高明溫故敦厚, 是四者, 皆由問學以充其大德於至大之地, 而凝夫至道之大者也. 盡精微道中庸知新崇禮, 是四者, 皆由問學以充其小德於至小之地, 而凝夫至道之小者也. 八事雖各不同, 然致廣大以行言, 盡精微以知言, 極高明以知言, 道中庸以行言, 溫故知新皆以知言, 敦厚崇禮皆以行言, 其實不越知行兩端而已."

154 史伯璿,《中庸管窺》卷4, 75면. "若以知行相對言之, 則盡精微與道中庸知新與崇禮又未嘗不先知而後行也. 饒雙峯陳定宇, 惟不察此意, 故以知行互有先後爲說."

155 《朱文要抄》는 현존하지 않지만,《浦渚集》卷26〈朱文要抄序〉,〈朱文要抄後序〉를 참조해보면 그 내용을 알 수 있다.

156 송석준,〈포저 조익 경학사상의 철학적 기초: 성리설과 양명학적 성격을 중심으로〉;〈포저 조익선생의 철학사상: 성리설과 양명학〉;〈주자학 비판론자들의 경전해석:《대학》의 해석을 중심으로〉 등.

157 한정길,〈포저 조익과 양명학의 연관성 주장에 대한 타당성 검토〉,《한국실학연구》제14호 (서울: 한국실학학회, 2007).

158 조남권,〈포저 조익선생의 생애와 경륜 (1)〉 및〈포저 조익 선생의 생애와 경륜 (2)〉,《동방학》제4호·제5호 (서울: 한서대학교 동양고전연구소, 1998·1999).

159 이상현,《국역포저집》해제 (서울: 민족문화추진회, 2005).

제5장 동아시아 속에서의 조선 유학사

1 예를 들면, 八佾篇. "人而不仁, 如禮何. 人而不仁, 如樂何.", 里仁篇 "里仁爲美, 擇不處仁, 焉得知" 등.
2 《論語》述而. "仁遠乎哉. 我欲仁, 斯仁至矣."
3 예를 들면, 公冶長篇. "孟武伯問, 子路仁乎. 子曰, 不知也. 又問, 子曰, 由也, 千乘之國, 可使治其賦也, 不知其仁也. 求也何如. 子曰, 求也, 千室之邑百乘之家, 可使爲之宰也, 不知其仁也. 赤也何如. 子曰, 赤也, 束帶立於朝, 可使與賓客言也, 不知其仁也."

4 《論語》述而. "仁遠乎哉. 我欲仁, 斯仁至矣"의 주석 "仁者, 心之德, 非在外也. 放而不求, 故有以爲遠者. 反而求之, 則卽此而在矣, 夫豈遠哉", 《論語》雍也 "回也, 其心三月不違仁"의 주석 "仁者, 心之德. 心不違仁者, 無私欲而有其德也."

5 《孟子》公孫丑上. "人皆有不忍人之心. ……今人乍見孺子將入於井, 皆有怵惕惻隱之心. ……由是觀之, 無惻隱之心, 非人也."

6 《孟子》公孫丑上. "惻隱之心, 仁之端也. 羞惡之心, 義之端也. 辭讓之心, 禮之端也. 是非之心, 智之端也. 人之有是四端也, 猶其有四體也."

7 《孟子》告子上. "仁義禮智, 非由外鑠我也, 我固有之也."

8 《孟子》告子上. "公都子曰, 告子曰, 性無善無不善也. 或曰, 性可以爲善, 可以爲不善. 是故文武興, 則民好善. 幽厲興, 則民好暴. 或曰, 有性善, 有性不善. 是故以堯爲君而有象, 以瞽瞍爲父而有舜. 以紂爲兄之子, 且以爲君, 而有微子啓王子比干. 今日性善, 然則彼皆非與."

9 《孝經》喪親 "孝子之喪親也, 哭不偯, 禮無容, 言不文, 服美不安, 聞樂不樂, 食旨不甘, 此哀慼之情也."

10 趙岐, 《孟子注》《十三經注疏》整理本《孟子注疏》, 北京: 北京大學出版社, 2006), 354면. "若, 順也. 性與情相爲表裏, 性善勝情, 情則從之. 孝經云, 此哀戚之情, 情從性也. 能順此情, 使之善者, 眞所謂善也. 若隨人而强作善者, 非善者之善也. 若爲不善者, 非所受天才之罪, 物動之故也."

11 朱熹, 《孟子集注》告子上, 328면. "乃若, 發語辭. 情者, 性之動也. 人之情, 本但可以爲善而不可以爲惡, 則性之本善可知矣."

12 《莊子》齊物論. "如求得其情與不得, 無益損乎其眞."

13 朴世堂, 《西溪全書》下《孟子思辨錄》告子上, 137면. "情之爲言, 實也. 猶所云物之情. 莊子亦曰如求得其情, 此蓋言性之實, 卽可以爲善也, 註, 謂情者, 性之動也, 人之情, 本但可以爲善, 不可以爲惡, 又擧四端爲說, 然此所謂情者, 終恐其不如此也."

14 朴世堂, 앞의 책, 滕文公上, 115면. "性卽人所受於天以爲其心之明而不違乎理者也", 盡心上 "情動而私意蔽則向之所恥而不爲者, 乃爲之而不知恥."

15 伊藤仁齋, 《孟子古義》(林本) 告子上 (東京大學文學部漢籍コーナー所藏, 天理圖書館 406251의 複寫本). "孟子言人之情好善而惡惡, 則必可以爲善而不可以爲不善. 此我所

謂性善之意, 而非謂天下之人其性皆與堯舜一而無相異也. 夫人情如此, 則才亦宜如此. 今其爲不善, 乃物欲陷溺而然. 非其才之罪也."

16 여기의 '不備'와 '不明'은 程子의 "論性不論氣, 不備. 論氣不論性, 不明"에 근거한 것인 듯하다.

17 伊藤仁齋, 《孟子古義》告子上. "公都子擧三說, 其問甚精, 而孟子答之似乎甚疏(而不詳), 殆乎爲公都子所究者何哉. 曰, 此以宋儒之說詳之, 而不知孟子之旨故也. 夫所謂乃若其情, 則可以爲善矣. 卽前章人性之善猶水之就下之意. 蓋就人情之所好而言, 非敢爲一切之說以辭禦人也. 人譽我則悅, 毁我則怒, 此人之情也. 纔知善善惡惡, 則可以爲善, 非若鷄犬之頑然無知, 雖告之以善而不入也. 此孟子所謂性善也. 若使公都子得其意, 則三說之非不辨而自破矣. 但後之說孟子者, 或立氣質本然之說, 或分性情體用之別, 所以非但使孟子之所答爲不備之語, 且何與孔子而不免爲不明之譏."

18 《論語》陽貨. "子曰, 性相近也, 習相遠也. 子曰, 唯上知與下愚不移."

19 伊藤仁齋, 《論語古義》陽貨. "此明聖人之敎人, 不責性而專責習也. 言性本相近, 其初善惡未甚相遠."

20 荻生徂徠, 《論語徵》陽貨 (今中寬司·奈良本辰也 編, 《荻生徂徠全集》第2卷, 東京: 河出書房新社, 1978), 606면. "孔子之意, 專謂及學而爲君子, 而後其賢知才能, 與鄕人相遠已. 未嘗以善惡言之也. ……自孟子有性善之言, 而儒者論性, 聚訟萬古, 遂以爲孔子論性之言, 而不知爲勤學之言也. 蓋孔子沒而老莊興, 專倡自然, 而以先王之道爲僞. 故孟子發性善而抗之. 孟子之學, 有時乎失孔子之舊. 故荀子又發性惡以抗之. 皆爭宗門者也. 宋儒不知之, 以本然氣質斷之. 殊不知古之言性, 皆謂性質, 何本然之有. 仁齋先生辨之者是矣. 然仁齋又以爲孔子孟子其旨不殊焉."

21 朱熹, 《孟子集注》公孫丑上. "惻隱羞惡辭讓是非, 情也. 仁義禮智, 性也. ……端, 緖也. 因其情之發, 而性之本然可得而見. 猶有物在中, 而緖見於外也."

22 趙岐, 《孟子注》, 94면. "端者, 首也. 人皆有仁義禮智之首, 可引用之."

23 黎靖德 編, 《朱子語類》卷53〈孟子三〉, 1763면. "以體用言之, 有體而後有用, 故端亦可謂之尾. 若以始終言之, 則四端是始發處, 故亦可以端緒言之. 二說各有所指, 自不相礙也."

24 《孟子》盡心下.

25 《孟子》盡心上. "孟子曰, 人之所不學而能者, 其良能也, 所不慮而知者, 其良知也. 孩提之童無不知愛其親者, 及其長也, 無不知敬其兄也. 親親, 仁也, 敬長, 義也. 無他, 達之天下也."

26 《周易》說卦傳. "昔者聖人之作易也, 將以順性命之理. 是以立天之道曰陰與陽, 立地之道曰柔與剛, 立人之道曰仁與義."

27 伊藤仁齋, 《論語古義》學而. "仁者天下之大德也. 慈愛之心, 自內及外, 自邇至遠, 充實通徹, 莫所不達, 卽是仁也. 故孟子曰, 人皆有所不忍. 達之於其所忍, 仁也. 卽有子以孝弟爲仁之本之意. 蓋孝弟, 性也. 仁義, 德也. 性者以有於己而言. 德者以達於天下而言. 孟子以孝弟爲其良知良能, 則孝弟豈非人之性乎. 易曰, 立人之道, 曰仁與義. 中庸曰, 智仁勇三者, 天下之達德也. 仁義豈非天下之道德乎. 而孟子又以仁義爲人之固有者, 何也. 是以仁義名性也. 非爲性之名. 所謂以仁義名性者, 若曰人之性善. 故以仁義爲其性也, 毫釐千里之謬, 正在於此. 不容不辨."

28 伊藤仁齋, 《孟子古義》告子上. "固有者, 言人必有四端之心, 便是以仁義禮智之德爲己之所有也. 但人自不思焉耳. 操舍得失, 謂求其在我者, 而有益乎得也. 善惡相去之遠, 倍蓰不一者, 皆由不能用其才而擴充之耳矣."

29 趙翼, 《浦渚先生遺書》卷1《孟子淺說》, 270면. "四端四性卽善之實也. 而四端人皆有之, 四性我固有之, 所以謂人性皆善者, 以此也. 人苟充是, 則雖堯舜之聖亦不過此. 其有不善, 乃失之者也. 故曰非才之罪也, 不思耳矣, 舍而失之也, 不能盡其才也. 此前諸章, 皆論性之爲善然, 至此章乃擧性情全體而言之. 而又言其所以爲不善之故, 而其言至爲明白深切. 學者苟深察乎此, 則性之爲善, 皆自曉然矣. 按性以俗語解之, 則猶言根本也. 凡物皆有根本. 告子之徒, 見人之有善不, 疑其根本不善, 故生出此不善也. 遂謂性無善惡之分, 或謂善惡之不同. 此亦不爲無理也. 但其所以爲性者, 乃氣也, 而不知其理之本善也. 蓋氣質之稟, 固有善惡之萬殊. 諸子之論, 皆以氣爲性, 故其言如此. 觀生之謂性, 食色性也之說, 可見其以氣爲性也. 孟子以天理之本然者爲性. 天豈理有不善哉. 如此章所言, 四端四性乃人之理, 本於天, 而粹然純善者也. 惟其以是爲性也. 故言性之善也."

30 朱熹의 《中庸章句》에 대한 상세한 내용은 이 책 제3장을 참조.

31 朱熹의 《中庸章句》와 박세당의 《中庸思辨錄》에 대한 상세한 내용은 이 책의 제3장

을 참조.

32 朱熹,《中庸章句》. "命, 猶令也. 性, 卽理也. 天以陰陽五行化生萬物, 氣以成形, 而理亦賦焉, 猶命令也. 於是人物之生, 因各得其所賦之理, 以爲健順五常之德, 所謂性也."

33 朴世堂,《西溪全書》下《中庸思辨錄》, 31~32면. "命者, 授與之之謂也. 性者, 心明所受之天理與生俱者也. 天有顯理, 物宜之而爲則, 以此理則, 授與於人, 爲其心之明, 人旣受天理, 明於其心, 是可以考察事物之當否矣. ……注, 謂命爲令, 今謂爲授與, 何也, 令之義, 不明故也, 如授之爵, 亦謂命之爵也."

34 의론의 입장은, 크게는 삼년복을 주장하는 남인 측과 기년복을 주장하는 서인 측으로 나뉘는데, 이는 결국 효종을 장남으로 보는지 아닌지에 대한 문제이다. 본래 인조의 장남은 이미 사망한 소현세자昭顯世子(1612~1645)였는데, 남인 측은 왕통을 계승한 효종을 장남으로 보아야 한다고 주장한다. 서인 측은 장남이 아닌 중자衆子가 왕위를 계승한 경우 삼년복은 입지 않으므로, 이 경우엔 기년복을 입어야 한다고 주장한다. 이 논쟁이 시종일관 당쟁의 성격을 띠고 있었던 것은 아니었다. 당초에 윤휴와 송시열 간에 예학禮學을 둘러싼 학문적 토론을 주고받은 것일 뿐이었고, 서인이면서 삼년복을 지지하거나 남인 중에 기년복을 지지하는 사람들도 존재하였다. 이러한 사실들을 따져보아도 이 논쟁을 '당쟁의 일환'으로 일괄할 수는 없을 것이다. 최근덕, 〈조선조 예송의 배경과 발단에 관한 연구〉,《동양철학연구》제24호 (서울: 동양철학연구회, 2001) 참조.

35 朴世堂,《西溪全書》卷7〈禮訟辨〉, 135면. "其謂當服三年者, 不能不以孝宗爲次長子, 其謂當服期年者, 亦不能不以孝宗爲次長子. 甲亦曰次長子, 乙亦曰次長子, 然而甲之說曰, 次長子, 當服三年, 乙之說曰, 次長子, 當服期年. 雖期三年之不同, 其爲次長子之實, 則終不可易矣. 同是一說, 特以制服之間, 而破以爲兩說, 爭之紛紛, 相排擊不已, 吁其異矣."

36 예송문제는 박세당의 말처럼 간단하지 않다. 이 책이 박세당의 경학설을 '명名'에, 현실 정치문제에 대한 발언을 '실實'에 대응시켜 논한 것은, '명'을 고수하는 박세당 주석의 태도와 '실'을 강조하는 표현에서의 의식이 다르다는 점을 나타내기 위함이다. 실제로 복제 논쟁이 '명'과 '실'로 나뉘었다는 의미가 아니다. 더 말하자면,

상복 논쟁에 대한 박세당의 주장이 '실'을 중시한 사고방식이며 한편으로 당시의 논쟁자들은 '명분'을 중시하였다는 의미도 아니다. 예송은 식민지시대 이래로 걸핏하면 단순한 당쟁으로 파악되는 경향이 많았으나, 이러한 평가는 예송이 띠고 있는 '신권臣權이 왕권을 견제하는 기능'에 착안한 연구에서 비판받았다. 예를 들어, 김상준은 "강력한 권력을 지닌 군주인 효종에게, 그의 장서長庶를 쟁점으로 삼아 치열한 상복 논쟁을 벌인 사례는 중국 왕조에서도 보이지 않는다. 즉 조선 유학자들이 예법을 통하여 왕권을 규제하려 한 파워는 중국의 그것을 뛰어넘었다"라고 하였다. 김상준, 〈조선시대의 예송과 모랄폴리틱〉, 《한국사회학》 제5집 2호 (서울: 한국사회학회, 2001), 227면 참조.

37 梁啓超 著, 朱維錚 校注, 《淸代學術槪論》, 3면.

38 신채호, 〈問題가 없는 論文〉, 156면.

39 신채호, 〈儒敎 擴張에 대한 論〉, 119~120면.

40 鄭寅普, 《陽明學演論》, 10~15면 참조.

41 제임스 탈리 엮음, 유종선 옮김, 《의미와 콘텍스트: 퀜틴 스키너의 정치사상사 방법론과 비판》 (서울: 아르케, 1999), 66면.

42 앞의 책, 75~77면.

43 정호훈, 〈17세기 북인계 남인 학자의 정치사상〉 (서울: 연세대학교 박사학위논문, 2001), 127~130면.

44 黑住眞, 《近世日本社會と儒敎》, 27~28면. 인용문에서는 서명을 생략하였다.

45 丸山眞男, 〈英語版への著者の序文〉, 《日本政治思想史硏究》, 401면; 마루야마 마사오, 김석근 옮김, 《일본정치사상사연구》, 71~72면.

46 丸山眞男, 〈英語版への著者の序文〉, 《日本政治思想史硏究》, 396면; 마루야마 마사오, 김석근 옮김, 《일본정치사상사연구》, 67면.

47 余英時, 《論戴震與章學誠》 第2版 (北京: 三聯書店, 2005), 18~34면.

48 진확의 자는 건초乾初, 절강浙江 해녕海寧 사람이다. 명청 교체기 독창적인 사상가로 일컬어진다. 45세에 유종주를 사사하였다. 그의 저작은 오래도록 매몰되어 있다가 1854년부터 차츰 간행되었다.

49 梁啓超 著, 朱維錚 校注, 《淸代學術槪論》, 13~14면.

50 근계近溪는 명말의 양명학자인 나여방羅汝芳(1515~1588)의 호이다. '공맹의 가르침은 효제孝悌로 귀결된다'라고 주장하였다.

51 伊藤仁齋,《古學先生詩文集》卷5 〈同志會筆記〉. "余十六七歲時, 讀朱子四書. …… 二十七歲時, 著太極論, 二十八九歲時, 著性善論, 後又著心學原論, 備述危微精一之旨, 自以爲深得其底蘊而發宋儒之所未發. 然心竊不安. 又求之於陽明近溪等書, 雖有合于心, 益不能安, 或合或離, 或從或違, 不知其幾回. 於是悉廢語錄註脚, 直求之於語孟二書痛疼以求, 跬步以思, 從容體驗, 有以自定醇如也. 於是知余前所著諸論, 皆與孔孟背馳, 而反與佛老相鄰."

52 荻生徂徠,《徂徠集》(元文改元之頁勝忠統序付, 早稻田大學柳田文庫 11A1126, 18) 卷28 〈安澹泊に復す〉(第三書).

53 강명관, 〈16세기 말 17세기 초 의고문파擬古文派의 수용과 진한고문파秦漢古文派의 성립〉,《한국한문학연구》제18호 (서울: 한국한문학회, 1995), 292면.

54 조선조에서 '진한고문파'라고 불릴 만한 유파가 실제로 성립하였는가에 대해서는 학계의 견해가 일치하지 않으나, 이 책에서는 잠정적으로 '진한고문파'라는 명칭을 사용하기로 한다.

55 許穆,《記言》卷5 上篇 〈答客子言文學事書〉, 52면. "註疏起而古文廢."

56 앞의 책, 〈答朴德一論文學事書〉庚辰(1640) 作, 51면. "宋時程氏朱氏之學, 闡明六經之奧纖悉, 委曲明白, 懇懇複繹, 不病於煩蔓. 此註家文體, 自與古文不同, 其敷陳開發, 使學者了然無所疑晦. 不然, 聖人敎人之道, 竟泯泯無傳, 穆雖甚勤學, 亦何所從而得古文之旨哉. 後來論文學者, 苟不學程朱氏而爲之, 以爲非儒者理勝之文. 六經古文, 徒爲稀闊之陳言. 穆謂儒者之所宗, 莫如堯舜孔子, 其言之理勝, 亦莫如易春秋詩書, 而猶且云爾者, 豈古文莫可幾及, 而註家開釋易曉也. 穆非捨彼而取此, 主此而汚彼."

57 앞의 책, 卷3 〈答堯典洪範中庸考定之失書〉, 44면. "毁改經文, 蓋亦前古之未聞. 聖人之言, 可畏不可亂也. 天下可誣也, 聖人之言不可亂也. ……旣以六經古文, 毁改無難, 則其視曾子子思, 固已淺眇矣. 然萬萬無此理."

58 《書經》가운데 위고문상서 부분을 표시하는 문구. 예를 들면 조선에서 널리 읽힌《書經集傳》(주희가 제자인 蔡沈에게 명하여 편집한《서경》의 주석)은, 위고문상서인 대우모大禹謨 편에 '今文無, 古文有'라고 표시하였다.

59 趙翼,《浦渚集》卷24〈道村雜錄〉上, 428면. "如尚書今文古文有無, 於文義小無所關, 雖明記有何益, 雖錯記有何害, 而以此爲立落. ……如此之類, 乃經書中極不緊之事, 雖使讀者於此極精且熟, 於通經, 豈少有所益乎."

60 趙翼, 앞의 책. "漢時未見有以論孟竝稱者, 亦未見竝稱孔孟者. 至唐韓愈, 始推尊孟子, 謂孔子傳之孟軻, 韓柳書皆竝稱論孟. ……庸學二篇, 在戴記中, 漢唐儒者, 皆莫知其爲聖學正傳. ……至程子, 始合論孟及庸學二篇爲四書, 以爲學者求道希聖之門路. ……此程夫子之學所以獨出於漢唐以來千餘年間, 而獨得乎聖人之傳也. ……四書未表章之前, 學者固難乎知向方矣. 四書表章之後, 學者之於求道, 一如迷道之得指南, 坦乎其無難也. 然今世之士, 未見有深味乎此者, 如日月光明, 瞽者莫見, 雷霆震動, 聾者無聞也."

61 黎靖德 編,《朱子語類》卷14〈大學一〉, 439면. "明德者, 人之所得乎天, 而虛靈不昧, 以具衆理而應萬事者也. 禪家則但以虛靈不昧爲性, 而無以具衆理以下之事."

62 伊藤仁齋,《大學定本》(元祿十六年冬校本) (東京大學文學部漢籍コーナー 所藏: 天理圖書館400012의 複寫本). "虛靈不昧四字本出於禪語, 卽明鏡止水之理, 而明鏡止水四字亦出莊子. 此二語於吾聖人之書本無此理, 亦無此語, 實佛老之眞詮也. 要之, 聖人其相反不翅氷炭, 失明德二字之義遠甚矣."

63 예를 들면, 宗密,《圓覺道場修證廣文》(域外漢籍珍本文庫編纂出版委員會 編,《域外漢籍珍本文庫》第2輯 子部 第17册, 重慶: 西南師範大學出版社, 2011), 442면, 卷12. "無意識知身識覺, 虛靈不昧似明珠. 此卽經中明字是, 不開智慧不開愚. 又且珠明有可見, 心明空廓無形軀." 종밀(宗密, 780~840, 唐人, 俗姓은 何, 諡는 定慧, 圭峰大師)은 화엄종의 5조祖이다.〈原人論〉을 저술하여 삼교일치三敎一致를 논하였다.

64 《大學章句大全》小注. "虛靈自是心之本體, (非我所能虛靈.) 耳目之視聽所以視聽者卽其心也, 豈有形象. 然有耳目以視聽之, 則猶有形象也. 若心之虛靈, 何嘗有物." 이 소주는《朱子語類》卷5에서 인용한 것이다.

65 《孟子集註大全》卷13〈盡心上〉小注. "偏言知覺惟見氣之靈耳." 신안 진씨新安陳氏의 설이다.

66 《河南程氏文集》卷8 (伊川先生文)〈四箴·視箴〉. 朱熹《論語集注》顏淵篇의 주석에 인용되었다.

67 《大學章句大全》小注. "北溪陳氏曰, 人生得天地之理, 又得天地之氣. 理與氣合, 所以虛靈."

68 《大學章句大全》小注. "玉溪盧氏曰明德只是本心. 虛者心之寂, 靈者心之感."

69 趙翼,《浦渚先生遺書》卷1〈大學困得〉, 3~4면. "虛靈二字, 朱子以前, 未之見也. 乃朱子所創造以直指此心體段者也. 靈以知覺言也. 唯靈故能知覺也. 乃指心神之妙也. 虛以其無形象而言也. 何以知朱子之意必然也. 觀朱子所自言者, 可知矣. 小註云, 虛靈自是心之本體. 耳目之視聽, 所以視聽者卽其心也. 豈有形象. 然有耳目以視聽之, 則猶有形象也. 若心之虛靈何嘗有物. 孟子盡心章小註云, 知覺是氣之虛靈. 此可見此虛字以知覺無形象而言也. 程子所謂心兮本虛應物無迹亦然. 唯無形象故應物無迹也. 朱子之所自言如是, 則所謂虛靈其意不過如是, 而諸儒註釋或謂理氣合故虛靈, 或謂虛心之寂, 靈心之感. 此說皆與朱子之言異."

70 陳來,《朱熹哲學硏究》, 5면.

71 丁若鏞,《與猶堂全書》第2集〈經集〉卷4〈中庸講義補〉卷1〈君子之道費而隱節〉(서울: 경인문화사, 1989), 68면. "今按體用之說, 不見古經. 然物固有體用也. 然天道布散處, 有體有用, 其微密處, 亦有體有用."

72 김문식,〈조선후기 모기령 경학의 수용양상〉,《사학지》(서울: 단국사학회, 2006), 137~138면 참조.

73 姜在彦,〈朝鮮通信使と鞆の浦〉,《玄界灘に架けた歷史: 歷史的接点からの日本と朝鮮》(東京: 朝日新聞出版, 1993), 137면; 夫馬進,《朝鮮燕行使と朝鮮通信使》(名古屋: 名古屋大學出版會, 2015), 255면.

74 박희병,〈조선의 일본학 성립: 원중거와 이덕무〉,《한국문화》제61호 (서울: 서울대학교 규장각 한국학연구원, 2013)에서는 실학자로 불리는 인물들의 일본 관련 기록을 중심으로 그 내용을 분석하고 '일본학'이라는 이름을 붙이고 있다.

75 藤塚鄰,《淸朝文化東傳の硏究: 嘉慶·道光學壇と李朝の金阮堂》(東京: 國書刊行會, 1975), 146~147면.

76 夫馬進,《朝鮮燕行使と朝鮮通信使》, 255면.

77 앞의 책, 259면.

78 安鼎福,《順菴集》卷13〈橡軒隨筆〉下. "大抵推尊孟子, 而時庇伊川矣."(서울: 민족문

화추진회, 《한국문집총간》 제230책, 1999), 46면.

79 《朝鮮王朝實錄(英祖實錄)》 영조 24년(1748) 윤7월 30일(壬午) 기사 참조. 정사正使는 홍계희洪啓禧, 부사副使는 남태기南泰耆, 서장관은 조명채曹命采 등이었다.

80 李德懋, 《靑莊館全書》 卷58 〈蜻蛉記〉의 〈日本文獻〉, 卷64~65 〈蜻蛉國志〉 (서울: 민족문화추진회, 《한국문집총간》 제257~259책, 2000). 〈청령국지〉는 '世系圖', '世系', '姓氏', '職官', '人物', '藝文', '神佛', '輿地', '風俗', '器服', '物産', '兵戰', '異國'의 항목으로 나누어 일본을 소개하고 있다. 이덕무의 자는 무관懋官, 호는 청장관靑莊館이다.

81 앞의 책, 卷64 〈蜻蛉國志〉의 〈人物〉. "日本之人, 大抵柔而能堅, 堅而亦不能悠久."

82 하우봉, 《조선후기 실학자의 일본관 연구》 (서울: 일지사, 1989). 이 책의 일본어 번역본으로 井上厚史 譯·解說, 《朝鮮實學者の見た近世日本》 (東京: ぺりかん社, 2001)이 있다.

83 이지형, 〈다산의 《논어고금주》에 대한 연구〉, 《대동문화연구》 제29호 (서울: 성균관대학교 대동문화연구원, 1994), 5면. 《논어고금주》에서 비교·대조된 도쿠가와 일본의 학설에 대하여, 하우봉이 그 수를 헤아린 결과 진사이 3개, 소라이 50개, 슌다이 148개로, 이지형과 일치하지 않는다. 어느 쪽이 옳은지는 아직 확인하지 못한 상태이므로, 앞으로 조사하고자 한다.

84 '정약용은 진사이·소라이의 저작을 직접 참조하였다'라고 생각하는 선행 연구도 있지만, 하우봉은 이토 진사이의 《論語古義》·오규 소라이의 《論語徵》과 대조해 본 결과, 슌다이의 《論語古訓外傳》에서 인용한 것임을 밝혔다. 하우봉, 《조선 후기 실학자의 일본관 연구》, 232면 참조.

85 黎靖德 編, 《朱子語類》 卷12 〈學六〉, 368면. "自秦漢以來, 諸儒皆不識這敬字, 直至程子方說得親切, 學者之所用力."

86 《論語》 憲問.

87 《論語》 顔淵. "君子敬而無失, 與人恭而有禮."

88 《詩經》 商頌, 長發. "湯降不遲, 聖敬日躋."

89 黎靖德 編, 《朱子語類》 卷12 〈學六〉, 368면. "曰, 程子說得如此親切了, 近世程沙隨猶非之, 以爲聖賢無單獨說敬字時, 只是敬親敬君敬長, 方著箇敬字. 全不成說話. 聖

人說修己以敬, 日敬而無失, 日聖敬日躋, 何嘗不單獨說來. 若說有君有親有長時用敬, 則無君親無長之時, 將不敬乎. 都不思量, 只是信口胡說." 정형程迥은 隆興 연간 (1163~1164)의 진사로, 사수沙隨는 그의 호인 듯하다.

90 앞의 책, 369면. "收斂身心, 整齊純一, 不恁地放縱."

91 《論語》憲問. "子路問君子. 子曰, 脩己以敬."

92 《論語》雍也. "仲弓曰, 居敬而行簡, 以臨其民, 不亦可乎."

93 伊藤仁齋, 《論語古義》憲問. "論曰, 古人言敬者多矣. 或就天道而言, 或就祭祀而言, 或就尊長而言, 或就政事而言. 皆有所敬而然. 曰修己以敬, 曰居敬而行簡, 皆以敬民事而言. 未有無事而特言敬者也. 若後世之言敬者, 異哉."

94 伊藤仁齋, 《童子問》上 第36章(東京大學文學部漢籍コーナー 所藏, 天理圖書館 406178의 複寫本). "專持敬者, 特事矜持, 外面齊整, 故見之則儼然儒者矣. 然察於其內則誠意或不給, 守己甚堅, 責人甚深, 種種病痛. 故在其弊有不可勝言者焉."

95 앞의 책, 第37章. "宋儒所謂持敬云者, 與古人就事致敬者, 其意旣異, 而亦不要以忠信爲主, 而却徒欲以一敬字該學問之始終, 猶欲以單方治百病, 其不誤人者, 未之有也."

96 黎靖德 編, 《朱子語類》卷12 〈學六〉(《朱子全書》第14冊), 374면. "無事時敬在裏面, 有事時敬在事上. 有事無事, 吾之敬未嘗間斷也."

97 앞의 책, 369면. "然敬有甚物. 只如畏字相似, 不是塊然兀坐, 耳無聞, 目無見, 全不省事之謂. 只收斂身心, 整齊純一, 不恁地放縱, 便是敬."

98 앞의 책, 369면. "要且將簡敬字收斂簡身心, 放在模匣子裏面, 不走作了, 然後逐事逐物看道理."

99 앞의 책, 375면. "須於應事接物上不錯, 方是."

100 앞의 책, 371면. "人之心性, 敬則常存, 不敬則不存."

101 앞의 책, 372면. "敬則天理常明, 自然人欲懲窒消治."

102 앞의 책, 372면. "人能存得敬, 則吾心湛然, 天理粲然, 無一分著力處, 亦無一分不著力處."

103 〈持敬圖說〉, 〈朱子論敬要語〉, 〈心法要語〉 등 수 편이 있다.

104 趙翼, 《浦渚集》卷19 〈朱子論敬要語〉, 345면. "程子說人心做工夫處, 特注意此字. 蓋以此道理貫動靜, 徹表裏, 一始終, 本無界限. 閑靜無事時也用敬, 應事接物時也用

敬. 心在裏面也如此, 動出外來做事也如此, 初頭做事也如此, 做到末梢也如此. 此心常無間斷, 纔間斷, 便不敬."〈朱子論敬要語〉는 이외에도 주희의 문언에서 '일이 있을 때'에 관련된 경설敬說을 많이 수록하고 있다.

105 伊藤仁齋,《大學定本》."案章句以爲意者心之所發也, 非也. 若使意爲心之所發焉, 則是心本而意末, 心源而意委. 夫本立而後枝自茂, 源澄而後流自淸, 自然之理也. 大學當日, 欲誠其意先正其心, 又當日心正而后意誠, 而大學乃日欲正其心先誠其意, 又日意誠而后心正, 則豈非本末顚倒之甚乎."

106 黎靖德 編,《朱子語類》卷15〈大學二〉, 488면."問, 心, 本也. 意, 特心之所發耳. 今欲正其心, 先誠其意, 似倒說了. 日, 心無形影, 敎人如何撐拄. 須是從心之所發處下手, 先須去了許多惡根. 如人家裏有賊, 先去了賊, 方得家中寧. 如人種田, 不先去了草, 如何下種. 須去了自欺之意, 意誠則心正. 誠意最是一段中緊要工夫, 下面一節輕一節."

107 趙翼,《浦渚先生遺書》卷1〈大學困得〉, 3면."心所以應物. 正心使其心之應物皆得其正也."

108 趙翼,《浦渚集》卷20〈拙脩雜錄〉, 355면."正心者, 正其心之應物不得其正者而正之, 使無過不及之謂也. 至於心正, 則日用之間, 本心昭著, 隨所應接, 無不各當其則."

109 蔡淸,《四書蒙引》卷1 (臺北: 商務印書館, 1983, 王雲五主持, 四庫全書珍本三集), 65면."意者心之萌也. 心該動靜, 意只是動之端. 心之時分多, 意之時分少. 意者心之所發也(註). 未發之前, 心固在乎. 日然. 旣發之後, 猶有心在乎. 日然. 然則心兼動靜, 或靜而未應物, 或動而應物, 皆當敬以存之矣. 夫心對意而言則爲本體, 不必謂正心之心. 全是體而以意爲用也. 如彼說則將以心意分動靜相對工夫矣. 正心只是主靜之法, 靜亦靜, 動亦靜也. 故日敬以直內. 誠意者, 致謹於動之端也. 蓋一念善惡分路之始也, 別是一關頭也. 故另爲一目."

110 朱熹,《大學章句》經 1장의 3면."明, 明之也. 明德者, 人之所得乎天, 而虛靈不昧, 以具衆理而應萬事者也. 但爲氣稟所拘, 人欲所蔽, 則有時而昏, 然其本體之明, 則有未嘗息者. 故學者當因其所發而遂明之, 以復其初也."

111 伊藤仁齋,《大學定本》."明德者, 謂聖人之德, 光輝發越, 至於幽隱之地, 遐陬之遠, 莫所不照, 若虞書贊堯之德日, 光被四表, 格于上下, 秦誓贊文王之德日, 若日月之照臨, 光于四方, 是也."

112 앞의 책. "若章句之解, 則克明俊德四字, 則學者之用功而非所以稱堯之德."

113 《孟子》盡心上. "萬物皆備於我矣. 反身而誠, 樂莫大焉. 强恕而行, 求仁莫近焉."

114 《孟子》離婁下. "何以異於人哉. 堯舜與人同耳."

115 《中庸》《章句》의 26장). "至誠無息, 不息則久, 久則徵, 徵則悠遠, 悠遠則博厚, 博厚
則高明."

116 蔡淸, 《四書蒙引》卷2〈克明峻德〉의 주석. "峻德亦非帝堯之所獨. 萬物皆備於我, 堯
舜與人同耳. 或以峻德爲光被四表格於上下者, 非也. 蓋明峻德只就帝堯一身言, 乃至
誠無息處, 光四表, 格上下, 則是徵則悠遠以後事, 所謂聖人之德, 著於四方者也. 故帝
典於明峻德之下, 方說親睦九族, 平章百姓, 協和萬邦. 今之言明峻德者, 只可說其德
之明, 有以盡夫天理之極, 而無一毫人欲之私, 却是正意. 若說出外便是新民境界矣.
以上歷引三書, 皆不用過文. 深淺始終之意, 只可於言外意會."

117 朱熹, 《大學或問》, 510~511면. "曰物有本末, 事有終始, 知所先後, 則近道矣, 何也.
曰此結上文兩節之意也. 明德新民, 兩物而內外相對, 故曰本末. 知止能得, 一事而首
尾相因, 故曰終始. 誠知先其本而後其末, 先其始而後其終也, 則其進爲有序而至於道
也不遠矣."

118 《大學章句大全》. "問事物何分別. 朱子曰對言則事是事, 物是物, 獨言物則兼事在其
中. 知止能得, 如耕而種而耘而斂. 是事有箇首尾如此. 明德是理會己之一物, 新民是
理會天下之萬物. 以己之一物對天下之萬物, 便有箇內外本末. 知所先後自然近道, 不
知先後便倒了, 如何能近道."

119 蔡淸, 《四書蒙引》卷1 '知所先後則近道矣'의 주석. "知止知字深, 知所先後知字淺.
此知字又在知止之前. 近道雖就知上說, 而所以近道者, 正以其於用工處知所先後也.
故或問旣曰進爲有序, 而小註又云不知先後便倒了, 可見先後自重, 不是全未下著工
夫, 只泛泛然僅知其序, 卽便爲近道耳. 此近道與忠恕違道不遠一般, 故不必指爲近大
學之道. 蓋非爲大學之道道字, 不足以該天下之道也. 只是於詞氣之間欠寬平, 不類古
人言語氣象耳. 所謂平地鋪著看何傷. 中庸忠恕違道不遠亦不必說是近中庸之道. 道
是天下古今公共物事."

120 朱熹, 《大學章句》, 7면. "言雖幽獨之中, 而其善惡之不可揜如此. 可畏之甚也."

121 蔡清,《四書蒙引》卷2 '此謂誠於中形於外, 故君子必愼其獨也'의 주석. "誠中形外之理, 本兼善惡. 但此所引之意則主惡者言, 下條章句雖兼言善惡之不可掩然, 其意亦主惡言."

122 예를 들면, 大濱晧,《朱子の哲學》(東京大學出版會, 1983) 등.

123 陳確,〈大學辨〉《陳確集》(北京: 中華書局, 1979), 552면. "大學, 其言似聖而其旨實竄於禪, 其詞游而無根, 其趣罔而終困, 支離虛誕, 此游夏之徒所不道, 決非秦以前儒者所作可知."

124 앞의 책, 555면. "凡言誠者, 多兼內外言. 中庸言誠身, 不言誠意."

125 앞의 책, 557~558면. "大學兩引夫子之言, 則自於止聽訟兩節而外, 皆非夫子之言可知. 一引曾子之言, 則自十目一節而外, 皆非曾子之言可知. 由是觀之, 雖作大學者絕未有一言竊附孔曾, 而自漢有戴記, 至於宋千有餘年間, 亦絕未有一人焉謂是孔曾之書焉者, 謂是千有餘年中無一學人焉, 吾不信也."

126 伊藤仁齋,《語孟字義》附〈大學非孔氏之遺書辨〉(林本, 東京大學漢籍コーナー 所藏本, 天理圖書館 400954의 複寫本). "大學曰, 大學之道, 在明明德. 按明德之名, 屢見於三代之書. 然三代之書, 本記聖人之所行, 或以此美聖人之德. 或曰明德, 或曰峻德, 或曰昭德. 其意一也. 故雖數數見典謨誓誥之間, 然非學者之所能當. 故至於孔孟每曰仁, 曰義, 曰禮, 而未嘗有一言及於明德者矣. 作大學者, 未知其意在, 見詩書多有明德之言而漫述之耳. 豈非不識孔孟之意乎."

127 《論語》子罕. "子絕四. 毋意, 毋必, 毋固, 毋我."

128 《中庸》《章句》의 제20장). "在下位不獲乎上, 民不可得以治矣. 獲乎上有道. 不信乎朋友, 不獲乎上矣. 信乎朋友有道. 不順乎親, 不信乎朋友矣. 順乎親有道. 反諸身不誠, 不順乎親矣. 誠身有道. 不明乎善, 不誠乎身矣."

129 伊藤仁齋, 附〈大學非孔氏之遺書辨〉. "又曰欲正其心者先誠其意. 夫意一也, 論語說毋, 大學說誠. 一正一反, 必不可無是非. 而中庸曰誠身而不曰誠意, 則誠字當施之於身, 而不可施之於意, 明矣."

130 羅欽順,《困知記》續卷 下 (北京: 中華書局, 1990), 81면. "有心必有意, 心之官則思. 是皆出於天命之自然, 非人之所爲也. 聖人所謂無意無私意耳."

131 陳淳,《北溪字義》卷上 (四川大學古籍整理硏究所 外 編,《諸子集成續編》第5册, 四川人

民出版社, 1998), 17면. "毋意之意是就私意說, 誠意之意是就好底意思說."

132 趙翼,《浦渚先生遺書》卷1〈大學困得〉, 21면. "按中庸孟子皆述此篇之旨. 論爲學之
道, 而其言自修之方, 皆只言誠身. 如順親信友以下乃誠之效也. 是言自修以誠身爲至
也. 誠身與誠意一也. ……子思孟子所論自修之方, 實出於此傳也. 然則此篇此傳實曾
子子思孟子相傳爲學之要旨也."

133 《孟子》離婁上에도《中庸》《章句》의 제20장)과 거의 비슷한 문장이 있다는 점에서,
《맹자》와《중용》을 동시에 언급한 듯하다.

134 이토 진사이는《中庸》의 텍스트 일부분을 문제 삼고 있으나,《중용》이 가치를 인정
하지 않은 것은 아니다. 진사이는《中庸發揮》의〈敍由〉에서 "《중용》도《맹자》와 마찬
가지로) 공자의 말을 연역하고 있다. 따라서 지금《논맹論孟》의 뒤에 붙여 (四書가 아
닌) 삼서三書로 고쳐, 삼서를 합쳐 하나의 뜻으로 정리한다[中庸又演繹孔子之言, 故今
附于論孟之後, 改爲三書, 合之三書總一意云]"라고 하였다. 진사이의 사자嗣子인 東涯는
正德 4년(1714)에 간행된 진사이의《중용발휘》서문에서 '六經之総括, 學問之宏要'
라는 높은 평가를《중용》에 부여하였다. 田尻祐一郎,〈伊藤仁齋の中庸論〉, 市來津由
彦 外 編,《江戸儒學の中庸注釋》(東京: 汲古書院, 2012), 182~183면 참조.

135 중국 경학사에서 경고문학파經古文學派는 옛날에〈樂經〉이 있었다고 주장하나, 경
금문학파經今文學派는 애초부터《악경》은 존재하지 않으며《禮》와《詩》안에〈樂〉이
있었을 뿐이라고 주장한다. 皮錫瑞 著, 周子同 注釋,《經學歷史》(北京: 中華書局,
2004), 2면 참조.

136 伊藤仁齋,《中庸發揮》元祿七年校本 (東京大學文學部漢籍コーナー 所藏, 天理圖書
館 400031의 複寫本). "已上四十七字, 本非中庸之本文. 蓋古樂經之脱簡, 贊禮樂之德
云爾. 若以此爲中庸之本文, 則唯喜怒愛樂未發之中, 獨爲學問之根本, 而六經語孟,
悉爲言用而遺體之書, 害於道甚矣. 古今斷爲古樂經之脱簡."

137 앞의 책. "如未發已發之說, 六經以來, 群聖人之書, 皆無之, 一也. 孟子受業於子思
之門人, 當祖述其言, 而又不言, 二也. 如中字虞廷及三代之書, 皆以已發言之, 此處獨
以未發言之, 三也. 而典謨所謂中字, 此反以和名之, 四也. 若以未發之中爲言, 則六經
語孟皆爲有用而無體之書, 五也. 以其一書之中自相矛盾者言之, 此書本以中庸名篇,
當專論中庸之義而首論中和之理, 六也. 中字雖後屢出, 皆以已發言之, 而不一有以未

發言者, 七也. 且若和字, 子思當屢言之, 而終篇又無復及之者, 八也. 此以喜怒哀樂,
發皆中節爲天下之達道, 後以君臣父子夫婦昆弟朋友之交, 爲天下之達道, 九也. 此以
大本達道並稱, 而後單言天下之大本, 偏而不備, 十也."

138　앞의 책. "此十證者, 蓋據中庸本文及六經語孟而言之, 非(子)臆說."

139　伊藤仁齋, 《語孟字義》上. "子嘗敎學者, 以熟讀精思語孟二書, 使聖人之意思語脈,
能瞭然于心目間焉, 則非惟能識孔孟之意味血脈, 又能理會其字義而不至于大謬焉.
夫字義之於學文固小矣, 然而一失其義則爲害不細. 只當一一本之於語孟, 能合其意
思語脈而後方可. 不可妄意遷就以雜己之私見."

140　石田一良, 《伊藤仁齋》新裝版 (東京: 吉川弘文館, 1989), 133면.

141　趙翼, 《浦渚先生遺書》卷1〈大學困得〉, 3면. "凡看文字, 須要活看, 不可專泥言句.
且通看上下前後之言, 可得其旨意之所在而無差矣."

142　黎靖德 編, 《朱子語類》卷5〈性理二〉《朱子全書》第14冊), 217면. "文字須活看. 此
且就此說, 彼則就彼說, 不可死看. 牽此合彼, 便處處有礙."

143　앞의 책, 卷94〈周子之書〉《朱子全書》第17冊), 3126면. "曰, 鳶飛魚躍, 皆理之流行
發見處否. 曰, 固是. 然此段更須將前後文通看."

찾아보기

朝鮮儒學史

새로 쓰는 17세기 조선 유학사

2021년 4월 9일 초판 1쇄 발행
2021년 12월 17일 초판 3쇄 발행
글쓴이 강지은
옮긴이 이혜인
펴낸이 박혜숙
펴낸곳 도서출판 푸른역사
　　　　우) 03044 서울시 종로구 자하문로8길 13
　　　　전화: 02)720－8921(편집부) 02)720－8920(영업부)
　　　　팩스: 02)720－9887
　　　　메일: 2013history@naver.com
　　　　등록: 1997년 2월 14일 제13－483호

ⓒ 강지은, 2021

ISBN 979－11－5612－192－3 93140